陇上学人文存

祝中熹 卷

祝中熹 著 刘光华 编选

甘肃人民出版社

甘肃·兰州

图书在版编目（CIP）数据

陇上学人文存. 祝中熹卷 / 李兴文总主编 ;祝中熹
著 ; 刘光华编选. -- 兰州 : 甘肃人民出版社, 2024.
9. -- ISBN 978-7-226-06146-6

Ⅰ. C53；K233.07-53

中国国家版本馆CIP数据核字第2024B5G141号

责任编辑：马元晖

封面设计：王林强

陇上学人文存·祝中熹卷

LONGSHANG XUEREN WENCUN ZHU ZHONGXI JUAN

李兴文　总主编

董积生　景志锋　副总主编

祝中熹　著　刘光华　编选

甘肃人民出版社出版发行

（730030　兰州市读者大道 568 号）

兰州新华印刷厂印刷

开本 890 毫米 × 1240 毫米　1/32　印张 12.375　插页 7　字数 315 千

2024 年 9 月第 1 版　　2024 年 9 月第 1 次印刷

印数：1~1000

ISBN 978-7-226-06146-6　定价：60.00 元

（图书若有破损、缺页可随时与印厂联系）

《陇上学人文存》第十一辑

编辑委员会

总　序

　　陇者甘肃，历史悠久，文化醇厚。陇上学人，或生于斯长于斯的本地学者，或外来而其学术成就多产于甘肃者。学人是学术活动的主体，就《陇上学人文存》（以下简称《文存》）的选编范围而言，我们这里所说的学术主要指人文社会科学研究。《文存》精选中华人民共和国成立以来，甘肃人文社会科学领域成就卓著的专家学者的代表性著作，每人辑为一卷，或标时代之识，或为学问之精，或开风气之先，或补学科之白，均编者以为足以存当代而传后世之作。《文存》力求以此丛集荟萃的方式，全面立体地展示新中国为甘肃学术文化发展提供的良好环境和陇上学人不负新时代期望而为我国人文社会科学事业做出的新贡献，也力求呈现陇上学人所接续的先秦以来颇具地域特色的学根文脉。

　　陇原乃中华文明发祥地之一，人文学脉悠远隆盛，纯朴百姓崇文达理，文化氛围日渐浓厚，学术土壤积久而沃，在科学文化特别是人文学术领域的探索可远溯至伏羲时代，大地湾文化遗存、举世无双的甘肃彩陶、陇东早期周文化对农耕文明的贡献、秦先祖扫六合以统一中国，奠定了甘肃在中国文化史上始源性和奠基性的重要地位；汉唐盛世，甘肃作为中西交通的要道，内承中华主体文化熏陶，外接经中亚而来的异域文明，风云际会，相摩相荡，得天独厚而人才辈出，学术思想繁荣发达，为中华文明做出了重要贡献。

　　近代以来，甘肃相对于逐渐开放的东南沿海而言成为偏远之地，反而少受战乱影响，学术得以继续繁荣。抗日战争期间作为大后方，接纳了不少内地著名学府和学者，使陇上学术空前活跃。新中国成立之后，人文社会科学领域的专家学者更是为国家民族的新生而欢欣鼓舞，全力投入到祖国新的学术事业之中，取得了一大批重要的研究成果，涌现出众多知名专家，在历史、文献、文学、民族、考古、美学、宗教等领域的研究均居全国前列，影响广泛而深远。新中国成立之后，人文社会科学几次对当代学术具有重大影响的争鸣，不仅都有甘肃学者的声音，而且在美学三大学派（客观派、主观派、关系派）、史学"五朵金花"（史学在新中国成立之后重点研究的历史分期、土地制度史、农民战争史等五个方面的重点问题）等领域，陇上学人成为十分引人注目的代表性人物。改革开放以来，甘肃学者更是如鱼得水，继承并发扬了关陇学人既注重学理求索又崇尚经世致用的优良传统，形成了甘肃学者新的风范。宋代西北学者张载有言："为天地立心，为生民立命，为往圣继绝学，为万世开太平"，此乃中华学人贯通古今、一脉相承的文化使命，其本质正是发源于陇原的《易》之生生不已的刚健精神，《文存》乃此一精神在现代陇上得到了大力弘扬与传承的最佳证明。

《文存》启动于中华人民共和国成立六十周年之际，在选择入编对象时，我们首先注重了两个代表性：一是代表性的学者，二是代表性的成果，欲以此构成一部个案式的甘肃当代学术史，亦以此传先贤学术命脉，为后进立治学标杆。此议为我甘肃省社会科学院首倡，随之得到政界主要领导、学界精英与社会各界广泛认同与政府大力支持，此宏愿因此而得以付诸实施。

为保证选编的权威性，编委会专门成立了由十几位省内人文社会科学领域著名学者组成的专家指导委员会，并通过召开专题会议研讨、发放推荐表格和学术机构、个人举荐等多种方式确定入选者。为使读者对作者的学术成就、治学特色和重要贡献有比较准确和全面的了解，在出版社选配业务精良的责任编辑的同时，编委会为每一卷配备了一位学术编辑，负责选编并撰写前言。由于我院已经完成《甘肃省志·社会科学志》（古代至 1990 年卷，1990 至 2000 年卷）的编辑出版工作，为《文存》的选编提供了坚实的基础和基本依据，加之同行专家对这一时期甘肃人文社会科学发展的研究，使《文存》能够比较充分地反映同期内甘肃人文社会科学的基本状况。

《文存》自 2009 年启动，截至 2023 年，用 15 年时间编辑出版 10 辑共 100 卷，圆满完成了《文存》启动时制定的宏伟计划。如此长卷宏图实为中华人民共和国成立七十周年以来甘肃人文社会科学全部成果的一个缩影，亦为此期间甘肃人文社会科学学术业绩的一次全面检阅，堪作后辈学者学习先贤之范本，是陇上学人献给祖国母亲的一份厚礼。百卷巨著蔚为大观，《文存》和它所承载的学术精神必可存于当代，传之后世，陇上学人和学术亦可因此而无愧于我们所处的伟大时代，并有所报于生养我们的淳厚故土。有鉴于此，我们赓续前贤雅范，接续选编《文存》第十一辑，将《文存》编选工作延续下去，将陇上学人精神传承下去。

因我们眼界和学术水平的局限，选编过程中必定会出现未曾意料的问题，我们衷心期望读者能够及时教正，以使《文存》的后续选编工作日臻完善。

是为序。

李兴文

2024 年 9 月 19 日

目　录

丙编　史疑故实考辨

编选前言

　　祝中熹,山东诸城人。1961 年毕业于山东大学历史系,由国家统一分配至甘肃工作,至今已有 63 个年头。当了 30 多年教师后,调至甘肃省博物馆,任历史考古部主任。其治学范围,大致不出先秦社会、秦史秦文化、史疑故实这三个领域。本书据此分列了甲、乙、丙三个单元。

　　关于先秦社会,祝中熹是主张商周非奴隶社会说的重要学者之一,他早期的文章多围绕这一理念立论。他认为商周社会是以农村公社为基础,以宗法贵族同村社成员对立为主体阶级关系的经济形态。奴隶制是存在的,却并非决定社会性质的因素。奴隶多为用于国家工程的官奴和供贵族家庭驱使的奴婢,对社会经济只起补充作用。

　　农村公社经济形态的关键是田制。早期村社公田与私田并存,那是更早的家族公社体制的惯性延存。每家每户都拥有一块定量并定期重新分配的份地;以此建立起小家庭经济。公田由全体村社成员共同耕种,收入最初是用于对祖先神灵的祭祀,战时的军事开支,以及应对灾荒的储备。后来渐被掌控村社的贵族所占有,成为剥划村社成员剩余劳动的主要方式。由于公田劳作的效率日渐低下,而贵族阶级的奢侈生活又不断提升,公田收入已难维持统治集团的需求。于是改变剥削方式,让公田消融在份地内,统一征收实物税,把剥削扩展至所有的耕地,即变助法为彻法,农村公社由此进入中期阶段。此时的份地,还是要定期重新分配的。随着生产力的提高和施肥技术的改进,随着家庭经济的稳定繁荣,份地固定化已成社会性要求。份地固定后不再轮换,就必须解决土地质量差异导致的矛盾,于是便施行二圃制或三圃制,用份地数量弥补质量,份地质差量多的家庭可自行休耕轮换。这是农村公社晚期,也即土地私有制开始萌动时的田制状况。为说明村社生产方式的演变过程,祝先生对晋国的爰田制,秦国的辕田制,以及青川秦牍所反映的战国时的阡陌制,都作了细密的论析陈述。此外,祝先生对那时的国、野即乡遂都鄙制度的性质及布局,对以宗法制、爵位制和封邑制为支柱的贵族统治体制,都有切实的交代,明确回答了非奴隶社会究竟是什么社会的问题。

对三代之前的远古历史,祝中熹着力探讨东西方文化的交流。他认为傅斯年的"东夷西夏"说虽不完美但基本思路是对的。由大汶口文化演进而出的山东龙山文化的西向,由大地湾一期文化演进而出的仰韶文化的东进,二者在中原地区交接、碰撞、互动、融合,辉映着文明时代的曙光,为夏王朝的建立奠定了基石。祝先生把东、西两大文化区系称作海岱文化圈和汉渭文化圈,对后者作了全面的历史性的论述。所谓汉渭文化圈,是指以陇山为依托,以今天水市为中心,汉、渭二水邻厕密布的这片山谷川原。早在旧石器时代这里即有人类活动,比山顶洞人早两万多年的人类头骨化石"平凉人"和"武山人"的命名,即是显证。属新石器时代早期的大地湾一期文化,继起的马家窑之化、齐家文化,呈现脉络分明的考古文化系列。文献记载中的伏羲、女娲、炎帝、黄帝诸族是这一区域的早期开发者,关于他们的神话传说也集中流传在这一地区。他们部族中的强势支系,先后走下黄土高原东向发展,与西进的东夷集团融和,育兴了华夏文明,构成了中华民族的主体成分。因此,祝先生把汉渭文化圈视为华夏文明的西源。

我国疆域辽阔,复杂地形和千姿百态的自然环境孕育了众多类型的史前文化,史前文化的多元意味着原始部族的多元。中原贵族王朝形成后,对周边的族体氏邦,按方位概称为东夷、南蛮、西戎、北狄,总称"四夷"。对西周王朝和臣属于王朝的嬴秦来说,直接交往的是西戎。西戎是个综合性共称,族系纷繁,名称各异,居迁无定,源流极其复杂。祝中熹对西戎作了较具体的梳理,述说了他们以牧猎为主的生存方式,以及侵掠成性的族习。在此基础上,祝先生重点考证了犬戎族的来历及活动地域,并辨识了文献记载中该族不同时期的不同称谓。他指出,该族本为东方九夷中的畎夷,族体主系随殷商灭夏的战事推进而西至关陇地区,活动于陇山周围,发展壮大为西北地区最强盛的牧猎族系。对西周王朝和嬴秦方国构成了严重威胁,战事不断发生。史言西周王朝就是在申侯之乱中被犬戎灭掉的。犬戎是以犬为图腾的部族,所以族名称犬,别名也必加犬旁或发犬音。在我国众多史前部族名称中,除了狄族因系与犬同种属的狼图腾而加了犬旁外,无一用犬作偏旁的,早期文献中所载与姬周经常发生战争的玁狁、猃狁、獯鬻,实即犬戎。此外,所有史前部族的称谓中,只有犬戎族既称戎又称夷,这是该族来自东夷的旁证,其名称有个由夷转戎的过程。

由于犬戎族活动地域同寺洼文化的分布区完全重合,二者又处于同一时代,而犬戎的源于东而迁于西,同考古学界视寺洼文化为外来文化的判识相吻合,据此祝中熹主张犬戎族应为寺洼文化的主人。他从文献记载、田野考古、史事展现几个方面,对此作了很有说服力的论证。此说在他的秦文化研究中有更充分的表述。

20世纪90年代礼县大堡子山秦陵面世后,祝中熹的学术志趣转向秦史秦文化。这一方面因为他曾长期在礼县任教,又曾在大堡子山旁安家落户达十年之久,对礼县的山河风貌及古文化沉淀充满感情;另方面因为此时他已在甘肃省博物馆任历史考古部主任,正在努力补文物考古知识的课,关注礼县的秦文化考古发掘及实物遗存,不仅是其职责所在,也为其个人的求知欲所驱动。所以后来他说,与礼县的秦文化遗存结了不解之缘。他为此笔耕不辍,写了不少文章,出版了数部专著。

祝中熹坚持走考古遗存与文献记载紧密结合的路径,初步勾勒了早期秦史的基本框架。诸如嬴姓源及图腾,嬴族西迁时代及动因,嬴秦都邑地望及变迁,大堡子山秦陵及圆顶山墓地的时代和性质。嬴秦与陇右诸族尤其是与犬戎的关系。嬴秦经济、文化的发展水平,秦国崛起的历史意义等重要课题,都在他论证、叙述的范围之内。祝先生创立了阳鸟部族西迁说,认为东夷集团是以少昊为首领的鸟图腾部族以颛顼为首领的日图腾部族联姻,形成普那鲁亚式"两合婚姻联盟",他称之为阳鸟部族。《尚书·尧典》所载接受帝尧指令,远赴陇右执行祭日、测日任条的和仲一族,乃阳鸟部族的一支。后来崛起的嬴秦,实即和仲一族的后裔。《尧典》所言和仲所居之"西"地,即今天水市秦州区与陇南市礼县交接地区一侧的红河(今地图标为冒水河)一带,古称昧谷、蒙谷、崤谷或茅谷,昧、蒙、崤、茅、冒乃一声之转,古文献一致说该谷为日落之地。那一带正是后来嬴秦方国的中心区域。嬴秦第一个都邑即名"西",这是秦国一直使用的母元性邑名,战国时期秦国普行郡县制,在祖地设县即名"西县"。

关于考古文化面貌的文章,本书选了论说大堡子山秦陵一文,秦陵已发掘的两座各附车马坑的大墓墓主是谁?业界曾有热烈讨论,分歧较大。祝中熹力主墓主为秦襄公和秦文公,并提出了"父登子肩"说,认为位处山坡上方的目字形大墓为秦襄公之墓,下方的中字形大墓为秦文公之墓。秦襄公始国不久,且死于伐戎之役,丧事仓促,加以是时秦国尚弱,青铜制作还处于学习阶段、故其陵墓规格虽高,随葬品却因陋就简,乏善可陈,鼎簋等重器制作粗疏,器铭均系錾刻。秦文公则不同,他在位50年,国势已进入全面发展的兴盛期,故其陵墓葬品丰盛华美,椁室能用大型金鸷片为饰。但墓位和规格只能处于其父秦襄公之下,这符合"父登子肩"的族葬传统。祝先生通过对已知两座大墓出土器物的对比分析,指出器物的时代差异正与两位墓主的离世时差相符。

祝中熹擅长通过写人物展现历史。本书收录了对两位嬴秦国君的述评。他们分处不同的时代,其身世和作为,都闪现着所处时代的特征,折射着那个时代嬴秦的社会面貌,反映出嬴秦对外关系的势力格局。让我们以非子为例,看一下祝中熹把握人物的深度和评价人物的高度。其中有三点最值得注意。第一点,祝先生指出,非子的君位,既不是来自贵族宗法传统的血缘继承,也不是来自政变之类的暴力夺取,依靠的完全是个人在生产领域的成就和贡献。在统治集团权力争夺已成常态的贵族社会,这是非常罕见的。在交代非子的养马特长时,祝先生顺势写了马匹在当时社会生活中的重要性,写了周王室急需马匹的原因,写了大骆方国域内畜马业发展的生态环境。这些都加深了我们对时代和史事的认识。

第二点,祝先生特笔评论了西周王室对非子畜马有功的奖励:不仅划给他王畿西部的"秦"地,封他为"附庸",而且使他"复续嬴氏祀,号曰秦嬴"。这一点被秦史研究者所忽略。其实这是件在早期秦史中具有划时代意义的大事。陇右嬴姓方国原本是商王朝的属邦,周灭商后方国迅速改弦更辙,认周王室为宗主。嬴族以造父为首领的另一支,因亲周被王室封于赵城,而别嬴为赵氏。陇右这支嬴族为表示效忠于王室,也便随之别嬴而姓了赵。嬴和姬都是上古时代母元性大姓,在宗法体制下,二者是并列的;别出为赵氏则不同,赵是周王室所封之氏号,已被纳入王朝臣属体系之内。这也就是后世周太史儋追述周、秦关系时所言,周与秦"先合而后离"的"合"。非子"复续嬴氏祀",意味着恢复了嬴姓的正宗地位,再度构筑起宗子传袭的族统。非子族体是时尚弱，但在宗法意义上却高于其父大骆的赵氏身份，具有在姓系领域与姬周对等的资历。这也就是太史儋所说的周、秦之"离"。后来大骆一族被戎族灭亡，而非子后裔们经过世代拼搏，不仅战胜了戎族，延存了嬴族的生存，壮大了以"秦"为名的政治实体，并发展成西方唯一的诸侯大国。所以说非子被封为秦嬴意义非凡。

第三点，对于非子封邑的地望，祝先生作了详明的考辨，对学界长期流行的误识进行了据理驳正。《史记·秦本纪·集解》引徐广之说，谓非子封邑在"天水陇西县秦亭"。具体地点，后人有说在今清水，有说在今张家川，总之在陇上。徐广可能依据《汉书·地理志》言非子封地乃"今陇西秦亭、秦谷是也"一语。班固就这么一句话，未作论证。后世学者大都信从此说，连一些工具书也都袭此不疑。但此说有悖《史记》的记载。祝先生指出，对非子封地，《史记》三处文字言及，说在"汧渭之间"或"汧渭之会"。史文前后呼应，讲得明明白白。为什么人们不信《史记》的明确记载，而轻信班固的一句话呢？祝先生对此困惑不解。但他冷静地分析了班固此说的缘由。陇上的确有地名秦，但那却不是非子的初封地，乃非子的三世孙秦仲率众离汧地之秦而登陇的活动中心，故传世多种文献称秦仲封地在陇上。那个时代的部族迁徙，有将居地名称带到新域依旧使用的传统，故陇上也便有了"秦"名。因非子族体在汧地活动时间不长，且邦势很弱，故未在群体记忆中留下较深印象；而秦仲族体却在陇上发展壮大，声势远扬，加以陇域一直为嬴秦所掌控，故秦名遂在群体记忆中扎了根。班固是依据后来的秦邑所在而写了那句话的，竟成了千古之误。祝中熹的辨误拨正有理有据，如今业界已多有关注此事的学者。

以上三点表明，祝先生不单纯写非子个人的身世经历，文章涉及并串联嬴秦早期历史的一系列关键点，非子的功业完全与秦史融汇在一起。

丙编的文章全是对古代历史事件及实物制度的考证辨疑。从中可以看出乾嘉学派对祝中熹的影响，看出他在语言文字方面的深厚功力。所写题材散漫无序，但和他成体系的论著一样，写作态度严肃认真，秉承了考而后信、证而始论的原则。且不说像文王受命、武王伐商这种已直接入史的内容，微观题材的考证也不失学术价值。小问题或大事件中的小细节，其实都不是孤立的，它们和大问题、大事件的要害，往往有蛛丝马迹的联系，隐藏着可以放大的信息，能提供深入了解的线索，就像一片羽毛含有所属禽体的基因一样。祝先生深明此理，他的微观考证，选材经过深思熟虑，常能揭示一些很有认知意义的实情，载体小而文化容量大。就拿本书最短小的一文《也来说"发"》来说，通过对繁体字"發"的解析，祝先生讲述了早期农业所使用的耕作用具耒的结构及其操作方法，又介绍了由耒进化而生的耜，兼释了《诗经》所言之"耦耕"，进而还点示了一下周代的籍田礼。此文虽是对一种说法的指误，却告诉了读者许多古史知识。王辉先生在为祝著《古史钩沉》一书所写序言中曾说，这类文章和通常的语言文字考据不尽相同，探讨的问题和运用的资料多与历史有关，目的仍在考史。信哉斯言。

丙编文章中最值得关注的，是对嶓冢山与汉水古源的论述。被儒家视为绝对正确的经典《禹贡》，说"嶓冢导漾，东流为汉"，较早的几部地志著作解释此说，并无异议。但此说和地理实况不符，汉水最上流为今陕西汉中的沔水。嶓冢山究竟在哪里？漾水实指哪条水？汉水到底发源于何处？此事成为我国历史地理领域长期争议不休的一大疑案。

祝中熹曾经长期工作生活在礼县，对于流贯县境的西汉水名称一直困惑不解。西汉水是嘉陵江上游的支流，与汉水无涉，为何称西汉水？下决心弄清疑问，是在治学转向秦文化研究之后，因为早期秦史多处牵涉嶓冢山和西汉水。他阅读了许多古地志资料,但情况似乎愈理愈乱。直到读了刘琳的《华阳国志校注》,他才豁然开朗,真相大白。刘琳在《汉中志》里有一条长注,介绍了《地理知识》发表的一篇文章,该文作者实地观察到了在阳平关以东地区,存在嘉陵江上流曾与汉水通流的古河道。原来嘉陵江最初并不直接南下入川,而是东入汉中,实为汉水的上流。刘琳说此"可解千古之谜"。祝先生为疑案获解而兴奋不已,在此后的文著中多次引用刘注,极力张扬此事澄清的意义。他还在刘注的基础上,补充了自己的一些见解,更全面、更切实地论证了这一史地疑案获解的全过程。

《禹贡》记载正确无误,几部古地志也没有错释。嶓冢山只有一座,即今天水市南境的齐寿山,古汉水即源于此山。古汉水在甘境有两大支流,分称东汉水和西汉水。东汉水又称漾水,发源于嶓冢山东麓,即今纵贯徽县全境而南下的永宁河,其最上流今称白家河;西汉水发源于嶓冢山西麓,西流、南折又东向,与东汉水会流后入陕,其最上流今称盐官河。东汉以前不存在入川的嘉陵江,甘境为汉水上游;汉中之所以称汉中,就因为处于汉水中游。东汉为西北地震多发期,有些地震强度极大,为害甚巨,史有明载,张衡发明地动仪即缘此背景。可能是一次强震造成的山体大滑坡阻塞了汉水,经过了半通半断而且造成漫水涌聚为泽的一段时间,东、西汉水合流后的水势南冲入川,这便是嘉陵江的成因。

嘉陵江之名晚至北宋《元和九域志》才第一次出现。祝先生指出,江名即源自西汉水。西汉水当时可能大于东汉水,被视为汉水上游之主流;而西汉水的中段,老早就有嘉陵水之名。这在《水经·漾水注》《通典·州郡四》《元和郡县图志·绵谷县》诸书中皆有记载。后来的嘉陵江实乃西汉水中段别名的移用。祝先生又进一步追问:西汉水的中段,为何又称嘉陵水呢?他认为这可能同大堡子山秦国第一座陵园有关。因为所谓西汉水中段,就是流经大堡子山脚之后的水流。秦人极崇敬神灵,对开国的先后二君之墓更加倍尊奉,故称之为嘉陵,流经陵山之下的水遂有了嘉陵水之名。联系礼县自古有"天嘉"之称,有的方志甚至说秦武公在那一带设过天嘉郡,可知"嘉"字很可能出于秦人对故都祖茔的敬仰。祝先生此见虽为假说,但发人深省。

祝中熹发过这种感慨:某项业已被探明的学术疑案,要被社会普遍接受,往往需要时日。一些历史性误说,具有传习惯性,很难改变,他曾举非子封邑地望为例。对汉水古源,他虽一再张扬疑案的澄清,但《华阳国志校注》是部专业性很强的古史,一般人不读或不愿读此类著述,只相信工具书或传统旧说,不知或不信新说。因此祝中熹下大功夫撰成《嶓冢山与汉水古源——对一桩史地疑案的梳理》,把有关此案的文献资料几乎搜罗净尽,按时代引录排列,并加以详明的解说,讲清真相,交代原因,志在坐实疑问的答案,使它无可再议。他还进而点出由此疑案衍生的两个重要课题,提出了自己的见解。这些举措,都有利于文化事业的发展,应给予充分肯定。

为文丛版幅所限,本书只选了祝中熹的 22 篇文章,不及他笔耕成果的十分之一。但量有限而质未损,相信祝先生的治学精神、学术成就和文字风格,俱已蕴盈书中。

刘光华

甲编
先秦社会论析

对中国古代社会性质的一点浅见

自马克思列宁主义传入我国之后，史学界关于先秦社会性质问题的研究沛然勃兴，诸家立说，众口纷纭，卓见竞出。近十几年来，以郭沫若同志为代表的主张从夏代到春秋末为我国奴隶社会阶段的学说，影响越来越大，颇有成定论之势。这种统一于郭氏学派的趋向，是表明了我国古史研究的成熟呢，还是某种政治气候下形成的暂时假象？我觉得，这是个值得深思的问题。

史学工作者常说的一句话是：用马克思主义指导历史研究。这句话自不容置疑，但怎么个"指导"法？是从理论出发，先定下结论，然后寻找史实证明这结论呢；还是从史实出发，用历史唯物主义观点分析史实，然后得出结论来呢？许多同志承认后者是正确的治学方法，但却自觉或不自觉地在按前者办事。遗憾的是，郭老及其代表的学派就多少具有这种倾向。他们从五种生产方式的理论出发，脑子里先给自己定下中国存在奴隶社会阶段的框框，然后从浩如烟海的古史资料中撷拾若干零碎的片段，去填充这个框框。这样的研究结果，很难不令人产生怀疑。

五种生产方式的理论，是无产阶级革命导师研究人类历史得出来的具体结论。它是研究的结果，而不是研究的前提。这个具体结论是否正确，有赖于历史科学进一步发展的检验，也有赖于人类社会进一步发展的检验。结论应当服从史实，而不是像许多同志习惯了的那样，让史实服从结论。奴隶社会是否人类历史发展的必经阶段？中国

先秦是否存在过一个奴隶社会？答案应当在研究结束时作出。

笔者试图从这个立场出发，对战国前的中国社会作一番粗略的探索，提出个人的一点浅见，就教于史学界。

商周时代是奴隶社会吗？

我们首先应明确什么是奴隶社会。对什么是奴隶社会，讲得最详明的是斯大林同志：

> 在奴隶社会制度下，生产关系的基础是奴隶主占有生产资料和占有生产工作者，这生产工作者便是奴隶主所能当作牲畜来买卖屠杀的奴隶。这样的生产关系基本上是与当时的生产力状况相适合的。此时人们所拥有的已经不是石器，而是金属工具；此时所有的已不是那种不知畜牧业为何物，也不知农业为何物的贫乏原始的狩猎经济，而是已经出现了的畜牧业、农业、手工业以及这些生产部门彼此间的分工……这里已不是社会中一切成员在生产过程中共同地和自由地劳动，而是由那些被不劳而获的奴隶主所剥削的奴隶们的强迫劳动占主要地位。因此也就没有了生产资料和生产品的公有制。
>
> 富人和穷人，剥削者和被剥削者，享有完全权利的人和毫无权利的人，他们彼此间的残酷阶级斗争，——这就是奴隶制度的情景。①

由此我们知道，如果断定某一社会为奴隶制社会，那么它至少必须具备三方面的要素：一、生产力水平：已广泛使用金属工具，农业、畜牧业、手工业已有明确的分工；二、生产资料所有制：生产资料及社

---

① 《辩证唯物主义与历史唯物主义》，人民出版社1956年版，34页。

会产品为奴隶主阶级私人占有，不存在生产资料及产品的公有制；三、阶级对立：存在着不劳而获的奴隶主和社会生产事业主要承担者奴隶这样两大对立阶级，奴隶们本身就是奴隶主的财产，没有自己的家庭经济，也毫无人身自由和政治权利，他们被迫进行劳动，可以被当作牲畜一样买卖和屠杀。

让我们看一看战国前的中国社会，其基本构成是否如此。夏代古远渺茫，史迹难征，在地下发掘尚未提供更多足以说明夏代社会情况的材料以前，我们对夏代社会性质暂时可"姑存勿论"。且看商周两代。

商周两代的生产力状况，大体上可以和斯大林同志阐述的奴隶制社会生产力水平相应。但我觉得，生产力并非判定社会性质的症结所在，决定社会性质的是该社会的生产关系。

下面，我们从两个方面考察一下战国前的生产关系。

一、社会主要生产者的身份

大家公认，商周两代社会生产事业的主要承担者是所谓"众""民"和"庶人"。以郭沫若同志为代表的商周奴隶社会论者，认为"众""民"和"庶人"都是奴隶。

先谈"众"。甲骨卜辞中关于"众"或"众人"的记载很多：

乙巳卜𡧊贞，王大令众人曰："协田，其受年？"（"粹"八六八）

戊寅卜宁贞，王往，以众黍于冏。（"前"五、二十、二）

贞，叀小臣令众黍，一月。（"前"四、三十、二）

癸巳卜宁贞，令众人□入羌方（授）田。贞勿令众人，六月。（"甲"三五一二）

令众人伐羌。（"甲"三五一〇）

贞，王勿令禽以众伐舌方。（"后"上一六、一〇）

贞，我其丧众人？（"佚"四八七）

伐㞷弗雉王众。（"邺"三下、三八、二）

这些材料告诉我们："众"或"众人"总是同两项事业联系在一起的，一项是农作，一项是征战。"众"或"众人"既是农业生产的承担者，又是商王的基本战斗力量，但却没有任何证据说明他们是奴隶。《尚书·盘庚》上篇：

王命众悉至于庭。王若曰："格汝众，予告汝训汝：猷黜乃心，无傲从康……汝不和吉言于百姓，惟汝自生毒，乃败祸奸宄，以自灾于厥身。乃既先恶于民，乃奉真恫，汝悔身何及……古我先王，暨乃祖乃父，胥及逸勤，予敢动用非罚？世选尔劳，予不掩尔善。兹于大享于先王，尔祖其从与享之。作福作灾，予亦不敢动用非德……邦之臧，惟汝众；邦之不臧，惟予一人有佚罚。凡尔众，其惟致告：自今至于后日，各恭尔事，齐乃位，度乃口，罚及尔身，弗可悔！"

这里的"众"，不但不是奴隶身份的人，甚至也不是平民，他们的地位比较高。商王能直接把他们召集到宫庭训话，说明他们的人数并不是很多的；商王埋怨他们"不和吉言于百姓，惟汝自生毒"，说明他们在群众中有相当大的影响和号召力（关于"百姓"，郭老主编的《中国史稿》认为是贵族的总称①。实际上，"百姓"是指众多的氏族或部落。人类由原始社会进入阶级社会后，氏族组织的形式曾长期地、顽强地存在过。）；"世选尔劳，予不掩尔善。兹予大享于先王，尔祖其从与享之"，说明他们的祖先，世代与商王共事，并可以和"先王"共享隆重的祭祀；"邦之臧，惟汝众"，"各恭尔事，齐乃位，度乃口"，说明他们

①《中国史稿》第一册，人民出版社1977年版，171页。

担负着与国家兴亡有关的重要职务。正如不少学者早已指出的那样，《尚书·盘庚》上篇里的"众"，是一些王室权贵。从《盘庚》中篇看，"众"的身份问题更复杂化了。但不管怎么说，"众"不是指奴隶，则是确定无疑的。有人据《盘庚》中篇"予岂汝威，用奉畜汝众"，"古我先后既劳乃祖乃父，汝共作我畜民"等语，便认为"众"、"民"受的待遇象牲畜一样；据"我乃劓殄灭之，无遗育，无俾易种于兹新邑！"便断定"众"、"民"可以被随意屠杀，由此证明"众"、"民"是奴隶。这样的论证，比"断章取义"更进了一步，已经是"断字取义"了。正如不少学者所指出，"奉畜汝众"、"汝共作我畜民"的"畜"字，是关顾、照抚的意思，不能理解为"牲畜"。此类文例甚多，不须赘举。而且，通观《盘庚》中篇，盘庚对听众一再用拉拢、爱护的口气，把"奉畜汝众"、解释作"象牲畜一样对待你们"，和整体口气无法协调。至于"劓殄灭之"一类的话，也绝对不能证明听众是可以被随意屠杀的奴隶。在专制主义王权时代，最高统治者在认为必要的时候，以刑戮胁迫部下或人民服从他的决定，是一种通常现象。在中国，直到解放前，统治者的政令、文告一类的东西不还常有"违者格杀勿论"式的语言吗？至于《盘庚》下篇，听众为百官及族体首领，一望而知，无可争议。

总之，甲骨卜辞和《尚书·盘庚》都不能证明"众"是奴隶，相反地，我们看出"众"有时还指比社会主要生产者更高的身份。于是人们进一步着眼于周代的文献。大约是语言演变进化的关系罢，周代文献中出现的"众"，大都是"多数人"的意思，对什么身份的人都适用。最引起大家注意的是《诗·周颂·臣工》篇的"命我众人，庤乃钱镈，奄观铚艾"一句。但这一句和甲骨卜辞中"王大令众人曰劦田"一样，除了说明"众人"是统一指挥下的农业劳动者之外，在身份问题上仍不能前进一步。那么，"众"的身份问题怎么办？郭沫若同志说："可幸有一个有名的曶鼎"。这曶鼎的一段铭文，实际上成了商周奴隶社会论者判定"众"为奴隶的最坚强的论据。那段铭文被认为是"众"可以被他的主人当作财富抵偿给别人的确证。果真如此,这可以说是向着"众"为奴隶的结论跨出了很有意义的一步。但我们还是先细心地分析一下铭文再下论断罢:

> 昔饉岁,匡众厥臣廿夫寇智禾十秭,以匡季告东宫。东宫廼曰"求乃人!乃弗得,汝匡罚大!"匡廼稽首于智,用五田,用众一夫曰益,用臣曰疐,[曰]朏,曰奠。曰:"用兹四夫。"稽首曰:"余无攸具寇正□不□□余。"智或以匡季告东宫。智曰:"必唯朕[禾是]偿。"东宫廼曰:"偿智禾十秭,遗十秭,为廿秭。[如]来岁弗偿,则付四十秭"廼或即智用田二,又臣〔一夫〕,凡用即智田七田,人五夫。智觅匡三十秭。①

这段有意思的铭文,确实比甲骨卜辞关于"众"的记载说明的问题多:一、"众一夫"的语法结构表明"众"并不单纯是"多数人"的概念,它具体代表了某种身份的人;二、"众"与"臣"明确分列、分述,表明二者的身份有严格区别,不容混同;三、当时已有类似法院的权力机构,负责解决民事纠纷;此外,商周奴隶社会论者认为还有最重要的一点,我们权且列出作四、"众"与"臣"完全受他们的主人支配,可以作为财产赔偿品转让给别的主人。但这最后一点却有点经不住分析,"赔偿品"的说法,很站不住脚。上引曶鼎铭文,是关于曶与匡季在"东宫"面前打官司的记载。"东宫"是掌握裁决权的法官,但大家大都忽视了铭文中东宫的这句话:"求乃人!乃弗得,汝匡罚大!"这是东宫的初次裁决,他很严厉地命令匡交出"寇禾"的罪犯,根本未涉及赔偿的问题。裁决后,匡季由于某种原因不想或不能交出寇禾的全部"廿

---

① □为缺字,〔 〕为郭沫若同志据上下文义补出的缺字,重点号为笔者所加。

夫",只交出了"四夫",考虑到"四夫"恐怕交不了差,所以给曶"五田",企图以此了事。请注意匡季赔情道歉后的那一句话或两句话。那一句或两句话由于缺了四个字而语义难明,一般引文时都把它删掉了;但这一句话或两句话十分重要,它是匡季向曶作的解释。据存文猜其意思可能是:我实在无法交出全部寇禾之人,请不要强逼我。匡季之所以要这样解释,因为东宫的判决是"求乃人!"交不出人犯来就要"罚大!"于是曶与匡又二次到东宫面前交涉。曶知道匡不可能交出全部寇禾之人,所以只强调赔偿自己的"损失"。"东宫"尊重曶的意见,在人犯未全的情况下,重新作出关于物质赔偿的判决。曶和匡私下交易的结果是匡赔偿十秭禾,再增赔两块田,再交出一个寇禾的犯人,了结了这段纠纷。至于交出的"人五夫"由谁处置,铭文未明言,从文义推,该是由曶处置的罢,当时可能有这种法律规定。实际上真正的罪犯是匡季,但他是贵族,"刑不上大夫",只好由他的部下(主要是"臣")来当替罪羊。东宫的两次裁决,一次严令追寻罪犯,一次定了重额实物赔偿,都不牵扯用人作赔偿品的问题。那唯一的一名"众",是作为罪犯交出去,而不是作为财产赔偿交出去的。曶鼎铭文前一部份有用匹马束丝或寽买"五夫"的记载,但未言明"五夫"是什么人,因而对于澄清"众"的身份问题不起作用,我们不再引述。总之,从商周两代文献中,我们寻不出一条说明"众"是奴隶的史料。

再看"民"。郭老谓金文之"民"字为"目中着刺"形,说这是盲其一目以为奴征。但"民"究竟是不是奴隶,主要应在社会生活中考察,单凭简单的字形作判断是很危险的。从商周两代文献中可以看出,"民"泛指人民大众,并非奴隶的专称。商周时代是有奴隶的,奴隶当然也包括在人民大众的范围内,所以有时也称奴隶为"人民"。如《周礼·地官》:"质人掌成市之货贿、人民、牛马、兵器、珍异,凡卖儥者,质剂焉。"这里的"人民"是可以买卖的奴隶,但并不能说所有的人民是奴隶。观《尚书·盘庚》，"民"与"众"并称而同义，看不出有什么身份上的区别。"众"既非奴隶，我们也没有理由认为"民"是奴隶。盘庚讲话中不厌其烦地声言要"施实德于民"，"恭承民命"，"式敷民德，永肩一心"，表白商王历来"罔不惟民之承"，"视民利用迁"。这都绝不可能是对奴隶讲话的语言。我们还应该注意到盘庚对民众讲话内容中有一个重要特点，就是他极力强调王的祖先与听众祖先之间的密切关系："古我前后，罔不惟民之承"，"汝曷弗念我古后之闻"，"予念我先神后之劳尔先，予丕克羞尔，用怀尔然""古我先后，既劳乃祖乃父，汝共作我畜民"，"我先后绥乃祖乃父，乃祖乃父乃断弃汝，不救乃死"，"乃祖乃父丕告我高后曰：作丕刑于朕孙。迪高后丕乃崇降弗祥"——盘庚一再说这些话是什么意思？很明显，他是通过氏族社会的传统关系，唤起听众的家族感，用宗法纽带联结听众统一行动，用祖先的神秘力量强化王权的威势，以完成迁都重举。如果听众是奴隶，盘庚这些话既不可能讲，也没有必要讲。只有当王和听众属于同一个部族，也就是说，只有当王和听众的关系，尚在某种程度上保有部落首领与其成员关系的性质时，这些话才有意义。因此我们说，《盘庚》篇中的"民"是公社成员而非奴隶。在周代文献中，"民"的地位被提得更高："敛时五福，用敷锡厥庶民"，"天子作民父母"①"若保赤子，惟民其康乂"，"天棐忱辞，其考我民"②，"彼裕我民，无远用戾"③，"怀保小民，惠鲜鳏寡……咸和万民"④，"民之所欲，天必从之"，"天视自我民视，天听自

①《尚书·洪范》。
②《尚书·大诰》。
③《尚书·洛诰》。
④《尚书·无逸》。

我民听"，"惟天惠民，惟辟奉天"①，"夫民，神之主也"②，"非德，民不和矣，神不享也"③这些话，我们不能简单地用"统治者的花言巧语"一句话盖过，任何一种统治术，总是该社会经济构成的反映。正因为"民"在事实上并不处于可以被买卖、被屠杀，没有独立经济和任何政治权利的奴隶地位，所以统治者的头脑中才不可能产生出那种以皮鞭和屠刀为象征的政治指导思想，而是形成了一套通过"保民""裕民"达到"治民"、"使民"目的的温和的政治原则。但是主张商周为奴隶社会的学者们并不这样考虑问题，他们引用《尚书》中的一些文字，说明周代的"民"可以被随便屠杀：

> 告尔殷多士，今予惟不尔杀，予惟时命有申……尔不克敬，尔不啻不有尔土，予亦致天之罚于尔躬。
>
> （《多士》）
>
> 今尔尚宅尔宅，畋尔田，尔曷不惠王熙天之命？……乃有不用我降尔命，我乃其大罚殛之。非我有周秉德不康宁，乃惟尔自速辜！
>
> （《多方》）
>
> 群饮，汝勿佚，尽执拘以归于周，予其杀！
>
> （《酒诰》）

《多士》是周公平定"三监"叛乱之后，迁殷民于洛时对上层殷民的讲话。这是战胜者对战败者的讲话，口吻当然带有杀气。古代屠杀战败的叛敌，本属常事，周公说："今予惟不尔杀"，是为了显示自己的

---

①《尚书·泰誓》。
②《左传·桓公六年》。
③《左传·僖公五年》。

宽大。《多方》是五年之后，殷人联合相邻部族第二次叛乱被镇压，周公对叛乱者讲话。这仍是战胜者对战败者的讲话，而不是对奴隶的讲话。考虑到对付这种部族叛乱，不能一味用杀戮的办法，所以周公使用了劝喻、和解的口气，虽也发出了"我乃其大罚殛之"一类的威胁，但也有利诱："尔乃自时洛邑，尚永力畋尔田，天惟畀矜尔，我有周惟其大介赉尔，迪简在王庭，尚尔事，有服在大僚。"意思是：只要你们在洛邑安心生产，上天会可怜你们，政府也会大大地赏赐你们，还要把你们之中表现好的选到朝廷上来，分配给重要的官职。这显然不是对奴隶的态度。至于《酒诰》中说的"予其杀"，也决不是"随便屠杀"的意思。周灭殷后，鉴于殷王纵酒淫逸，导致亡国的教训，开展了一场严厉的戒酒运动，不惜动用极刑对付不听训诫的酒鬼们（可能当时酗酒成风，已成严重的社会问题）。这纯粹是个维护社会治安，巩固新政权统治的刑法问题，与人民的身份无涉。近代史上林则徐禁烟时规定卖鸦片者处死刑，谁也不会以此推论说当时的中国人都是可以被屠杀的奴隶。何况《酒诰》明言：即使犯了"群饮"罪的人，也不能随便杀，要"尽执拘以归于周，予其杀！"如果"民"是奴隶的话，犯了死罪，何至于要押送京都，由周公亲自处置。

现在谈"庶人"。"庶人"是周代的农业生产者，是与统治阶级相对立的基本劳动群众，这是大家都承认的事实。这个事实，在先秦文籍中反映得十分清楚：

《诗·卷阿》：

蔼蔼王多吉士，维君子使，媚于天子……

蔼蔼王多吉人，维君子命，媚于庶人……

《左传·襄公九年》：庶人力于农穑。

《国语·晋语》：公食贡，大夫食邑，士食田，庶人食力

……

《礼记·曲礼》：礼不上庶人，刑不上大夫。

《论语·季氏》：天下有道，则庶人不议。

《荀子·王制》

庶人安政，然后君子安位。传曰：君者，舟也；庶人者，水也。水则载舟，水则覆舟。

《左传》昭公七年无宇所说的十等人中之所以没有庶人，那是因为他是从宫廷生活的统属关系角度上立言，不涉及农业生产领域，这也正可以反证"庶人"不可与皂、舆、隶、僚、臣、仆、台等家内奴隶相提并语。周代的"庶人"，也就是商代的"众人"，是平民，是农村公社的成员。《史记·五帝本纪》列举从黄帝子至舜七代世系之后说："自从穷蝉以至帝舜，皆微为庶人。"这表明在司马迁眼里，庶人是指平民而非奴隶。《尚书·蔡仲之命》：谓周公平定"三监"叛乱后，"降霍叔于庶人，三年不齿"；《荀子·王制》："虽王公士大夫之子孙也，不够属于礼义，则归之庶人；虽庶人之子孙也，积文学，正身行，能属于礼义，则归之卿相士大夫。"《孟子·万章》："下士与庶人在官者同禄，禄足以代其耕也。"这些资料说明了庶人是劳动者，但可以做官；贵族也可以降为庶人。奴隶社会中的奴隶，不可能有这样的地位。

"庶人"也就是《诗经》中常提到的"农人"，"农夫"。从《诗经》中的许多诗篇反映的情况分析，"农人""农夫"们有自己的家庭，有自己的劳动工具，有自己独立的经济。他们受着多种剥削，生活极其困苦，但却决不是一无所有，在皮鞭下干活的奴隶。《七月》诗中云"同我妇子，馌彼南亩"，"言私其豵，献豜于公"，"为此春酒，以介眉寿"，"朋酒斯飨，曰杀羔羊，跻彼公堂，称彼兕觥，万寿无疆"；《大田》篇云："以我覃耜，俶载南亩，播厥百谷"，"雨我公田，遂及我私"；《载芟》篇云："有渰其馌，思媚其妇；有依其士，有略其耜"；《良耜》篇云："或来瞻汝，载筐及筥，其饟伊黍"，"百室盈止，妇子宁止"。这些诗句都表明农夫们有自己独立的家庭经济,非奴隶之可比。有人据《七月》篇中"采荼薪樗,食我农夫",和《甫田》篇中"我取其陈,食我农人"等句,证明农夫们吃的是奴隶主的饭,而且吃的是树皮、腐粮之类。这是未深察诗意的误解。《七月》一诗为农夫自嗟自述的口气,讲的是自己一年忙到头的辛苦生活。"荼"为一种野菜,"樗"是不能用于材料的树木,伐来作薪的。农夫们需要烧柴煮野菜吃,这固然说明其生活困苦,但却不能解释为奴隶主用野菜树皮喂养农民。《甫田》为贵族们歌颂籍田丰收的雅乐,渲染了一片昇平气象。籍田是周代邦畿所在地的大面积公田,由农村公社的成员(即"庶人")集体耕种,收获归公。每年春耕开始,天子或诸侯率领百官,亲自参加,并进行象征性的劳动,这就是所谓藉田礼。西周时行藉田礼是一件大事,那天执政者要破费破费,管一顿饭,犒劳一下农民。《国语·周语》记此事说:"王耕一墢,班三之,庶人终于千亩……毕,宰夫陈饷,膳宰监之。膳夫赞王,王歆太牢,班尝之,庶人终食。"《甫田》篇所谓"我取其陈,食我农人",指的就是这顿饭。此诗是夸耀丰收的,所以说"自古有年",表示粮食年年有余,并非一直用腐烂的粮食喂养农民的意思。"陈"不能释作"腐",非当年收获的粮食皆可称之为"陈粮"。而且,释"陈"为"腐"与全诗康乐的情调无法兼容。

认庶人为奴隶的学者们常引用大盂鼎的铭文,证明周代的庶人可以用作赏赐品:"锡汝邦司四伯,人鬲自驭至于庶人六百又五十又九夫……锡夷司王臣十又三伯,人鬲千又五十夫。"但是,被用作赏赐品的人并不一定就是奴隶。从铭文本身看,"邦司四伯"和"夷司王臣十又三伯"也是赏赐品,他们却分明不是奴隶。周代文献中凡是以"伯"称之者都是地位较高的人,与以"夫"称之者迥然有别。上述"伯"们可以作赏赐品,为什么其他作赏赐品的人就是奴隶呢?大盂鼎的铭文是康王"受民受疆土"的记载。那时的周王朝,正处在胜利地扩大疆域,巩固其对周围各部族统治的兴盛时代。王室需要把本部族的贵族,连同其氏族成员,派往广大新控制的领域中去管理当地的人民,以"屏藩王室"。这就是周初分封的实质。大盂鼎铭文前面谈到"受民受疆土",后面又说"□□□自厥土",表明盂受赐的不仅是邦司人鬲,还有土地。当时的周族和殷族,都还保留着氏族组织的形式(在前期农村公社阶段,氏族形式顽强地保留了相当长的历史时期),被封贵族前往封地时,他所属的氏族(或其中一部分成员)是要随之迁去的。《诗·崧高》叙述申伯封谢时说:"王命傅御,迁其私人",这"私人"正就是申伯的氏族成员。西周时"国人"与"野人"的区别也由此而来:所谓"国人",其主体就是封国建邦时被封诸侯所带去的氏族成员;所谓"野人",就是当地土著居民。在"普天之下,莫非王土;率土之滨,莫非王臣"①的周天子看来,凡周族势力所及的地盘,连同那地盘上生活着的人民,都可以算作给他部下大小贵族的赏赐品;被封贵族前往封地时统率的氏族成员及身边的全套侍从,也都算是周天子的赏赐。因此,这种封赏,与奴隶制度毫无关系。

综上所述,结论是:商周两代的社会主要生产者并不是奴隶。

二、生产资料的所有制

商周时代的主要生产事业是农业,当时的农业生产工具非常简陋,不过是耒、耜、钱、镈之类。据我们前引《诗经》中的有关资料来看,如果不戴奴隶制的有色眼镜去曲解文义,那么,农业劳动者拥有自己的生产工具是不成问题的。所以,这里我们讨论商周时代生产资料的所有制,可以抛开生产工具问题,专谈土地的所有或占有情况。

先秦的土地所有制,是个十分复杂的问题,大家的认识相当混乱。这既有史料方面的原因,也有理论方面的原因。众所周知,马克思

---

① 《诗·北山》。

认为包括中国在内的古代东方是以土地国有为特征的。他说："没有土地私有制之存在,这的确是了解全东方情形的关键。"①"在这里,主权就是在全国范围内集中的土地所有权"。②马克思认为,这种情况与公社对土地的实际使用并不矛盾,他写道:"在大多数亚细亚的形态里面,那高居在所有这一切小集体之上的结合的统一体以最高的所有者或唯一的所有者资格而出现,实际的公社却因此不过作为承袭的占有者而出现。"③这种土地的国有,实际上也就是王有。我国史学界有的同志据此认为,周初分封的实施,即表示国王对全国土地之最高所有权已经形成。然而,照这样理解,那么土地私有制又是怎样发生的呢? 战国时开始的土地买卖及兼并现象又如何解释? 而且,尚未产生分封的商代,土地是一种什么所有制呢? 难道商代还是以土地公有为基础的原始社会? 我认为,把古代中国的土地所有形态,简单地归结为土地国有或王有,是不符合史实的,是混淆了专制主义王权与土地所有权这两个不同的概念。周王的分封,行使的是行政管理权而不是土地所有权。

商周时代的土地制度是农村公社所有制,是一种由公社所有向家庭所有转化过程中的土地所有制。对于这种土地形态,马克思和恩格斯曾多次作过明确的论述:

> 各个家庭首长之间的财产差别,在旧的共产制的家庭公社还保存着的地方都突破了它。同时,这种公社所行的共同耕作制也灭亡了。耕地分配给各个家庭使用——起初是暂时的,后来便成为永久的,终于随着对偶婚的进到一夫一

①《马克思恩格斯论中国》,人民出版社五 1954 年版,20 页。
②《资本论》第三卷,人民出版社五 1958 年版,1032 页。
③《资本主义生产以前各形态》,人民出版社 1957 年版,5 页。

妻制而逐渐地并平行地进到完全的私人所有制了。个体家庭便成为社会的经济单位了。①

在农村公社中，虽然耕地仍归村社公有，但在村社各个成员之间已经进行定期分配，因此，每一个农民是用自己的力量来耕种分配给他的一份田地，并且把从耕作得来的果实留为已有。②

土地一部份当作自由的私田，由共同体诸成员独立去耕作，一部份当作公田，由他们共同去耕作。这种共同劳动的生产物，一部份当作收获不足时或他种意外事情的准备基金，一部份当作国家贮藏，为了应付战争，宗教，及其他各种共同事务的费用。在时间的进行中，这种公地，被军事上宗教上的高官侵夺了。在公地上从事的劳动，也被他们侵夺了。自由农民在他们的公地上做的劳动，变成他们替公地盗占者做的徭役劳动了。③

所有文明的各族人民都是从土地的公社所有制开始的。各族人民经过了原始状态的一定阶段之后，土地的公社所有制在农业的发展进程中变成为生产的桎梏，它被废除、被否定，并且经过了较长或较短的中间阶段之后转变为私有制。④

战国前中国的土地所有形态正是如此。在由家族公社向农村公

①恩格斯：《家庭、私有制和国家的起源》，人民出版社 1957 年版，157 页。
②马克思：《答维拉·查苏里奇的信和草稿》，见《史学译丛》1955 年第三期，23 页。
③马克思：《资本论》第一卷，人民出版社 1958 年版，269 页。
④恩格斯：《反杜林论》，人民出版社 1956 年版，142 页。

社的转化过程中,血缘关系和地域关系并不矛盾,父系家长宗法制一直到农村公社彻底瓦解前,都在发挥着作用。份地的出现,才是农村公社定型化的标志。前期农村公社的份地是不巩固的,需要用定期轮换耕地的办法解决土质优劣的矛盾,史籍所载"三年爰土易居",反映的就是这一阶段的情况。后来,随着农作技术的提高和人们私有欲望的增长,土地的使用逐渐固定,公社成员在自己的份地范围内用二圃制或三圃制的办法调节土质的差异,史籍所载"自爰其处",反映的就是这一阶段的情况。

史学界许多同志认为,商代的"邑",就是公社。但究竟是家族公社还是农村公社? 目前这还是难以判定的,因为没有确凿的史料根据说明商代的公社成员已经有自己的份地。甲骨卜辞中反映的是在商王统一指挥下的大规模集体农业生产的情况。但这也并不能反过来证明商代还没有份地,因为卜辞记载的都是王室的军政大事,所反映的集体生产情况可能是马克思所说的农村公社公有地上的劳动情况。唯一肯定商代农业生产者有自己的份地的史料是孟子的井田说。孟子说"殷人七十而助",什么是"助"呢? 他解释说:"方里而井,井九百亩,其中为公田,八家皆私百亩,同养公田,公事毕,然后敢治私事……此其大略也。"①孟子是当时的"历史通",不至凭空臆造。他的井田说可能源于早期农村公社模式化的传说, 细节不必如是, 概貌似应非虚。不论从有关记载还是从地下考古资料来看,商代社会生活的最小细胞已经是一夫一妻制的小家庭。根据恩格斯的论述,农村公社的份地必须是同这种小家庭相适应的。所以,在没有更新的可靠资料证明商代农业劳动者没有份地之前,我们没有理由否定孟子的井田说。孟子所说的"八家皆私百亩",就是农村公社成员的份地。

①《孟子·滕文公》。

　　周代的情况比较清楚。大约除了郭老代表的学派外,史学界大部分同志都承认周代的农业生产者有自己的份地,从而有自己独立的家庭经济,这从《周礼》、《诗经》等先秦文献中可以找到无数确证。周灭殷后,对同姓、异姓贵族实行过"授民授疆土"的大分封,这使许多同志误认为周代的土地所有权集中在周天子一个人的手中。其实,这种分封只不过是按宗法等级关系而实施的行政管理权的分配,周天子行使的只是专制主义至高无上的王权,并非严格意义上的土地所有权。周天子也好,各级贵族也好,都无权剥夺农村公社成员们对其份地的占有和使用(这种占有和使用权,后来便转化为所有权。战国时土地开始自由买卖,就是这种土地私有权最后形成的标志)。至于周王、诸侯给贵族臣属赏赐的那些"田"或"社",只不过说明了受赏者管理领域的扩大而已。至战国时期,赏田才具有土地所有权转移的意义。战国前,王公贵族可以把若干公社连同公社的土地和人民封赐给他的臣僚,但这种封赐丝毫也不影响公社成员对自己份地的权利。受封者只控制了公社的公有地即所谓"公田",以及组织、监督乃至强迫公社成员在公田上进行无偿劳动的权利。

　　总之,周代的农业生产者是有自己的份地的(数量大体上是一家百亩),这是人类生产力发展到一定程度时的必然结果,而不是专制主义王权的恩赐。恰恰相反,专制主义王权正是在这种份地和公田并存为标志的农村公社的基础上建立起来的。先秦史籍上所说的给"夫家""授田"的规定,不过是农村公社内部份地划分的文字反映,国家只是对这种份地划分制度加以条文化罢了。因此我们说,商周两代的农业生产者是有生产资料的个体劳动者,而不是一无所有的奴隶。

　　郭老所代表的学派也认为商周都存在过井田制,但他们所说的井田不过是若干块方田而已,他们不承认井田中有份地和公有地之分。这样的"井田制"有和没有是一样的。自古至今,凡是农业已经发

展起来的地区,哪里的耕地不是被阡陌沟渠分割成若干方块形状呢?郭老的学派着眼点就在于否定掉商周农村公社成员们的份地,为其"奴隶集体劳动"说扫清道路。因为一旦承认了商周存在着农村公社,承认了商周公社主要生产者是农村公社的成员,承认了那些公社成员各自有其份地,那么,商周奴隶社会论就成了沙上之塔。所以他们说"井田即方块田……是课取奴隶的耕作单位"①,"周王把井田分封诸侯和百官,用作计算俸禄的单位"②,"所谓'公田',就是周王赐给诸侯和百官的井田"③,"藉田就是井田,因为是借助(强迫)民力耕耘,所以称为藉田"④。这样一来,所有的土地便都属于王和贵族,劳动者一无所有。难怪有的同志讽刺郭老学派的商周奴隶社会论为"超奴隶社会论"了。其实,所谓"公田",正就是农村公社的公有地,最初它是由于共同事业特别是对祖先祭祀的需要而保留下来的,因此公社成员对公田有一种神圣感,而公田也必然是公社土地中最肥沃、最居中的一块,数量当然要比一家的份地量大得多。王畿邦国所在都是较为开阔的平原地区,人烟稠密,故辟有大规模的公田,常以"千亩"为单位,也即《诗经》中所说的"大田""甫田"。这些地区的公社成员每家有份地一百亩,另外平均负担十余亩公田的耕作任务,即所谓"什一而藉"。大规模的集体劳动景象,只有在这些大型公田上才能看到。在广大的鄙野,地形复杂,耕地宽狭不一,农村公社的规模也较小,公田不可能连片太大,其井田形态恐怕就接近于孟子所说的情况了。公田最初可能都称之为"藉田",后来由天子、诸侯只能参加王畿邦国所在地

---

①《中国史稿》第一册,人民出版社 1977 年版,第 183 页。
②同上,第 244 页。
③同上,第 245 页。
④同上,第 247 页。

区公田的藉田礼,所以习惯上只把这些地区的大型公田称为藉田。韦昭注《国语》说:"藉,借也;借民力以为之。"后人多从此说。但这很可能是据事附义。观甲骨文"藉"字,为双手持耒操作之象,本有耕义。孟子说"助者藉也",他是把藉田劳动同井田中的助法一样看待的。"助"字从"且"从"力","且"即"祖"字,可见助法在开始是打着"为祖先而出力劳动"的旗号的。

藉田为大型公田,附近的公社成员都要参加劳动,因此必然有登记名单、统计出勤的管理工作,后来"户籍"的"籍"就是由此引申出来的。商代已有藉田,卜辞中常有"王观耤""耤受年""王往崔藉","王其崔藉"、"人三千耤"等记载,并有"小耤臣""耤臣"的官职。卜辞记载多把"王"与"耤"联系在一起,表明商代已有类似周代藉田礼的仪式。这是往昔部落氏族首领和氏族成员共同劳动的"太古遗风"。周代籍田劳动的规模是相当大的,这在《诗经》之《甫田》、《大田》、《噫嘻》、《载芟》、《良耜》诸篇中,有鲜明的反映。韦昭说"天子藉田千亩,诸侯百亩",这可能是指藉田的原始规模,或者是说以"千亩""百亩"作单位计。从《诗经》上述诸篇看,藉田数量远远超过了韦昭说的数字。周代亩小,据杨宽先生考证,周亩约合当今市亩的三分之一①,那么,"千亩"也不过相当于今天三百多市亩大的地方。但《史记·周本纪》记载宣王不藉千亩之事时却说:"三十九年,战于千亩,王师败绩于姜氏之戎。"今市亩三百多亩大的地方,是不可能成为一次大战的战场的。可见"千亩"泛指一大片藉田,并非恰好一千亩地。但不管怎样,"藉田"、"公田"只是商周时代耕地的一小部分,决非全部井田,它就是马克思所说的"在时间的进行中","被军事上宗教上的高官侵夺了"的农村

①见其《战国时代社会性质的讨论》一文,《中国奴隶制与封建制分期问题论文选集》,三联书店1956年版,第297页。

公社公有地。这些"藉田""公亩",成为商周两代以"王"为首的贵族阶级剥削农村公社成员剩余劳动的物质手段。

上面,我从社会主要生产者的身份以及生产资料的占有情况两个方面,分析了商周两代的生产关系。分析是很粗略的,但足以证明,商周两代的生产关系并非奴隶制的。此外,商周奴隶社会论者的理论体系中还有一根重要的支柱,即人祭、人殉问题,本应论及,但限于篇幅,只好另作专文了。

商周时代是什么社会?

长期以来,五种生产方式的理论,被认为是历史唯物主义的基本定则,是"放之四海而皆准"的真理,因此,在解放后的中国,怀疑奴隶社会的普遍性,往往要以牺牲自己的政治生命作代价。然而,态度较为认真的古史研究者又无法闭目不看农村公社构成商周时代社会基础这一事实,无法否认社会主要生产者是公社成员而非奴隶这一事实,于是出现了"早期奴隶制"的说法。这种说法,承认商周时代奴隶数量较少,且多用于家内,社会主要生产的承担者是农村公社的成员。但我们细阅持此说的诸名家的文章,就会发现他们大都有意无意、羞羞答答地否定了中国奴隶社会的存在。所谓"早期奴隶制",不过挂了个"奴隶制"的名,内容完全是另一回事。翦伯赞同志在论证两汉非奴隶社会时,曾顺带非难过这种"早期奴隶社会"说:"如果一个社会已经有了奴隶的存在,但奴隶的数量少于自由民,那就表示在当时还没有真正把生产资料积累于少数人手中,还没有可能把大多数人变为奴隶,亦即氏族社会还没有彻底地被瓦解,因而我们就没有理由不称它作氏族社会而硬称它作奴隶社会。"①郭沫若同志也深知这种"早期奴隶制"说法的靠不住,并且深知其祸根就在于所谓农村公

①《关于两汉的官私奴婢问题》,《历史研究》1954 年第四期。

社。他曾很坦率地说："我认为,中国奴隶社会不像'古代东方型'的奴隶社会那样;只有家内奴隶,而生产者则是'公社成员'。严格按照马克思的意见来说,只有家内奴隶的社会,是不成其为奴隶社会的。……如果太强调了'公社',认为中国奴隶社会的生产者都是'公社成员',那中国就会没有奴隶社会。"①显然,郭老这段话是从证成奴隶社会的需要出发,而不是从中国古代社会的实际出发讲出来的,这也就是郭老的学派创立的"超奴隶社会"论的指导思想。但是,如果我们不硬给自己规定"奴隶社会是人类历史发展的必经阶段"这个框框,情形就会完全不同,我们就可以不必再去徒劳地补缀商周奴隶社会那件"黄帝的新衣",转而以严肃的治学态度正视一下中国古代社会的史实。

我认为,奴隶身份的人和使用奴隶的现象,在人类历史上无疑存在过而且曾经长期存在过,就是在今天,这种现象也还并未在世界上绝迹。但一般说来奴隶制度只能作为某种社会经济构成的补充,而很难成为占主导地位的生产方式。从人类社会自身经济发展规律上说,贫富分化现象产生自氏族公社的内部,剩余产品为少数人占有即剥削现象产生也起源于氏族公社内部。最早的阶级对立是氏族贵族与公社成员的对立,最早的剥削是贵族集团对公社成员的剥削。贵族阶级的原胎,就是各氏族、部落、部落联盟的大小首领。他们在以往世代中领导生产,主持祭祀,指挥作战,处理公共事务,从而形成了公认的权力。在生产力不断发展,剩余产品逐渐增多,私有制日趋形成的过程中,他们的权力性质也随之发生转化,即转化为控制公有生产资料的权力,转化为侵夺剩余产品的权力。这种权力逐步强化,为巩固和扩展剥削而采取的措施以及增设的机构也越来越完善。专制主义王

---

① 《奴隶制时代》,人民出版社 1973 年版,第 231—232 页。

权的最后形成，就是贵族阶级作为一个强有力的剥削阶级和广大公社成员相对立的标志。因此我们没有理由要坚持说最早的剥削方式是奴隶制的剥削方式,最早的阶级对立是奴隶主与奴隶的对立。再从奴隶的来源上看,大家都说奴隶开始时来自战俘,这也就是说,来自对外部的暴力掠夺。而且,掠夺了奴隶之后,要榨取他们的剩余劳动,还要靠暴力强迫。我们知道,皮鞭和死刑可以暂时地起些作用,但却很难以此创建一种占支配地位的生产方式,超经济的强制力量无法长期支撑巨大的社会经济构成。所以,奴隶制度决不是人类成长过程中必经的一个合理阶段。

马克思、恩格斯的时代,社会科学的研究中心在欧洲。欧洲被看作人类文明的摇篮,而希腊、罗马又被看作是欧洲文明的摇篮。一百多年前的马克思、恩格斯,把古代希腊罗马毒瘤般膨胀起来的奴隶制,视为人类历史发展的必经阶段,这在当时的背景下是可以理解的,但我们今天的眼光如果再囿于马克思主义理论白玉上这点微小的瑕斑中,恐怕要受到后代的嘲笑了。

最近,张广志同志勇敢地冲破史学禁区,在其《略论奴隶制的历史地位》①一文中,提出了中国原始社会瓦解后并未经过奴隶制社会阶段而直接进入封建社会的新见解。张广志同志关于奴隶制问题的论述,我完全赞同;但对其原始社会解体后直接进入封建社会的看法,则不敢轻从。张广志同志认为原始社会脱胎而出的古代东方封建社会是建筑在土地国有制基础上的,但正如我在前文中曾论及的那样,先秦历史上的所谓土地国有应当打问号。公社成员可以被连同土地封赐,这是事实,但我觉得这不过是带有专制主义王权色彩的行政管理权的等级分配,不能以此就把公社成员们看作附于封建领主的

①见《青海师范学院学报》(哲学社会科学版)1980年第一、第二期。

农奴。让我们再看斯大林同志给封建社会下的定义：

> 在封建制度下，生产关系的基础是封建主占有生产资料和不完全占有生产工作者，这生产工作者便是封建主虽已不能屠杀，但仍可以买卖的农奴。当时除封建所有制外，还存在有农民和手工业者以本身劳动为基础占有生产工具和自己私有经济的个人所有制。①

斯大林承认在封建社会里有劳动者的"个人所有制"，但他是把这排斥在"封建所有制"之外的。他认为封建制最本质的特点是：一、封建主占有生产资料而农奴不占有生产资料，后者至多有一点简单的劳动工具；二、农奴已不能被屠杀，但仍可被买卖。然而商周时代的情况并非如此。商周时代的农村公社成员有自己的份地，这份地不仅被公社成员占有和使用，而且渐渐地转化为公社成员私有的土地。份地是氏族公社公有制瓦解后生产发展的自然形成，并不依赖于任何政治力量。份地与封建主所有而交给农奴使用的土地有着本质的区别。商周时代贵族阶级对公社成员们的剥削，主要依靠的是他们对农村公社公有地（即藉田和公田）的控制，而不是依靠对份地的控制，对份地他们是无权的。既然如此，是什么力量使村社成员的劳动力同贵族们控制的公田结合起来，从而为贵族们提供了剩余产品呢？如恩格斯所说，这"最初也完全不是基于暴力，而是基于自愿和习惯。"②公社公有地最初是作为公益事业特别是祭祀祖先的需要而保留的。那时人们对祖先之"灵"有一种神秘的敬畏与崇拜。在血缘社会中，种族绵延具有第一要义，对祖先的敬畏，其实就是一种生殖崇拜。人们认为年成丰歉，战争胜负，部族盛衰，都与祖先的"福佑"或"降灾"紧密相

---

①《辩证唯物主义与历史唯物主义》，人民出版社 1956 年版，第 34—35 页。
②《反杜林论》，人民出版社 1970 年版，第 160 页。

关,所以祭祀先祖,就成为当时社会生活中的头等大事。商代甲骨卜辞中,"卜祭"内容占了绝对优势,《左传·成公三年》也说"国之大事,在祀与戎"。商周时代宗庙规模之大,奉献给先祖的人畜牺牲之多,王公贵族们举行祭礼之频繁与隆重,都令今人瞠目。这其中暗含着商周时代剥削关系的契机。一切开支从哪里来?来自公社成员的剩余劳动。这剩余劳动一部分以零星贡纳和各种公役的形式表现出来,而大部分通过在公田上的无偿劳作表现出来。谁掌握了管理公益事业特别是祭祀的大权,谁也就控制了公社成员剩余劳动所创造的财富。生产力越发展,公社成员剩余劳动所创造的财富就越多,其中只有一部分开支于公益事业,大部分供养了漫长历史时期中形成的以王为首的贵族阶级。不时奉献到宗庙之中的那些丰美的祭品,实际上享受者也是王公贵族。直到春秋末,孔子不还因为鲁君没有分配给他一份祭肉而大闹其情绪吗?①

农村公社的二重性在其"公田"上表现得最为鲜明:一方面它是氏族公有制社会人们共同劳动的历史遗留,另一方面它又是阶级社会萌生的剥削关系赖以存在的基石。公社的公田是共同体本身的象征,是公社成员共同祖先的象征,同时也是他们被奴役的象征。

贵族阶级通过掌握公田榨取公社成员剩余劳动的剥削方式,在很大程度上借助于氏族社会集体劳动的惯性力量和庶民大众对共同祖先的神圣崇拜。但这种剥削方式终归不能永远保持下去。随着氏族血缘关系的日趋松弛,随着私有观念对社会各个领域的渗透,公社成员对公田劳作越来越厌倦,对贵族阶级的反感和憎恨也与日俱增。《诗经》中的所谓"变风",就是这种阶级矛盾日益激化的生动写照。于

①见《孟子·告子》。

是统治阶级便将剥削方式由"助"法改为"彻"法。所谓"彻"，是指一种固定比率的实物税，农官"巡野视稼"，估计年成好坏，按产量的十分之一，确定每年的租税额。此时公田已消融在农民的份地之中（或把公田分开来作为份地的加额，或作为新的份地交给新增添的劳力使用），代表贵族阶级利益的国家，就这样巧妙地把公田上的剥削延伸为所有耕地上的剥削，既解决了农民厌倦公田劳动的危机，又迅速扩大了剥削量，因为在生产力不断提高的情况下，农民在自己的份地上也能提供剩余产品了。至春秋后期，"彻"法进而演变为"履亩而税"，这可以看作是公田剥削方式的彻底结束。此时，各国相继变法，贵族势力由于失去了公田剥削的经济基础和宗法系统的权力纽带而日渐崩溃，土地私有制逐步确立，新兴地主阶级的力量迅速壮大，农村公社渐次瓦解，村社农民完全成为向国家交纳赋税的自耕农。从社会各条渠道中抛掷出来的游民（包括原来的一部分奴隶），为新兴地主阶级的封建性奴役提供了对象。在这个社会变动中，国家政权的性质也发生了转化，为保护土地私有制度而建成了新的法律体制，伴随着贵族封邑的衰落，郡县制应运而生。就这样，以农村公社为基础的社会，逐渐转化为封建社会。

那么，这以农村公社为基础的商周社会究竟是什么社会呢？其实这就是马克思、恩格斯所说的"亚细亚生产方式"，不过人们由于某些原因总不愿把它理解为一种非过渡性的独立的社会构成罢了。把商周社会称之为"亚细亚社会"也许最易为人们所接受，但一来"亚细亚生产方式"在传统理解上总是和土地国有联系在一起，容易发生误解；二来用地域范围称呼一种社会形态也是不够确切的。应当为商周社会另外命名。二十多年前，雷海宗同志曾建议把铜器时代称之为"部民社会"，理由是中国历史上曾用"部民"一词称呼半自由身份的人，日本也曾借用这个词称呼氏族成员转变出来的一种半自由身份

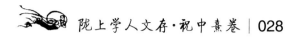

的人。①但我想，"部民"一词表义含混，没有"庶民"一词好，"庶民"意思明确而又带有商周的时代色彩，所以我主张称以农村公社为基础，以贵族与庶民两个阶级对立为主体的商周社会为"庶民社会"。这种庶民社会是否人类进入阶级社会时的必经阶段？庶民社会之后的社会是否必然是封建社会？笔者不敢妄断，我只能说，至少中国是如此。

　　***

　　以上是我跟随史学界前辈们的足迹，在先秦社会史中作了一番初步探索之后形成的一点看法。由于自己理论修养低陋，史料知识浅薄，所以在结论的正确性上，并不敢存什么奢望。如能引起部分史学工作者的兴趣，从而展开这方面问题的深入研究，我也就心满意足了。

　　　　　　　一九八〇年一月初稿，七月定稿。

原载《青海师范学院学报》(哲学社会科学版)1980 年 3 期，收入氏著《古史钩沉》，上海古籍出版社 2018 年。

---

　　①《世界史分期与上古中古史中的一些问题》，《历史教学》1957 年七月号。

试论乡遂制度与亚细亚生产方式

本文试图通过对乡遂制度的分析，说明中国古代曾存在过典型的、以农村公社为基础的社会结构，而这种社会结构，也就是马克思所说的"亚细亚生产方式"。

一

近几年来在我国学术界重又活跃起来的关于"亚细亚生产方式"的讨论，有一个新趋势：人们越来越注意探讨马克思和恩格斯对于古代社会认识的发展过程。这个新趋势是很有意义的，因为它最终将澄清"亚细亚生产方式"这一术语本身带来的理论上的混乱。首先应当强调指出，关于亚细亚生产方式，往昔的讨论一直是伴随中国革命向何处去的问题而展开的，且有国际共产主义运动的背景。今天我们作为纯学术命题重新探究，必须把它从政治理论中剥离出来，实事求是地针对中国古代社会的真情实貌来思考。事实上，当马克思、恩格斯明确阐述原始社会瓦解后形成的第一个阶级社会为奴隶社会时，他们主要依据的是古希腊罗马的历史。我们不能无视当时的学术背景。那时，自然科学和社会科学的研究中心在欧洲，欧洲被看作人类文明的摇篮，而希腊罗马又被看作欧洲文明的摇篮，所以恩格斯说："没有奴隶制，就没有希腊国家，就没有希腊的艺术和科学；没有奴隶制，就没有罗马帝国。没有希腊文化和罗马帝国所奠定的基础，也就没有现代的欧洲。我们永远不应该忘记，我们的全部经济、政治和智慧的发

展，是以奴隶制既为人所公认、同样又为人所必需这种状况为前提
的。"①然而，当马克思、恩格斯把历史研究的目光转向希腊罗马之外
的世界，特别是转向古代东方世界时，他们的阐述就不那么明确了。

古代东方原始社会瓦解后的社会结构，完全不同于希腊罗马的
情况，马克思、恩格斯对此感到困惑。因此，马克思在《政治经济学批
判序言》(1859 年)中，提出了"亚细亚生产方式"的概念，并把它置于
"古代的"社会形态之前。后来，斯大林依据马克思、恩格斯的有关论
述，把人类历史明确划定为原始社会、奴隶社会、封建社会、资本主义
社会、共产主义社会五个发展阶段，②于是"亚细亚生产方式"的性质
和处位问题，便成了聚讼纷纭的焦点。为了维护斯大林五种生产方式
说的绝对权威，苏联史学界硬性地将之归类于奴隶社会。其实这并非
马克思的本意。对古代东方社会发展道路特殊性问题，革命导师从来
未做过模式化的结论，他们进行过不懈的探讨，作过许多解释，试图
把问题搞清。但由于当时主、客观条件的限制，他们在这方面的研究
未能达到完全成熟的阶段。他们的有些见解，尚属思想酝酿过程中的
素材，而非定论。马克思本人直到晚年也都承认，原始社会解体的历
史，还有待于进一步探讨，他说："到现在为止，我们只有一些粗糙的
描绘。"③在研究过程中，他们的观点必然有许多发展和改变，所以前
后常有不一致的地方;他们各人的看法，有时也相径庭。但马克思、恩
格斯研究历史的态度是非常严肃、非常实事求是的，在他们未深信真
相已经探明之前，并不急于给古代东方的社会性质下结论，而只用
"亚细亚生产方式"这个地域性名称来表明那是不同于希腊罗马奴隶

①《反杜林论》，人民出版社 1970 年版，第 178 页。
②《辩证唯物主义与历史唯物主义》，人民出版社 1956 年，第 33 页。
③《给维·伊·查苏利奇的复信草稿——初稿》，《马克思恩格斯全集》十九卷，
人民出版社 1965 年版，432 页。

制生产方式的另一种经济构成。马克思、恩格斯关于亚细亚生产方式
的研究,虽未臻完善和成熟,却给后人开拓了一个极为重要的历史学
和经济学的领域。我们的任务是继承马克思、恩格斯未完成的事业,
踏踏实实地考察一下古代东方社会,特别是中国古代社会的状况;而
不能停留在认证、推断马、恩究竟是在什么意义上使用亚细亚生产方
式这一概念的水平上,更不能片面地依据他们某一时期的观点,先入
为主地认定原始社会瓦解后第一个阶级社会必然是奴隶社会,从而
给自己的探索工作带上了成见的框框。马克思主义的生命力在于求
实精神和辩证精神,而不在于它的每一具体论点都绝对正确。结论应
当通过切实地研究得出,而不能作为研究的前提。

　　尽管马克思、恩格斯对亚细亚生产方式的研究尚未形成完整而
清晰的体系,但在他们关于此问题的大量论述中,特别是在他们十九
世纪七十年代研读了摩尔根的《古代社会》一书之后的大量论述中,
已经显露了最终将导致否定古代东方为奴隶制社会的倾向。比如,马
克思曾称古代东方为"存在普遍奴隶的东方""这普遍奴隶"指的是广
大农村公社成员。但马克思同时又承认村社成员都占有并使用自己
有权占有并使用的一块份地,有着自己独立的家庭经济。他说:"耕地
是不准转卖的公共财产,定期在农业公社成员之间进行重分,因此,
每一社员用自己的力量来耕种分给他的地,并把产品留为已有。"①把
这样的村社成员称之为"普遍奴隶",显然具有某种夸张的、比拟性的
含义,其目的在于强调村社成员对村社的隶属性,强调专制主义王权
的至高无上。所以,当马克思在认真地谈到严格意义上的奴隶制经济
时,他是把古代东方的所谓奴隶经济排斥在外的。②恩格斯的认识与

①见《资本主义生产以前各形态》,人民出版社 1956 年版,第 33 页。
②参阅《资本论》三卷,人民出版社 1958 年版,第 177 页。

马克思不同,他称古代东方的奴隶制为"家庭奴隶制"①并认为这种"家庭奴隶制"并不直接构成生产的基础。对此,侯外庐同志曾分辨:"照恩格斯说,古代东方是家内奴隶制,但是这里却要明白,所谓家内的并非不事生产的仆役,而是指家族的集团。"②这样一解释,固然使恩格斯的"家庭奴隶"与马克思的"普遍奴隶"统一了起来,但这却决非恩格斯的原意。恩格斯明确地把"东方的家庭奴隶制"与"古代的劳动奴隶制(重点笔者所加)"相对列举,显然是指前者用之于家内生活,后者用之于生产劳动。恩格斯在谈到奴隶劳动使自由人认为劳动丧失体面的时候,说得更加清楚:"家奴制是另外一回事,例如在东方:在这里它不是直接地而是间接地构成生产的基础,作为家庭的组成部分,不知不觉地转入家庭(例如内宅的女仆)。"③后来恩格斯干脆说:"在古代的自发的土地公有的公社中,奴隶制或是根本没有出现过,或是只起极其从属的作用"。④

　　十九世纪八十年代的马克思和恩格斯已非常注意区分公社的不同类型,强调指出了农村公社的许多本质特征,这在马克思的《给维·伊·查苏利奇的复信草稿》以及恩格斯的《马尔克》等著作中有突出的反映。按照马克思和恩格斯的论述,以农村公社为基础的社会面貌大体是这样的:有独立经济的小家庭,是社会生产的最小"细胞",它们按一定的地域关系而不再如氏族公社那样纯粹由于血缘关系组合成村社统一体。村社具有公有制和私有制的二重性:作为主要生产劳动资料的土地,名义上为王有或国有,实际上是公社所有;公社以份地

①见《家庭、私有制和国家的起源》,人民出版社 1957 年版,第 151 页。

②《中国古代社会史论》人民出版社 1956 年版,第 29 页。

③《〈反杜林论〉材料》,《马克思恩格斯全集》20 卷,第 676 页。

④《反杜林论》,人民出版社 1970 年版,第 158 页。

形式把耕地平均分配给社员家庭使用，开始是以定期轮换的方式调整因土质差异而造成的不均,后来份地渐趋固定,长时期世代相袭的使用权,转化为所有权。早期的村社,分配份地时要留出一块村社的公地,由全体社员共同集体耕种,收获物用于祭祀、战争及其它公社事务。后来这公地以及社员在公地上的无偿劳动，为公社贵族所侵占。村社成员与村社有着密不可分的血肉联系,他们对自己劳动产品的支配以及他们剩余劳动的被剥夺,都是通过村社统一体来实现的,离开了村社,劳动者便失去了生存的条件。村社经济是农业与家庭手工业相结合的、自给自足的自然经济,村社闭塞、保守,商品交换不发达。专制主义王权凌驾于一切之上,以国王为首的贵族阶级,既是国家的治理者,行政管理权的实施者,又是社会的剥削者,村社成员剩余劳动的攫取者。村社首领们逐渐转化为王朝的官员,族权、神权、政权、三位一体,其根须一直扎到村社的基层结构之中,形成一个普遍的、牢固的统治体制。村社成员通过公社向国家(也即向王为首的贵族阶级)提供赋税、贡纳,服兵役和各种劳役,除此外不存在另外形式的地租。户籍制度极其严密,居民的行政编制与军事编制合而为一。作为村社统一体崇高象征的"神",为全体村社成员所共同敬奉。有一定数量的奴隶存在,但多用于公共工程和王公贵族的家内杂役,他们不是社会主要生产事业的承担者,因此不决定生产关系的性质。

这就是所谓"亚细亚生产方式"。

中国古代是否经历过这样的社会？这要通过对史实的分析作答。

二

夏代大约尚处于家族公社阶段。夏禹传子最终结束了氏族社会的民主政治,标志着父系家长制的完全形成。史称"禹会诸侯于涂山,执玉帛者万国","铸九鼎,象九州","作禹刑",都表明夏部落联盟已具国家的雏形,而最早的国家,是建立在家族公社基础之上的。商代是否已处于农村公社阶段?史学界尚无定论,史籍和考古两方面的材料都还不足以作出令人信服的论断。但商人的迁移和建都,远没有夏人那样频繁,农居生活似较稳定。灭夏前商人八迁,汤以后至盘庚五迁,盘庚定居于殷,"至纣之灭,二百七十三年,更不徙都"①。这启发我们思考:至少在盘庚时代,农村公社已经形成。从甲骨文反映的情况看,商在盘庚之后,以作物种植为主体的农业经济已相当发达,其水平似非家族公社时代所能达到。甲文中的"田"字虽未定型,但均为方域内阡陌纵横交错之形,疑即马克思所说农村公社的"棋盘状耕地"。因此,不少学者都认为甲文中的"邑",就是农村公社。孟子是先秦的历史通,他是坚决相信商代行井田制的,而他所说的公田与份地并存、"七十而助"的商代井田制,如非凭空捏造的话,除农村公社之外很难有别的解释。

夏、商两代的社会结构,为材料所限,我们不宜强为之说,且看周代。周代存在过乡遂制度,这是古史研究者大都承认的。所谓乡遂制度,决不单纯是一种行政区划的居民编制,它直接反映了当时的所有制形态和生产关系。全面考察一下乡遂制度各方面的内容,不难发现它是一种典型的农村公社结构。

农村公社的首要特征就是它的地域性,它基本上是依赖地域关系把成员联结在一起的。但这并不等于说它同血缘关系水火不相容。事实上,在农村公社的前期,血缘关系同地域关系不仅不相排斥,而且相互依赖,因为从家族公社到农村公社的演化,是一个漫长的渐变过程,二者不可能一刀切齐。作为农村公社经济细胞的小家庭,是从大家族中分析出来的,它们决不会一个个远走高飞,而必然要分室聚

---

① 《古本竹书纪年·殷纪》。原文"二百"误作"七百"。

居于原家族公社的所在地,而作为农村公社规定性标志的家庭份地,也只能是原家庭公社公有地的等量分割。因此,血缘性与地域性是结合在一起的,宗法纽带在相当长的历史时期内还要起作用。但总的趋势是血缘关系逐渐弱化,而地域关系则在不断增强。

乡遂制度的地域性是显而易见的。在乡遂制度下,地域概念极受重视,地域划分非常严格,地域控制十分强固。乡遂制度的地域名称是很繁杂的,单《周礼》一书所反映的就有国、乡、郊、遂、甸、削(稍)、县、都、鄙等名目。简要言之,以国为中心,向四周扩延为三种类型的地域层次:乡、郊遂、都鄙。不同的地域名称并不单表地理位置,还包含着不同的政治、经济内容。尽管各种地域的基本经济形态都是村社结构,但却分别具有不同的性质,国家也因此而采取分层治理的原则。"国"是周天子或各诸侯统治机构的所在地,是当时的许多最重要的政治、经济、文化中心。国中的居民即"国人",最初当为周王或受封诸侯以及与周联盟的部落首领的"私属",即他们自身所出的那个血缘大家族。周王或诸侯的血缘家族,也被称作"王之同姓"或"公族"。周制公族之人犯了死罪,要到郊外去执行死刑,《礼记·文王世子》解释说这是为了"不与国人虑兄弟也",可见国人多为王或诸侯的同族。所谓"诸侯有国以处其子孙",也是这个意思。由此我们可以理解,为什么国人有那么多权利,可以出君纳君,决定王位的继承,常起左右政局的作用。

国人在国都内聚族而居,并耕种着国都周围的田域,那些田域被称为"乡"。乡的范围有多大呢?传统说法不一,有谓国外百里范围内为乡,有谓国外五十里范围内为乡(周里长度约为今里的三分之二)。其实我们大可不必拘泥于经学家们的数字,国的规模不一,国周围的地形和面积不一,则乡区的范围自当有异。但国外五十里范围的区域为乡的说法,可能较接近于事实,因为既然国人聚居于国中(当然,田内另有农忙时临时居住的简陋房屋，即《诗经》中所说的"中田有庐"），田地与居处不会相距甚远。随着生产的发展和人口的增加，耕地势必逐渐向四周垦延，垦延到一定程度，势必要建立新的居民点，以适应耕地距国都越来越远的局面。那些新发展起来的居民点，被称为"郊"，在郊邑周围特别是郊邑之外不断开垦出来的田域，即被称为"遂"。《尚书·毕命》载康王"以成周之众，命毕公保釐东郊。"《史记·周本纪》叙述此事时说："康王命作策毕公分居里，成周郊。"这正反映了郊邑的建设与遂区的规划。从周公营洛到毕公保釐郊里，经历了三四十年的安宁生活，洛城的发展和耕地的扩展，已到不得不规划郊域以分民居的程度了。段玉裁注《说文》时指出："郊之为言交也，谓乡到遂相交接之处也。"他确是悟出了郊的本义。《周礼》一书在从居民角度立言时，恒谓"国中及四郊"，就是因为国、郊均为居民集中之地。正如国中居民称"国人"一样，郊邑居民称"郊人"。《周礼·地官·泉府》："买者各从其柢：都鄙从其主，国人、郊人从其有司。"贾疏："云国人者，谓住在国城之内，即六乡之民也；云郊人者，即远郊之外，六遂之民也。"《秋官·乡士》："掌国中。各掌其乡之民数而纠戒之……凡国有大事，则戮其犯命者。"《秋官·遂士》"掌四郊。各掌其遂之民数而纠其戒令……凡郊有大事，则戮其犯命者。"掌国中的官员称"乡士"，负责管理乡民；掌四郊的官员称"遂士"，负责管理遂民。这把国、乡、郊、遂四种地域名称的关系说得清清楚楚：乡民属于国中，遂民属于郊邑。先秦文籍中所说的"近郊"，是指郊区以近，即乡区；所说的"远郊"，是指郊区以远，即遂区。遂字本含有发展、迁延的意思，遂区实为乡区的扩延，遂民亦为乡民的分蘖。

至于"都鄙"，那是边远地区的居民中心，是诸侯以下各级贵族们的采地和封邑，政治上有一定的独立性，实际上是一些小型化了的邦国，这我们从《周礼》常将都鄙与邦国连称即可看出。在周灭殷前即已控制了的地区内，都鄙居民主要当为被封采邑主所属的家庭成员，《左传》《国语》所记晋伯围阳樊的故事即为一例。阳樊为周王畿内之邑，当晋军兵临城下时，阳樊人仓葛大呼："阳岂有裔民哉？夫亦皆天子之父兄甥舅也，若之何其虐也！"在周灭殷后有原殷地封建的邦国中，都鄙居民的情况就比较复杂了，可能有被封采邑主所属的家族，也有当地的土著居民。有些都鄙区域，原先可能是一些依附于周或商的小部落，商亡后它们就成为周人各邦国内的一些"附庸"了。

　　无论乡、遂还是都鄙，土地形态都是村社所有的份地制，份地分配都以独立的小家庭为单位。这些小家庭，人数一般在五口人到九口人之间，其拥有的份地数量因地域而异；但在同一地域内，份地分配却是绝对平均的。居民的份地享用权是神圣不可侵犯的，任何力量也无法剥夺，这是因为份地制是历史长期发展的自然成形，而不是王权的恩赐。天子或诸侯可以将大片土地连同土地上的人口封赐给部下，但那毫不触动那些土地上的村社结构和份地制。从实质上说，那种封赐只不过是用王权至尊的语言表述出来的行政管理权的分配罢了。在人烟稠密、农业发达的地区，份地的数量以百亩为率；在土质较差或人少地广的地区（如在遂区和都鄙）须施行二圃或三圃轮作制，份地数量便超过百亩。《公羊·宣公十五年》何休注："是故圣人制井田之法而口分之，一夫一妇受田百亩，以养父母妻子，五口为一家。……司空谨别田之高下善恶，分为三品，上田一岁一垦，中田二岁一垦，下田三岁一垦。肥饶不得独乐，墝埆不得独苦，故三年一换土易居，财均力平。"何休说的是乡遂制度前期的情况，那时份地尚未固定化，尚要定期重新分配，以避免土质差异造成社员收入上的不均。到乡遂制度后期，已不再搞换土易居。《汉书·食货志》记叙"殷周之盛"的情况说："民受田，上田夫百亩，中田夫二百亩，下田夫三百亩。岁耕种者为不易上田，休一岁者为一易中田，休二岁者为再易下田。三岁更耕之，自

爱其处。"所谓"自爱其处",就是指社员在自己的份地上进行二圃或三圃轮作,不再进行份地重划。马克思说:"农业公社的社员并没有学过地租理论课程,可是他们了解,在天然肥力和位置不同的土地上消耗等量的农业劳动,会得到不等的收入。为了使自己的劳动机会均等,他们根据土壤的自然差别和经济差别把土地分成一定数量的地段,然后按农民的人数把这些比较大的地段再分成小块。然后,每一个人在每一块地中得到一份土地。"①恩格斯说:"农业公社也越来越感觉到,停止周期分配,变交替的占有为私有,对它们是有利的。"②于是份地就渐趋固定化,并最终变为社员私有。革命导师的这些论述,与我国乡遂制度下的情况如此一致,使我们对周代土地所有形态的性质不必再有任何怀疑。

乡遂制度的份地分配,在《周礼》中有更详尽的叙述。《地官·小司徒》记乡区的情况:"乃均土地,以稽其人民,而周知其数。上地家七人,可任也者家三人;中地家六人,可任也者二家五人;下地家五人,可任也者家二人;"("可任者"指主要劳动力)《地官·遂人》记遂区的情况:"辨其野之土:上地、中地、下地,分颁田里。上地夫一廛,田百亩,莱五十亩,余夫亦如之;中地夫一廛,田百亩,莱百亩,余夫亦如之;下地地夫一廛,田百亩,莱二百亩,余夫亦如之。"《地官·大司徒》记都鄙情况:"制其地域而封沟之,以其室数制之:不易之地家百亩,一易之地家二百亩,再易之地家三百亩。"份地是连片的,而且与居民的行政组合及军事编制相对应:相比邻的家庭,其份地也靠在一起,作战时也编在一起。居民编制规格,各书记载不尽相同,基本精神却

①《给维·伊·查苏利奇的复信草稿——初稿》,《马克思恩格斯全集》十九卷,人民出版社 1965 年,第 452 页。

②《马尔克》,《马克思恩格斯全集》19 卷,第 355 页。

完全一致。《逸周书·大聚解》："以国为邑，以邑为乡，以乡为闾，祸灾相卹，资丧比服。五户为伍，以首为长；十夫为什，以年为长；合闾立教，以威为长；合旅同亲，以敬为长。饮食相约，兴弹相庸，耦耕俱耘。男女有婚，坟墓相连，民乃有亲。"《国语·齐语》："五家为轨，轨为之长；十轨为里，里有司；四里为连，连为之长；十连为乡，乡有良人焉……卒伍整于里，军旅整于郊。内教既成，令勿使迁徙。伍之人，祭祀同福，死丧同恤，祸灾共之。人与人相畴，家与家相畴，世同居，少同游。故夜战声相闻，足以不乖；昼战目相见，足以相识，其欢欣足以相死。居同乐，行同和，死同哀。"这可以说把农村公社社员间的相互关系描述得淋漓尽致。此种情况不独中国为然，恩格斯论述日耳曼人的军事生活，也大致如此，"他们在罗马时代编制战斗队时就使有近亲关系的人总是并肩作战。"《周礼》记载的是周王畿内的情况，比较典型。《地官·大司徒》："令五家为比，使之相保；五比为闾，使之相受；四闾为族，使之相葬；五族为党，使之相救；五党为州，使之相赒；五州为乡，使之相宾。"《地官·小司徒》记述了与此完全相应的军事编制："五人为伍，五伍为两，四两为卒，五卒为旅，五旅为师，五师为军。以起军旅，以作田役，以比追胥。"居民被纳入严密有序的行政组合之中，户籍、赋税、军事、力役平均而统一，甚至婚丧嫁娶、灾庆祸福也彼此关联。

乡遂制度下份地连片的规模很大，据《周礼·地官·遂人》所载，最大规模为万夫百万亩的大型方田："凡治野，夫间有遂，遂上有径；十夫有沟，沟上有畛；百夫有洫，洫上有涂；千夫有浍，浍上有道；万夫有川，川有上路，以达于畿。"《周礼》是一部王朝治国大典，其记叙含有一定的样板性，事实上不可能在每一地区都有如此严整、如此巨大的田地规划。但古人建国，都要选择依山带水的肥沃平野，《管子·度地》谓"圣人之处国者，必于不倾之地，而择地形之肥饶者，向山，左右经水若泽，内当落渠之泻，因大川而注焉"。所谓"不倾之地"，即平整而

广阔的土地；"落"通"络"，指纵横交错的排水渠道。在国都周围的平野上，随着人口的增殖，份地连片具有百万亩的规模也决非不可能。《管子·八观》篇："凡田野，万家之众，可食之地五十里，可以为足也；万家以上，则就山泽可矣；万家以下，则去山泽可矣。"说的也是这种万家百万亩的大型田域。《汉书》载李悝为魏文侯作尽地力之教，"地方百里，堤封九万倾。除山泽邑居参分去一，为田六百万亩。"这正好是《周礼》所述六乡之田的规模。在这些大型田域上，沟洫配套，阡陌四达，垄界纵横，确似一个个巨大的棋盘。马克思说过："如果你在某一个地方看到有陇沟痕迹的小块土地组成的棋盘状耕地，那你就不必怀疑，这就是已经消失了的农业公社的地产！"①

　　村社成员在份地基础上建立了自己独立的家庭经济。他们有自己的生产工具、车辆、家畜和房舍，男子力田，女子蚕桑，"日出而作，日落而息"，家事之隙还要忙各种杂务，如《诗经》所说的"昼尔于茅，宵尔索绹"，"采荼薪樗"，"伐轮、伐辐"。在贵族阶级日益增强的剥削之下，他们的生活是相当困苦的，但在正常年景下亦可勉强度日。孟子曾以田园风味的笔调描述过这种村社家庭经济："五亩之宅，树墙下以桑，匹妇蚕之，则老者足以衣帛矣；五母鸡，二母彘无失其时，老者足以食肉矣；百亩之田匹夫耕之，八口之家，可以无饥矣。"②这是一种典型的农业与家庭手工业相结合的自给自足的自然经济。日常生活中所用的物品，一般说来都可以由家庭和村社内部的生产来满足，交换只起很次要的作用。各村社间，鸡犬之声可以相闻，但也可以老死不相往来。恩格斯笔下的欧洲马尔克公社，情况也与此相同："这些农村公社之间没有，或者几乎没有任何经济上的联系，因为马尔克都

①《马克思恩格斯全集》19卷，人民出版社，第452页。
②《孟子·尽心》。

是自给自足的,它们自己的需要由自己生产来满足,并且邻近的各个马尔克产品,差不多是完全相同的。因而它们之间的交换便几乎不可能了。"①不过中国也有中国的特点,在乡遂制度下,规模不大的、独立于农业之外的手工业和商业是存在的,但控制在官府手中,即《左传》所谓之"工商食官"。从事专门手工业和商业的人,隶属性特别强,社会地位比较低下,反映了当时商品经济尚处于非常低级的状态。

乡遂制度下的剥削关系如何呢? 这在我国史学界是个争论颇大的问题。比较流行的说法是:两种田制、两种剥削方式并行。乡区行"百亩而彻"的"沟洫法",无公田,生产者向政府向交纳收获量的十分之一;遂区和都鄙行"九一而助"的"井田法",有公田,生产者通过公田劳作提供剩余劳动。两种田制并行说创始者为东汉的几位经学家,他们的理论源于孟子,孟子有一套"请野九一而助,国中什一使自赋"的主张,对后世学者影响极大。但我们不要忽略,孟子的说法只是他个人的主张,是为滕文公提供的理想的治国方案,并不意味着当时或当时以前确曾并存过这样两种田制。而且,单就孟子的主张本身来说,他说的是两种剥削方式,而不是两种田制。孟子对井田制是倍加赞扬的,而乡区又是最重要的农业发达区,怎能设想孟子提供理想方案时会把乡区排斥在外呢? 其实,他说的"国中什一使自赋",是指都城内从事非农业生产的人,应按什一比率交纳赋税,因为孟子时代的"国",已是人烟稠密的大城市,居民成分已十分复杂。至于田制,孟子心目中只有一种,那就是井田制,他在同一段话中强调"乡田同井",就是证明。孟子的井田说是否如郭沫若同志所说的是"乌托邦式的理想化"②,毫无根据呢? 回答是否定的。井田制在中国古代肯定是存在

①《法兰克时代》,《马克思恩格斯全集》19 卷,第 540 页。
②《奴隶制时代》,人民出版社 1977 年版,第 29 页。

过的,这有许多先秦文献的记载作证。而且,孟子可以杜撰井田说,但他无法杜撰滕文公派毕战向他请教井田知识的史实,除非我们认为整部《孟子》本身就是伪造的。滕文公派毕战向他请教井田知识,表明当时人们只知道过去行过井田制,而不太清楚具体内容了。孟子虽然作了解答,但他也只能述其"大略",且对于井田制的兴亡历史已经茫然,他尚需借助"雨我公田,遂及我私"的诗句,考证周初曾行过井田制。由此我们知道,至少在孟子时代及孟子所能熟悉的时代,井田制,早已消失了,残存下来的只是井田制的躯壳,即井地的名称和九夫为井的田亩规划。如果说中国古代存在过两种田制的话,那只能是纵的历史递接,而不是横的地域平行。

不少人据《周礼》认证两种田制的并行。但详阅《周礼》,并找不到两种田制并行的根据。人们常引用《周礼·地官·小司徒》中的这段话作论据:"乃经土地而井牧其田野:九夫为井,四井为邑,四邑为丘,四丘为甸,四甸为县,四县为都,以任地事而令贡赋,凡租敛之事。"但这段话并不能证明当时行井田制,因为井田制的灵魂在于"公田"和"助法"剥削,没有公田和助法的井田制是毫无意义的。这段话明言"九夫",明言"贡赋"和"税敛",倒恰好可用来证明当时并不行井田制。至于四进位的井邑规划,如我上文所说,不过是井田制的历史躯壳罢了。人们还爱用《地官·里宰》条下所谓"以岁时合耦于锄,以治稼穑"一句,来证明助法的存在,这是对"锄"字含义的误解。"锄"即"助",但此处指的却不是助法剥削,而是互助合作的共耕形式。在生产力低下的当时,人们习惯于双人协力踏耜的"耦耕",协作双方在年龄、身材、气力诸方面应大体一致,因此事先须联系搭配。遂区的农民缺乏生产经验,遂区的基层官吏里宰便有义务帮助他们组织耦耕。所以,此字从耒,为会义字。这是村社成员间的一种互助协作,保留了一点共同耕作的太古遗风,但与井田制却没有必然的联系。

在田制与剥削方式上,乡、遂、都鄙只有量的差异,并无质的区别。《周礼·地官·载师》:"凡任地,国宅无征,园廛二十而一,近郊十一,远郊二十而三,甸、稍、县、都,皆无过十二,唯其漆林之征,二十而五。"按这既定比率征税,必须掌握每家份地的总产量,为此政府设有"司稼"一官,负责"巡野观稼,以年之上下出敛法。"这同《管子》书中所说的"相壤定籍",《国语》所说的"相地而衰征"一样,是实物税,是"彻"法。

乡遂制度下社会两大对立阶级是贵族阶级和庶民阶级(即村社成员)。贵族阶级的统治体制,以至高无上的"天子"为总枢,宗法权与行政权相交织,结成了一个无所不包的权力网。父系家长制、嫡长继承制、爵位等级制三位一体,构成了贵族阶级的统治基础。在宗法权力体系内,包括天子、诸侯、卿、大夫、士这些等级,在诸侯中又分公、侯、伯、子、男这些爵位,他们自上而下层层分配政治经济权益,又自下而上层层依附,层层贡纳。他们的地位,取决于他们的宗法身份,换言之即取决于血缘关系;同时他们又凭靠宗法身份所取得的地位,在政府各级机构中服务,成为王朝命官,成为行政权力体系中的一员。所以我们说,宗法权力与行政权力是互相渗透的。在乡遂制度的后期,统治体制的宗法性日益削弱,官僚性越来越强。春秋时代,有贵族身份的人已不一定能作官,《孔丛子》载卫君的话曰:"世臣之子,未悉官之。"孔子为大夫,却长期不能入仕。另方面,当官的人也已不必为贵族了,如晏婴就曾推荐其仆御当大夫(是时大夫已成为一种行政职务),推荐自称"素卑贱"的穰苴为将军。但血缘关系的余威犹存。管仲被任为"上卿",仍不能充分行使权力,最后尚须借重齐桓公给他的血缘性的"仲父"头衔,才加强了政治力量。

乡遂制度的行政权力体系十分繁杂,《周礼》全面地详细地记载了这个权力体系。周王直接指挥下的中央政府,设有天官冢宰、地官司徒、春官宗伯、夏官司马、秋官司寇、冬官司空六大部门,分别掌管政治、农业、礼教、军事、司法、工役等方面的事务。各诸侯邦国中,也都设有类似的机构和官员。以地方政权来说,单是一个乡,从"比"到"乡"包括六个行政级层;从"比长"到"乡大夫",各级层行政官员(不包括府吏胥徒)将近一万九千人。另外还有专门负责某一方面事务的官职三十余种。作为专制主义政权的统治机器,这个庞大的官僚集团严密地控制着乡遂制度下的一切。从生产、作战、治安、田猎、公役,到祭祀、刑法、婚葬、风俗、教化,无不在这个权力网的笼罩之内。这个官僚集团,也就是贵族阶级,他们本身具有二重性:既是国家的治理者,又是社会的剥削者。他们的收入也具有二重性:既是宗法权力支配下对庶民的掠夺,又是作为行政官员从政府领取的俸禄。这种现象,是以村社经济为基础的亚细亚生产方式的特征之一。

三

以上我们分析了乡遂制度包含的实质性内容,从中可以看出,乡遂制度与马克思、恩格斯勾画的农村公社的面貌是完全一致的。但农村公社是一定地域范围内的,相对独立的政治经济统一体,乡遂制度下有没有这种统一体的具体形式呢? 有,那就是所谓"书社"。

先秦文籍中关于书社的记载很多。《吕氏春秋·慎大》谓周武王克商后,"诸大夫赏以书社",说明"社"的组织形式至少在商末即已存在。"社"的本义是指一定地域范围内的人们共同尊奉的土神(即"田祖"),也即马克思所说的"想像的部落本体"①。所谓"书",是指一定行政区划内的户籍登记和份地图册。《大戴礼·千乘》言诸侯国政务,首先是"通其四疆,教其书社"。可见书社乃是社会的基本构成。《说苑·杂言》云:"楚昭王召孔子,将使执政,而封以书社七百"。可见当时书

①《资本主义生产以前各形态》,人民出版社1956年,第6页。

社的普遍存在。周代各级官员有一项几乎是共同的职责,就是"登其夫家之众寡","以岁时入其书",另外还专设"司书"一官,其职掌中即有"土地之图"一项。《周礼·天官·小宰》:"听闾里以版图",郑众注曰:"图,土地图也。"《荀子·荣辱》篇也说,"官人百吏"应当"循法则,度量刑辟图籍。不知其义,谨守其数,慎不敢损益也。"可见乡遂制度下对于村社成员的户籍人口统计和份地分配图册,是极其重视的。所谓"书社",显然是一种在人、地这两大要素方面都有严格界限的组织,《荀子·仲尼》篇杨倞注云:"书社,谓以社之户口,书于版图。"作为地域象征的"社"和作为政权象征的"书",是两条强有力的纽带,把若干农业家庭联结成一个共同体。《礼记·郊特牲》告诉我们立社的宗旨:"社,所以神地之道也。地载万物,天垂象。取材于地,取法于天,是以尊天而亲地也,故教民美报焉。"《周礼·地官·大司徒》告诉我们立社的方法:"辨其邦国都鄙之数,制其畿疆而沟封之,设其社稷之壝,而树之田主,各以其野之所宜木,遂以名其社与其野。"关于社的规模,史载不一。许慎《说文》谓"《周礼》二十五家为社。"但在《周礼》中却找不到二十五家为社的根据。《礼记·祭法》说:"大夫以下,成群立社,曰置社。"疏曰:"大夫以下,包士庶成群聚而居,满百家以上得立社。"《商子·赏刑》:"里有书社",《商子·度地》:"百家为里",《诗·良耜》:"以开百室,百室盈止,妇子宁止。"郑注:"百室者,出必共洫间而耕,入必共族中而居。"朱熹也说:"百室,一族之人也。族人辈作相助,故同时入谷也。"《史记·吴太伯世家》载:"越王勾践欲迁吴王夫差于甬东,予百家居之。"这些材料说明周代存在过百家立社的制度。尤可注意者,《周礼》不论乡遂,其行政、军事编制都是五进位的,唯独在闾到族的环节上是四进位,而"族"这一级编制在生产、作战、田猎、徭役、葬丧等社会生活的各个方面又最具有独立性。这说明什么呢?我以为这说明"族"就是一个规范性的村社。闾到族之所以四进位,就因为一间二十五家,只有四进位才刚好满百家。

在乡遂制度的后期,书社已成为专制主义王权借以发挥其职能的行政单位,公社首领也逐渐转化为王朝的官员。但书社仍在庶民生活中占有重要地位:对社神要举行定期的或不定期的祭祀,每年春耕开始时要在社址举行盛大的节日般的集会,有了纠纷要到社主(社神的牌位)前诉讼,刑罚也在社内执行。

最后我想谈谈关于奴隶的问题。乡遂制度下有没有奴隶?当然是有的。《左传·昭公七年》所说的"人有十等",自"皂"以下即为奴隶;《诗经·正月》:"民之无辜,并其臣仆";《国语·周语》:"亡其姓氏,踣毙不振,绝后无主,湮替隶圉",《吕氏春秋·察微》:"鲁人为臣妾于诸侯,有能赎之者,取其金于府";《周礼·地官·质人》:"掌成市之货贿、人民、牛马、兵器、珍异,凡卖儥者,质剂焉";这些记载,以及春秋时百里奚、越石父等为奴的故事,都是经常被引用的有关奴隶的史料。但存在奴隶的社会却不一定就是奴隶社会,关键要看奴隶制生产方式是否居于统治地位,奴隶是否为社会主要生产劳动的承担者。

乡遂制度下的村社经济结构,决非奴隶制的生产结构,这我在前面已作过论述。乡民与遂民以及都鄙之民,在身份上是有些差别,但那些差别是宗法体制本身所造成的,并不具有阶级差别的性质。因为不论乡民、遂民还是都鄙之民,都拥有自己的一块份地(这份地在漫长的世代相袭的使用过程中,最终转化为村社成员的私有;在村社瓦解之后,村社成员构成了秦汉时代大量存在的自耕农阶层),并有建立在份地基础上的独立的家庭经济。他们都受专制主义王权的统治,都遭受贵族阶级的剥削,只是在剥削量上略有差异。我们没有任何根据说遂区和都鄙地区的村社成员是奴隶。既然社会的基本经济结构不是奴隶制结构,既然社会主要生产事业的承担者是村社成员而不是奴隶,那当然也就不能把这样的社会看作奴隶社会。

　　乡遂制度下的奴隶大都为官奴和家庭仆役，奴隶用于生产特别是用于农业生产的史料极为少见，这是由于严密的村社经济结构很难使奴隶劳动厕入其间。《周礼·秋官·司厉》所说"其奴，男子入于罪隶，女子入于舂槁"，《掌戮》所说"墨者使守门，刖者使守关，劓者使守囿，宫者使守内，刖者使守圃，髡者使守积"，《禁暴氏》所说"凡奚隶聚而出入者，则司牧之，戮其犯禁者"等等，都是指官奴的使用和管理，且都不涉及生产领域。《周礼》把全国人民按职业分为九大类（即"九职"）：三农、园圃、虞衡、薮牧、百工、商贾、嫔妇、臣妾、闲民。奴隶（臣妾）被排在第八位，和"闲民"差不多，可见其在社会生活中的地位是多么微不足道。

　　乡遂制度是典型的农村公社制度，我们应当正视这种史实，而没有必要为了某种原因而回避它或曲解它。马克思说过："农业公社既然是原生的社会形态的最后阶段，所以它同时也是向次生的形态过渡的阶段，即经公有制为基础的社会向私有制为基础的社会过渡。"[1]马克思所说的"原生社会形态"，无疑是指原始社会。从人类社会由公有制到私有制再到公有制这三大阶段来说，农村公社时期是一个过渡阶段，这是非常正确的。但农村公社时期在古代东方特别是在中国，经历了那么长的时间，其经济结构是稳定的，其阶级对立是明确的，其国家机能是成熟的，可以说，它具有自己的质的规定性。既然人类社会的私有制时期可以被划分为奴隶社会、封建社会、资本主义社会三种社会形态，那么，为什么不能把由公有制向私有制过渡的漫长历史时期也看作一种社会形态呢？

　　原载《历史教学与研究》1984 年第 1 期。收入氏著《古史钩沉》，上海古籍出版社 2018 年。

---

[1]《马克思恩格斯全集》19 卷，人民出版社 1965 年，第 450 页。

《周礼》社会制度论略

《周礼》扼要而完整地记述了周代的政权结构及百官职事,涉及当时政治、经济、军事、宗教、文化等社会构成的诸多方面,反映了周代生产资料所有制与阶级对立的基本状况。近世治先秦史的学者们很少有人以《周礼》作为研究周代社会的依据,主要是因为对该书的可靠程度历来存在不同看法。当代已有不少学者认为《周礼》成书于战国时代,这推论虽然还有待于史学界的深入考证,但根据考古发现的新材料说它所反映的是西周末及春秋时代的社会情况, 则是完全可信的,《周礼》应是我们研究周代社会的宝贵的史料依据。

(一)《周礼》记载的行政结构

《周礼》对全国行政区域的划分, 大体是: 政治中心即王都称"国",国之外的广大农村称"野"。近"国"的四野称为"郊"。距国百里(周里约合今里的三分之二)范围内的区域为"近郊",设"六乡";距国百里至二百里范围内的区域为"远郊",设"六遂"。遂之外,即为"都鄙"。"都鄙"具有某种程度的行政独立性,多是王子弟及公卿大夫们的采邑。都鄙之外,是许多大小不等的诸侯邦国,已不属王畿的范围。每个诸侯国又各有自己的国都、乡遂、都鄙,不过其规模比王畿小一些罢了。

《周礼》常以邦国、都鄙、官府三者并举联提。《天官·冢宰》:

> 掌建邦之六典, 以佐王治邦国……以八法治官府……以八则治都鄙。

　　凡治:以典待邦国之治,以则待都鄙之治,以法待官府
之治。

这告诉我们:全国总分三种类型的行政区域。所谓"官府",实指
乡遂的行政管理,这是《周礼》通例。治邦国用"典",治都鄙用"则",治
乡遂用"法"。越靠近王都的区域,政治控制越严密。这种分层的行政
区划,是与周初的社会情况、历史背景相联系的。灭商时的周族,还牢
固地保留着家族公社的宗法体系。王都中的居民,即所谓"国人",基
本上就是周王本身所属的那个大家族,被称为"公族"或"王之同姓"。
《地官·小司寇》说:"凡王之族有罪,不即市。"《礼记·文王世子》也说:
"公族其有死罪,则磬于甸人。"(注:"磬,悬杀之也。")公族的死刑为
什么要到郊外隐蔽处,由甸师执行?《文王世子》解释说:"刑于隐者,
不与国人虑兄弟也。"这说明国人多为王之同姓家族。由此可以理解,
为什么《周礼》中对国人规定了那么多的优待,直到春秋晚期,国人的
地位还是那么重要。

　　国周围的乡遂,是整个周部族的居住区域,是周王朝的行政重
心。从《地官·大司徒》看,乡区的行政结构是这样的:

　　令五家为比,使之相保;五比为闾,使之相受;四闾为
族,使之相葬;五族为党,使之相救;五党为州,使之相赒;五
州为乡,使之相宾。

这种行政编制与军事编制合为一体的形式,是古代农村公社社
会形态的一个重要特征。"家"是社会生产的最小单位,国家需要时,
每家至少出一名战士或役夫。《地官·小司徒》:

　　乃会万民之卒伍而用之:五人为伍,五伍为两,四两为
卒,五卒为旅,五旅为师,五师为军。以起军旅,以作田役,以
比追胥,以令贡赋。

每乡构成一军,六乡组成先秦史上常提到的天子所掌的"六军"。

六乡庶民是周王的基本群众，所以《地官·大司徒》载："若国有大故，则致万民于王门。"六乡区域不过日方圆三十多华里的地方，有要事召集于"王门"，是完全可以办到的。遂区的行政编制与乡区一样，只是在名称上有别。《地官·遂人》：

> 五家为邻，五邻为里，四里为酇，五酇为鄙，五鄙为县，五县为遂。

周制最初只有六乡出兵，故遂区的军事编制《周礼》未言。六遂居民多为从六乡中分析出来的庶子。在重嫡长系血缘的宗法制度下，遂区的重要性远逊于乡区。在中央行政领导系统中，六乡设有三名"公"级的"乡老"分管，六遂则没有；每乡的长官"乡大夫"为"卿"级，而每遂的长官"遂大夫"却只是"中大夫"级；六乡的居民称"民"，六遂的居民称"氓"。这些都说明乡与遂的政治、经济分量大不相同。

都鄙是分散在边远地区的居民中心，实际上是王畿内的许多规模不等的小邦国，按宗法等级关系，由各采邑主掌握。郑玄说："都鄙，王子弟公卿大夫采地，其界曰都；鄙，所居也。"似有不妥处。"都"字含美盛之意，是较大的邑城。《左传》谓："凡邑有宗庙先君之主曰都。""啚"字在甲、金文中都像某种建筑物，且含有边、狭的意思。愚疑"鄙"可能是小型的邑城，与"保"字为一音之转。《左传·襄公八年》："焚我城保，冯陵我城廓。"郑玄谓"小城曰保"。都鄙最初可能是属于周部落联盟的一些小部落，因此后来便具有一定的独立性。都鄙另成系统，所以常与邦国、乡遂并列，并由大司徒总掌，不再具体委派行政官员。

邦国即各诸侯国，是周初分封的产物。所谓"分封"，对宗法制度来说，是大家族的分业；对专制主义王权来说，是行政管理权的等级分割。被封诸侯，有的是王族血亲，有的是异姓权贵。《地官·大司徒》记载了邦国的不同级别和规模：

凡建邦国,以土圭土其地而制其域:诸公之地,封疆方五百里,其食者半;诸侯之地,封疆方四百里,其食者参之一;诸伯之地,封疆方三百里,其食者参之一;诸子之地,封疆方二百里,其食者四之一;诸男之地,封疆方百里,其食者四之一。

这些邦国,不仅要起屏藩王室的作用,还要向王室交纳其总收入的四分之一到二分之一。周王朝对邦国的控制,有如下几种形式:规定治国的总原则(《天官·冢宰》所谓"掌建邦之六典,""施典于邦国");二、派官员监督(《天官·冢宰》所谓"建其牧,立其监",《礼记·王制》:"天子使其大夫为三监,监于方伯之国,国三人");三、周王定期视察(即巡狩制度);四、诸侯定期与不定期地晋见(即朝觐会同制度)。

《周礼》的行政结构分中有合,合中有分。这种情况既是往昔部落联盟时代各部落相对独立的历史遗留,也是专制主义国家成长期的客观需要,虽为日后东周多国纷争埋下了种子,却也给秦以后的大一统王朝孕育了雏形。

(二)《周礼》记载的土地制度

《周礼》田制历来被认为错乱难明,研究者伤透了脑筋。我觉得人们大都吃了东汉几位经学家的亏,而那几位经学家错在误解了孟子关于田制的解说,硬要《周礼》去附就被他们误解了的孟子的话。研究《周礼》田制,当然不能完全否定经学家们的研究成果,但不要拘泥于那些传统的"定论",而应直接从《周礼》原文入手。

各邦国的田制,《周礼》未言。邦国是小型化了的王畿,其田制和王畿内不会有什么质的差别,故可勿论。

不知何故,从郑玄开始,大家都把《地官·小司徒》职下关于六乡田制的一段话,硬归之于都鄙,从而得出"乡遂行沟洫法,都鄙行井田

法"的结论。其实,从《周礼》原文中根本找不到都鄙行井田法的根据。《地官·小司徒》只是说:

> 凡造都鄙,制其地域而封沟之,以其室数制之。不易之地家百亩,一易之地家二百亩,再易之地家三百亩。乃分地职,奠地守,制地贡,而颁职事焉,以为地法而待政令。

可见都鄙的生产是以户(家、室)为单位的,每个独立的家庭都拥有一块份地,份地数量因土质优劣而不等,有的需采用二圃或三圃轮作的休耕制,这表明份地已经固定化。经文不提"公田"而说"地贡",表明都鄙已不行"助"法。这里并未看到井田制的迹象。

再看乡遂。《地官·遂人》:

> 以岁时稽其人民而授之田野,简其兵器,教之稼穑。凡治野,以下剂致氓,以田里安氓,以乐昏扰氓,以土宜教氓稼穑,以兴锄利氓,以时器劝氓,以疆予任氓。以土均平政,辨其野之土(上地、中地、下地)以颁田里:上地,夫一廛,田百亩,莱五十亩,余夫亦如之;中地,夫一廛田百亩,莱百亩,余夫亦如之;下地,夫一廛,田百亩,莱二百亩,余夫亦如之。

这是遂区情况。《地官·小司徒》:

> 乃均土地,以稽其人民而周知其数:上地家七人,可任也者家三人;中地家六人,可任也者二家五人下地家五人,可任也者家二人。凡起徒役,毋过家一人,以其余为羡……凡国之大事致民,大故致余子。

这是乡区的情况。将乡区与遂区的情况对照分析一下便知道:一、遂区有莱田,乡区没有。二、遂区和都鄙一样,用调整土地数量的办法来解决土质差异的矛盾,而乡区却是按家庭人口的多少分配不同质量的土地,也就是说,乡区每家份地数量相等。三、遂区每夫有"一廛",即有一块包括场圃在内的宅地。《孟子·滕文公上》所载许行

"愿受一廛而为氓"，正就是欲在遂区安家务农的意思。乡区则没有"廛"的规定。这与乡遂居民居住情况不同有关。四、遂区份地按"夫"计，且"余夫"和正夫享受同样的份地权利；而乡区份地则按"家"计，余夫包括在家中，不再授田。五、遂区居民要"教之稼穑"，且在许多方面需要政府扶植帮助，而乡区则不须如此。综上五条可以得出结论：遂区是由郊区人口繁殖增多后，"余夫"迁徙出来而逐渐发展起来的，"遂"字本来就包含"渐趋形成"和"连接延伸"的意思，后世"烽燧"一词的"燧"即用此义。六乡土地有限而人口众多，户口编制极其严格，每家嫡长子之外的"余夫"要独立成家的话，必将破坏乡区原有的方田结构，且也容纳不下，所以只能向远郊区域发展。《地官·载师》职下的郑注直言："余夫在遂地之中"，《地官·旅师》说："凡新氓之治，皆听之，使无征役。"郑注："新氓，新徙来者也。"遂区地广人稀，经常有新迁来的劳动者，所以遂区行政官员有帮助他们组织家庭、学习生产技术的任务，并按最低的征役标准要求他们，即所谓"以下剂致氓"。

　　但不管乡与遂有何种区别，其皆不行井田制则是事实。令人难解的是，《周礼》经文在叙述了小司徒掌理六乡的各种职守之后，又有这么一段话：

　　　　乃经土地而井牧其田野：九夫为井，四井为邑，四邑为丘，四丘为甸，四甸为县，四县为都，以任地事而令贡赋，凡税敛之事。

　　这段文字向来被理解为井田制度，而一提及井田，又向来要和孟子的"请野九一而助，国中什一使自赋"联系起来。"国中"被认为是指乡遂，"野"被认为是指都鄙。既然乡遂是什一自赋，则肯定不是井田法。但《周礼》关于井田的这段文字又偏偏出现在掌理六乡的小司徒职下。为了解决这个矛盾。郑玄等人便武断地把这段文字说成是都鄙之制。问题的症结在于他们误解了孟子"国中什一使自赋",杜撰出两种田制并存的说法。其实孟子只谈到井田制一种田制,并未说周代曾有两种田制并存。"国中什一使自赋",是说国中从事非农业生产的居民,应按什一比率交纳赋税。孟子时代,国中居民成分已十分复杂,有些居民不从事正规农业生产,因此要设法把他们纳入孟子所理想的"助"法剥削之中。他说"什一",也是按井田助法剥削的比率而得出的数字,并不意味着存在由两种田制造成的两种税制。孟子所谓"国中"是和田野相对的,他在下文明言"乡田同井",其"国中"不包括乡遂是很清楚的。郑玄等人的都鄙、乡遂并行两种田制的说法,是没有根据的。

总观《周礼》全书,既未提及"公田",也未提及"助"法剥削,而没有公田与助法剥削的井田,即不成其为"井田制"。前引小司徒职下的那段话说"九夫"而不说"八夫",已明白地显示是时已不再行井田制了。井田制在周代确是存在过的,但《周礼》时代,劳役剥削已为实物剥削所取代,井田制已成为历史。公田消融在份地中之后,开始实行五进位编制,但在一个相当长的时间内,旧的编制在人们习惯中仍未完全消失。尤其是井田制的物质躯壳,即阡陌纵横的田亩规划,其历史惯性是相当顽强的。因此,《周礼》在叙述乡制时掺入了一条旧时的井田编制史料,并非不可理解的事情。

乡遂地区,人烟稠密,耕地平沃,沟洫严整,形成了一些大型方块田域。尤其在乡区,每家份地数量相等,方形田域十分规范化。《地官·遂人》这样叙述:

> 凡治野:夫间有遂,遂上有径;十夫有沟,沟上有畛;百夫有洫,洫上有涂;千夫有浍,浍上有道;万夫有川,川上有路,以达于畿。

这种大块方形田域,渠道纵横,阡陌交错其上,恰似围棋的棋盘。

大棋盘中的最小方格,即一个家庭的份地。份地中如包括莱田,那就不止百亩。实际情况是复杂的,不同地形、不同质量的土地,其治理规模当也有异。甲骨文"田"字之所以有多种字形,盖亦土地不同规划之反映。不过《周礼》是以正统大典的面貌出现的,它必然选择最正规、最具有代表性的田型来叙述。因此我们有理由认为《遂人》所述的大型方田,是以夫家百亩为基本单位的,这是王畿附近的样板性土地规划:以一条河流(即"川"),为中心坐标,在河流两岸辟地。以百亩为单位,垂直于河流,排列十个百亩,百亩与百亩之间,以"遂"为界,遂中出土,培于其旁,即所谓"遂上有径",田中积水,流入遂中。这样,十家之田,列一纵行,为"千亩"。以这种千亩纵行为单位,平行于河流,排列十个千亩,千亩与千亩之间,以"沟"为界,沟中出土,培于其旁,即所谓"沟上有畛",遂中之水,流入沟中。这样,百家之田,成一方区,为万亩。以这种百家万亩的方田为单位,垂直于河流,纵向排列十个万亩,万亩与万亩之间,以"洫"为界,洫中出土,培于其旁,即所谓"洫上有涂",沟中之水,流入洫中。这样,千夫之田,列一纵行,为十万亩。以这种十万亩纵行为单位,平行于河流,排列十个十万亩,十万亩与十万亩之间,以"浍"为界,浍中出土,培于其旁,即所谓"浍上有道",洫中之水,流入浍中。这样,万家之田,成一大方域,为百万亩。浍垂直于河流,其水直接流入川中。

这种万家百万亩的大型方田,,纵横各三十余里,为周代村社土地连片规划的最高规模。方田中的生产者,再加上周围不规则的土地上的生产者,即大体与行政编制中一乡之民相应。周代西都镐京,东都洛邑,一处泾渭平原,一处三河平原,均为多河流的广平原野,为这种大块方形田域的份地连片制,提供了优越的天然条件。

顺便谈一下对"阡、陌"的解释。阡、陌即上述大块方形田域中纵横交错的道路。徐中舒先生曾指出陌是夫与夫的田界,阡是十夫与十夫的田界,这是极正确的①。但徐先生认为阡与陌是平行的,这就不对了。陌是百亩与百亩之界,故称"陌";阡是千亩与千亩之界,故称"阡"。陌为遂上之路,阡为沟上之路。遂注入沟,则陌必然垂直于阡。因此,应邵在《风俗通》中所说的"南北曰阡,东西为陌;河东以东西为阡,南北为陌"是符合古制的。因为川的方向不一,遂与沟的方向也随之而异,所以陌与阡的方向就不可能固定,但它们垂直相交则是无疑的。

乡遂耕地未被划入大型方田之内的肯定还有不少。那些余地,有一些当然也可以作村社成员的份地,而更多的则为政府所另行掌握。《地官·载师》:

> 以廛里任国中之地,以场圃任园地,以宅田、土田、贾田任近郊之地,以官田、牛田、赏田、牧田任远郊之地……

对这许多名目繁多的"田",诸儒解释不一。但有一点是肯定的:这些田不在按行政编制严格规划的大型方田之内,而是方田外的不规则的余田。这些土地,政府有权灵活支配。

综合上述情况来看,《周礼》时代耕地的主体是村社的份地。马克思说过:"如果你在某一地方看到有垄沟痕迹的小块土地组成的棋盘状耕地,那就不必怀疑,这就是已经消失了的农业公社的地产!"②《周礼》田制简直像是给马克思这段话作了图解。

(三)从《周礼》看当时的阶级对立

《周礼》所反映的社会,无疑是阶级对立的社会,但其对立的两大阶级,既非奴隶主与奴隶,也非地主与农奴,而是贵族与庶民。奴隶是

---

①《试论周代田制及社会性质》,《四川大学学报》(哲学社会科学版)1955年第2期。

②《马克思恩格斯全集》19卷,第452页,人民出版社1965年。

存在的,但处于从属地位,在整个经济构成中不起决定作用。

以周王为首的贵族阶级,建立了完整的统治体制,这个统治体制有两个权力系统:一为宗法权力系统,其权力来自血缘关系;一为行政权力系统,其权力来自政府的职能。

宗法权力系统,表现为公、侯、伯、子、男、五等爵制。《春官·大宗伯》:

> 以玉作六瑞,以等邦国:王执镇圭,公执桓圭,侯执信圭,伯执躬圭,子执谷璧,男执蒲璧。

关于五等爵制,学者们多表示怀疑,因为从《左传》等史籍及周金中看,周代爵称混乱,似无定制。我认为五等爵制决非捏造,因为它反映了宗法社会统治层中必有的等级关系。周王朝的政治体制是靠宗法纽带联结的,实为一家族统治之扩大。在宗法体制中,父系家长制、嫡长子继承制、爵位等级制,本是三位一体的。在统治层中分配权力和利益时,很难设想不按等级关系行事。按等级关系行事就必然要给不同的级层确定不同的爵称,而且必然的要像《周礼》所反映的那样,不同级层间有严格的、不容混淆的界限。这些王公贵族,有的是周王家族的分蘖,有的是原周部落联盟中的大小部落长的嫡系后代,他们各自控制与自己的爵位相称的邦国或采邑,享受着种种特权,过着奢华的生活。《冬官·考工记》说:"坐而论道,谓之王公。"他们连行政管理事务也懒于承担,是个典型的寄生阶层。

行政权力系统,即中央及地方政府中的大小官员,分公、卿、大夫、士四大级层,每个大级层中又分若干个级别。他们组成政府的官僚体系。《冬官·考工记》说:"作而行之,谓之士大夫。"他们是行政事务的具体承担者。这套体系,各诸侯邦国中也都规模不等地存在着,但以中央政府最为完备。中央政府共分六大部门:天官(冢宰)掌邦事,御众官;地官(司徒)掌邦教,安万民;春官(宗伯)掌邦礼,事鬼神;

夏官(司马)掌邦政,统六师;秋官(司寇)掌邦刑,驱耻恶;冬官(司空)掌邦事,充国富。每一个部门,都拥有一个庞大的官吏集团,并分工负责各种职守。我粗略地统计了一下,除冬官因阙文不计外,五个部门的官员,下士以上超过两万六千人。如冬官未阙估计至少总数要达三万人以上,此外还有一个比这数字大好多倍的府吏胥徒的从属队伍。这仅就中央政权的体系而言,如把各诸侯国的官员们也包括在内的话,数字将更为惊人。

宗法权力系统与行政权力系统是互相渗透的,且在身份地位上有着相互对应的关系。事实上,他们都是贵族,都在以周王为总纽结的宗法网络中行使其权力。就是这个庞大而组织严密的贵族官僚层,占有着劳动人民的全部剩余产品。

《天官·冢宰》把被统治的人民大众分为九类人:

> 以九职任万民:一曰三农,生九谷;二曰园圃,毓草木;三曰虞衡,作山泽之材;四曰薮牧,养蕃鸟兽;五曰百工,饬化八材;六曰商贾,阜通货贿;七曰嫔妇,化治丝枲;八曰臣妾,聚敛疏材;九曰闲民,无常职,转移执事。

这九类人中,与社会经济结构关系较大的是农民、商贾和百工(臣妾也即奴隶,将在下节论及,此处从略)。当时的商品经济还很原始,商业尚处在政府的严格控制之下,商人也为数不多。百工是聚居于国中的手工业劳动者,由政府统一管理,其生活资料也由政府供给。《考工记》说:“知者创物,巧者述之,守之世,谓之工。”可见百工的手艺是家传的,世代居官府。《考工记》把百工与士大夫、农民等并列为六职之一,可见他们并非奴隶。由于《周礼》阙失掌职百工的《冬官》一篇,所以关于百工我们知道的较少,不宜强为之说。占当时人口大多数而且是社会主要生产事业承担者的,是广大农村公社成员即庶民阶级,他们是贵族官僚阶级的主要对立面。贵族官僚们靠庶民养

活,政府一切开支靠庶民提供。《天官·冢宰》:

> 以九赋敛财贿:一曰邦中之赋,二曰四郊之赋,三曰邦
> 甸之赋,四曰家削之赋,五曰邦县之赋,六曰邦都之赋,七曰
> 关市之赋,八曰山泽之赋,九曰币余之赋。

这九项财政收入,除"山泽"、"关市"、"币余"可列为特别项目外,其他六项均来自庶民大众,只不过是按地域分列开来罢了。国家的另一项重要收入是"九贡",即前面提到过的各诸侯国给王室上交的那四分之一到二分之一的剥削所得。那自然也还是落在各邦国的庶民阶级的头上。

"九赋"、"九贡"的收入,除了一些必要的公益事业开支外,全供贵族阶级挥霍之用。《周礼》记载贵族生活之奢华的文字很多,这里仅举《天官·膳夫》关于周王膳食之例:

> 凡王之馈,食用六谷,膳用六牲,饮用六清,羞用百二十品,珍用八物,酱用百有二十瓮。五日一举(郑注:杀牲盛馔曰举),鼎十有二,物皆有俎。以乐侑食。

周王如此,各级贵族也对饮食十分考究,各种美味要经过精心搭配。据《天官·医师》:

> 凡会膳之宜:牛宜稌,羊宜黍,豕宜稷,犬宜粱,雁宜麦,鱼宜菰。凡君子之食,恒放焉。

多高的剥削率才能维持王公贵族们这种钟鸣鼎食的生活呢?据《地官·载师》:

> 凡任地:国宅无征,园廛二十而一,近郊十一,远郊二十而三,甸稍县都皆无过十二。唯其漆林之征,二十而五。

剥削率是十分之一至十分之二。有了剥削率,还必须了解每家份地的粮食总产量,然后才能确定税收的具体数字。为此,政府设有"司稼"一官:"掌巡邦野之稼,而辨穜稑之种,周知其名,与其所宜地,以

为法,而悬于邑闾。巡野观稼,以年之上下出敛法。"这就是孟子所说的"周人百亩而彻"的彻法。

《周礼》时代尚无铁制农具和牛耕,生产力水平还相当低下,十分之二的剥削率可以说已达到了极限。此外,庶民阶级还要服各种劳役,还要出是役的牲口和车辆(《地官·均人》)。《地官·小司徒》虽说"凡起徒役,无过家一人",但又说"唯田与追胥,竭作。""凡国之大事致民,大故致余子。"事实上,庶民全家主要劳动力是经常被全部征调的。如上引文所说的"田"(狩猎),即是庶民们的一项沉重负担。据《地官·乡师》:

> 凡四时之田,前期出田法于州里,简其鼓铎、旗物、兵器,脩其卒伍。及期以司徒之大旗致众庶,而陈之以旗物,辨乡邑,而治其政令刑禁,巡其前后之屯,而戮其犯命者。

当时没有常备军,是寓兵于农的。一般说来,庶民每家出一人服兵役,而且一切军需品自备。《地官·县师》:

> 若将有军旅会同,田役之戒,则受法于司马,以作其众庶,及马牛车辇,会其卒伍,使皆备旗鼓兵器,以帅而至。

对于应服劳役及兵役的人,《地官·乡大夫》有明确规定:

> 以岁时登其夫家之众寡,辨其可任者。国中自七尺以及六十,野自六尺以及六十有五,皆征之。其舍者,国中贵者、贤者、能者、服公事者、老者、疾者,皆舍。以岁时入其书。

在确定"可任者"(服役对象)与"舍者"(免役对象)时,既用身材高度作标尺,又用年龄作标尺。由此亦可看出,当时贵族官僚阶级役使庶民,抠得多么精细。《周礼》一书对庶民的户口问题是极为重视的,"登其夫家之众寡","以岁时入其书,"几乎是各级行政长官的一条必有的任务。这是因为田赋、力征、兵役是王朝政权赖以存在的三根支柱,而这三根支柱都需直接与庶民的户籍统计相联结。

《周礼》是用渲染升平的笔调写成的政典，自然不会描述人民的痛苦与反抗；但该书中以严刑峻法维护统治的许多条文，已足能透露当时阶级对立之严酷。《地官·小司徒》规定"以乡八刑纠万民"，不孝、不睦、不姻、不弟、不任、不恤、造言、乱民，都在犯法之列。国家还设有监狱（圜土），庶民稍不注意就会被看作"罢民"而关进去，"上罪三年而舍，中罪二年而舍，下罪一年而舍。"这是对小过失而言，重罪要受各种刑罚，包括死刑在内。《秋官·司刑》职下规定的刑律竟达两千五百条之多：

> 掌五刑之法，以丽万民之罪：墨罪五百，劓罪五百，宫罪五百，刖罪五百，杀罪五百。

除了死刑之外，触法者服刑后还要被没为官奴，即所谓"男子入于罪隶，女子入于舂槁"（《秋官·司隶》），"墨者使守门，劓者使守关，宫者使守内，刖使守囿，髡者使守积"（《秋官·掌戮》）。在如此残酷的压迫统治下，庶民阶级的悲惨处境是可想而知的。《夏官·大司马》职对各邦国有这样一条规定："野荒民散，则削之。"这至少表明当时是确有田园荒芜、人民流离失所这种惨象的。

（四）从《周礼》看当时的社会性质

判定一个社会究属什么性质，关键要看该社会的生产者与生产资料是怎样结合的。关于这点，马克思曾有如下一段话：

> 不论生产的社会形态如何，劳动者和生产资料都总是生产的因素。但在彼此互相分离的状态中，它们之中任何一个也不过在可能性上是生产的因素。不管要生产什么，它们就总是必须结合起来。实行这种结合的特殊方法和方式，区别着社会结构上各个不同的经济时期。[1]

---

[1]《资本论》2卷，人民出版社1964年版，第18页。

《周礼》时代社会经济构成的基础是农村公社,这已为越来越多的古史研究者所承认。《地官·大司徒》:

> 辨其邦国都鄙之数,制其畿疆而沟封之,设其社稷之
> 壝,而树之田主,各以其野之所宜木,遂以名其社与其野。

这说的是都鄙立社的形式。各社之间,疆域有封界,每社都设有"田主"(即田祖)的坛位,以备祭祀、祈年之用。每个社都以当地之"所宜木"命名,属于该社的田野,即以该社之名名之。这可能是我国古代立社的通习。史传商汤之社为"桑林",《论语》:"哀公问社于宰我,对曰:'夏后氏以松,殷人以柏,周人以栗,曰:使民战栗。'"都可为证。不过社址以树,最初不过是社称,"使民战栗"之类说法,是后来的附会。而且,随着人口的繁衍,社的数量会逐渐增多,不可能都以"所宜木"为名,但以某种树作为群居的标志(即所谓"社树"),当已成习俗。在乡遂地区的大型方田中,村社的形式是怎样的呢? 我认为,乡遂地区行政编制中的"族"与"鄹"(相应的军事编制称"卒",实皆一音之转),就是村社单位,族与鄹是百家万亩的区域,这最初可能是一个家族公社的规模,演变为农村公社后,沿习惯称之为"族"。《诗经》中常提到的所谓"百室",指的就是这种百家万亩的公社。《礼记·祭法》:"大夫以下,成群立社,曰置社"。疏曰:"大夫以下,包士庶成群聚而居,满百家以上得立社。"这可作"族"为一社的旁证。尤可注意者,在《周礼》中对"族"这一级编制特别重视,有一些为其他各级行政结构所没有的条文。如《族师》职下说:

> 五家为比,十家为联;五人为伍,十人为联;四闾为族,
> 八闾为联。使之相保相爱,刑罚庆赏相及相共,以受邦职,以
> 役国事,以相埋葬。若作民而师田行役,则令其卒伍,简其兵
> 器,以鼓铎旗物帅而至,掌其治令、戒禁、刑罚。

作战、田猎、徭役等重大活动,人员的征调集中和支配,都以"族"

为单位。一族之中,甚至连"刑罚庆赏"都要"相及相共",其重要性是显而易见的。另外,经文多处提到族内"相葬",我们都知道,在宗法社会中,只有同一个家族公社的人才有共同的墓地,族内相葬显然是由家族公社时代保留下来的风习。有了这样的认识,我们便会明白,为什么乡遂地区整个是五进位的编制体系,却偏偏在"族、卒、鄗、"这一环节上变成了四进位。原来不这样的编制田域不能成方,只有"四闾为族"才恰好形成一块百家万亩的方形区域,这正好是一个规则的村社。

周代农业生产者与生产资料(主要是土地)的结合,是在农村公社的经济结构中实现的。每一家村社成员,都有一块定量的份地,并有建立在份地生产上的独立的家庭经济。村社成员对份地的占有和使用,开始是不稳定的,后来渐趋固定,最后终于转化为私有,这种经济演变是历史进程中的必然结果。所谓"授田",至多不过是政府对村社自然形成的份地制度的一种认可罢了。人们习惯于把周代的分封制、采邑制、授田制看作是土地国有或王有的标志,并由此得出村社成员生产资料一无所有的结论。这种认识是错误的。所谓分封或赐部下以采邑,如前所说不过是宗法制度下贵族阶级的权力分配。周王行使的是行政管理权,而不是土地所有权。这种行政管理权的分配,丝毫也没有触动各行政区域的经济结构。

主张周代为奴隶制社会的同志,常喜欢引用《周礼》中"掌成市之货贿、人民、牛马、兵器、珍异,凡卖儥者,质剂焉"(《地官·质人》)和"凡得获货贿、人民、六畜者,委于朝,告于士,旬而举之。大者公之,小者庶民私之"(《秋官·朝士》)这两段文字作证。我认为上述两段记载中的"人民"虽然无疑是奴隶,但有奴隶存在的社会却不一定就是奴隶社会,因为我们首先要看社会主要生产者的身份如何。《周礼》时代社会主要生产者是村社庶民,而不是奴隶。在《天官·冢宰》的"九职"

中,奴隶被排在第八位,与"闲民"并列。通观《周礼》全书,找不到一条用奴隶于生产的史料。奴隶的使用,皆不出王宫、官府及贵族之家,他们承担的一般也都是公共劳役和服侍性的卑贱杂务,应当视之为官奴。《秋官·禁暴氏》条下规定:"凡奚隶聚而出入者,则司牧之,戮其犯禁者。"出入由司法部门统一监管,犯禁即戮,其为官奴甚明。

郭沫若等一些同志,在确定周代是奴隶社会时,干脆把周代的庶民阶级也看做奴隶。这说法就更难以成立了。周代的庶民阶级的确遭受着残酷的压榨,然而他们毕竟是村社成员,不仅有自己独立的份地经济,而且也有一定的政治权利。如在国有大事时,周王要"大询于众庶",乡大夫要"各帅其乡之众寡而致于朝",这分明是氏族社会民主政治的历史遗留。《地官·乡大夫》还规定对庶民"三年则大比,考其德行道艺,而兴贤者、能者,乡老及乡大夫帅其吏,与其众寡,以礼礼宾之。"这决不是奴隶身份的人所能享受的待遇。《大司徒》条文规定的"十有二教"(即对庶民大众的十二条治理原则)中,有"以乐礼教和""以贤制爵""以庸制禄"等条文,这也可作庶民非奴隶的证明,因为对奴隶是谈不到什么"礼、爵、禄"的。此外,《地官·闾师》还说:"凡庶民,不畜者祭无牲,不耕者祭无盛,不树者无椁,不蚕者不帛,不绩者不衰。"这就是说,在正常情况下,庶民们祭有牲,棺有椁。世界上不会有这样的奴隶。

既然《周礼》时代社会主要生产者庶民阶级与生产资料结合的方式,并不是奴隶制的生产方式,那我们就没有理由硬把该社会说成是奴隶社会。[①]它是不是封建社会呢? 也不是。因为贵族阶级与庶民的关系,并不是领主与农奴的关系。贵族们的剥削之所以能够实现,一

---

①关于这个问题,请参阅拙文《对中国古代社会性质的一点浅见》,载《青海师范学院学报》(哲学社会科学版)1980 年,第 3 期。

方面依靠了氏族社会遗留下来的宗法体制，另一方面还有赖于他们本身就是政府成员，就是国家的治理者。他们的权利是族权、神权和政权的结合，并不取决于对土地的所有。他们并不是在土地私有制基础上，通过土地兼并而成长起来的地主阶级；而广大庶民也并非通过自耕农的动荡阶段以后，因失去土地而沦落的人身依附者如农奴。视《周礼》时代为封建社会，庶民阶级是农奴，那至少有三个问题没法解释：一、如果说庶民阶级是村社成员又是农奴，那么，他们在沦为农奴前的身份是什么？是天生的农奴还是奴隶解放后的转化？如是后者，那他们在什么时候曾经当过奴隶？二、如果说村社成员是农奴，而农奴是没有土地的，那我们如何解释春秋末战国初份地转化为私有的事实？马克思说："关于自由的土地私有权的法律观念，在古代世界，只出现在有机体的社会秩序解体的时期。"①能不能说战国时代中国的封建社会已经解体？三、如果说贵族们都是领主，始终握有对土地的支配权，那么，从经济角度讲，是什么原因导致了他们的没落？他们是怎样失去了土地的？所谓战国时的"新兴地主阶级"又"新"在什么地方？"

我认为，《周礼》时代这种以农村公社为基础的经济结构，就是马克思所说的"亚细亚生产方式"，我把它称之为"庶民社会"。庶民社会以血缘性家族公社过渡为地域性农村公社为起点，王权的完全形成是它政治上的标志，份地与公田并存是它经济上的标志。份地固定化以前，是它的早期阶段；份地固化之后到公田消失，是它的中期阶段，也是它的黄金时代；公田消失之后，即"助"法剥削转化为"彻"法剥削之后，直到土地自由买卖、村社解体，是它的后期阶段。《周礼》所反映的，正是庶民社会后期的情形。

---

① 《资本论》3卷，人民出版社 1958 年版，第 804 页。

《周礼》一书启示我们重新探讨先秦的社会性质问题。本文不揣浅陋,在这方面作了点尝试,错误之处,尚望史学工作者批评指正。

1981 年 4 月草稿、9 月修成

原载《人文杂志》1982 年专刊《先秦史论文集》。收入氏著《古史钩沉》,上海古籍出版社 2018 年。

【附记】此文初刊排印出现页码与正文数处错位现象,严重影响了内容的表达,现据原文复正。

先秦"爰田"制评析

先秦"爰(辕)田"制是我国古代村社土地所有形态演变的最后阶段。它显示了份地私有化的强大趋势,标志着井田剥削体制的彻底结束,同时也反映了春秋中后期至战国时的农耕水平。本文意欲在史学前辈所作探究的基础上,对爰田制的各个层面作一番粗略的清理,并抒以己见,试作析评。甚望得到方家指正。

一

"爰(辕)田"一词,最早分见于《左传》《国语》对同一历史事件的记载。前 645 年秦晋韩原之战,晋惠公被俘入秦。为求复位,惠公派人与晋国贵族联系,争取支持:

> 晋侯使郤乞告瑕吕饴甥,且召之。子金教之言曰:"朝国人而以君命赏,且告之曰:'孤虽归,辱社稷矣。其卜贰圉也。'"众皆哭,晋於是乎作爰田。吕甥曰:"君亡之不恤,而群臣是忧,惠之至也,将若君何?"众曰:"何为而可?"对曰:"征缮以辅孺子。诸侯闻之,丧君有君,群臣辑睦,甲兵益多。好我者劝,恶我者惧,庶有益乎?"众悦,晋於是乎作州兵。(《左传·僖公十五年》)

> 公在秦三月,闻秦将成,乃使郤乞告吕甥。吕甥教之言,令国人於朝曰:"君使乞告二三子曰:'秦将归寡人,寡人不足以辱社稷。二、三子其改置以代圉也。'"且赏以悦众。众

皆哭,焉作辕田。吕甥致众而告之曰:"吾君惭焉,其亡之不卹,而群臣是忧,不亦惠乎?君犹在外,若何?"众曰:"何为而可?"吕甥曰:"以韩之病,兵甲尽矣。若征缮以辅孺子,以为君援,虽四邻之闻之也,丧君有君,群臣辑睦,兵甲益多,好我者劝,恶我者惧,庶有益乎?"众皆悦,焉作州兵。(《国语·晋语》)

文中所言孺子圉,乃惠公太子。"作州兵",古今议论也甚多,为节省篇幅,本文姑不涉及。对于"作爰(辕)田",汉晋诸儒有以下几种解说:(1)赏以田税说。"恐国人不从,故先赏之於朝。""分公田之税应入公者,爰之於所赏之众。"(《左传》杜预注)(2)赏田易界说。"辕,易也。为易田之法,赏众以田。易者,易疆界也。"(《国语》韦昭注引贾逵语)(3)田出车赋说。"辕田,以田出车赋。"(《国语》韦昭注引"或曰")(4)自爰其处说。"三年爰土易居,古制也,末世侵废。商鞅相秦,复立爰田,上田不易,中田一易,下田再易,爰自在其田,不复易居也。《食货志》曰'自爰其处而已'是也。"(《汉书·地理志》注引孟康语)(5)让肥取硗说。言惠公以优质耕地换取国人的瘠田(《国语》韦昭注引三国吴人唐固说)。以上诸说对后世影响最大的是"赏众以田"说和"自爰其处"说。唐代经师多袭引二说而不予定夺;清儒众说纷纭,但大都不出汉晋诸说的范围,只是阐发补证较多。段玉裁《说文》"趄"字条下的一段注文,颇具代表性:"按何云'换主易居',班云'更耕,自爰其处',孟云'爰土易居',许云'趄田易居',爰、辕、趄、换四字音义同也。古者每岁易其所耕,则田庐皆易。云三年者,三年而上、中、下田徧焉。三年后一年仍耕上田,故曰自爰其处。孟康说古制易居为爰田,商鞅自在其田不复易居,为辕田,名同实异。孟说是也。"

五十年代我国历史学界开展过一场古史分期问题的讨论,涉及对先秦土地制度的认识,故关于爰田制的考察备受关注。八十年代,史学界对先秦社会性质的探讨进入更高层次，爱田制的研究也随之而深化。又由于新出了不少有关古代田制的简牍，在材料的发掘和运用方面都有了新的拓进。尽管对某些问题的认识有了较大的趋同性，但研究者各受自身对先秦社会性质总体看法的制约，因而在爱田制内容辨识及评价方面，仍存在很大分歧。高亨先生释"爰"为交换，认为爰田制是统治阶级解放农奴，变劳役地租为实物地租的一种措施，农民须用一定的财物"换取"公田①。后来高先生又调整了自己的观点，认为爰田制是指政府准许土地买卖②。王仲荦先生主张爰田制只是一种休耕制度，不能用来解释西周以来村社定期重新分配土地的制度③。翦伯赞、杨向奎等，也大致持此说。吕思勉先生认为有两种爰田制，一种如《周礼》所言，用于耕地充足地区；一种如何休《公羊解诂》所言，用于耕地缺少地区④。杨宽先生承认爰田意谓改易田地疆界，这是因为开垦了私田。爰田制"实际上就是废除了原来的井田制度而承认私人可以永久占有田地。"⑤赵光贤先生持"赏田"说，同时认为惠公不仅赏田，而且允许贵族们自由处置受赏的田地。⑥杨伯峻、金景芳等先生的看法，也与"赏田"说接近。田昌五先生则认为《汉书·食货志》及孟康注的说法"自相矛盾"，既说"三年换土易居"，就不应是

①《周代地租制度考》，载《文史哲》1956 年 10 期。

②《商君书注释》，中华书局 1974 年版，第 5 页。

③《关于中国奴隶社会的瓦解及封建关系的形成》，湖北人民出版社 1957 年版，第 12 页。

④《先秦史》，上海古籍出版社，1982 年版，第 304 至 305 页。

⑤《战国史》，上海人民出版社 1980 年版，第 129 页，188 页注。

⑥《周代社会辨析》，人民出版社 1980 年版，第 237 页、238 页。

"自爰其处"。①赵俪生先生把"赏众以田"说和"让肥取硗"说结合起来，认为爰田是将原公社土地中质量高的，划归公社成员中的上层即国人为私产。②

近几年来，在爰田制研究中又出现了一些新说；或在旧说基础上又对一些内容作了新的阐释。如张玉勤先生认为"爰"乃"援"之古字，"援田"意为"把采地原属助耕的公田，增援给采邑贵族作了私田"，根本不涉及井田制的份地问题。③沈长云先生主张爰田制为战国时期各国普遍施行的田制，是由古代爰土易居制发展而来的，其特点是耕地仍定期更换而不复易居。他认为只休耕不换土的爰田制，不成其为爰田制。由此，沈先生评价爰田制意义时说："所谓爰田制，实际上也就是不使农民取得对土地的长期而固定的占有权，从而防止私有土地产生的一种手段。"④这与另外一些学者的意见恰好相反。杨作龙、陈昌远赞同已故学者丁山"趄即还本字"的观点，主张辕田就是"还田"。杨先生进而提出"制辕田"的"制"字当训"止"，"'制辕田'是取消了以往的土地还授制度。"⑤张金光先生说，戴震曾经指出：镲、钚二字篆体易讹。由于爰、埒早已相混，故，"爰田"实即"埒田"。张先生认为："青川秦牍所示各户等量百亩围以封埒界畔的封埒田，正是典型的辕（爰）田形制。"他这样评价先秦爰田制的意义："'制辕田'并非土地私有制的标志，因为它强烈的贯彻渗透并表现着超越一切个人之上的

①《古代社会断代新论》，人民出版社 1982 年版，第 148 页，149 页。
②《中国土地制度史》，齐鲁书社 1984 年版，第 240 页。
③《论战国时期的国家授田制》，载《山西师大学报》1989 年 4 期。
④《从银雀山竹书〈守法〉、〈守令〉等十三篇论及战国时期的爰田制》，载《中国社会经济史研究》。
⑤《秦商鞅变法后田制问题商榷》，载《中国史研究》1989 年 1 期。

国家意志。"①

二

　　澄清爰田制问题,还当从《左传》《国语》的原文入手。

　　《左传》言"以君命赏",《国语》言"赏以悦众",都未具体指明"赏"的内容,故古今学者均有人认为"赏"是一回事,"作爰田"是一回事,二者不一定有内在联系。但细味文义,"命赏"与"作爰田"前后相承,不能分离。"众皆哭"是说民众受赏而感动,"作爰田"补述赏众的落实,"于是乎"和"焉"从语气上和文法上表明了二者的因缘关系,三语一气呵成,难以切割。但是,作爰田虽是赏众的落实,却不宜简单化地理解为"赏众以田",或理解为对私垦耕地的承认。假使实情如此,那何必名之"爰",何必谓之"作"呢?"作"在先秦一般用以表述某种事物或制度的初创,"爰田"不论其内容如何,它肯定是一种现象。所以,"赏"的内容虽与田地有关,却未必是指直接赠给每家一块土地;应理解为通过田制变化给大家带来了利益。还有个"国人"的问题,不少学者认为国人指少数贵族,这种看法并不符合春秋时代的实情。国人其实是聚居于国都之内的村社成员,他们是国都周围(即《周礼》所言之乡区)平野上份地的拥有者。从血缘关系上说,他们属于公族,即王或君之同姓;但他们都是自食其力并承担国家税、役的平民。国人与"野人"(《周礼》所言遂区及都鄙之民)存在着宗法身分上的差别,因而所享受的政治待遇不同,但他们都是庶民阶级,他们之间不存在剥削与被剥削的关系,因此不能视国人为贵族。笔者对此曾作过详细论述,

---

①《对〈秦商鞅变法后田制问题商榷〉的商榷,》载《中国史研究》1991 年 3 期。

此不赘言①。春秋时代君主的废立,常取决于国人的态度,故晋惠公谋复国须取悦于国人。由此我们可以说:爰田制是一种给民众带来利益、顺应民众愿望的田制改革。

考察爰田制的具体内容,应当先追究一下"爰"字。张金光先生释爰为"埒",从村社时代份地联片规划的角度讲,是颇有见地的看法;但从春秋到两汉,从爰田到袁田,该词语已经定型,其读音保持了一贯性,找不到爰、埒二字后世读音的转换契机。何况,为份地"封埒",用张先生的话来说,表现的是"超越一切个人之上的国家意志",和"赏以悦众"难以挂钩。张玉勤先生释爰为"援",认为作爰田是惠公把公田"增援"给了采邑贵族。这不符合当时的用语习惯,贵族们也没有理由要受"增援";而且,如前所论,国人是民众而不是"采邑贵族"。至于说让"公田"变为贵族的"私田",更是误解了村社时代"公田"与"私田"的含义。是时贵族通过掠夺村社成员的剩余劳动获益(无论是助法剥削还是彻法剥削),他们不可能也不需要什么"私田"。此说还有一个致命弱点:无法解释商鞅的"制辕田"。杨作龙先生释爰为"还",释制为"止",与古代成丁授田,年老还田制度的废除联系起来考虑,这对于商鞅的"制辕田"来说也许能讲通,却难以阐释晋国的"作爰田"。"还田"是既行之常制,非惠公时代所"作";而且,"作爰田"意谓要求大家归还田地,这又何以能取悦于国人?所以,爰不能训还。此字古今学者大都释"换",前引《说文》段注已作了极好的概括。据许慎,则"䵒"当为本字,然考之甲文,初字恐仍以"爰"为是。该字甲文形体乃两手分持物之两端状,以示援引;由援引义,引申出迁移、变动、改换之义。卜辞多用此义,如"爰东室",即移至东室;"爰南单",即迁至

①参阅拙文《乡逐制度与周代社会性质》,载《青海师院学报》1983 年 3 期;《关于〈诗·卫风·氓〉的几个问题》,载《人文杂志》1985 年 4 期。

南单。《尚书·盘庚》"既爰宅于兹",即迁居于此。汉代官府习用语"爰书",即指将有关叙述或事物,转写成为公文形式。"爰田"之爰,实亦用其转换之义。

既然"爰"为本字,其义为转换,则'爰田'便只能是指田地的转换。说"以公田之税赏众"自然没有道理,看作田地的买卖也欠妥当。前面说过,爰田是一种制度规范下的耕地,它或称"辕田",《左转·僖公二十八年》又称"原田",汉简中称"袁田"。它已在长期社会实践中定型为田制术语,我们从古文籍中尚能约略窥其迹踪,它绝不是一种临时性措施。准许田地所有权可以与货币交换,当然有可能作为律令颁布,但因此就把耕地称为"换田",却有悖于情理。何况我们根本找不到是时份地自由买卖的证据。不得不承认,还是孟康的解释,最切"爰田"的语义。按照孟康的解释,爰田是耕地与耕地之间,在使用领域内的转换,而且是有规律的、制度性的转换。但孟康的解释存在一个问题,即他事实上讲了两种耕地使用上的转换:一种是"三年爰土易居"之"古制",当据何休之《公羊解诂》;一种是"爰自在其田,不复易居"的商鞅"复立"之制,无疑参自《周礼》。前者乃村社成员各家份地以三年为周期的定期重行分配;后者乃二圃和三圃制的休耕轮作,是时份地已经固定化。这是性质完全不同的两种田制。严格地说,前者直接反映社会形态,属生产关系范畴;后者只不过是一种恢复地力、变生地为熟地的耕作方法,属生产技术范畴。沈长云先生认为商鞅所制之辕田,仍意味着份地的定期重份,这是缺乏根据的。沈先生的意思是,孟康只讲"不复易居",未言"不复爰土"。其实孟康说"爰自在其田",已清楚地表明是时之"爰",系指社员自家份地内的休耕轮换,份地已固定不再转移了。村社制下,每家份地上都有一处农忙季节使用的简陋住所,即《诗》"中田有庐"之"庐"。"换土易居"所易之"居",即指此田中庐舍。它们规格大体一致,所用建筑材料无多,份地定期重分时代,他们不需拆迁,即随份地而更换主人。因此,"不复易居"也便意味着份地的固定化。关键问题在于,"爰田"作为一个定型术语,必有具体的、专指性内涵,不应在两种不同性质的义项间含混游移。据孟康,商鞅所制之辕田,无疑已专指休耕轮作;那么,晋惠公时代之"作爰田"呢?是否也专指休耕轮作制?孟康说那种份地定期重分的"古制",已于"末世侵废",这"末世"究指何时?

首先应当肯定,前引何休《公羊解诂》所言"三年一换土易居"的制度,在先秦确曾普遍施行过,这已为七十年代银雀山汉墓出土的简书所证实。简书《田法》:"考参以为岁均计,二岁而均计定,三岁而壹更赋田,十岁而民毕易田。令皆受美恶□均之数也。"论者多认为简文与《管子·乘马》"三岁修封,五岁修界,十岁更制"义合。这种份地定期重分制度,世界上许多民族都曾经历过,马克思、恩格斯对此有过明确论述[1]。按照马、恩的意见,这种制度一般存在于家长制家族公社向农村公社的过渡期,属于"较古的公社"阶段。从银雀山竹简反映的情况看,至少在中国并非如此,这种制度在村社时代延续较久。但无论如何,它绝不会延续到农村公社的后期,那是强大的私有制趋势所不允许的。当然,事物发展是不平衡的,在某些地区它可能中止得较晚,但在当时经济最先进、农业最发达的三晋地区,它肯定结束得较早。《周礼》一书为战国时期的作品,但它是依据春秋乃至西周的制度而写成的,书中许多内容已被越来越多的金文资料所证实。该书对春秋时期的田制叙述最详,但从中已难发现份地定期重分的迹象。《大司徒》言耕地分配:"不易之地家百亩,一易地之地家二百亩,再易之地家三百亩。"耕地已有明确的等级划分,已用份地分配量的差别来调

---

①《马克思恩格斯全集》卷 19,第 355 页、499 页;卷 21,第 159 页。

整因土质优劣造成的不公平。《小司徒》规定："上地家七人,可任也者家三人;中地家六人,可任也者二家五人;下地家五人,可任也者家二人。"这是按家庭人口及承担国家赋役者的数量,分配不同质量的耕地。既已加入家庭人口和役力的因素,则显然已无"每家平等"可言,而建立在每家平等承担税役基础上的份地定期重分,便已没有可能。《周礼》等许多先秦文籍,对"地之美恶"问题高度重视,着力强调对耕地等级的辨识和配置,这正是份地固定之后的必然现象。再看《汉书·食货志》关于古代土地制度的那段历史性叙述,我们会发现,班固压根就未提"换土易居"的问题。他首先讲"殷周之盛"时的井田制,讲井田制下的休耕轮作;接着讲"周室既衰"后的情况,讲"公田不治"而被迫实行"税亩"制,后又言战国李悝"作尽地力之教",言商鞅"坏井田,开阡陌"。班固未介绍份地定期重分制度,是因为它所依据的材料,已不能反映这种农村公社早期的经济状况。顺便指出,田昌五先生认为班固既说"三年换土易居"又说"自爱其处"是自相矛盾,这实在冤枉了班固。班固从未说过"三年换土易居"的话。他说"三岁更耕之,自爱其处",是紧承上文"休二岁者再易下田"言,意谓下田休耕轮作需三岁完成。讲"三年换土易居"的是何休,不是班固。田先生显然未曾细究班固的文意。

三

我认为,份地定期重分制的停止与公田助法剥削的废除,大致同步。这是因为,助法剥削结束后,正是生产者份地劳作积极性最高的时期。此时份地上的劳力、肥力投资迅速加大,对份地永久性占有的欲望空前高涨。这是促成份地固定化的最佳时机。另外,行施彻法剥削,以家为单位的实物税采用据耕地等级而定量的方式,即所谓"相壤定籍"、"相地衰征"。这样一来,因土质差异而造成的不均,不仅在份地分配量上得到了调整,又在赋税征收量上得到了调整。在这种情况下,份地的定期重分便不再具有重要意义。村社成员"越来越感觉到,停止周期分配,变交替的占有为私有,对它们是有利的"①。此外,公田的劳役剥削废止后,政府以及原有的整个贵族阶级的需要,完全依赖个体家庭缴纳的租税,每家份地耕种的好坏便显得至关重要。于是国家便以行政手段强制推行一些份地管理措施,诸如阡陌封埒的配置,沟洫道路的整修,休耕轮作法的使用等等。这在许多先秦文籍诸如《周礼》《管子》《吕氏春秋》乃至出土简牍中,均有引人注目的反映。国家对村社份地使用的强烈关注和积极控制,是与公田消失后份地固定化的历史趋势相适应的。对于实物剥削伴随份地永久性占有的史实,马克思曾说过这样一段话:"某些农村公社成员,根据某种公认的世袭耕种权或由习惯而来的耕种权,得以永久地耕种或利用村庄的土地……当它们从产品取出一份按习惯确定的份额,交付给有资格收纳的人后,他们就认为自己有权继续不受干扰地占有和耕种他们的土地。"②

愚意晋惠公时代的"作爰田",正是上述历史背景下的产物。是时公田助法早已被废止,国人份地固定占有的呼声极为高涨。于是惠公以行政手段结束了份地定期重分制,而代之以经过统一规划的休耕轮作制。"爰田",实指各家份地内的二圃或三圃轮换耕种。《诗经》中的《魏风》,一般认为是春秋初期的作品。魏虽早亡,其地名仍存,魏亡后该地诗作仍可称魏风,但时代至迟亦当在晋献公以前。《伐檀》;"不稼不穑,胡取禾三百廛兮!"一夫份地百亩谓之一廛,"取禾三百廛"即食禄三百家,可证是时已非公田助法剥削。《硕鼠》把剥削者比喻作大

①《马克思恩格斯全集》卷19,人民出版社1965年,第355页。
②克拉德编《马克思的民族学笔记》,1974年版,第283页。

老鼠,而《鲁诗》《齐诗》均将此诗与"履田而税"相联系。《盐铁论·取下》篇亦谓:"及周之末涂,德惠塞而嗜欲众,君奢侈而上求多,民困于下,怠于公乎。是以有履亩之税,《硕鼠》之诗作也。"《国语·晋语》载公子夷吾语秦使者公子絷:"中大夫里克与我矣，吾命之以汾阳之田百万;丕郑与我矣,吾命之以负蔡之田七十万。"注引贾逵:"百万,百万亩也。"春秋中期后,君主赏赐贵族,或言若干户,或言若干亩,这当然是指食税权。由于每家份地固定,故按田而税实也即按户而税。《逸周书·大聚》言县鄙商旅,"能来三室者,与之一室之禄。"反映的就是这种税户制。以上材料都可说明,惠公时代晋国已征收实物税,公田助法已消失。由此我们可推断,是时之"作爰田",实在不大可能是指创立份地三年定期重新分配的制度。《左转·僖公二十八年》载城濮之战前夕,晋文公因当年曾受楚惠而难下与楚作战的决心,"听舆人之诵曰:'原田每每,舍其旧而新是谋。'"杨伯峻先生指出,此"原田"即《说文》之"趪田",原、趪相通,指休耕地。"'每每'即形容草之盛出。去年已耕种者,今年即不再用,而用其先休耕者,故曰'舍其旧而新是谋。'"①舆人之诵意在用耕作的舍旧取新,喻晋国应忘掉楚国昔日之惠,而采取新的对策,即杜注所谓"可以谋立新功,不足念旧惠。"将"原田"与休耕轮作制联系起来理解,既符合晋国实情,又同文义密合。"原田"实即"爰田"。

休耕轮作法是劳动人民在长期生产实践中总结出来经验,并非那个改革家的发明创造。在晋惠公以前的时代里,它肯定已经存在。如果"爰田"制就是指休耕轮作法的话,为什么称之为"作"呢? 这是个被许多学者忽略或回避了的问题。我认为,"作"字意味着原井田制下

---

①《春秋左传注》,中华书局 1981 年版,第 459 页。

耕地配置格式的被打破,而代之以统一规划治理的新布局,意味着每家份地的扩大和份地使用权的固定化。"作爰田",实际上是一番田制大整顿。之所以有进行这种大整顿的必要,不仅由于上文所论份地永久性占有的历史趋势,也还为了解决井田助法废止后,"公田"的处理问题。劳役剥削变为实物剥削,必然要求公田消融到份地之中去,这是相当复杂、相当棘手的问题。据情理推想,井田制瓦解后,公田处理方式不外乎两种:一是作为份地分配给新生的劳动家庭,即分配给从原个体家庭中分离出的"余夫";一是切割成小块,平均分配给原先共同耕作该片公田的村社成员。据《周礼》,传统习惯余夫是在遂区授田的,从宗法身份的角度讲,他们没有资格占有乡区的公田;而且,在助法停止的那个时间段限上,也不可能有许多现成的待分份地的小家庭。而原有的公田又都是位置与土质都居优的耕地,是不允许荒芜的。因此,最大可能性是把公田切割分配给原先耕种该片公田的村社成员。然而,不论公田形式上是否如孟子所说的那么分散而有规律,要想保持原有的井田格局而对公田作均等的切割,都是比较困难的。在最初阶段,势必产生不公平现象,导致某种混乱。先秦学者们多有抨击的"井地不均""经界不正",恐即缘此而来。最合理的办法是彻底改变以往的井田格式,不论公田、私田,一律打乱,按土地等级,按爰田的需要,重行规划、分配村社份地。习惯上,份地仍以百亩、二百亩、三百亩为单位,而每份份地的实有耕地量却大大增加。这一方面因为原有的公田融入其中;另一方面,新的规划格局必然把许多已耕和待耕的生地扩进连片的大型田域。而且,不断提高着的村社家庭生产力,已足能适应份地量的扩大。

我推测,与周制相比,三晋亩积的增大,即滥觞于此。而三晋亩积的增大,实开商鞅定二百四十步大亩制的先河。每家份地实有量的增加,反映了我国的农耕整体水平的提高,也显示了推行爰田制的积极意义。因为，要想加快耕殖速度，扩大良田面积，非采用休耕轮作法不可。在春秋战国时期，村社份地量的大小，直接关系到国家的盛衰，这我们从银雀山汉墓所出简书《孙子兵法·吴问》篇，可以直接看出。孙子向吴王分析晋国形势，认为晋国六卿中范氏、中行氏当最先灭亡，智氏次之，韩、魏再次，而唯赵氏强固。主要理由便是范氏、中行氏制田以 160 步为亩，智氏 180 步为亩，韩、魏 200 步为亩，而赵氏则以 240 步为亩。商鞅"制辕田"采用 240 步的亩制，史有明载；晋惠公"作爰田"时的亩制，我们不得而知，但肯定有所扩增。贾逵以"易疆界"释"爰"是错的，但他说惠公赏众以田而易其界，却接触到了问题的实质。将公田融入份地，使份地量增大，这在惠公看来当然是一种赏赐；而份地格局的大变动，当然是要易其界畔的。亩积的扩大表现在长度上，条亩加长，百亩的份地单位便由井田时代的正方形变成了矩形，原来井田制下的封埒、阡陌、沟洫体制均须毁掉重建。《汉书·地理志》言："秦孝公用商鞅，制辕田，开阡陌，东雄诸侯。"《食货志》言："秦孝公用商君，坏井田，开阡陌，急耕战之赏。"制辕田，必然要坏井田，开阡陌。"开"者，向外扩展之谓也。爰田之下的份地规划，不仅扩大了耕地面积，而且也消除了某些"井地不均"现象，进一步提高了生产者的积极性。故《史记·商君列传》说商鞅"为田开阡陌封疆，而赋税平。"

四

或曰：秦国的"制辕田"与晋国的"作爰田"相距三百年，性质何以相同？我是这样看的：在社会封闭性极强的先秦，各地区农业结构在发展阶段上有较大的时差，是历史实情。商鞅变法前的秦国，经济、文化是相对落后的，《史记·秦本纪》谓"诸侯卑秦"，"夷翟遇之"。《商君列传》载商鞅本人的话："始秦戎翟之教，父子无别，同室而居。今我更制其教，而为其男女之别，大筑冀阙，营如鲁卫矣。"据此，商鞅变法前,秦国尚停留在大家族公社的阶段。即以助法剥削变为彻法而言,公元前594年鲁国即已"初税亩",而秦国晚至前408年方"初租禾",二者相距186年。春秋时期的晋国,各方面的发展都居诸侯之前列,齐思和先生称之为"改革运动之先进","变法之先导"。[①]晋秦推行爰田制相差三百年,并非不可理解的事情。商鞅至秦国前,曾任魏相公叔座的中庶子,详悉魏国的律令制度,其变法中的农耕方面内容,明显地借鉴于三晋经验。其"制辕田"与晋国的"作爰田",当有历史的承接。二者的政治背景也颇相似:晋惠公和秦孝公都希望通过田制的整顿改革,调动民众的积极性,发展生产,增强国力。不过秦国的制辕田被纳入整个变法运动之中, 规模和声势都要比当年晋国的作爰田大得多。

爰田制的推行,是井田制解体、税亩制出现后的必然产物。不独晋秦,自春秋中期以后,各国相继由助法变为彻法,几乎都经历过一次田制方面的整顿改革。如齐国的"相壤定籍"、"井田畴均";郑国的"田有封洫,庐井有伍";楚国的"量入修赋"、"井沃衍"等等。值得注意的是,各国的田制整顿都牵连到"井田"。这里有个问题必须澄清:井田不等于井田制。助法剥削一旦废止,井田制的生命即随之结束;而井田制的物质躯壳,即井田制下长期固定了的份地配置格式,却依然存在。随着时间的推移,他们已成为农业进一步发展的障碍,所以,各国都在运用政权力量, 强行革除井田格式。人们习惯性地继续使用"井"这个词语,但实际推行的却是在井田制废墟上建立的新田制。这些变革,以法律认可的方式标志着份地固定化的彻底完成,促进了农垦业的发展,顺应了历史潮流。但开始时,必然要给生产者带来许多烦扰,甚至导致部分民众的反对。待人们适应之后,新田制便会大显

①《中国史探研》中华书局1981年版第130页。

其社会功效。《左转·襄公三十年》载子产"从政一年,與人诵之曰:'取我衣冠而褚之,取我田畴而伍之,孰杀子产,吾其与之。'及三年,又诵之曰:'我有子弟,子产诲之;我有田畴,子产殖之。子产而死,谁其嗣之。'"《史记·秦本纪》亦言孝公"用商鞅,百姓苦之。居三年,百姓便之。"之所以有"三年"的适应过程,当与爰田制的三圃轮换周期有关。

以爰田制为界碑的村社份地固定化,实乃我国土地私有制形成过程中的关键一步。从云梦秦简有关土地的许多记载中我们可以看出,国家最终以法律形式确认并保护了份地的私有。爰田制后的农村公社已进入末期,西汉时代如汪洋大海般存在着的自耕农阶层,就是农村公社完全解体后的产物。然而,正如井田制废止后,井田制下耕地配置格式曾长时间留存一样;爰田制消失后,爰田制造成的阡陌交错、份地并列的大型田域,汉代仍可窥其涯略。尽管土地自由买卖的利刃,可能已将原村社成员的份地所有权切割易主,但条状长亩统于陌、陌统于阡的布局却仍如归。并且,阡,尤其是陌,已成私有土地界位的主要坐标。这在汉代土地买卖的证券中,在涉及田亩标位的文献记述中,均有反映。"爰田"术语迟至东汉,还出现在地券中。如《王未卿买地铅券》:"河内怀男子王未卿,从河南南街邮部男子袁叔威买皋门亭部什三陌西袁田三亩……"①《王当墓买地铅券》:"谷郏亭部三陌西袁田十亩……田本曹奉祖田,卖与左仲敬等……"②作为田地位置坐标的"陌"之前冠以序数,可证该田处于许多阡陌纵横交错的大型田域之中。"袁田"即"爰田"。《急就篇》(卷一):"爰氏之先,本与陈同姓。陈申公生静伯甫,伯甫八世孙爰诸,生爰涛涂,因而命氏。其后或

---

①见罗振玉:《贞松堂集古遗文》卷15。
②见洛阳博物馆:《洛阳东汉光和二年王当墓发掘简报》,载《文物》1980年6期。

为辕字,又作袁字,本一族也"王应麟补注:"《左转》辕涛涂,《公》、《谷》传作袁。"从先秦至两汉,爰、辕、袁三字的使用轨迹,在此清晰可见。上引券文,反映的正是古代爰田制的历史遗迹。

原载《庆阳师专学报》(社会科学版)1992 年 3 期。后收入氏著《古史钩沉》,上海古籍出版社 2018 年。

伏羲文化与华夏文明的育兴

　　尊伏羲为中华民族的人文始祖,如今已是宇内华人的共识;每年在天水市举行的"公祭伏羲大典",已成为海内外关注的国家级隆重礼仪。与此同时,伏羲文化的研究和宣传,也是一浪高过一浪地滔滔奔流,而且越来越呈现多领域、多角度、多渠道、多层次争相发声,园林郁葱、百花竞放的昌盛局面,社会各界都为此而欣奋不已。但我们在肯定研究方向多元化的同时,应把握好一个核心宗旨:必须将伏羲文化纳入华夏文明育兴这个总纲中,视此为众音合奏的交响乐,主题是带动所有齿轮转动的中心轴。研究者胸臆如不坚定这种理念,许多微观探索便会碎片化,模糊了价值取向,甚至走入迷途。

　　道理很简单。伏羲不是一个具体的直观人物,伏羲传说也不是一则孤立的神话故事,伏羲文化更不是一种封闭性的方隅文化。伏羲和伏羲文化是种神圣符号,代表了一个庞大的强势族系,代表了一个漫长的时代,代表了那个族系在那个时代里所创造的辉煌历史。我们尊奉伏羲为"人文始祖",为什么要以"人文"来限定"始祖"呢? 难道不就是因为要宣示, 我们是在社会性文化脉络的意义上而不是在血缘世系上,使用这个概念的吗? 伏羲文化与华夏文明同步孕生,是华夏文明形成过程中血肉相连的组成部分。华夏文明是神州大地满天星斗般的史前文化交接、碰撞、融汇的产物。在这百川成海的宏伟运展中,东、西两大文化区系的交融,发挥着主导作用,构成了华夏文明的基体。

这东、西两大文化区系,实即华夏文明的东西二源。东源可称为"海岱文化圈",指以泰山为依托,济、潍、汶、泗诸水密布的那片地域。那是由大汶口文化发展而成的山东龙山文化育生地,传说中族体标志性人物为少昊、颛顼、蚩尤。西源可称为"汉渭文化圈",指以陇山为依托,汉、渭两大水系紧邻的那片地域。那是由大地湾文化发展而成的仰韶文化育生地,传说中族体标志性人物为伏羲、女娲、炎帝和黄帝。伏羲族系是汉渭文化圈最早的辟拓者,是汉渭文化圈历史地位的奠定者,是汉渭文化圈精神传承的象征。伏羲文化不仅是华夏文明育兴的生长要素,还是华夏文明形成后持续发展的推动力。这从华夏文明后世传承中显现的伏羲文化基因即可看出。完全可以说,伏羲文化是华夏文明不断升华的重要源泉。

以上是我对伏羲文化的宏观认知。

以下我提三个具体问题,供关心伏羲文化研究的学界同仁们思考,并以对这三个问题的阐析,作为对上述认知的论证。

一、伏羲与太昊是否同指

目前所知,明确称伏羲、太昊为一人的古文献,是《汉书·律历志》,称"太昊伏羲氏"。后世学者多无异议。但也有质疑的声音,影响较大的是清代学者崔述。他在其《补上古考信录》(卷下)中,提出伏羲与太昊并非一人,神农与炎帝也非一人的看法,认为先秦文献找不到二者同称的依据,合二为一是刘歆和班固的误判。战国时盛行五行理论,以五行配五帝。《吕氏春秋》依五行相生的顺序列五帝,将太昊、炎帝置于黄帝之前,这和《易传》对伏羲、神农、黄帝的表述顺序重合。刘歆受了这一重合的影响,遂视伏羲、太昊为一人,神农、炎帝为一人。而在《左传》中,伏羲、神农居黄帝之前,而炎帝、太昊是居黄帝之后的。所以说刘歆误判,而班固沿袭其误。

认真审视相关记载不难发现,崔述之说根本站不住脚。首先,他未细察《左传》昭公十七年郯子关于上古史的那段名言,没弄懂郯子述其祖少昊之前诸位古圣的方式是由近及远的,即所谓倒述,其顺序是黄帝、炎帝、共工、太昊。崔述就此理解为炎帝、太昊在黄帝之后。事实上郯子所言和刘歆所列顺序完全一致。其次,崔述犯了个逻辑错误。他说刘歆据《吕氏春秋》与《易传》对古圣排列顺序重合,便认为两组名称同指是个错误,但为何不说正因为两组名称同指,所以必然顺序重合呢? 同指而顺序重合,乃天经地义之事,刘歆据实而言,何错之有? 其实,刘歆所言古圣次序,不仅与《易传》重合,与《左传》重合,先秦文献高度一致,决非刘歆的独创。炎帝与神农,《史记·封禅书》中确有分指为二人的文字(此事非三言两语所能说清,本文暂不触及),而伏羲与太昊,古文献中绝找不到分指为二人的记载。战国至两汉,是人们对伏羲、太昊这两个名号关注最多、使用相当频繁的时段,学者们都认为两个名号同指一人,说明此为社会所公认。

我在此指出崔述的质疑不当,却并不否定他起疑的原因;他的论证方式和结论虽然错误,但问题的提出,在我国古史研究领域还是很有意义的。因为,在先秦文献中,虽没有分指二人的文例,但言太昊者称太昊,言伏羲者称伏羲,确也找不到将二名同时并用的文例。而且,还有几点非常值得思考。一、关于伏羲的记载时间较早,关于太昊的记载时间较晚。二、关于伏羲的记载非常丰富,资料虽零散,但内容涉及社会生活的各个方面,具体而切实;关于太昊的记载却较单薄,多为片言只语,侧重于抽象赞颂,且神话色彩更为浓烈。将两个名号下的文字对比可知,二者的文化面貌迥然不同,令人困惑莫解。三、传说中伏羲的活动地域主要在西方,太昊的活动地域主要在东方。

既然两个名号同指一人,那如何解释上述现象? 笔者认为,这只能从文化传承的历史性上寻找原因。质言之,两个名号虽指一人,但名号却并非同时产生的。一个早，一个晚；一个实，一个虚。太昊名号是用来傅会伏羲的，两个名号合指是五帝时期东、西两大文化区系交接、融合后，人文格局发生巨大变化的反映。伏羲文化扩延至东方后，影响不断深化。东方文化要与之相融，就要让它在东方文化土壤中扎根、发育。于是便适应社会的精神需要，酝酿出了太昊这个名号，用来安放伏羲这位古圣，并使他穿上东方色彩的外衣。换句话说，太昊名号是东方文化生态环境吸纳了西方文化营养的产物，是东方人为伏羲量身定做而特设的尊位。之所以称"太昊"，是因为东方原有"少昊"这位古圣。也须考虑另一种可能，少昊名挚或质，又称青阳，其"少昊"名号就是在这种配套构思中产生的，两位族群的神圣首领共用"昊"名，而以"太""少"以别其位置之前后。二者相配更具存在感和号召力。

要知道，华夏文明形成之后，特别是进入商周时代，东方文化渐具优势。流传后世的早期文献，多出于东方，即所谓齐鲁文士之手。他们熟悉东方神话传说，又掌握了较多的意识形态及学术话语权，在东、西文化汇融的史流中，不难为伏羲绘制出一个东方之神的形象来。鉴于伏羲时代之古远，以及伏羲文化影响之巨大，将伏羲的太昊名号列在少昊之前，居于少昊之上，且遵循伏羲族系以龙为图腾的传统，配龙为太昊的灵象。这是"五方帝"理念体系发育过程中的合理布局。这中间想必还有东迁的伏羲族系分支作群体基础，因为那些族群要适应当地的文化生态环境，融入东方社会。伏羲拥有太昊名号的光环，既是伏羲族系东迁诸支的精神寄托，也是族体对先祖祭祀的实际需要。后来完全成熟的"五方帝"体系，位太昊于五帝之首，奉为主东方的青帝，遂使伏羲、太昊名号合一的人文创构彻底完成，固化为一种神圣理念。所以我把伏羲、太昊名号的合一，称为东、西文化融汇的东方胎记。

二、"风"姓缘何而起

姓是文明形成过程中出现较晚的社会现象。原始社会早期阶段人们是没有姓的,但族体之间必然存在联系与交往,要求彼此有个指代性称呼。这种称呼简明而具标志性含义,日久习成而通行。所谓标志性,当缘自该族给人印象深刻的生存方式、独创的技术或风习信仰等族体特性。如燧人氏、有巢氏、伏羲氏、大庭氏、烈山氏、有熊氏等族称,即由此而起。这可以视作原始"姓"的雏形。这类名称冠以整个族系,也常被作为该族系首领的名字使用。

"当社会进化到族外群婚阶段之后,同族不婚成为铁定的伦理法则,族体名号更具含了婚姻制度上的意义。严格区别血缘关系的世风民俗,进一步增强了作为族体标志性名号的生命力。随着族体间交往的日益频繁和广泛,尤其在文字发明之后,族体名号走向简约化,最后精炼为用一个单音节汉字来表示,便定格为文明时期最早的一批姓(复姓及一些少数民族的多音节姓是后世出现的)。"①古人对姓的产生是非常关注的,但大都从文明时代已经伦理化的观念出发,未能明确原始族姓的基因。古文献屡言姓是由天子"赐"的,典型文例可举《左传》隐公八年所载鲁大夫众仲语:"天子建德,因生以赐姓,胙之土而命之氏。"姓是因社会群体生活需要而自然产生的,决非什么人能够"赐"予的。但赐姓说由来已久,也不是凭空杜撰。这种理念出现在文明前夜的部落联盟时代。联盟聚纳了众多部落和氏族,各族体的称号会出现诸如雷同、歧称、分化、音变等乱象,有必要加以清理、整肃、

①祝中熹:《嬴、赵姓氏缘起析述——兼论族与姓的关系》,原载《先秦文学与文化》(第三辑),后收入作者的《秦史求知录》(上册)。上海古籍出版社2012年,57页。

明确,使之规范化以便于通行。此外,就我国上古历史而言,国家形成时期大致也就是文字产生期,因此族体名号也便存在一个由声音形式进化为文字形式的问题,这当为促成姓称规范化的另一项动因。所谓"赐姓",本即指部落联盟的这种规范化宣示。众仲所言,不过是后世文人对此用专制主义王权的口吻表述出来罢了。须指出的是,即使赐姓也要"因生",所谓"生",就是我上文所讲族体在生存斗争中形成的特性。

文字形式的姓出现在父系家长制业已确立的文明时代,但姓作为族体血缘关系的标志符号,却萌生于母系氏族社会,故最古老族姓的文字构成,均以"女"作义符。如《说文》所举母元性古姓姜、姬、姞、嬴、姚、妫、妘等,皆从女。伏羲、女娲的姓,按事理说肯定是最古的姓,但其姓却不含女符。古文献几乎一致地说他们是"风"姓。风姓从何而来?"风"字同伏羲、女娲的族性有什么关系?

关于姓的起源,郑樵有个影响颇大的说法:"姓之为氏,与地之为氏,其初一也,皆因所居而命。得赐者为姓,不得赐者为地。居于姚墟者赐以姚,居于嬴滨者赐以嬴。"①郑樵秉承"赐姓"说,认为姓是"因所居而命"的。此说的肤浅处在于颠倒了因果关系,绕过了姓的始原。自然界的山谷川原哪来的名?它们的名是人类赋予的,是那些最早生活在它们周围的原始人群呼叫出来的;而且,呼出之名的含义,肯定与呼众的族体特性相关。地名与姓重合,必然是先有族性特征,然后才有据族姓而呼出的地名。如姬水是姬姓族体最初活动的地域,姬字的声符初形象一熊掌之印,即古文献所述姜嫄"履大人迹"受孕而生周之始祖弃的那个"迹","大人"乃熊的拟人化代称。姬、迹声通,姬姓是

①郑樵:《通志·氏族略》卷一《序论》。中华书局 1995 年。

以熊为图腾的部族。①姜姓炎帝族初居姜水,姜、羌古为一字,甲文羌字作人身羊首形,论者认为即羊图腾装扮形象。作为姓,人形改换为女旁。②嬴姓族系最初生活在嬴水流域,嬴字的原形本为"蠃",乃一种蚌螺类水生物,当为嬴水所盛产。《周礼》一书多存古字,书中"螺"字即作"蠃";此字后来又被写作"嬴",从虫从贝皆因其为水生物。生活在嬴水之滨的族群,可能在生存实践中掌握了对这类水生物捕捞或烹制的技巧,因此形成了以这种水生物之名为族姓的习称,该字的义符也便由"虫"、"贝"变为"女"。同时,很自然地又把盛产这种水生物的河流呼为嬴水。应当说,在史前先民开发、经营这片地域的漫长岁月里,物名、族名、水名三者是同步形成的。③

之所以举示这些姓例,是想说明在母元性古老族姓中,隐含或折射着族体在长期生存斗争中形成特性的某种影迹,姓与族存在血脉相通的内在关系。立足于这种认识,让我们认真辨析一下"风"这个姓,同伏羲、女娲族系有什么瓜葛。

风的本义指自然界的一种物理现象,它对生命的影响以及人类对它的强烈感受,是不言而喻的。所以风这个字,从音义结合的角度说是老早就存在的,甚至可以说它和人类的形成同步。但依汉字构形

①孙作云先生最先在其《周先祖以熊为图腾考》一文里提出此说,学界信从者较多。该文后收入孙先生论文集《诗经与周代社会研究》中,中华书局1979年版。

②羌族乃我国西部以羊为图腾的庞大族系,姜姓部族是羌族中最先进的族体,活动于今陕西宝鸡以西即文献所言姜水一带,炎帝乃其早期首领。这已成为学界通识。

③此说由曹淑琴女士《说嬴》一文最先提出(首届中国莱芜嬴历史文化学术研讨会论文),此处我在曹说基础上增添了些个人看法。曹文后收入宋镇豪主编的《嬴秦始源》一书,中国社会科学出版社2014年。

原则,为它设计一个形音义三结合的方块字,却非常困难。因为风这种东西,用龚自珍的话来说是"万状而无状,万形而无形",没法用线条显示。所以最初它必然是个假借字。考之甲文,果然如此,风与凤同字。愚意这恐怕不单纯是音借,"凤"鸟在空中乘风而翔,会给人一种二者相因的联想。以"虫"代鸟的"風"字出现较晚,始见于小篆。为假借字造新字,在汉字孳衍史上极其正常,但以虫符取代鸟符,却非常奇怪。许慎《说文》作了解释,他先对八个方向的风名作了介绍,然后说:"从虫,凡声。风动而虫生,故虫八日而化。"段注曰:"八主风,風主虫,故虫八日化也。谓风之大数尽于八,故虫八日而化,故風之字从虫。"且不说昆虫"八日而化"是否有据,且不说风也并非只有八种,因风和虫这两种事物都同"八"这个数字相关,就让"風"字从虫,这种逻辑的荒谬不值一辩。许、段都在强为之说,事实上风与虫不存在因果关系。

　　我在《太昊与少昊》①一文中,对风姓缘起提出一种看法,愿在此作进一步铺陈,以就教于方家。我认为,后起的风字是专为族姓而造的,是东、西方文化交融的产物,是伏羲与太昊名号合一后的文字折射,是海岱文化圈鸟图腾与汉渭文化圈龙图腾联结的微型凝聚。甲、金文中虫字均作蛇形,而蛇在图腾文化里是龙的母体。后世盛行的伏羲、女娲的合体图象,即为人首蛇身,虫字实为龙字的初文。而伏羲族系以龙为图腾已为国人所公认。风字由凤与虫也即龙组成,应当是因族势格局变化而新造的族姓用字;在后世的语言实践中,自然现象的风字也便顺势借形,从假借的凤字中分离而出,采用了姓氏风的字

---

　　①载于宋镇豪主编:《嬴秦文化与远古文明》,中国文史出版社2018年。后收入作者文集《古史钩沉》,上海古籍出版社2018年。

形。上节所言东方文化对西方文化的容纳，立太昊名号以尊伏羲之位,更需要在精神信仰层面有个直观的物象标志,图腾联结乃必行之举。伏羲的族姓缘此而来,传说中与伏羲难解难分的女娲,也便跟着姓了风。

由此方悟,在伏羲、女娲源起的汉渭文化圈内,并没有任何风姓古国;而在太昊源起的海岱文化圈内,却有许多风姓古国。《左传》僖公二十一年载司马子鱼语:"任、宿、须句、颛臾,风姓也。实司太昊与有济之祀。"杜注:"太昊,伏羲。四国,伏羲之后,故主其祀。任,今任城县也;颛臾在泰山南,武阳县东北;须句在东平须昌县西北。四国封近于济,故世祀之。"杜注未言"宿",据考宿在今山东东平县境内,与须句毗邻。济,就是流经今山东北部入渤海的济水。四国皆在海岱文化圈内。风姓诸国为太昊也即伏羲之后,承掌对始祖的祭祀,这可视为我前文所论太昊名号起于东方的史证。伏羲文化东向发展,族体的迁徙是主要渠道。许多古文献都说伏羲生于成纪,"都于陈",陈地又有陕西宝鸡、河南淮阳等说。文献里伏羲之生、之都、之墟,都显示渐趋东移的现象。关于伏羲的传说所涉地域甚广,有学者对纪念伏羲的庙宇作过调查统计,全国约有 50 处,主要分布在黄河中下游甘肃、陕西、山西、河南、河北、山东等省,[①]这正反映了伏羲族系走下黄土高原东向发展的史迹。山东境内的风姓古国,当为文明前夕伏羲族系东迁分支的后裔,他们认可了东方太昊的名号,并接受了风姓。总之,西方族系移居东方,西方文化融入东方,西方图腾与东方图腾相遇而合,是风姓诞生的机缘。风字兼容了龙与凤的象征意蕴,是个绝妙的文化创构。

---

①刘雁翔:《正史伏羲资料撮录解读》,载《伏羲文化研究》2017 年第 1 期。

但必须指出,龙与凤原本就是史前西、东两大文化区系各自拥有的众多族体,经长期交接后聚结成的复合图腾,各自挟有强大的生命力和号召力,各自植根于深厚的人文土壤里,决非一个凤字所能取代。所以,在华夏文明后续发展史上,龙与凤仍保持各自的特色,顺应习俗惯性,各自展现着独具的华美形象,双双获得整个中华民族的崇仰与热爱。虽然它们曾被历代皇权强取作炫耀帝、后的专用品,但国人还是把它们与传统文化凝在一起,视为神州大地的精神灵像。在龙、凤的历史意义与社会意义均不可动摇的人文背景下,"凤"字的原创宗旨便显得微弱隐晦,早已渺茫难明了。但在华夏文明的育生期,作为东、西两大图腾遇合的印记,作为汉谓文化与海岱文化渐次融合的象征,族姓"凤"的作用不宜低估,其缘起的揭示也很有必要。

三、"五方帝"体系二昊何以易位

"五方帝"是将天神信仰与古圣崇拜(指文明前夜最具代表性的一些部族首领)相结合而加以模式化的宗教理念,在我国人文传承中影响甚大,至今仍能窥其遗风。"五方帝"体系是依据"五行"思想构建起来的,即将五位古圣与五行对应,再配以五方、五色和五季(夏季被一分为二),后来又吸收古老的"四灵"说(左青龙、右白虎、前朱雀、后玄武),用五种动物(龙被分为苍、黄两种)作为五方帝的灵象。

学界曾长期流行一种看法,认为五行说兴起于战国时期,由邹衍把它充实、张扬成为一种哲学体系。其实,"五行"思想起源甚早,其体系是逐渐丰满起来的。先民对金、木、水、火、土这五种对人类生存至关重要的物质,必然有深刻而持久的感受、观察和思考,并越来越希望把它们的性能移溶于意识形态和政治伦理中。将"五行"与群体记忆中印象最深的一些部族首领作配位联系,完全在情理之中。甲骨文中有多条祭祀占辞,王国维指出:"曰'方帝',曰'东',曰'西',曰

'中'，疑即五方帝之祀矣。"①所言可信。商代已有祭方帝之举。《尚书·洪范》载微子以五行论治国方式，说明是时五行思想已渗入政治生活。《逸周书·作雒》为周初作品，已有东青、南朱、西白、北骊、中央黄的表述，说明五方配五色也已成社会通识。更能提示五方帝理念存在时间的是《史记·封禅书》，说秦襄公被封为诸侯之后，"自以为主少昊之神，作西畤，祀白帝。"秦襄公在位于两周之交，此文揭示西周时西方之神已定格为白帝少昊。后来随着秦之国势渐盛和东扩，其对方帝的畤祭也在增多。秦宣公作密畤"祭青帝"，秦灵公作上畤"祭白帝"，作下畤"祭炎帝"。这都是春秋及战国初年的事，说明那时五方帝信仰已成传统。

但先秦文献里直接讲"五方帝"却较晚。《尚书》未言"五帝"。②《周礼·小宗伯》云："兆五帝于四郊"，郑玄以五方帝释"五帝"。郑玄乃东汉人，那时"五方帝"已成显学。明确展现五方帝体系的是屈原的《楚辞·远游》，诗中写诗人神游天地四方，述及的方帝为东方太昊，佐神句芒；西皇未指名而谓其佐神蓐收；南方炎帝，佐神祝融；北方颛顼，佐神玄冥；言及轩辕，但未明言其居中。因系诗作，不讲求表述严整，但五方帝体系已大致具备，和后世规范体系中的内容完全相符。《吕氏春秋·十二纪》所载已完整而系统：太昊主春主东方，佐神句芒；炎帝主夏主南方，佐神祝融；黄帝主季夏主中央，佐神后土；少昊主秋主西方，佐神蓐收；颛顼主冬主北方，佐神玄冥。时代愈往后，这个体系包含的内容愈庞杂，与"五行"相配的除帝名、方位、季节、颜色、佐神

---

①王国维：《殷墟书契考释》（增订本），转引自傅斯年《民族与古代中国史》，河北教育出版社 2002 年第 77 页。

②有学者曾引《尚书·虞书》以证"五帝"一词之始出，那是将《孔传》之文误识作经文。经文未言"五帝"。

外，还有灵兽、镇星、声调等元素。

　　"五方帝"宗教模式的古圣配置，存在很明显的人文悖论。太昊即伏羲，乃源起于汉渭文化圈的关陇集团首领。关于他的神话传说，几乎完全集中在甘肃东部地区，其受孕地、出生地、画卦地、陵墓等，均在陇右。而其丰伟的功业与陇右考古文化面貌的对应，经数十年的学术探讨，也已被业界基本认可；其族系的龙图腾与陇山的关系，也已逐渐清晰。可以说，伏羲部族及其文化育兴于汉渭文化圈，乃不争之史实。但在"五方帝"模式中，伏羲在拥有了太昊名号后，却成了主木主春主青的东方之神。少昊为海岱文化圈内东夷集团首领。少昊名质、挚，实为鸷，一种凶猛的大鸟，其名应含东夷盛行的鸟图腾基因，故少昊时代"以鸟名官"。其族系最初活动于"穷桑"，即今山东曲阜一带；其族姓嬴与嬴水的关系，上节文字已作交代。嬴水流经的山东莱芜市郊即有古嬴城遗址。我国以嬴为名的河流就这么一条，以嬴为名的古城就这么一座。少昊部族及其文化育兴于海岱文化圈，同样无可置疑。但在"五方帝"模式中，少昊却成了主金主秋主白的西方之神。为什么会出现这种有违史实的反向易位？

　　伏羲的东移，本文前两节已做出说明，是伏羲文化及族系分支被东方吸纳的结果。太昊名号本来就是东方人为伏羲量身定作的，有关太昊的传说及其神圣性，都是在东方文化生态内培植出来的。所以，"五方帝"模式恒称太昊而决不称伏羲；加以"四灵"说谓东方青龙，这正同伏羲的龙图腾应合，故定格太昊为东方青帝顺理成章。至于少昊的西移，则需多费点笔墨。

　　少昊西移和伏羲东移一样，是东、西两大文化区系交融的结果。与仰韶文化东向发展、关陇集团不断东进同时，山东龙山文化也在西向发展，东夷集团也在不断西进。尤其是在距今五千年左右，海平面下降，经黄河巨流冲积，鲁中南丘陵和中原大陆连接之后，东夷文化处于全盛期,族体西向流徙日趋活跃。有学者对此作过专题研究,称之为东夷文化的"西进大潮"。①田野考古也显示,龙山时代中原地区的聚落和城址,大都为时不长。那正是族体间交接、碰撞频繁,导致迁移无定、居址难以久稳的反映。这种状况,延至文明时代,余势仍盛。古文献有载且对后世影响极大的西迁部族有两系。较晚的一系是夏商之交东方"九夷"中的畎夷。畎夷居九夷之首,与夏王朝的关系时好时坏。夏末政衰,殷商起而攻夏,鸣条之役后夏桀败亡,残部西窜,商夷联军追击。畎夷就是在这次军事行动中西迁的。商、周时代,畎夷在西方获得长足发展,族系遍及陇山周围。该族即先秦文献屡屡提到的犬戎,曾对西周王朝和陇右嬴姓方国造成巨大威胁。本文要详述的另一系族体,是文明前夕即已西迁,后来又多次续迁的嬴姓部族。

尧任中原部落联盟首领期间,由于"敬授民时"这一理民大业的需要,委派擅长天文历法的羲和家族,分赴以中原为中心的四方定位点,肩负祭日、测日的使命。此即《尚书·尧典》所载"羲和四子"的任务。羲和家族是重黎的后裔,而重黎又是由少昊鸟图腾部族与颛顼日图腾部族睦结而成的彭那鲁亚"两合婚姻联盟"阳鸟部族的首领。受命赴西方的是四子中的和仲一族。《尧典》说他们"宅西","居昧谷"。这"西",即秦汉时代陇西郡的西县境域;这"昧谷",学界业已考明,即今甘肃礼县红河镇与天水市秦州区交界一线,自西北而东南流经礼县一侧的红河,古称峁水河、茆水河或称茅谷(今地图标"冒水河",保留了古音)。和仲一族实为西汉水(古汉水)上游地区最早的开发者。《尚书·禹贡》言陇南山川云:"和夷厎绩","厎绩"指创建了功业,"和

---

①栾丰实:《试论仰韶时代东方与中原的关系》,《考古》1996 年 4 期。

夷"即指和仲一族。①这支嬴姓族体追日、祭日、测日,不仅丰实了先民对太阳运照和天象历法的认知,也把东夷文化和少昊的崇高形象带到了西方。汉渭文化圈内农业、畜牧业高度结合的经济形态,得以日渐稳固并持续繁荣。所以,《山海经》把少昊描述成"西望日之所入""主司反景"的西方之神。阳鸟部族和仲一系的西行并定居陇右,是我国上古历史辉煌的一页。这一壮举必然发生极大的社会、历史影响,乃至在世代流传中形成了神话故事。脍炙人口的"夸父逐日"传说,即折射着这一壮举的史影。和仲一族的"宅西",一方面是肩负部落联盟中央所交付的测日、祭日使命,另一方面也是阳鸟部族图腾崇拜激发探求太阳归宿的精神驱动。夸父追日故事,展现的就是这种不畏艰险、至死不渝的神圣信念。这一切都反映了少昊主西方的文化背景。

三代时期,东方嬴族又不断地有分支西迁,具体时间学界意见不一。据《史记·秦本纪》载,至迟在商后期,嬴族首领中潏已经"在西戎,保西垂",经营着一个臣服于商王朝的小方国。前些年面世的清华战国简《系年》,载周初伐商奄,战败后的飞廉余族被遣迁至陇右朱圉山。李学勤先生曾撰文考论此事,说这是秦之"始源"。②始源说有违正史记载,不宜轻从。因为中潏的方国为秦国的前身,史载中潏之父戎胥轩就早已生活在西垂地区,并曾与当地戎邦联姻通婚了。况且,飞廉余族未迁他处而迁陇右,也正因为这里早就有该族所建的方国。但周初这支嬴族的西迁,壮大了陇右嬴姓族势,增强了嬴姓方国的实

①祝中熹:《阳鸟崇拜与"西"邑的历史地位》,原载《丝绸之路》1998 年学术专辑,后收入作者的《秦史求知录》(上册),上海古籍出版社 2012 年。

②李学勤:《清华简关于秦人始源的重要发现》,《光明日报》2011 年 9 月 8 日11 版。

力,进一步张扬了少昊的声望,则是肯定的。嬴姓族体在陇右的创业发展,使先进的东夷文化,深深渗入汉渭文化圈的生态环境和人文土壤中,为少昊名号扎根于西方奠定了基础。这种经济、政治、文化交织的综合影响力是相当强势的,经世代相继的固化,酿成"久假不归",人们便会忘掉少昊源起东方的史实,视少昊为西方的领袖。

宗教性的"五方帝"模式,和单纯的天帝崇拜不同。天帝又称上帝,是形而上的至高神,只存在于人们的抽象思维中;五方帝则是史事化、世俗化了的人神,是远古社会群体记忆中最显赫的部族首领。作为体系中的崇高仪范,依据的是他们社会实践的丰功伟绩。少昊既被看作是在西方辉煌创业的族体领袖, 定位为主司西方的白帝也便合情合理。在秦襄公高举白帝少昊旗帜,将神权、祖权和政权完美结合,开创了被后世历代秦君所尊奉的畤祭传统之后,"五方帝"模式便更加拥有了权威性,成为一面高悬人间,可窥知华夏文明育生亮点的透镜。所以我把少昊的文化移位,称作东、西方文化交融的西方胎记。至于后来出现的纵向史程性五帝,含颛顼而未列少昊,那是由我国文明育兴关键时期部落联盟政治格局的演变实况决定的。对此笔者将另有专文,此不赘论。

四、尾语

以上三节文字围绕一个中心, 即阐述伏羲文化在华夏文明育兴史程中的位势。伏羲、太昊名号的合一,族姓"风"字的缘起,二昊在"五方帝"体系里的反向易位,这三个问题都隐含着华夏文明形成的内在机制,显示出东、西两大文化区系交接融汇的鲜明史影,展现了伏羲文化的无限生命力和影响力。本文前言力倡伏羲文化研究应把握好主旋律和中心轴,意义即在于此。必须将伏羲文化研究纳入华夏文明育兴的宏观伟流内,否则便会迷失方向。

伏羲文化完全融入华夏文明母体后，继续发挥着生生不息的能量，在生命共同体中血脉通流，世代升华。为篇幅所限，这方面的内容本文未及展述。在笔者另一些文章里，曾略议过两个考察角度：一个是由伏羲八卦孕生的《易》学。此学已昌盛为文化史上纵贯古今的一条彩链，其脉络通联着社会生活几乎所有的领域。另一个角度是由伏羲族系开创的汉渭文化圈，在文明时代的后续发展。姬周、嬴秦两大文明古国的崛起，牢固地编织了西北地区同中原王朝的纽带，加速了西北地区的民族融合，夯实了西北地区的经济基础，决定了西北地区的历史走向。前一个角度的考察，学界热度一直未减，成绩斐然；后一个角度的考察，则罕受关注。愚意方国课题也应同本文所论三个问题一样，成为伏羲文化研究乐章中不应缺失的音符。

辛丑季春初稿，癸卯孟夏修订。

载于宫长为，刘宗元主编《嬴秦文化研究与成果转化》，山东大学出版社，2021 年。后收入作者文集《华夏文明的西源——汉渭文化圈史地考论》，三秦出版社，2023 年。

西戎与犬戎
——兼论犬戎与寺洼文化的关系

西戎是先秦西北地区诸牧猎部族的综合性共称,它们族系纷繁,源流复杂,名号各异。其中的犬戎,即夏末商初由东方西迁陇山周围的畎夷,在西周文献中多被称为猃狁。犬戎族是对姬周和嬴秦威胁最大的一个强势部族。犬戎族频繁的攻掠,实为导致西周王朝衰亡的重要因素。西汉水中上游的犬戎族与嬴秦居域邻接,双方曾对西垂地区展开过世代相继的争夺。春秋前期秦国强盛起来之后,犬戎族才被逐渐征服并涵化。在陇东和陇南分布密集的寺洼文化,有可能是犬戎族的物质遗存。

一、西北地区牧猎部族的称谓

地理位置、自然条件和远古人类生存发展的种族背景等多重因素,导致我国西北地区考古文化的多样性,以及与此相关的牧猎部族的复杂性。西北地区是联结东西方的主要通道,是不同种族和文化的交汇点,部族流动、迁徙现象非常突出。在文明时代,西北地区又长期存在贵族政权对域外民族的控制与反控制、征服与反征服的斗争,部族间冲突与融合的表现形式往往复杂、曲折而又激烈,这也加剧了部族活动地域的不确定性。所以,并非境内所有的部族都是本地土著文化孕育出来的, 其中有一些可能迁自他处。如狄族的前身鬼戎(鬼方), 其族源可能属于很久以前即从欧亚草原迁徙过来的吐火罗人;

而商周时期在西北最为活跃的犬戎族（獫狁），则为夏末西迁关陇地区的东夷集团的一部。

研究西北地区的部族，最大难点还在于文献资料本身，首先在族名称谓上即常呈混乱状态，有时用泛称，有时用专称，有时名以地，有时名以氏，有时取其音，有时赋以义；族名不仅会因时代变迁而改称，还会由于文籍不同而生异；再加上汉字常有变体和假借，传抄过程中又难免出现讹误，这种种因素更给研究者平添无数繁艰。

应当历史地看待古文献中关于部族称谓问题。所谓东夷、西戎、南蛮、北狄的泛称体系，是随着以中原地区为中心的华夏文明确立而逐渐形成的概念。在这之前，在几个大文化区系交互作用的时代，各部族虽然有大小强弱之分，生存方式有农耕牧猎之别，但不存在华夏与四夷的身份差别，大家都以某种方式参与了那个时代各种文化碰撞汇融的潮流，都在过程中渗入了自己的成分。发达的中原文化，事实上就是文化区系交互作用的产物，是各个地域性文化通过部族活动向文明一体化发展的结果。先后成为中原王朝创建者的几个主体性部族，考其渊源，都属后世称之为夷狄的族体。夏、周两族缘起于西部之戎，商、秦两族缘起于东部之夷，这早已是学界的共识。战国时代的孟子就已经指出，舜是东夷之人，周文王是西夷之人。[①]所以顾颉刚先生说："夫戎与华本出一家，以其握有中原之政权与否乃析分为二。"[②]后来他又调整了这个观点，说"自从周武王克殷之后，其接受东方文化的已号为华夏，其接受的程度较慢的则还是戎狄。"[③]以民族社

①《孟子·离娄下》。

②顾颉刚：《九州之戎与戎禹》，《古史辨》第七册下编，第 138 页，上海古籍出版社，1982 年版。

③顾颉刚：《从古籍中探索我国的西部民族》，《社会科学战线》1980 年第 1 期。

会文化发展水平的高低作为区分华、夷的标准，一直是专制主义王朝在民族领域中的主导性政治理念，而语言、习俗、服饰等方面的因素，则居从属地位。

因无文献依据，夏代的民族称谓我们不得而知。商代是以"方"表示异族的，"方"之前冠以族名。这种族称方式，反映了中原王朝对异族方位的关注。卜辞中的"方"数以百计，那都是一些与殷商相邻或存在某种交往的氏邦或部落。西周沿承商习，最初也以"方"称异族，如《小盂鼎铭》言"伐鬼方"，《尚书·多方》载周公向各国传达成王之命时曰"猷告尔四国多方"，"诰告尔多方"。但后来则单独使用大量族名，包括一些具有族系性质的泛称，如华夏、戎、狄、夷、蛮等。至春秋时期，华夏与四夷对立的思想体系已完全形成，称华夏，必含崇尚、自豪的意味；言戎狄蛮夷，则多带鄙视和贬斥。《左传》闵公元年载管子语："戎狄豺狼，不可厌也；诸夏亲昵，不可弃也。"鲜明地反映了当时华、夷对立的思想观念。《逸周书·明堂》已按东西南北的方位分列"九夷""六戎""八蛮"和"五狄"。战国时东夷、西戎、南蛮、北狄的称谓已规范化、程式化。《礼记·王制》作过定义性质的概述："东方曰夷，被发文身，有不火食者矣；南方曰蛮，雕题交趾，有不火食者也；西方曰戎，被发文身，有不粒食者矣；北方曰狄，衣羽毛，穴居，有不粒食者矣。"这里有个"大华夏"主义的话语权问题。游离于中原王朝政治体制之外的众多部族没有文字，它们不能以文籍形式记录并流传本族的历史；有关它们活动的文字记载，均出自王朝史官或深受华夏本位思想熏陶的文人之手。这种文化背景决定了我国古代有关民族史料的先天性缺陷。

随着农耕文化圈同牧猎文化圈交切、碰撞的加剧，随着华夏与四夷对立观念的形成和强化，牧猎部族在文献中的称谓也呈现出各种性质交杂、腾挪多变、日趋纷繁的现象。西北地区牧猎部族最多，族系也最为枝蔓,故上述现象也便特别突出。如羌、狄、氐、戎、鬼方、鬼亲、獫狁、猃狁、狗国、畎夷、犬夷、西戎、犬戎、绲戎、昆夷、混夷、串夷、薰鬻、薰育、荤粥等族称,错综无序地出现在各类文籍内。其中的"戎",无疑为外延最广的泛称,包括许多族类。由于族系的繁衍和迁徙,晚至春秋,诸戎同华夏列国有了更广泛、更频繁的接触,故被各以其生活地域或族姓而名之。据《竹书纪年》《左传》《国语》《史记》等书所载,西北地区缀以"戎"的族称至少有西落鬼戎、余无之戎、始呼之戎、燕京之戎、六济之戎、翳徒之戎、条戎、奔戎、瓜州之戎、大荔之戎、茅津之戎、陆浑之戎、阴戎、姜戎、骊戎、申戎、太原之戎、允姓之戎、邽戎、冀戎、縣诸戎、绲戎、翟戎、獂戎、义渠戎、乌氏戎、胸衍戎、西戎等30余种,绝大多数皆以地域名之。在上述纷繁的族称中,肯定含有一族多名、同族异名、同名异字以及母族分衍出支族等复杂情况,古今学者都为梳理其头绪而伤透脑筋。

让我们先看一看最接近于那个时代的几部正史对这个问题是如何表述的。《史记》为此而立《匈奴列传》,先写戎、狄诸族,历述他们在不同时期的活动,并把时代更早的猃狁、荤粥等族都归于其族系之内,似乎认为他们都与日后的匈奴族有渊源关系。令人费解的是,对于殷商时期最为活跃的羌族,司马迁却绝口未言。《汉书·匈奴传》全袭《史记》,无新说。《后汉书》特设《西羌传》,但其前一部分内容仍是《史记·匈奴列传》讲过的戎狄诸族的历史。不同的是,范晔似乎要说诸族经过长时期的融汇混杂后,演化为两汉时的西羌,而不是匈奴。该传很明确地把羌与匈奴区分为两个部族。

更值得我们关注的是《史记》与《后汉书》对那些部族文化面貌的实质性描述。《史记·匈奴列传》:

> 逐水草迁徙,毋城郭常处耕田之业,然亦各有分地。毋文书,以言语为约束。儿能骑羊,引弓射鸟鼠;少长则射狐

兔,用为食。士力能弯弓,尽为甲骑。其俗,宽则随畜,因射猎
禽兽为生业;急则人习战攻以侵伐,其天性也。其长兵则弓
矢,短兵则刀鋋。利则进,不利则退,不羞遁走。苟利所在,不
知礼义。自君王以下,咸食畜肉,衣其皮革,被旃裘。壮者食
肥美,老者食其余。贵壮健,贱老弱。父死,妻其后母;兄弟
死,皆取其妻妻之。其俗有名不讳,而无姓字。

《后汉书·西羌传》:

> 所居无常,依随水草。地少五谷,以产牧为业。其俗,氏
> 族无定,或以父名母姓为种号。十二世后相与婚姻。父没则
> 妻后母,兄亡则纳釐嫂,故国无鳏寡,种类繁炽。不立君臣,
> 无相长一。强则分种为酋豪,弱则为人附落,更相抄暴,以力
> 为雄。杀人偿死,无它禁令。其兵长在山谷,短于平地,不能
> 持久,而果于触突,以战死为吉利,病终为不祥。堪耐寒苦,
> 同之禽兽,虽妇人产子亦不避风雪。性坚刚勇猛,得西方金
> 行之气焉。

对比审视可知,两段文字多相互补益之处,所言实为同一种文化
面貌。这些表述之所以珍贵,是因为使我们了解了那些族体的生存方
式和所处的社会发展阶段。难点在于《史记》将之归属于匈奴,《后汉
书》将之归属于西羌。近世学者们的研究业已表明,匈奴族属阿尔泰
语系,羌族属汉藏语系,二者决非同一种族。显然,在后世牧猎部族与
商周时代牧猎部族之间,存在着历史资料的巨大断层,史家只能以含
混的、极不系统的概述性文字来弥补断层。这种弥补,偏重于生活情
态的描绘,而罕言族系种属的区分,造成了牧猎部族历史演变相递接
的假象,并模糊地形成了一种牧猎部族一元化的思路。

晋唐学者部分地承袭了这种思路,对先秦西北地区纷乱的族称
按族系作了些分类合并,作了些贯通性的阐释;但他们大都是在给经

传史籍作注时随文而发,既不系统又缺乏考证,且也难避歧说。近代学者王国维,首次在汉唐诸儒认识的基础上,对西北地区上古部族进行了一番梳理,写了《鬼方昆夷玁狁考》这篇名文。①他主要以文献中诸族活动地域为线索,辅以古文字音义学的训释,辨析了不同历史时期族称的流徙演变,认为先秦名称纷异的西北各族,实属同一族系,即后来的匈奴。"中国之称之也,随世异名,因地殊号。至于后世,或且以丑名加之。其见于商周间者,曰鬼方、曰混夷、曰獯鬻;其在宗周之季,则曰玁狁;入春秋之后,则始谓之戎,继号曰狄;战国以降,又称之曰胡,曰匈奴。"匈奴为其本名,余者"皆中国人所加之名"。王氏之说,使问题清晰化、简约化,又有文献依据,故一度为许多人所接受,影响颇大。然而当代却有越来越多的学者对王说提出了质疑,有些质疑论据充分,具有较强的说服力。如今尽管许多问题仍是众说纷纭,但西北地区上古诸族一元化的主张,却已基本上被扬弃;尤其是把诸族都说成匈奴之先世的观点,似已不再有人持从。大家都认识到,对不同名称的部族,应依据其活动的时代、地域以及族性特点,作出具体的分析判断,理清其各自的渊源流徙及族称变化。牵强的归类并合,往往导致更多的歧疑和谬误。

二、西戎

"戎"字在甲、金文中为人执戈、盾之形,或省人成戈与盾的合体,多用来表示军旅、兵器、战车等义;作为族称,即指擅长使用戈、盾的勇猛之人。古文献中,我国东部的史前部族泛称"夷",西部的史前部族泛称"戎",所以后来又有了"东夷""西戎"之称。俞伟超先生曾经给"西戎"下过这样的定义:"大体讲来,西戎是指起源于陕西西部至甘、

---

① 《观堂集林》卷 13。

青地区的一些族源相同或相近的畜牧和游牧部族的统称。"①实际上"西戎"的涵盖面比这更广,一些并非起源于陕、甘、青地区,族源也并不相同或相近的部族,因后来活动于我国西部,也被归之于西戎,使西戎成为一个义指非常宽泛的概念。俞先生指出西戎的生产形态是畜牧和游牧,则是完全正确的,狩猎业可视为其补充经济。

上文所引《史记·匈奴列传》及《后汉书·西羌传》那两段文字,是对西戎诸族社会面貌的生动概述。《史记·秦本纪》载秦穆公和戎王使者由余关于政治的对话,由余认为,所谓"诗书礼乐法度",正是造成中国混乱难治的原因,他说:"夫自上圣黄帝作为礼乐法度,身以先之,仅以小治。及其后世,日以骄淫。阻法度之威,以责督于下,下罢极则以仁义怨望于上,上下交争怨而相篡弑,至于灭宗,皆以此类也。夫戎夷不然。上含淳德以遇其下,下怀忠信以事其上,一国之政犹一身之治,不知所以治,此真圣人之治也。"综观文籍记载可知,西戎是一些生活于山林草原地带的游牧及牧猎部族,处于父系氏族社会阶段,其中较先进的族体可能已发展成松散的酋邦,但以礼与法为核心的贵族行政体制则远未产生。牧猎为其基本生存方式,"所居无常,依随水草",虽然活动在一定范围之内,而且有首领酋豪,但"不立君臣,无相长一"。它们大都没有较成熟的具相当规模的部族中心,因此很难确定各族的具体位置。

《逸周书·王会》所附之《伊尹朝献》,记商初王畿四方贡献之族:"正西昆仑、狗国、鬼亲、枳巳、阇耳、贯胸、雕题、离身、漆齿,请令以丹青、白旄、纰罽、江历、龙角、神龟为献。"孔晁注曰:"九者西戎之别名也。"其中昆仑之称,后世用来名山,地望众说不一。随着人们地理认

---

①俞伟超:《古代"西戎"和"羌"、"胡"考古学文化归属问题的探讨》,《先秦两汉考古学论集》第181页,文物出版社,1985年版。

知的不断扩大,昆仑位置越来越西移,最初有可能即指陇山或陇山以西的某座高山,要之当在甘肃境内,昆仑族生活在那一带。狗国即犬戎国,鬼亲即鬼方。其他诸族,多以其人体装扮形象称之,非其族之本名。从各族贡献的物品看,有朱砂、白牦牛尾、毛毡、鹿角等,确为西方之出产。漆齿,应即《山海经·大荒东经》所言"黑齿之国",为姜姓,地近"夏洲之国"。夏洲之国即大夏国,"在流沙外",据此可推知漆齿族生活在甘肃中部地区。《王会》正文言西周时期四方的边域部族,表述不很明确,按通常的理解,成周之西有般吾、屠州、禺氏、大夏、犬戎、数楚、匈奴诸族。这都是西北地区的部族,应当没有问题。成周"正北方"诸族中,也有些被认为是偏于西部的,如义渠、规规、西申和氏羌。义渠在今庆阳市北部;规规即春秋时期的邽戎,在今天水市;西申大致在关陇一带,与嬴秦相去不远;氏羌指一个具体部族,当属古羌族中异化而出的一支,即后世的氐,具体方位无考,当不出甘肃东南境。《王会》与《伊尹朝献》反映了时代较早的西方族称,有许多同后世族号难以对应,同时在传抄中也可能混入一些较晚的族称,如匈奴、大夏、东胡、楼烦之类,学者们对各族地望的考证也并不十分可靠。但他们大都属于后世所言"西戎"的范围,是没有多大问题的。西戎包括了许多不同种系的族体。

时代较晚的文籍叙述史事时,多已不使用具体族名而泛称之为戎或西戎了。史载周部族在陇东一带建立豳国前后的那段时期,即与戎族相邻,长期交往,并不断发生冲突。周部族后来迁居周原,据古本《竹书纪年》记载,也曾多次与戎人发生战争,所伐诸戎当有在泾水上游者,但已难考其地。《史记·匈奴列传》说武王伐纣后,"复居于丰镐,放逐戎夷泾、洛之北,以时入贡,命曰荒服。"表明诸戎曾臣服于西周王朝,其活动被限定在王畿之北,大体即今陕北和庆阳地区。后来戎族势力不断发展,经常深入王畿侵扰,终西周之世,一直是王朝西北方最严重的威胁。考其出没地域,大致集中在洛水、泾水、渭水流域和陇山周围。

商周时期有关西戎活动的史事,除了同姬周族密切关联外,也还长时期涉及到嬴秦。商后期,嬴秦之祖中潏"在西戎,保西垂"。西垂是嬴秦的早期都邑,在今甘肃省礼县东北部的西汉水上游。史文透露的信息是,甘肃东部乃诸戎的天下。到西周中后期,周孝王想让嬴族首领大骆立庶子非子为嫡嗣,遭到了王室权臣申侯的反对,因为申侯与大骆联姻,大骆之嫡子成,为申侯的外孙。申侯向孝王分析维护嫡子成宗子地位的重要性,他说:"申、骆重婚,西戎皆服,所以为王,王其图之。"最后孝王接受了申侯的意见,改变初衷,别封非子为附庸,"亦不废申侯之女子为骆适者,以和西戎"。申侯所属之申族即申戎,又称西申,姜姓封国,为西戎的一支,与秦联姻,地域应当邻近西垂,杨宽先生推断其"在今甘肃天水、甘谷以西"。[1]《秦本纪》这段记述告诉我们,西周孝王时代,甘肃东部的西戎诸族与嬴秦和睦相处,并通过嬴秦这条纽带,承认西周王朝的宗主地位,局势相对稳定。至周厉王时,情况发生了变化:"周厉王无道,诸侯或叛之。西戎反王室,灭犬丘大骆之族。"大骆一族作了周、戎矛盾激化的牺牲品。此后,非子一族的嬴姓后裔在王室支持下,同西戎展开了长期斗争。秦庄公时嬴秦取得了战争的胜利,收复了被戎人占领了数十年的祖邑西垂。秦襄公时秦晋封为诸侯,国势渐趋强盛,逐步控制了陇山东西地区的局势,对戎斗争的重心转移到岐丰一带。但甘肃东部仍旧是戎邦林立,这从秦穆公军锋西指,征服诸戎的史事中即可看出。《史记·匈奴列传》说那时陇山以西"往往而聚者百有余戎",被秦征服的所谓"西戎八国",只是

---

[1]《杨宽古史论文选集·西周列国考》,第 173 页,上海人民出版社,2003 年。

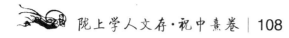

其中的荦荦大者。

泾、渭中上游及陇山周围之所以成为周、秦与西戎长期激烈斗争的场所,既有历史的原因,也有地理条件的原因。这里处在农耕经济与牧猎经济两大文化圈的交接区域, 又是中原王朝行政系统的边缘地带,许多难以并容的文化因素所导致的利害冲突,频繁而又激烈。牧猎部族的侵暴掠夺,给定居的农业共同体带来严重威胁。这些部族大都已发展到或接近于军事民主制阶段,恩格斯在《家庭、私有制和国家起源》中曾论述过这一阶段部族的特性:"战争以及进行战争的组织现在已成为民族生活的正常职能。邻人的财富刺激了各民族的贪欲,在这些民族那里,获取财富已成为最重要的生活目的之一。他们是野蛮人, 进行掠夺在他们看来是比进行创造的劳动更容易甚至更荣誉的事情。"①但另一方面我们也必须看到,农业居民的人口繁衍与耕地垦拓,也对牧猎部族的生存领域造成挤压。随着农耕区的日益扩大,优质牧场变得越来越狭小乃至丧失,这是当时社会发展没法解决的矛盾。在牧猎部族因受农耕文化的影响而开始向定居的农牧兼营形态过渡时,其与相邻的农业居民争夺优质土地资源的斗争,会更加严重,因为新的生存方式增强了他们的实力。另一方面,在农耕文化圈进入文明时代并建立了国家政权之后,为保护国家利益,为扩展行政范围,为捕获俘虏以开拓奴隶来源,统治集团总想用军事力量征服、控制那些危及边域安宁的牧猎部族,这便使不同文化圈的矛盾冲突增添了奴役与反奴役的政治内容。

西戎诸部大都在春秋战国时期被日益强盛的秦国所征服, 逐渐与华夏族相融汇。他们集中居住的地方,常能在秦、汉时"道"的建置

---

① 《马克思恩格斯选集》第 4 卷,第 160 页,人民出版社 1976 年版。

上反映出来。"道"是为管理一些少数民族聚居地域而特设的一种行政区划,与"县"同级。仅以《汉书·地理志》的载列统计,全国以"道"名县邑者共 30 例,而甘肃省境内即有 19 例。甘肃境内秦汉时的"道"特别多,正是先秦西戎诸部林立的史迹遗留。但并非所有的戎族都在原居地归服了秦国的统治,也有些族体在强秦的攻逼下迁移他处,一部分可能经由陇东和陕北而入今山西境内,并进而散布于中原地区。春秋时期晋国为了加强国力,采取和戎政策,招揽、接纳受秦迫逐的诸戎,既扶植了反秦的势力,又开发了国内的荒凉地带。这一政策获得了巨大成功,同时也使生活在陕甘高原的戎族,获得了在中原地区生存发展的机会,以至于出现了"戎逼诸夏,自陇山以东及乎伊、洛,往往有戎"[1]的局面。一部分戎族西迁河湟地区,同当地土著居民相融合,演化为后来族势再度兴盛的西羌。另有一部分向白龙江流域及川北迁徙,形成了汉、晋时期活跃在那一带的氐、羌诸部。

三、犬戎

犬戎又名畎夷、昆夷、混夷、畎戎、绲戎,是起源于东夷集团的一个部族。《说文》:"夷,平也。从大从弓,东方之人也。"以平训夷,非其本义;但说夷是"东方之人",却提供了通向本义的线索。夷字古文为绳索捆缚箭矢之形,也有学者析为带绳的箭,即"缴矢",射出后可以引绳收回。[2]许慎言"从大从弓",实因小篆已将矢形讹作大形,将绳索形讹作了弓形。东夷部族是弓箭的发明者,善射,故以箭名其族。《山海经·海内经》:"少皞生般,般是始为弓矢。帝俊赐羿彤弓素矰,以扶下国。"少皞与羿都是东夷集团的首领,羿之善射,在神话传说中有高

---

[1]《后汉书·西羌传》。
[2] 康殷:《文字源流浅说》,第 153 页,荣宝斋 1979 年版。

度一致的反映,故《说文》称他为"射师"。东夷集团在古文献中被称作"九夷",意味着该集团包括 9 个部族。《白虎通·礼乐》引《明堂记》:"东方为九夷。"《后汉书·东夷传》云:"夷有九种,曰畎夷、于夷、方夷、黄夷、白夷、赤夷、玄夷、风夷、阳夷。"古本《竹书纪年》谓帝相"二年,征风夷及黄夷。""七年,于夷来宾。""后芬即位三年,九夷来御。曰畎夷、于夷、方夷、黄夷、白夷、赤夷、玄夷、风夷、阳夷。"此即《后汉书》所本。东夷集团族系繁盛,社会发展程度较高,在华夏文明形成中是骨干性成分之一,故"夷"字也常被用来泛称与华夏相对应的所有边域部族。如《左传》昭公二十三年载沈尹戌语:"古者,天子守在四夷,天子卑,守在诸侯。"《汉书·韦元成传》:"周室既衰,四夷并侵。"皆用"夷"泛称四方部族。在古文献中,"华"与"夷"的对应性表述已成定式,非华夏族泛称的戎、狄、蛮、夷四大族称中,只有"夷"字具有外延最广的统属性义项,这种语言现象一直沿袭至近代。

文献中畎夷又写作犬夷、昆夷、混夷、绲夷等,首字皆为声近通借而犬为其本字。颜师古注《汉书·匈奴传》云:"畎夷即畎戎也,又曰昆夷。昆字或作混,又作绲,二字并音工本反,昆、绲、畎声相近耳。亦曰犬戎也。"所言甚是。《诗·大雅·緜》"混夷駾矣,维其喙矣",《说文·马部》引此句作"昆夷駾矣",同书"口部"又引此句作"犬夷喟矣",显然混、昆、犬可通用。值得特别注意的是该族称谓的夷、戎兼用,犬戎与犬夷,畎戎与畎夷,昆戎与昆夷,绲戎与绲夷,都恒见于文籍。古汉语中夷与戎是涵盖面最宽泛的两个族称,分别表示东方和西方的华夏以外的部族。虽然"夷"字还有更高层位的使用法,可泛指所有的非华夏族,但组合为具体的族称,在先秦文献中,其东方部族的义项却是严格保留着的。通常情况下,称戎者决不称夷,称夷者决不称戎;夷、戎混称者,只有犬戎。这是犬戎即畎夷本为东方部族后来迁于西方,从而在称谓上出现混乱的有力证据。从称"夷"到称"戎",存在一个漫长的过渡期。王国维曾经指出："考《诗》《书》古器，皆无犬戎事。犬戎之名，始见于《左传》《国语》《山海经》《竹书纪年》《穆天子传》等，皆春秋战国以后呼昆夷之称。"①正点到该族由称夷到称戎的转换问题。《史记·周本纪》载周末之乱，云"申侯怒，与缯、西夷犬戎攻幽王"，用"西夷"限言犬戎，也是在强调它原本应称"夷"。

　　犬戎族以犬为图腾，学术界对此无异议。《逸周书·王会》所附商书《伊尹朝献》，言"正西昆仑狗国"，即指犬戎；而时代晚些的《王会》本文，言会坛四方之诸族，则直接说西面有"犬戎"，与之相呼应。《山海经·大荒西经》："有犬戎国，有神，人面兽身，名曰犬戎。"《海内北经》："犬封国曰犬戎国，状如犬。"这都是该族犬图腾装扮的写实。封即邦，古音与"方"同且义近，犬封国实即卜辞中的"犬方"。《大荒北经》："有人名曰犬戎。黄帝生苗龙，苗龙生融吾，融吾生弄明，弄明生白犬。白犬有牝牡，是为犬戎，肉食。"这一传说把犬戎族归之于黄帝的谱系，时代可能较晚，但该族犬始生神话影迹却昭然可见。郭璞注《海内北经》所言"犬封国"，又进而引述了一个故事："昔盘瓠杀戎王，高辛以美女妻之，不可以训，乃浮之会稽东海中，得三百里地封之，生男为狗，女为美人，是为狗封之国。"这里涉及我国著名的盘瓠神话，而盘瓠神话多同犬或犬戎族有关，都说犬戎族为犬的后代。后世我国西南地区盘瓠神话流传较盛，应是秦国崛起后部分犬戎族经西汉水和白龙江流域向西南地区流徙的结果。总之，犬戎族以犬为图腾乃不争之事实。

　　畎夷位列东方九夷之首，表明它是九夷中影响最大的强势部族。从五帝后期直到商、周，畎夷都扮演着重要角色。据古本《竹书纪年》

---

　　①《观堂集林·鬼方昆夷玁狁考》，卷13。

载，畎夷长期保持了与夏王朝的联系，接受过夏王朝颁赐的爵命。"畎"为后起字，《说文》把它混为"甽"字，以"水小流"释之，误。此字从犬得声，初义必与犬有关，意为以犬事猎。畎夷族名显示出该族的图腾缘自族体的生业。古人狩猎随犬，遂以犬附田而造新字，将"田猎"义项从"田"字中分出。因"犬"与"文"形近易混，故又被写作"畋"字。三礼石经《尚书·多方》中的畋即从犬作"狖"，透露了二字本为一字的信息。《广韵·先韵》："畎，取禽兽也。"古文《尚书·五子之歌》言太康"乃盘游无度，畋于有洛之表"，即用畋字本义。司马相如《子虚赋》"王悉发车骑，与使者出畋"，李善注引司马彪曰："畋，猎也。"可以肯定，畋为畎字的讹异。卜辞中有不少言及"犬方"、"犬侯"的文例，所指当为畎夷族的方国。传世商器中也有几件署"亚犬父""犬祖辛"、"犬祖丙"、"犬父己"的，在自作器中署"犬"，表明犬确系该族本名，而非华夏族施加的贬辱之称。

商周时期活跃在泾、渭及西汉水上游一带的犬戎，是畎夷族西迁的一支。夏族起源于西北，崛起之后控制了中原地区，并建立了我国第一个贵族王朝，同以海岱河济为母域的东夷集团，本来就存在文化区系间的矛盾冲突。傅斯年先生 20 世纪 30 年代的名文《夷夏东西说》，对此有充分阐述。他认为夏朝创建时的益、启之争，后来的羿与少康之争，末后的汤、桀之争，都是夷夏之争。[1]夏桀时政权腐朽，又发动了对东夷的战争，引起了东夷族的坚决反抗。此时正趋强盛的商族，成为反桀的中坚力量，联合九夷发动了声势浩大的灭夏斗争。经过鸣条决战，夏军败溃。商夷联军在占领了夏王朝中心地区后，为扫荡西流的夏族残余势力，挥师进入关中。畎夷就是在这种背景下西迁

---

[1]傅斯年:《民族与古代中国史》,第 39 页,河北教育出版社,2002 年版。

的。《后汉书·西羌传》："及后相即位,乃征畎夷,七年然后来宾。至于后泄,始加爵命,由是服从。后桀之乱,畎夷入居邠、歧之间。"史文扼要交代了畎夷与夏王朝的关系,末句所言即指畎夷参与灭夏的军事行动。邠即豳,豳歧之间,正是先周族的主要活动地域。畎夷是夏商交替时代的胜利者,又挟东方先进部族的文化优势,在关陇地区获得了迅速发展,成为西方诸部族中最强大的族体。周族从公刘时代起就面临畎夷的威胁,一直到西周王朝建立之后,两族始终处于矛盾冲突的状态中;且在西周后期愈演愈烈,王朝最终灭于畎夷之攻逼。畎夷族的活动范围非常广泛,不仅遍布于泾、渭流域,而且南达西汉水上游。嬴族大骆方国的都邑西垂,又名犬丘,即因畎夷族曾居于该地而得名。

犬戎族在西周文献中多被称作獯狁、严允、猃狁或獯鬻。王国维以古音学考之,谓畎夷、昆夷与獯狁乃"一语之变"。但古籍中有一些将獯狁与昆夷分言并举的文例,似乎显示二者应为两个部族。如《孟子·梁惠王》载"惟仁者为能以大事小,是故汤事葛,文王事昆夷;惟智者能以小事大,故太王事獯鬻,勾践事吴。"孟子把獯鬻同昆夷作为两个族体叙述。《诗·采薇序》云:"文王之时,西有昆夷之患,北有獯狁之难。"成于战国时的《逸周书序》云:"文王立,西距昆夷,北备獯狁,谋武以昭威怀,作《武称》。"二序均视昆夷与獯狁为两族,且强调其方位不同,一在西,一在北。对此,王国维辩解说,使用两种族称并举,乃"行文避复之故"。王说是有道理的,即以孟子所言"太王事獯鬻"来说,从《诗·大雅·緜》咏述的先周史事看,太王所"事"者正是昆夷。

这里除了行文避复之外,恐怕还有个用语的时代特征问题,不同时代人们的用语习惯常常不同,很可能太王时代习惯于称獯鬻,而文王时代习惯于称昆夷,二者实为同一部族。《后汉书·西羌传》述太王史事则曰"及武乙暴虐,犬戎寇边,周古公逾梁山而避于岐下。"直接称獯鬻为犬戎。先秦汉语族称词汇中，除了"狄"字之外，几乎所有的名号如夷、蛮、戎、氐、羌、鬼、苗、黎、胡、巴、蜀、塞、匈奴、鲜卑、昆仑、析支、渠搜、月氏、乌孙、大夏、楼烦、焉耆、龟兹、肃慎、淮夷等等，都不加犬字偏旁。狄字加犬旁，是因该族以与犬同种属的狼为图腾的缘故。《周书》《隋书》《北史》皆有《突厥传》，皆载突厥先祖阿史那氏源自狼与人交配而生的传说，《周书·突厥传》还辅证说，突厥"旗纛之上施金狼头，侍卫之士谓之'附离'，夏亦言狼也。盖本狼生，志不忘旧。"突厥族为狄人的后裔，其族以狼为图腾，故族称加犬旁。上述汉语族称文字表述现象决非偶然，唯一合理的解释是，畎、獯、獫、狁、猃等字加犬旁，实因它们表示的是同一个部族，即以犬为图腾的部族。《说文》："猃，长喙犬也。"可见该族名称不论怎么写，关键之处在于含有犬音犬义。再考以先周和西周史事，凡有关犬戎或獫狁的记载，都涉及同一地区，大致不出洛水（陕境）、泾水和渭水的中上游以及西汉水上游范围，即西周王畿的北、西北、西这一弧度内。犬戎与獫狁为一个部族的事实是显而易见的。

前文言及，先周时期姬周族即长期受制于犬戎，故孟子说太王和文王都曾"事"过犬戎。《帝王世纪》甚至说文王初年犬戎伐周，文王闭门"而不与战"。后来文王调整了与殷商的关系，受命为"西伯"，执掌了"专征伐"的大权之后，首伐之国便是犬戎，可见矛盾之深。此后周人势力日盛，犬戎表示臣服。武王克商后，"放逐戎夷泾、洛之北，以时入贡，命曰荒服。"[1]这其中肯定包括犬戎族。《国语·周语》言穆王伐犬戎事，韦昭注云："犬戎，西戎之别名也，在荒服之中。"后文言穆王不听祭公谋父的劝阻，坚持征伐犬戎，结果"自是荒服者不至"。知犬戎确在荒服之列。若依《尚书·禹贡》所载"五服"制度，荒服在都邑 2500

---

① 《史记·匈奴列传》。

华里之外；若依《逸周书·王会》，"方三千里之内为荒服"。这都是泛言距离之远，无须坐实。

可以肯定的是，此时的犬戎大部远离了西周王畿附近，而转移到了陇山以西。从《穆天子传》中，我们能略窥其踪。①传文言穆王"至于钘山之下。癸未，雨雪，天子猎于钘山之西阿，于是得绝钘山之队，北循虖沱之阳。乙西，天子北升于义，天子北征于犬戎。犬戎胡觞天子于当水之阳。……甲午，天子西征，乃绝隃之关隥。已亥至于焉居、禺知之平。"后文言穆王之归途，"孟冬壬戌，至于雷首。犬戎胡觞天子于雷首之阿……丙寅，天子至于钘山之队，东升于三道之隥，乃宿于二边。"钘山即汧山，即今陕、甘交界处陇山之一脉。虖沱，郭璞注以山西雁门之虖沱河释之，但岑仲勉先生指出秦境内亦有名虖沱之水，即泾水之正流，吴泽先生赞同其说。隃，吴泽认为即《不其簋铭》玁狁"广伐西隃"之隃，采王国维"远则陇坻，近则《水经》扶风杜阳县之隃山皆足当之"之说。②郭注："隥，阪也。"关隥，即陇山主峰关山一脉之坂陇。雷首，当为陇山西系之首阳山，地属渭水上游。焉居即焉耆，依《汉书·地理志》当在今庆阳、宁县一带。禺知即月氏，该族在西迁河西前，曾在甘肃东部居留过。综上地望可知，穆王至犬戎所在的这一段路程，大

---

①对《穆天子传》历来论争不断，异说纷呈，但当代学界基本上肯定了其史料价值，杨宽先生即曾指出："不少学者确认此书作于战国时代，同时又确认其中既具有西周史料，又反映了先秦中西交通及其沿途部族分布的史迹。"此书在写作时尤其在散简整理过程中，可能即已存在许多古今地名的错位与混乱，再加上人们对穆王的出发地有不同认识，所以在具体地望考证上研究者分歧很大。但该书有关犬戎的记载，线索尚属清晰。杨说见其《西周史》，上海人民出版社版，2004年第604页。

②吴泽：《王国维周史研究综论》，《王国维学术研究论集（一）》，华东师范大学出版社，1983年版。

都在今甘肃境内,纵然具体位置难以确指,犬戎在陇山以西则是肯定的。

前引《周语》所述穆王不听谏而伐犬戎事,《后汉书·西羌传》亦载之,曰:"至穆王时,戎狄不贡,王乃西征犬戎,获其五王,又得四白鹿、四白狼,王遂迁戎于太原。"言"获其五王",反映了犬戎族势之盛,而且不同于西戎诸族"不立君臣,无相长一",已有较为强固的部落组织。"迁戎于太原"一语极其重要,注云此语"见《竹书纪年》",声明其言之有据。在西周一代,周人与犬戎的冲突中,太原一地屡见于文献。如《西羌传》在叙述穆王伐犬戎之事后,接言:"夷王衰弱,荒服不朝,乃命虢公率六师伐太原之戎,至于俞泉,获马千匹。"又言宣王三十一年"遣兵伐太原戎,不克。"又如《诗·小雅·六月》描述宣王时由尹吉甫统帅的周军,对玁狁的一次战争:"玁狁匪茹,整居焦获,侵镐及方,至于泾阳。""薄伐玁狁,至于大原。文武吉甫,万邦为宪。"太原在文籍中也常作"大原",大、太音义皆通。其地望,古今学者认识颇不一致,以顾炎武所考较合当时情势。他指出:"《汉书·地理志》安定郡有泾阳县,开头山在西,《禹贡》泾水所出。《后汉书·灵帝纪》段颎破先零羌于泾阳,注:泾阳县属安定,在原州。《郡县志》原州平凉县本汉泾阳县地,今县西四十里泾阳故城是也。然则大原当即今之平凉,而后魏立为原州,亦是取古大原之名尔。"[1]戴震在其《毛郑诗考正》中据顾说而进一步断言:"太原,即安定郡高平,今平凉府固原州。"察之地势,此说可信。"《诗·大雅·公刘》云:'瞻彼溥原','溥'训大,'溥原'即大原,也就是'太原'。泾水上游固原、庆阳、平凉,包括陕西的长武、旬邑、邠

---

① 《日知录·大原》卷3。

县一带,古代是一片广大的黄土高原,故名曰'太原'。"①

犬戎的活动范围相当广阔,但其中心区域始终在"太原"一带。《史记·匈奴列传》言周幽王因宠褒姒而"与申侯有郤,申侯怒而与犬戎共攻杀周幽王于骊山之下,遂取周之焦获,而居于泾渭之间,侵暴中国。"据《括地志》,焦获"在雍州泾阳县城北十数里",所谓"泾渭之间",即今平凉地区及庆阳地区南部,正是古太原的地域范围。晚至春秋中、后期,犬戎势力已彻底衰落了,那一带还聚居着西戎八族之一的绲戎,它无疑即犬戎族留下的后裔。直到西汉时,政治家们还说:"安定山谷之间,昆戎旧壤。"②汉代的安定郡,先治安定(今甘肃泾川),后移治高平(今宁夏固原),那正是西周时所谓太原的主要地域。除了《诗经》中《六月》《出车》《采薇》诸篇描述西周后期玁狁威胁之严重,以及周军的抗击外,金文中也有不少反映周人对玁狁战争的记载,如《兮甲盘铭》《虢季子白盘铭》《多友鼎铭》《不其簋铭》等,从铭文所言战事涉及地域看,多在周原以北和陇东地区;只有《不其簋铭》地涉陇山以西的渭水之南,乃至西汉水上游。此铭反映的是宣王时周、秦联军对犬戎的一次大战役。

犬戎可能是我国较早畜用马匹的部族之一,所以《穆天子传》载穆王西巡归经雷首山时,犬戎首领除了设宴招待外,还献"良马四匹";《后汉书·西羌传》载夷王伐太原之戎,"获马千匹"。经营畜马业的部族一般也都善于驾车,犬戎作战使用战车,在金文中有突出反映。如《多友鼎铭》记厉王时对玁狁的一次转战多处的战役,在郗地

---

①尹盛平:《犬夷与犬戎》,《周秦社会与文化研究》第 207 页,陕西师范大学出版社 2004 年。

②《汉书·杨恽传》所载杨恽《报安定太守孙会宗书》。

"俘戎车百乘一十又七乘",在龚地"俘车十乘",在杨冢"俘车不克,以衣焚,隹马殹尽"。从俘车数量可约略窥知犬戎的车兵规模。《师同鼎铭》所载周军与戎人的一场战争,从内容看敌方也应当是犬戎族。周军"执车马五乘,大车廿,羊百䍩,用造王羞于鼌。执戎金胄卅,戎鼎廿,鍑五十,剑廿,用铸兹尊鼎。"该戎不仅有战车,还能铸用鼎、鍑,可见青铜制造业已颇具规模,其生产力水平是当时一般牧猎部族所难以达到的。犬戎之外的西戎诸部,"其兵长在山谷,短于平地,不能持久,而果于触突。"①由于社会发展尚处较低阶段,战斗力很低,更谈不到战车的使用了。《左传》隐公九年载郑国与戎战,昭公元年载晋国与大原之狄战,都强调双方军力配备是"彼徒我车",说明晚至春秋时戎狄诸部都还没有进步到使用战车的程度,犬戎的综合实力显然高于其他戎族。

四、犬戎族与寺洼文化

撰写远古历史,理想的方式是既见"物"又见"人",即既表述各个古文化的面貌,又表述那些古文化主人的活动。也就是说,把考古学意义上的文化遗存,同文献记载中的古族对应起来。遗憾的是,我们还不具备这样做的条件。

传统史学的局限性之一,便是对古代民族状况的关注缺乏力度,流传后世的有关资料或零星分散,或简略隐晦,使我们对许多部族的源流及活动地域难以作出明确的定位。另一方面,古文化的田野考古还没有全面而深入地展开,对许多文化类型不仅在纵向上未能厘清其演化脉络,在横向上也未能把握其展延范围。所以,在考古文化族

①《后汉书·西羌传》。

属问题的研究领域,还难以形成一门边缘性学科,缺乏在个案分析基础上构建起有一定深度的理论体系。李学勤先生是极力主张应把考古学成果同文献记载与传说结合起来的,但他同时也强调这样做的难度,他曾引用德国学者艾伯华的一段话:"虽然考古学研究在中国已取得巨大进展,当以社会组织为研究主题的时候,考古学仍不是很好的研究方法。即使在欧洲,考古学研究进行了一百多年,但在大多数情况下,仍然无法把考古学文化与文献记载的文化联系起来,发掘所得遗存的分布,显然与种族的分布不相一致,中国的情况也是这样。考古学家根据物质遗存复原了若干文化,以至试论这些文化的传播和迁移。不过迄今为止,任何把这种文化同文献记载的文化与种族结合的尝试,都仅仅是难于凭信的假说。"①学者们所能做的,只是一些宽泛的、假说性的宏观对应。如说由大汶口文化发展而来的山东龙山文化,是东夷集团的遗存;马家窑文化与其邻近的文化,是羌戎集团的遗存等等。

尽管如此,结合考古文化追寻史前部族的族源和流徙,仍是一项很值得尝试的工作。因为说到底,历史学与考古学的终极目的是一致的,即尽可能如实地重塑华夏文明的全貌。传统史识与考古发现,应当如同生物基因的双螺旋结构那样,相互依存组合成共有的学术生命。只要我们坚持不懈地深入研究,便能逐步缩小文献记载同物质遗存之间的距离,而越来越接近历史的真相。对于犬戎族来说,古籍中的资料相对其他部族要丰富得多,这为寻求并辨识其物质文化遗存提供了较好的条件。笔者初步判断,犬戎族很可能就是寺洼文化的主人。

---

①李学勤:《走出疑古时代》修订本,第40—41页,辽宁大学出版社1997年版。

寺洼文化，由安特生于 1924 年首先发现于甘肃省临洮县寺洼山。当时发掘墓葬 8 座，出土了一批器物。在《甘肃考古记》一书中，安特生把这种以马鞍形器口陶罐为特征的史前文化遗存称为"寺洼期"，列为甘肃远古文化"六期"系列中的第五期。1945 年，夏鼐先生在寺洼山遗址又发掘了 6 座墓葬，并在 1949 年发表了著名的《临洮寺洼山发掘记》，把这种文化遗存正式命名为寺洼文化。①

新中国成立后，考古工作者先后在平凉市安国镇，庄浪县川口柳家村、徐家碾，西和县栏桥，合水县九站等寺洼文化遗址进行了清理和发掘，不断获得新的资料，使寺洼文化研究逐步深化。寺洼文化分布比较广，其中心区域在洮河中上游和泾水、渭水及西汉水流域。最东面可达子午岭西麓的合水县，甚至陕西宝鸡、凤县一带，北面延及甘肃、宁夏两省交界地区，西至洮河上游，南抵白龙江流域的武都，遍布于兰州以东的甘肃中部、东部和南部。经碳——14 年代测定，其绝对年代为距今 3300 年—2500 年，大致相当于商代中期到春秋中后期这一时段。重要遗址已如上述。类型问题，由于正式发掘的遗址数量尚少，目前的研究还不够成熟。赵化成先生认为："寺洼文化初步可分为三类遗存，即寺洼山遗存、栏桥——徐家碾遗存、九站遗存。前者年代略早，后两者是甘肃东部大体同时并存的两种区域类型。"②时下学界多从此说。20 世纪曾流行过"安国类型"的提法，但栏桥和徐家碾两处遗址的内涵更具该类型的代表性，安国遗址可归于其中。寺洼山类型主要分布在洮河流域，陶器中的子母口器盖、三足小鼎和四足

①夏鼐：《考古学论文集》11—49 页，科学出版社 1961 年版。
②赵化成：《甘肃东部秦和姜戎文化的考古学探索》，俞伟超主编《考古类型学的理论与实践》，文物出版社 1989 年版。

鬲,为其独有的器形。马鞍口双耳罐器口呈马鞍形,双耳分裆袋足鬲乳袋肥大,锥形实足脚较长。栏桥——徐家碾类型主要分布于六盘山和陇山以西的渭河上游,以及西汉水流域和白龙江上游,陶器中马鞍口双耳罐器口多为对称的双马鞍形,鬲的器身相对瘦高,铲形足脚,豆多为簋式。九站类型主要分布在泾河上游地区,陶器常同周式盆及折肩罐等类器物共存,双耳罐形制多样,后期盛行单耳联裆鬲,豆多为盘式。因受发掘资料欠缺的限制,上述三个类型之间的关系,还难以作出清晰的梳理。寺洼山类型是否可视为寺洼文化的源起,还有很大的探讨余地。

判断犬戎族可能是寺洼文化的主人,有以下依据:

首先,寺洼文化的年代与文献记载中犬戎族的存在时间,是完全吻合的。寺洼文化约处于商代中期到春秋中期,这正是犬戎族活跃于西北地区的时段。原属东夷集团畎夷一族的犬戎于夏末商初西迁,及至其族系在西北地区繁衍壮大,并对姬周和嬴秦构成严重威胁,应是商代中期以后的事情。时至春秋,随着秦国的崛起,犬戎的势力遭到越来越大的遏制,其族邦陆续被征服,被涵化。春秋后期已罕见寺洼文化遗存,正同犬戎族趋于消失的史实相应合。

更重要的是,寺洼文化是西北地区诸青铜文化中最靠东的一支,其分布地带也正是文献记载中犬戎族的活动地域。考古学界初步区分寺洼文化为三个类型,遗存点最密集的两个类型在陇东的泾河上游和陇山以西的渭河上游,以及西汉水中上游,那恰恰是犬戎族频繁出没的地区。考古发现表明,分布在陇东地区的寺洼文化九站类型,不仅同先周文化和西周文化邻接交错,而且文化内涵存在彼此含容、相互影响的现象。九站类型早期流行的乳状袋足实足根鬲,在先周文化中经常见到;而九站类型后期出现的联裆鬲,则分明是周文化影响下的产物。九站类型中后期,"西周文化的鬲、盆、豆、罐已成为重要的文化因素。"①寺洼文化与姬周文化在交接地带同时并存且相互容纳，印证了文献记载中犬戎与姬周两族在泾水上游及陇山附近长期接触、冲突的史实。从商代后期一直到西周王朝灭亡，犬戎始终是姬周西北方最大的异族威胁。

考古发现同样表明，分布在渭水上游及西汉水中、上游地区的寺洼文化栏桥——徐家碾类型，不仅同秦文化紧相邻接，而且二者文化内涵中的许多因素存在共性。前文言及，曾是东夷集团一部的嬴姓族西迁陇右后，即以西汉水上游为其活动中心，并且建立了臣属于中原王朝的嬴姓方国，它就是春秋时期日渐强盛的秦国前身。嬴秦同陇右诸戎的关系，既有和睦相处的一面，又有对立冲突的一面。诸戎中犬戎族势最盛，与嬴秦的矛盾斗争为时最久也最激烈。嬴姓方国都邑西垂地区，经历过犬戎和嬴秦两族历史性的反复争夺。西垂本名"西"，后又名犬丘或西犬丘，那是由于犬戎族曾长时期占据该邑而留存的别名；而秦人是从来不承认犬丘这个地名的，他们坚持使用"西"这个最古老的邑称。②直到最后一次从犬戎手中收复该邑不久，秦人才在该邑附近另建"西新邑"，同犬戎分邑而居，以适应与被征服部族和平共处的形势需要。西新邑后来成为秦汉时陇西郡西县的县治，位于其旁的犬戎族所居之旧邑犬丘则已被改称为戎丘。这两座城邑的存在及其名称的演变，极有说服力地昭示了当时嬴秦与犬戎相邻相争而又并处共存的局面。

居嬴秦西垂陵区最高位置的礼县大堡子山，似乎就是秦文化与寺洼文化的分界点。大堡子山以东西汉水以北，是嬴秦的都邑区，几

　　①水涛：《中国西北地区青铜时代考古论集·关于寺洼文化研究的几个问题》，第111页，科学出版社2001年版。
　　②祝中熹：《早期秦史》第62—63页，敦煌文艺出版社2004年版。

乎见不到寺洼文化遗存;而大堡子山以西、以南,今礼县及西和县的中部和南部,直到白龙江流域,寺洼文化遗存却多不胜举,某些地带还十分密集。尤可注意的是,最新的考古调查显示,时代愈晚,寺洼文化与秦文化邻接地区犬牙交错现象越突出。如在礼县永兴乡蒙张村附近,即发现一处晚期寺洼文化密集的三角地带,而那一区域恰在秦国旧都西垂范围之内。这种境况,又正同文献记载中春秋前期西垂地区秦戎关系趋于缓和,秦、戎族众同区分居的局面相符。

地域邻接必然导致族体间的相互影响。和陇东地区寺洼文化与周文化存在一些共同因素一样,渭水及西汉水流域的寺洼文化也与秦文化存在一些共同因素。如二者都流行带头龛的长方形竖穴土坑墓,陶器中都有铲脚袋足鬲、高圈足豆和浅腹三足鼎,都多见凌乱无序的绳纹等。

探讨寺洼文化的族属,还必须注意这一事实:从文化面貌角度考察,在西北地区寻找不到寺洼文化的渊源。寺洼文化具有许多独特因素,和同时代乃至其前后的西北地区诸考古文化都迥然不同。如陶器中的马鞍形或双马鞍形口罐,敛口、浅腹、素面的三实足小鼎,高圈足的簋和豆,以及用细陶末等作掺和料的制陶工艺等等,或为寺洼文化所独具,或由寺洼文化传播给了相邻的文化,在早于寺洼文化的马家窑文化和齐家文化中,都绝对找不到母因。此外,与寺洼文化相邻的诸青铜文化,大都存在、有的还流行偏洞式墓,只有寺洼文化不用此种墓式,而盛行带头龛或不带头龛的竖穴式墓。还有一种在死者身下和身旁放置一些大块砾石的被称为积石葬的葬俗, 也为寺洼文化所仅见。此外,甘、青地区诸青铜文化均或多或少地含有彩陶因素,唯独寺洼文化是个例外。

在追索甘、青各支地域性青铜文化的来源时,不少学者倾向于寻求它们和齐家文化的承接关系;然而,齐家文化晚期遗存与寺洼文化

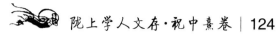

之间,存在太大的差距,很难作出后者是由前者演变而来的判断。而且,已有学者通过人种学研究,得出了这样的结论:"如果说在甘肃地区由新石器时代到青铜时代,半山、马厂、齐家和火烧沟等文化类型的先民在体质特征上可以归入同一种族类型的话,那么,合水九站青铜时代居民显然与他们属于不同的种族系统。"①所以,在寺洼文化的源头问题上,人们普遍感到困惑。

20世纪40年代主持过寺洼山遗址发掘的夏鼐先生,应当说是对寺洼文化最有发言权的考古学家,他指出:寺洼文化同辛店文化、沙井文化绝不属于同一文化系统,也看不出马家窑文化对寺洼文化有多大的影响,而寺洼文化陶器也绝不是对齐家文化陶器的承袭。他认为,寺洼文化是侵入洮河流域的一种外来文化。②后来有学者对这种认识作了进一步申说,主张寺洼文化是长江中游地区三苗文化的一支,五帝时代因战败被西迁至洮河流域,《尚书·尧典》和《史记·五帝本纪》都说尧"窜三苗于三危",旧说三危在今甘肃敦煌一带,而实则应在洮河流域。③而多次参加或负责过天水和陇南地区考古调查与发掘工作的赵化成先生则认为,寺洼文化"可能是商周时期活动于西北的混夷、或称犬戎的遗留"。④说寺洼文化可能是畎夷族的文化遗存,比说它是三苗族的文化遗存更合理一些,文献记载与地域考古方面的依据也更充分一些。

①朱泓:《合水九站青铜时代颅骨的人种学分析》,《考古与文物》1992年第2期。

②夏鼐:《考古学论文集》,科学出版社,1961年,第11—49页。

③尹盛平:《猃狁、鬼方的族属及其与周族的关系》,《人文杂志》1985年第1期。

④赵化成:《甘肃东部秦和姜戎文化的考古学探索》,俞伟超主编《考古类型学的理论与实践》,文物出版社,1989年版。

　　商代中期到春秋早期，犬戎族势炽盛，最为活跃，这也恰是寺洼文化存延的时段；从泾、渭流域到西汉水流域的陇山周围，犬戎族出没无常，频繁攻掠，而那又正是寺洼文化遗存集中发现的地带。

　　立足于以上事实，把寺洼文化的族属归之于犬戎，是有相当说服力的。但目前陇南地区寺洼文化遗址还大都未经正式发掘，其与洮河流域寺洼文化的流徙演变也还没有完全澄清，寺洼文化是不是一支"外来文化"的问题，要获得学术界的明确认定尚需时日。我们寄希望于甘肃考古事业的新进展。

　　原载《丝绸之路·文论》，2008 年下半年（总 16 期）。收入氏著《古史钩沉》，上海古籍出版社 2018 年。

乙编
秦史秦文化探研

嬴秦崛起史事述略

　　在嘉陵江未形成前,发源于今天水市秦州区齐寿山(古嶓冢山)西麓的西汉水,在陕甘交界处阳平关至戴家坝一线与沔水(今勉水)通连,为汉水上游主流。在以陇山为依托,以今天水市为中心的这片地域,渭河与汉水支流密布,厕错邻接,形成了一个颇具特色的文化圈。这个文化圈远古时期即曾展现过炫目的光辉,为华夏文明的形成作出过卓越的贡献。创建我国历史上第一个中央集权大一统王朝的嬴秦,就是在这个文化圈内崛起的。

　　嬴秦族是东夷集团西迁陇右的一支,最初在西汉水上游建立了一个以殷商为宗主的小方国,商亡后又归属于周。面对戎邦林立、纷争不断的政治格局,嬴秦艰苦经营,奋力拼搏,扩拓领域,终于在两周替接的历史节点上勃然显兴,并迅速成长为西方唯一的诸侯大国。此后又蓄力东向,挺进关中,征服诸戎,与列国逐鹿中原,最后实现了一统神州的宏图。嬴秦在汉渭文化圈的崛起,是中华民族伟大历史画卷中,笔势雄健而又色彩缤纷的一页,对此后中国社会的发展,对西北地区民族关系的演变,尤其对汉渭文化圈的历史处位及人文传统,都具有深远的影响。

　　(一)嬴族西迁与"西"邑立邦

　　嬴姓部族是脱胎于大汶口文化的山东龙山文化的主要群体,族势昌盛,分支繁多,远徙陇右的嬴秦,是其中的一支。这种认知如今已

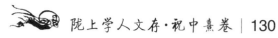

成学界的共识。①五帝时期,以少昊为首领的鸟图腾部族,和以颛顼为首领的日图腾部族,结合为"两合婚姻联盟",形成了复合性的阳鸟部族。嬴秦属于这个族体,故认少昊和颛顼为其始祖。

部落联盟时代,天体运行最受关注,这是发育中的农业和畜牧业的直接需要。通过对太阳作不同时间、不同地点的观察、测量和计算,获得天文历象知识以"敬授民时",是雏形期国家的一项神圣任务。为此,尧派羲和四子率族众分赴东、南、西、北四个标位性极点,负责观测太阳的运行,并定期举行祭日典仪。和仲一族即肩负这一使命远徙陇右,"宅西,曰昧谷。寅饯纳日,平秩西成"。②他们定居在以"西"邑为中心的西汉水上游一带,是该地区最早的开发者。《尚书·禹贡》所言古梁州北部岷、嶓一带的"和夷底绩",即指和仲一族的成功经营。和仲所属的羲和家族,是重黎的后代;而重黎家族,又是少昊与颛顼的后代。以他们为名号的这个族体,从五帝时期到夏王朝,一直职掌天文历法,其传承在古文献中彰然可寻。如《左传》昭公十七年所载郯子关于少昊以鸟名官的那段著名的话,某些内容就和《尚书·尧典》所述天象观测合契。和仲一族所宅之"西",又正是已被文献与田野考古双双证实了的嬴秦早期活动中心西垂地区,而"西"地之"昧谷"又名"蒙谷",也即屈原《离骚》言羲和御日所至、王逸释之为"日所入山也"的

---

①关于嬴秦的族源,曾存在东来说和西方土著说的长期争论。新世纪以来,学界认识已趋一致。2011年9月,在山东莱芜市召开了有80多位专家、学者参加的"首届中国嬴历史文化学术研讨会";2012年9月,在甘肃礼县召开了有70多位专家、学者参加的"甘肃秦文化研究会首届学术研讨会"。在这两次全国性学术会议上,对于嬴秦来自东方说已无人提出异议。

②孙星衍:《尚书今古文注疏》,中华书局1986年,第10—22页。

崦嵫，[1]就在西汉水上游一带。由于族体脉系、文化特性和活动地域这三大因素皆重合，故嬴秦应是和仲一族的后裔。和仲史事与嬴秦史事之间，因资料缺失而存在论证上的"断层"，这只能寄希望于今后的田野考古了。

《史记》对嬴秦早期动向讲得很慎重，且具有较大弹性。《秦本纪》说夏末秦祖费昌时，族体支系已有流徙现象，其"子孙或在中国，或在夷狄"，但未言明"夷狄"在何处；《秦始皇本纪》又谓嬴族"及殷夏之间微散"，但未言明"微散"到了哪里。时代与地域皆明确的交代已经靠后了，《秦本纪》在叙述嬴秦先世因"佐殷"而"多显"，遂为诸侯"文后，接着说："其玄孙曰中潏，在西戎，保西垂。"中潏已处商后期，是时嬴族已在诸戎活跃的西垂地区拥有了一个小方国。这个方国是否就是其先世为"诸侯"的领地，不得而知。我们只知道嬴秦并非自中潏才西迁的。因为《秦本纪》后文又提到，中潏之父戎胥轩早已经生活在西垂地区，并已经同当地戎邦通婚了。所以，绝不排除中潏之前嬴秦已在西垂立邦的可能性。

关于"西垂"是泛指西部边陲还是实指一个城邑的问题，人们的认识也曾有过分歧。20世纪80年代，段连勤先生两次撰文对此事作了不容置疑的论证，指出西垂和犬丘（又称西犬丘）乃同一个城邑的异名，是犬戎族从东方带到西部的。[2]如今学界已认可了段连勤先生的论证。在此基础上，我又进一步指出，该邑是因为被犬戎族长期占据过才被称作西垂和犬丘的，其最早的邑名是"西"，即和仲一族所居。嬴秦是绝不使用犬戎族习用之邑名的，而始终称该邑为"西"。传

---

①游国恩主编：《离骚纂义》，中华书局1980年版，第257页。
②段连勤：《关于夷族的西迁和秦嬴的起源地、族属问题》，《人文杂志》"先秦史集刊"，1982年。又《犬戎历史始末述》，《民族研究》1989年第2期。

世最早的秦器《不其簋铭》,言秦庄公伐戎之役曰"王命我羞追于西",此"西"即谓犬丘。民国年间出土于礼县东部的秦公簋,器外壁秦汉间刻铭称为"西元器",意为西地原存之器。战国秦兵器中有些是在"西"地生产的,铭署"西工"制作。西安市郊出土的战国秦封泥中,有"西盐""西丞之印""西采金印"等官印,均以"西"名该地。《史记》述嬴秦早期史事,偶尔用犬丘名,更多的是依秦人习惯而用"西"。如言襄公建祀少昊之祭坛,称"西畤",《索隐》释此谓襄公"自以居西"故作西畤。秦人收复大骆故地后,与被征服的戎人分区居住,另建姊妹城名"西新邑",意为西地新建之邑。西邑近郊的秦公陵园,称"西陵"。史文言献公之立云:"出子二年,庶长改迎灵公之子献公于河西而立之",《正义》曰:"西者,秦州西县,秦之旧地。时献公在西县,故迎立之。"可见张守节注《史记》所用本"西"前无"河"字。王念孙也认为"正文西上本无河字,盖涉下文夺秦河西地而衍。"[①]史文言嬴秦先王宗庙,曰"或在西、雍,或在咸阳"。言各地祭祀天地山川诸神的畤祠,曰"西亦有数十祠"。秦国推行郡县制,即将犬丘故地置为陇西郡的西县,而不采他名。嬴秦矢志不移地坚持使用该邑的原名,也显露出其与先祖和仲一脉相承的意念。

　　以"西"邑为中心的这个嬴姓方国,是商王朝的属邦,中潏之子蜚廉,之孙恶来,都在商王朝担任要职。但方国地处姬周的背后,在文献中还找不到嬴秦与周国敌对的记载。事实是,在周灭商后,嬴秦很快便完成了政治依附关系的转变,改奉西周王朝为宗主。刚刚建立的西周王朝,诸事待兴,又面临东部商夷集团叛乱的威胁,非常希望在西方有个稳定的局面,这就需要借助嬴秦的力量。所以,周秦宗属关系

---

①王念孙:《读书杂志》卷3,江苏古籍出版社1985年版,第75页。

不仅能和顺结成，而且有越来越亲密的趋势。有两件史事很能说明这种格局。一件是嬴秦的以赵为氏。《史记·秦本纪》载，商亡后，蜚廉另一个儿子季胜那支族人，也归附了西周王朝。他们生活在很可能是蜚廉原即领有的太霍山地区（今山西省北境）。其后有名造父者，以善御而宠幸于周穆王，并在平定徐偃王之乱中立了大功。穆王"以赵城封造父，造父族由此为赵氏。"这本是相距遥远的另一支嬴人的事，但西邑地区的中潏后裔却也"以造父之宠，皆蒙赵城，姓赵氏。"这显然是要向王室表示效忠的姿态。造父的封赵是王室的政治部署，造父一族的别祖立氏，依据的也是姬周的宗法制度。此举意味着造父族体已完全纳入了西周王朝的统属体系。陇右这支嬴人也跟着以赵为氏，脱离嬴族正宗，无疑是在宣告也愿意接受这种完全听命于王室的处境。

另一件是周孝王与申侯在安置非子时的谋议。非子是嬴秦君主大骆的庶子，因为王室畜马有功而受封赏。关于此事下文即将谈到，这里只需关注申侯劝说孝王勿废大骆嫡子成的一番话："昔我先郦山之女，为戎胥轩妻，生中潏，以亲故归周，保西垂，西垂以其故和睦。今我复与大骆妻，生适子成。申骆重婚，西戎皆服，所以为王，王其图之。"申侯极力强调嬴族"归周"后西垂地区的和睦，强调嬴、申联姻造就"西戎皆服"的局面。这其实也正是王室所希望的，也是嬴秦努力为周王朝效力的结果。所以孝王为了"以和西戎"便接受了申侯的劝止。此事足以证明，嬴秦已成为西周王朝联结、控制陇西诸戎的一支十分重要的辅助力量，这是周、秦亲密关系的基础。

嬴秦方国所涉地域，将文献记载与田野考古综合起来考察，其大致范围比较容易确定。早期就在西汉水上游一带，即汉代的西县境域，含今礼县东部、西和县北部，以及和礼县邻接的天水、甘谷、武山部分地区。后来国域有了大幅度扩拓，包括今清水、张家川的某些部分。至于又名犬丘的国都西垂，其地望至今难以确定。有红河乡岳费家庄说,有盐官镇以东说,有永兴乡赵坪说,有永兴祁山间天嘉古郡说。但诸说所涉均未出西汉水上游的范围。笔者力主天嘉古郡说,认为犬丘可能在今西和县长道镇一带,而后建的秦都西新邑,与犬丘隔河并立,也即秦汉时西县县城故址,应在今礼县东部西汉水北岸的捷地村附近,即各种省、州、县方志均曾盛言过的东距今礼县城约40华里的"天嘉古郡"所在地。晚至宋末元初,职掌陇南、川北军政的"李店文州军民元帅府"治所即设于斯。在西和河(今地图标漾水)终端改道之前,那里是西和河与西汉水交汇形成的一片开阔川原,北倚祁山主峰,南邻二水清波,盛产井盐的古卤城守其东,紧逼河畔的大堡子山扼其西。域内气候温润,土壤肥美,川平坡缓,宜农宜畜,生态环境相当优越,确为小型方国氏邦建立中心城邑的理想地带。当地居民至今有个世代相传的古老记忆,谓该地往昔曾存在一座繁盛的城邑,有可能消失于一次山体大滑坡。如传说非虚,当为目前难以发现邑址实存的原因。

20世纪90年代礼县大堡子山秦公陵园及圆顶山秦贵族墓地的面世,不仅确证了嬴秦方国中心区域就在今礼县东部及西和县北部的史实,也为西邑地望的判定提供了可靠的依据。

大堡子山位于礼县城东约26华里处的西汉水北岸,秦公陵园坐落在山顶部一处向阳且相对平缓的斜坡上。陵园是在20世纪90年代前期涌动的盗墓黑潮中被发现的。虽然墓葬惨遭洗劫,大量珍贵葬品迅速流散于世界各地,损失无法挽回;但发现本身即具重大意义,一段失落已久的华夏古史,终于被揭掉了岁月积尘,唤醒了时代沉睡的记忆。考古人员对陵区进行了抢救性发掘清理,公安部门从盗墓者及文物贩子手中追回了部分赃品,各地文博机构通过各种渠道征集了不少陵区出土器物,流散海外的墓中珍品也多已披露,有关资料信息被陆续反馈回国内。这一切使我们对陵园可以有大致的了解,研究、阐释工作也已在学界深入展开。

陵园面积近5万平方米，中心部位平行并列着坐西朝东的两座大墓，各有两条东西向的斜坡墓道。北面靠上的一座为目字形（M3），全长115米；南面靠下的一座为中字形（M2），全长88米。中字形大墓以南，附有东、西两座车马坑，经清理的东面一座（M1）殉车4排，每排3乘共12乘，每乘两服两骖，辕东舆西。大墓周围有规律地分布着200多座中、小型墓葬。陵园正上方有夯土台基遗存，附近发现了不少秦瓦及瓦当残片，表明那里曾有陵寝类墓上建筑。目前能收集到的资料显示，陵区出土了为数甚巨的青铜器和金器。青铜器中包括成套的鼎、簋、壶、盘、钟、镈等类礼器，以及大量车马器和兵器。金器也数量可观，其中有4对8件大型金鸷片最引人瞩目。金鸷仅头、胸部即高达52厘米，宽32厘米，当为秦公之椁饰。有4件在纹饰余白中随纹样镂出10个形状各异的透孔。当初孔内可能含宝石类镶嵌，以示雌雄之别。另有数量众多的羽瓣形小金片，当用来以鳞瓦形式组配鸷鸟的身尾。椁壁装饰亮丽辉煌的成对大金鸷，反映了嬴秦奉鸷鸟为始祖图腾的宗教观念。许多青铜礼器铭署"秦公作铸"，明示墓主的秦公身份。两座大墓的墓主各是哪一位秦公？学界作过一些探讨，但至今未形成统一认识。有秦仲与庄公说，有襄公与文公说，有文公与静公说，有文公与宪公说；还有学者主张两座大墓是一位秦公与其夫人的异穴合葬，至于主墓为何公，又分襄、文、宪三说。笔者从一开始便赞同襄、文二公说，并又进一步作过论证，认为上方的目字形大墓即M3，应为襄公之墓，靠南的中字形大墓即M2，应为文公之墓。①

2006年，早期秦文化联合考古队又在大堡子山墓区开展了新的调查与发掘工作，取得了可喜的成果。如在山顶部相连的两道山梁

①祝中熹：《礼县大堡子山秦陵墓主再探》，《文物》2004年第8期。

上，发现了平面大致呈长方形、总面积约 25 万平方米的城址，城墙依山势夯筑，原先发现的秦公陵墓及新发现的许多遗存，均包含在城内。从城址的位势、规模，尤其是城址内的文化遗存看，城墙当为保护陵园而建，并非常规性的群体居邑，更不可能是都城。另外还发现了一处大型建筑基址，位于城址南端高处台地上，夯土建筑，呈南北向纵长方形，南北长 107 米，东西宽 16.4 米。址内东西两墙间一字形排列着间距约 5 米的 17 个柱础，未发现门道及台阶一类设施，是一座具有梁架结构的两面坡式建筑，茅草屋顶。发掘者认为应是一处大型府库类建筑，始建年代与被盗大墓相当或稍晚。①

这次后续发掘最轰动的收获是在中字形大墓(M2)西南约 20 余米处，发现了一组有幸未被盗扰的祭祀遗迹，包括 1 座乐器坑、4 座人祭坑和 6 个灰坑。乐器坑呈东西向长方形，东西长 8.8 米，南北宽 2.1 米，出土 3 件编镈、3 只铜虎、8 件甬钟和两组共 10 件编磬。编镈形制宏伟，纹饰华美，工艺精良。最大镈通高达 66 厘米，鼓部铸铭 6 行 28 字："秦子作宝和钟，以其三镈，厥音鈇鈇雍雍。秦子在位，眉寿万年无疆。"祭祀遗迹的发现，大大丰富了大堡子山秦公陵园的文化内涵，同时也向学界提出了一系列新课题。乐器坑和人祭坑均为祭祀大墓主人即秦公而设，对此人们无异议。但是为两位秦公而设，还是为最靠近的那位秦公而设?祭祀者即镈铭中的"秦子"为何人?他与大墓中的秦公是什么关系?这些问题既牵涉当时嬴秦的丧仪制度，又取决于对大墓主人的判断是否正确，解决起来难度颇大。还应提及一事，日本 MIHO 博物馆藏有一批出自大堡子山秦陵的青铜乐器，规格、形制、纹饰同新发现乐器坑所出器非常接近，其甬钟铭文除了因

---

① 早期秦文化联合考古队:《2006 年甘肃礼县大堡子山 21 号建筑基址发掘简报》，载《文物》2008 年第 11 期。

非编镈而无"以厥三镈"4 字外,内容与乐器坑所出镈铭全同,句式、语气乃至字体风格如出一手。这两批青铜乐器显然是同时期的作品。笔者曾撰文指出,MIHO 博物馆所藏的那批秦子乐器,应为另一座秦公大墓(M3)的祭品。两批祭器铭中的秦子当为宪公。"秦子"乃宪公在文公丧期内的自称。他在为其祖父文公营建乐器祭祀坑的同时,也为其曾祖即开国之君襄公营建了一个, 只不过该祭祀坑在盗墓浩劫中被破坏掉了,而部分器物流失到了日本。①已有学者对已知秦镈作过全方位的对比研究,认为上述两批乐器的时代在秦公大墓之后,又在武公时代之前。②这正同宪公的时段相符。

在礼县永兴乡赵坪村西北侧有一座圆顶山, 该山与大堡子山隔西汉水相望,不过数里之遥。也是在 20 世纪 90 年代的盗墓黑潮中,于山北麓较平缓的河谷台地上发现了一处秦人墓地。1988 年和 2000 年, 考古人员在该区域两次清理发掘了属于春秋中期的贵族墓葬 4 座、车马坑 1 座,内有两座五鼎墓,出土了大量珍贵文物,尤以成套的青铜礼器为大宗。经初步勘察,已知该墓地范围较广,跨时甚长,从春秋早期直到汉代的墓葬均有分布。以往这一带就曾多次出现过品位颇高的先秦器物,有可能就是嬴秦最早的一处国人墓地。这片墓地的存在,以及墓葬的级别,表明在秦国都东移后,故地仍长期有公族留守。这片墓地与西汉水对岸的大堡子山公陵南北呼应,成掎角之势。这种公陵、族茔的配套格局,更坚定了我们对秦都西邑就在其东面不远处(即"天嘉古郡"故址)的判断。

---

①祝中熹:《秦西垂陵区出土青铜器铭中的"秦子"问题》,《丝绸之路》2009 年 1 月号下半月刊。收入氏著《秦史求知录》(下册),上海古籍出版社 2012 年。

②赵化成、王辉、韦正:《礼县大堡子山秦子"乐器坑"相关问题探讨》,《文物》2008 年第 11 期。

（二）分族封秦与陇上始大

周孝王时代,嬴秦的首领名大骆。大骆与在关陇地区很有实力的
申国(即古文献中常提到的"西申")联姻,娶了正在王朝中央任要职
的申侯之女为妻,生了日后将继其君位的世子成。大骆还有个庶子名
非子,庶子乃非正夫人所生,依当时的宗法传统,通常是不能继承君
位的。大约也就是这个缘故吧,非子的志趣不在政治权势,而喜欢养
马,是个闻名遐迩的育马专家。非子这一特长亦非偶然,是有部族特
性与生活环境做基础的。嬴族原本就是个擅长畜牧业尤其精于畜马、
驭马的族体。《史记·秦本纪》载,嬴人远祖伯益在协助大禹治水之后,
即"为舜主畜,畜多息",是个对早期畜牧业作出卓越贡献的部族首
领。之后的嬴姓列祖中,有驭马高手费昌,曾"为汤御,以败桀于鸣
条"。再后的中衍又曾为商王太戊御,并因此娶了商王之女。前文言
及,西周时的造父即"以善御幸于周穆王"并因御术高超而立功受封;
善御者必精于育马、识马,著名的"穆王八骏"即出自造父之手。非子
之父名大骆,白马黑鬣谓之骆,古代部族首领名字常与其族的文化特
色有关, 大骆很可能即因其部族善于养马而得名。西邑地区川原纵
横,山地坡缓,形成许多优质牧场。东距大堡子山不过30多华里的盐
官镇即古卤城, 以产井盐著称于史,《读史方舆纪要》即言该地盐井
"水与岸齐,味甘美"。①盐水充溢会形成许多积滩,这极宜于畜马业的
发展,因为马群可以从水草中不断补充必需的盐分,故民国年间朱绣
梓所撰《西和县志》云:"盐官城内卤池,广阔数十丈,池水浩瀚,色碧
味咸,四时不涸,饮马于此,立见肥壮。"可以说,族体悠久的畜马传统
和极适于畜马的生态环境,造就了非子的育马事业。

那个时代,马车不仅是人们日常代步、运输的主要工具,更是构

①顾祖禹:《读史方舆纪要》卷59,上海书店出版社1998年版,第413页。

成军事实力的基本要素,因为车战是战争的主体形式,一辆战车需配
4匹壮马。在上古汉语里,马字与武字音义皆通,《说文》释马字曰:
"怒也,武也。"虞喜《志林》谓:"马,兵之首也"。《后汉书·马援传》云:
"马者,甲兵之本。"此外,马车还是王公贵族们显示其爵位和权势的
标志。他们出门必乘车,乃至死后还要用马车陪葬。对于当时社会生
活来说,马可谓须臾难离,社会对马有极大的需求量,故繁殖培育马
匹是仅次于粮食生产的一项要务。西周中期以后,由于对周边戎狄的
战争日益频繁,马匹消耗量剧增。至孝王时,又发生了一次空前的雪
灾,大量畜产冻死,更加重了马匹短缺的危机。[①]解决马匹来源问题,
已成王室的当务之急。

　　在这种背景下,周孝王了解到嬴姓方国非子的畜马成就,决定让
非子承担繁育马匹的任务。《史记·秦本纪》载:"非子居犬丘,好马及
畜,善养息之。犬丘人言之周孝王,孝王召使主马于汧渭之间。"汧渭
之间的地望明确,即今陕西省宝鸡市西境千河与渭河交汇形成的那
片夹角地带。那里的自然条件也很宜于畜马业的发展。非子没有辜负
王室的期望,在汧渭之间畜马大获成功,深得孝王赏识。为奖励非子
的勋劳,孝王最初打算让他接大骆的班,取代大骆嫡子成的世子地
位。但此意遭到权臣申侯的反对。前文已交代过,这个申侯是大骆的
岳父,他要维护外孙的权益,于是对孝王讲了前面引过的那段话,极
力强调申、嬴联姻对于稳定西戎局面所起的关键作用,劝孝王顾全大
局,不要因废嫡立庶而损害申、嬴关系。西申是与嬴秦邻近的一个姜
姓古国,是同姬周联姻的传统盟邦,其首领长期在王朝中央任要职。
孝王不得不考虑申侯的意见,何况其意见点中了王室掌控陇右需借

　　[①]李昉编:《太平御览》卷84引古本《史记》云:周孝王七年"冬,大雪雹,牛马
死,江汉俱冻",中华书局1989年版。

助嬴秦力量的要害。孝王遂改变初衷,决定用另一种方式褒奖非子。《秦本纪》载,孝王宣告:"昔伯翳为舜主畜,畜多息,故有土,赐姓嬴。今其后世亦为朕息马,朕其分土为附庸,邑之秦,使复续嬴氏祀,号曰秦嬴。""庸"即"墉","附庸"的本义是靠近城墙的田地,后来成为西周贵族分封制的专用词语,指诸侯国内领有一小块土地的政治实体,依附于公室,身份低于封邑之大夫。《礼记·王制》:"不能五十里者,附于诸侯曰附庸。"郑玄注曰:"小城曰附庸,以国事附于大国,未能以其名通也。"汧渭之间没有什么诸侯国,孝王从王畿西部划出一块地域封非子,所以非子这个附庸是直接依附于王室的。

更值得注意的是"使复续嬴氏祀"一语。前文言及,西垂方国的这支嬴族,早在穆王时代即已追随造父一族从嬴姓中别出而以赵为氏了。孝王使非子"复续嬴氏祀",意味着从此陇右嬴姓再度构筑起宗子传递体系,恢复了祭统。在宗法体制实为政治权益内在血脉的时代,此事意义非同小可。作为附庸,非子初封时族体实力弱小,但却具有了嬴姓正宗地位,其宗法身份高于其原属的大骆主族。从原始母姓互存并立的角度说,非子一族具有和姬周对等的资格。由此我们对战国前期周太史儋对秦献公说的那番著名的话,才会有深彻的了解。他说:"周故与秦国合而别,别五百岁复合,合十七岁而霸王出。"①所言"合",指嬴姓方国纳入西周王朝统属体系,以王室所封地赵为氏;所言"别",即指非子恢复了嬴姓正宗。

非子受封之"秦",本义为何?《说文》:"秦,伯益之后所封国。地宜禾,从禾,舂省。一曰:秦,禾名。"许慎以地名释秦,所举籀文秦字形

---

①这段话《史记·周本纪》《秦本纪》《封禅书》《老子韩非列传》以及《汉书·郊祀志》均有记载,文字略有不同,此采《秦本纪》文。司马迁:《史记》卷5《秦本纪》,中华书局1975年版,第201页。

体,上部为双手持杵,下部为双禾。所谓"春省",是说该字原本由春与禾组成,但春字的"臼"符被省略了。大堡子山秦陵出土青铜礼器铭文中,就有许多例未省臼的繁体"秦"字,双手、杵、臼、双禾 4 种字符俱全,印证了许慎的春省说。后出的秦子镈以及他处发现的某些同时代秦器铭中的"秦"字,省臼而从三禾。此字结构凸显"禾",启发我们注意许慎提供的另一训释:"禾名"。这很可能是此字的初义,而作为地名,是因为该地盛产这种禾而后起的衍生义。甲骨卜辞中最早出现的"秦"字为一种祭名,凤翔周庙所出西周卜辞有一片文曰"王禽秦",西周青铜重器𣆪方鼎铭记周公东征事,有文曰:"公归,获于周庙。戊辰禽秦禽。"禽即饮字,按古汉语名动互用的通则,亦可指所饮之物。文意为周公东征胜利返回宗周,在宗庙中举行献俘饮至的仪式。所饮之"秦",必为一种特别酿制而且十分珍贵的酒,以至于饮此酒须特笔言及。由此可悟,商时的"秦祭",当为使用这种酒的祭仪。此字源流可大致理清:初义为禾名,指一种可以酿酒的粮食作物,用这种粮食酿的酒也名秦,使用这种酒的祭仪也名秦,而盛产这种作物的地域遂有秦称。非子封于该地,此后"秦"便由邑名而族名,而国名,而朝代名,其"禾"之本义逐渐被淡忘乃至消失,只在《说文》中留下了一点影迹。

秦邑地望,就在汧、渭二水交汇处附近。关于此,《史记》中三处言及(为节省篇幅,不再一一详录),史文前后呼应,文义畅朗无隙,讲得清清楚楚。但古今都有部分学者未能全面察析《史记》的表述,而轻从了《集解》所引徐广可能源自《汉书·地理志》的一句注语,谓秦邑在"天水陇西县秦亭"。那其实是将后来的秦域误判为非子封邑了。①陇

①关注此事的读者,可参阅拙文《地域名"秦"说略》及《"汧渭之间"与"汧渭之会"——兼议对〈史记〉的态度》。二文均收入《秦史求知录》一书,上海古籍出版社 2012 年版。

上的秦名是非子的后裔从汧渭之会带过去的,此事下文还要讲到。

非子脱离大骆族系复居嬴姓正宗,并被以附庸身份封于秦地,这在嬴秦发展史上具有划时代的意义。秦作为一个新生的政治实体,由此登上了历史舞台。这不仅是非子本人命运的大转折,也决定了整个西方嬴姓族体的存亡。非子所出的大骆主族后来被戎人灭掉,赖非子一支保存了嬴姓族脉。正是这一支力量,经过艰险曲折的奋斗,完成了嬴秦在汉渭文化圈的崛起。

非子所处的汧渭之间,并没有太大的发展空间,因为那是个部族关系相当复杂的多事之域。最早是姜姓族系的活动范围,后来成为矢、散、井等小方国的邻接地带,牧猎部族出没无常。在西周王朝对边域族邦强势犹存的情况下,非子一族背靠大树,尚能立足;当王朝衰落已无力控制局面时,羽翼未丰的嬴秦便不得不另谋发展了。这段史事文籍缺载,我们只知道后来嬴秦的活动区域已不在汧渭地区而转移到了陇上。这个转移很可能发生在非子的曾孙秦仲时代。理由有三:(1)秦仲即位之时,正处于西周王朝走向没落的拐点。周厉王无道,统治出现严重危机,诸侯叛离,边域动乱,汧渭地区的秦邦可能处境维艰。(2)西汉水上游地区的嬴姓方国,正遭戎人的猛烈攻逼,族邦岌岌可危;秦仲一族登陇发展,当含向西垂祖地靠拢,同大骆后裔相呼应的意图。(3)许多古文献都说陇上之秦,为秦仲封地。如《诗·秦风谱》即云:"天水本隶秦,在汧陇之西。秦仲始大,有车马礼乐侍御之好。"《水经注·渭水》言清水之秦川,曰:"川有育故亭,秦仲所封也。秦之为号,始自是矣。"《通典·州郡四》说天水郡属有清水,是"秦仲始所封地"。《巩昌府志》亦曰:"清水县,郡之东界,古秦仲所封地。"秦仲大约就是在西周王朝经厉王之乱,属国氏邦离心力陡增的那段时间决策登陇的。沿循古代邑地之名常随族体一起转移的通习,"秦"之名也便由汧渭地区徙至陇上。由于嬴秦在陇上持续发展壮大了国势,且此后再没有离弃过这片地域,所以便形成了一种历史定格,后世遂误认为此处即秦之始封地。非子一族曾在汧渭地区生活过的那段历史,因其过于短促而未能在群体记忆中留下较深的印迹。

在嬴秦历史上秦仲是个承前启后的显赫人物, 古文献中对他的功业有很高的评价。《诗·秦风·车邻》诗序云:"美秦仲也。秦仲始大,有车马礼乐侍御之好焉。"孔疏作了进一步阐释:"言秦仲始大者,秦自非子以来,世为附庸,其国仍小,至今秦仲而国土大矣。由国始大而得有此车马礼乐,故言始大以冠之。"上文引郑玄《诗·秦风谱》,赞从了诗序对秦仲的评价。更能说明问题的是《国语·郑语》所载郑桓公与周王室史官分析政治形势的一段对话。桓公问哪一支政治力量最具发展前途,史伯答:"夫国大而有德者近兴。秦仲、齐侯,姜、嬴之儁也,且大,其将兴乎?"秦仲被王室史官视为嬴姓政治精英,与位望显赫的齐侯同受"国大而有德"之誉,共归之于其后国势"将兴"之列。嬴秦先君中罕有人获此等赞语。须指出的是,郑桓公与史伯对话是幽王八年即前774年的事,是时秦仲已经死了48年,当时在位的秦君是襄公。作为王室史官,史伯对列国君位递接可谓了如指掌,他为何言不及襄公,却以襄公祖父秦仲说秦事呢? 合理的解释是,当年秦仲的影响太大,其功业留下了极深的辙痕,以至于在他离开人间近半个世纪后,政治家们仍摆脱不掉他的形象,仍视他为秦国兴起的征兆。

类似例子还可再举一个:《左传》襄公二十九年言精通音乐的吴公子季札访鲁时请求"观乐",鲁国宫廷乐队为他演奏了各国乐曲。每听完一国的曲子,季札都发表简要的评论。听完秦声后,他说:"此之谓夏声。夫能夏则大,大之至也,其周室之旧乎!""夏声"指西方风情的乐曲,"夏"字又含"大"义,故季札由音乐风格推论秦国之国势。季札之世上距秦仲时代将近300年,此时秦的国势已同秦仲无关,但服虔注《左传》这段文字,却仍袭引《诗序》《诗谱》之说,把秦国受誉之功记到了秦仲账上："秦仲始有车马礼乐之好,侍御之臣,戎车四牡,田狩之事……与诸夏同风,故曰夏声。"这显然是在说,秦国的礼乐文明,是由秦仲奠定的。晚至服虔时代,学者们还是认定了嬴秦的兴盛与秦仲密不可分。《通志·氏族略》云:"秦仲有功,周王封其少子康于梁山,因有梁氏。"郑樵此言,当以宋时尚存的有关秦仲史事的古文籍为据。《史记·秦本纪》言秦德公、成公即位时"梁伯、芮伯来朝",所言梁国,注称"少梁",嬴姓国,当即秦仲少子康的封土。此可证西周王朝的确很看重秦仲的功业。所以,周宣王即位后便提升了嬴秦的爵级,晋封秦仲为大夫。古本《竹书纪年》谓秦国"自秦仲以前,本无年世之纪",《史记·十二诸侯年表》列述秦事也只从秦仲开始,这都可辅证秦仲时代在早期秦史上是个由弱转强的节点。

秦仲的功业表现在什么地方?检索发现,几乎所有的赞美秦仲的古文献,包括近年面世的清华战国简《系年》,都围绕一个"大"字立论,众口一词地说秦仲"国大""始大"。也就是说,秦仲时代嬴秦的领域和实力,远远超过了前世。这正是秦仲率领族体由汧渭地区西登陇上战略转移成功的结果。秦仲在王朝衰象已萌的背景下,决策西向,于陇上渭水河谷地带辟拓了一片新的国域。那一带渭河支流密布,川原森林交错,生态环境相当优越,早在史前时期即是大地湾文化的繁荣区。在西周后期那段时间内,该地区虽然戎族活动频繁,但尚未形成一支足以坚实控制局面的政治力量,这为秦仲一族立邦拓域提供了适宜的空间和机会。以此为基地,嬴秦与诸戎周旋抗争,不断壮大着族体实力,遏制了戎族的攻略气焰,在大骆后裔的西垂方国被灭之后,成为西周王朝影响陇右的主要盟邦。细绎古文献记载不难发现,西周中、后期戎族活动范围涉及今陕、甘两省的洛水、泾水、渭水和西汉水流域,遍布王畿的北方、西北方和西方。秦仲在陇上的"始大",建立了一块在地理形势和军事格局上都具有战略意义的反戎阵地,切断了陕北、陇东地区戎族同汧渭地区戎族的联系,把戎族分割在彼此失顾的两个区域内, 并且牢牢地控制了西部戎族进犯关中必经的陇坂通道。这在很大程度上牵制了戎族的攻势,减轻了戎族对王畿的威胁。王室之所以高度评价秦仲的功业,原因即在此。

陇上秦邑的地望,古今史志及工具书有大体一致的说法,认为在今清水县或张家川境内,有些文籍甚至明确说在今清水县的秦亭、秦谷附近。[①]但考古学家曾到那一带作过实地考察,未发现可以立邑的发育较好的台地,也未发现任何时代较早的陶片和文化堆积。考察者认为说该处是秦邑故址当属误传。应据《水经注》的相关记载,在今清水县域清水故城一带寻找。[②]当今学者都很关注《水经注·渭水》关于清水(即今清水县境内的樊河)的一段记载,谓该水"又迳清水城南,又西与秦水合。水出东北大陇山秦谷,二源双导,历三泉合成一水,而历秦川。川有育故亭,秦仲所封也。秦之为号,始自是矣。"[③]所言"秦水",指今张家川、清水县境由北向南流的后川河。依注文所言,秦邑故址当在今后川河上游,即张家川境内。刘满先生对此作过精审的考证,指出"秦亭就在张家川县城附近"。[④]今张家川县城南瓦泉村附近发现过许多秦墓,出土过不少器物。还发现了一处面积约 250×150 米的夯土遗址,夯土层下存在秦砖、秦瓦等建筑材料,有学者推测陇上秦邑可能就在此处。[⑤]

---

①参见祝中熹:《甘肃通史·先秦卷》,甘肃人民出版社 2009 年版,第 203 页。

②赵化成:《寻找秦文化渊源的新线索》,《文博》1987 年第 1 期。

③王国维:《水经注校·渭水上》,上海人民出版社 1984 年版,第 575 页。

④刘满:《秦亭考》,《文献》第十六辑(1983 年 6 月)。

⑤徐卫民:《秦都城研究》,山西人民教育出版社 2000 年版,第 50 页。

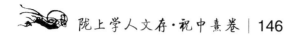

(三)救周封侯与迁都关中

秦仲在位 23 年,死于伐戎之役。秦仲的战死引起西周王朝的震动,即位不久而力图中兴的周宣王,决心强化对嬴秦的支援,以与戎族较量到底。他把秦仲的 5 个儿子召集起来鼓舞斗志,并派兵 7000 人,组成周秦联军,与戎族决战。7000 人在当时堪称大军,如此规模的军事部署,表明西周王朝对陇右抗戎形势极其看重。传世青铜名器有一件不其簋盖, 王国维判断当出自陇右。①盖内有铭文 13 行 152 字,记述西周晚期对玁狁的一次战役,总统帅是"伯氏"。"玁狁广伐西隅",周王令伯氏"羞追于西"。伯氏指挥不其(即该器的器主)率军向敌方进攻,转战多地,最后取得了胜利,不其受到伯氏的嘉奖。不其为此"作朕皇祖公伯,孟姬簋"以求福佑。陈梦家慧眼先识,判断此为西周时秦人之器,可惜他未作深考。后来李学勤先生撰文指出,器主不其即秦庄公;器铭所述,即宣王时周秦联军在陇右与戎族的那次战役。《史记·十二诸侯年表》载秦庄公名其,先秦行文"不"字常用作无义助词,仅表语气,故"不其"即"其",实即庄公。庄公之称"公",乃后来的追称,他自作器,故直用己名。《史记·秦本纪》载庄公之祖父名公伯,铭文所言也正与之相符。玁狁即犬戎,金文中恒用此族名指犬戎。"羞追于西"的西,即犬丘的古称。

李学勤先生对铭文的考析十分精当,深受学界好评。在战役总指挥伯氏身份问题上, 我曾作过一点修正。李先生认为伯氏乃庄公之兄,此事被司马迁忽略了。然《史记·秦本纪》明言秦仲"有子五人,其长者曰庄公",不大可能是迁公的误说,伯氏应为庄公的伯父。秦仲之

---

①器藏国家博物馆, 器铭首见于徐同柏 1886 年刊行的《从古堂款识学》一书。1986 年器身出土于山东省滕县城郊,盖为后配。关于器铭识读及本文涉及的诸说,可参阅王辉:《秦铜器铭文编年集释》,三秦出版社,1990 年版,第 1—6 页。

"仲"是以排行入名，说明他还有个兄长。依周王室用人的传统，关系亲密的属国国君之伯父、叔父或兄长，常有在王室供职者。铭中的伯氏，当为秦仲之兄长而任王室重臣，受宣王之命而率军援秦。他既是王室权贵，又属嬴秦家族成员，且为庄公弟兄的长辈，由他担任这次伐戎之役的主帅，是非常合适的人选。铭中他称不其为"汝小子"，并给予赏赐，也同其伯父身份相称。

这次战役周秦联军取得了重大胜利，虽不能说彻底解除了戎族威胁，但嬴秦由此重又掌控了陇右的局势，有力地打击了犬戎的猖獗势焰，故史称戎人"由是少却"。①通过此役，嬴秦夺回了已被犬戎占领了 20 多年的西垂地区，并乘胜扩展地盘，使陇上秦域同西垂方国旧地连成了一片，国势空前壮大。周王室也认可并促成了这种新的政治态势。《史记·秦本纪》载，战后宣王褒扬庄公，"复予秦仲后及其先大骆地犬丘并有之，为西垂大夫"。庄公执政后随即把国都回移至西邑，不仅在宗法祭统上，更在邦国规模和影响力上，全面取代了原嬴姓方国的位势。

庄公在位 44 年，其长子世父声言要专力抗戎为祖父秦仲报仇，把世子权位让给了其弟襄公。襄公即位时（前 778）陇右局势仍相当复杂，但他是个既有魄力又有谋略的政治家，能清醒地认识到邦国的处境，冷静地处理各种矛盾，在险涡骇浪中，把嬴秦领向了正确的航程。

襄公在位的时间不长，但他做了两件对嬴秦社会发展影响极其深远的大事。一件大事是在西周末年那场动乱中率兵救周，并因此而被封为诸侯，从而全方位地提升了嬴秦的地位和声望，把邦国历史推

---

① 范晔：《后汉书》卷 87《西羌传》，中华书局 1975 年版，第 2871 页。

向了崭新的阶段。西周后期，王朝统治已渐难支撑，社会危机不断深化。至幽王时政治更加黑暗，幽王昏朽残暴，任用佞臣盘剥民众，又逢特大自然灾害，已到民怨沸腾、一触即发的程度。在这种情势下，幽王又导演了一场废申后及太子宜臼而强立宠妾褒姒为后并立其子为太子的闹剧，无异于给浇油的干柴上点了一把火，积压已久的社会矛盾终于全面爆发。结果是被废王后之父申侯与缯侯联合犬戎合力攻周，王室大乱，幽王被杀于骊山之下。这便是导致西周灭亡的所谓"申侯之乱"。在这个历史场景大转换的关键时刻，秦襄公出现在舞台的聚光灯下。他以非凡的胆识，作出了极具战略远见的决策：挟军事实力，参与事变进程。《史记·秦本纪》云："秦襄公将兵救周，战甚力，有功。"事变平息后，诸侯拥戴原太子宜臼即王位，是为周平王。王都东迁洛邑，襄公又领兵护送平王至洛。

秦襄公救周并不是救幽王的政权，而是救宗法体制下的王室正统。事变中阵线分明，发动事变的申侯，就是当年劝说周孝王不要废大骆嫡子成的那个申侯的后裔，即西申的首领。嬴秦与西申地域相近，又有联姻传统，关系密切，所以襄公是完全站在申侯这一边的。那么襄公"战甚力"是与谁战呢？答案是犬戎。犬戎是申侯的盟军，在追杀幽王的军事行动中起了很大的作用；但犬戎又是姬周与嬴秦共同的世仇宿敌，其助申侯的目的也完全是为了掠夺财物。实况可能是这样的：事变之初，申侯联合犬戎攻周；乱势既成，申侯却无力控制犬戎的疯狂抢掠；此时襄公率兵赶至，遏压戎势，收拾了残局。《史记》有多处文字把西周覆灭直接归于犬戎，①可知对付犬戎已成事变后期的决

---

①如《封禅书》称"幽王为犬戎所败"，《六国年表》称"犬戎败幽王"，《周本纪》称平王东迁是"避戎寇"，《秦本纪》称平王东迁是"避犬戎难"。

定性问题。

《史记·秦本纪》载，为嘉奖秦襄公力战救周，拥立并护送平王的殊勋，"平王封襄公为诸侯，赐之岐以西之地。曰：'戎无道，侵夺我岐、丰之地，秦能攻逐戎，即有其地'。与誓，封爵之。襄公于是始国，与诸侯通使聘享之礼。"襄公关键时刻出手亮剑，在宏观政治格局中取得了发言权，不仅被晋封为诸侯，而且为嬴秦日后的崛起培育了巨大的潜势。这意味着西北历史舞台主角由周向秦的转换，已揭开了序幕。

秦襄公做的第二件大事，是在他受封为诸侯之后设时祭祀白帝少昊。司马迁在《史记》中五处言及此事，①《封禅书》讲得最详明："秦襄公既侯，居西垂，自以为主少暤之神，作西畤，祠白帝。其牲用骝驹、黄牛、羝羊各一云。"所谓"畤"，为祭天之坛，迁公史文中有解释："盖天好阴，祠之必于高山之下，小山之上，命曰畤。"在高山下设坛祭天，是我国从上古时代即延续下来的封禅形式，实由东方部族首创以泰山为依托的天神崇拜衍生而出。嬴秦起源于东夷集团，部族生活中原本就具有崇天帝、重祭祀的传统，其母系始祖高阳氏颛顼，向以"履时以象天，依鬼神以制义，治气以教民，洁诚以祭祀"②而著称，被公认为是天帝崇拜祭统的集大成者。秦襄公作为嬴秦首领，当然是这种宗教精神的传人。依周代的礼制，只有天子即周王才有资格祭天（所谓"郊祭"），诸侯只能祭祀国境内的名山大川。襄公的高明之处是依从"五方帝"理念，认始祖白帝少昊为西方之天帝。周天子郊祭的灵魂是"以祖配天"，而襄公的时祭则直接把祖神升格为西方之天。这无疑是我国贵族社会居绝对统治地位的政治哲学——天命观，在宗教思想领

①见《封禅书》、《秦本纪》、《秦始皇本纪》、《十二诸侯年表》、《六国年表》。
②王聘珍：《大戴礼记解诂》卷7《五帝德》，中华书局1992年版，第120页。

域的仪礼化、物象化。天命观的宗旨就在于神权、族权、政权的三位一体,宗法制度下政权是以族权为基础的,族权来自祖神,而祖神就是天帝。不言而喻,国君的权力是上天授予的,是神圣不可违抗的。此即襄公祀白帝的实质。

襄公设畤祀白帝,确立了嬴秦最神圣的宗教观念和最高规格的国家祭典,为政权和君权构建了强有力的精神支柱。由此开创的畤祭传统,被历代秦君秉承、发扬并不断完善。文公迁汧后作鄜畤,"用三牲郊祭白帝"。德公虽迁都于雍,但仍"用三百牢于鄜畤",祭仪空前隆盛。后来随着嬴秦国势逐渐东扩,宗教视野也越来越远展,畤祭对象趋于全面。宣公在渭南作密畤,"祭青帝"。灵公时又"作吴阳上畤,祭黄帝;作下畤,祭炎帝"。至此,五色天帝体系中,除黑帝颛项因系嬴姓正宗始祖享受庙祭大典而不另设畤祭外,已全部纳入祭仪体制了。但嬴秦畤祭中白帝一直居首位,最受尊奉,因为白帝少昊是天、祖合一崇拜的核心。晚至战国之初,秦献公又在西邑故地立畦畤,特创了每位新君即位后在祖地立专祀白帝之畤的祭例。①

襄公任诸侯的第五年(前765),伐戎至岐山而死于军旅之中,壮志未酬即为自己的战略决策献出了生命,其未竟之业历史地落在了继位者文公身上。文公系襄公的爱子,父子间感情深厚。《诗·秦风·驷驖》咏颂襄公狩猎的情景,首章即云:"驷驖孔阜,六辔在手。公之媚子,从公于狩。"诗中"媚子",当指文公。所以尽管文公即位第四年即迁都于关中,但他谢世后还要回归祖地西邑,与其父襄公同葬一处,而且遵从"父登子肩"的习俗,将自己的墓茔置于襄公墓下,规格也远比襄公墓要小。文公在位时间长,是时已建立了史官制度,故《史记·

---

①祝中熹:《甘肃通史·先秦卷》,甘肃人民出版社,2009年,第284页。

秦本纪》关于文公的记载颇为丰赡。综观文公史事可知,他全面继承了襄公的遗志,坚定地贯彻襄公东向发展的战略意图,带领嬴秦大步跨入了崛起的通道。

文公实施东向发展既定战略的第一步是迁都关中。前文论述过西邑地区的优越条件,但那毕竟只是陇南山谷中的一小片带状盆地,从宏观形势上说,僻处西北一隅,远离华夏文明中心地带。在商、周王朝兴盛期,作为畿外方国属邦,作为王室联络、掌控诸戎的一个平衡性纽结,其族体活动范围限定在陇右。适应那种政治格局,西邑作为嬴秦邦都是十分理想的。在西周王朝业已灭亡,王室被迫东迁的背景下,作为西方诸侯大国,作为姬周位势的取代者,以西邑为中心的那片川原山地便显得促狭闭塞,难以适应新形势的需要了。秦人要面向东方,经营肥沃繁庶的八百里秦川,彻底扫荡戎族势力,真正填补王室撤离后的权力空缺,迁都关中是必走的一着棋。

《史记·秦本纪》载:"文公元年,居西垂宫。三年,文公以兵七百人东猎。四年,至汧渭之会,曰:'昔周邑我先秦嬴于此,后卒获为诸侯。'乃卜居之,占曰吉,即营邑之。"这段文字包含了许多重要信息,需细品深思。先秦国君的狩猎,常怀有狩猎之外的目的。文公这次狩猎,方向明确,用时甚长,实为一次长途跋涉的武装考察。迁都之谋,已成竹在胸。文公最后确定的新都点位,也就是当年非子受封之处。文公清楚非子封秦的那段家族史,他是在狩猎的名义下,逾陇远行去寻找先祖发迹之地的。在那里,文公怀今抚古,追思先祖功业,决定卜邑立都。文公所营之邑与非子所封秦邑位置不一定完全重合,但相去不会太远,应属同一地带。司马迁史文中称之为"汧渭之会"或"汧渭之间",即二水交汇形成的扇形区域内。不少学者认为可能就在今陕西陇县磨儿塬附近。20世纪80年代在那里发现过一座春秋时期的故城遗址,尚有城墙残迹存留,不远处还发现范围较大的秦墓区,其中多贵族墓葬。该地历史上也曾多次出土过青铜礼器和车马器。①《水经注·渭水》云:"(汧水)径汧县故城北。《史记》秦文公东猎汧田,因遂都其地是也。"隋唐时的陇州汧源县治,即在今陕西陇县县城所在地。文公所营汧邑在磨儿塬一带说,同《水经注》所言相合,有较大的可信性。该区域背依陇坻,面向岐丰,扼控着陇道关口,进可东取王畿腹地,退可西返陇上秦土,立邑于此是经过慎重考量的。

在以神权强化政权方面,文公与襄公一脉相承,且更加发扬光大。首先是沿袭对白帝的時祭传统,《史记·封禅书》载:"文公梦黄蛇自天下属地,其口止于鄜衍。文公问史敦,敦曰:'此上帝之征,君其祠之。'于是作鄜畤,用三牲郊祭白帝焉。"襄公所立西畤在旧都西邑,如今都汧,需另建祭坛,这是为自己的政权申明"天命"依据的需要,所谓黄蛇之梦,不过是个借因。但这也体现了文公的心计,此"梦"为白帝畤祀多笼罩了一重神秘光环。倡导神权的宗教新举措是兴祠陈宝,《封禅书》述其事:"作鄜畤后九年,文公获若石云,于陈仓北阪城祠之。其神或岁不至,或岁数来。来也常以夜,野鸡夜雊。以一牢祠,命曰陈宝。"这件"宝物",据《索隐》引苏林说,"质如石,似肝"。《水经注·渭水》亦云:文公"游猎于陈仓,遇之于此阪,得若石焉,其色如肝。归而宝祠之,故曰陈宝。其来也自东南,晖晖声若雷,野鸡皆鸣,故曰鸡鸣神也。"其实,正如马非百先生所说,这件所谓神物不过是一块陨石。②由于它"光辉如流星",从东南方飞来,故被视为飞禽类神物,并

---

①陕西省考古研究所宝鸡工作站等:《陕西陇县边家庄五号春秋墓发掘简报》,《文物》1988年第11期;张天恩:《边家庄春秋墓地与汧邑地望》,《文博》1990年第5期。

②马非百:《秦集史》(上册),中华书局1982年版,第7页。

且正同嬴秦远古时期的阳鸟崇拜神物相应和，于是在大众心中更容易产生宗教号召力。文公抓住这个机会，修建祠庙，奉为尊神。在统治集团的大力倡导下，民间祭拜祷祀活动隆重而且热烈，数百年间久盛不衰，陈仓因而也成为一座宗教性城市，有了"宝鸡"的别名。同类性质的事例还可以举出一些。不妨说，张扬神秘主义，将统治集团主导的宗教观念世俗化，以控制大众的精神世界，是文公时代社会的一大特色。

在完善国家机器，提高政权功效方面，文公也大有作为。《史记·秦本纪》重点讲了文公时的两项举措，一项是严格刑法，一项是建立史官制度。文公二十年，"法初有三族之罪"。史文只有这一句话，分量却极重。这之前的秦国刑律，文籍无载，据嬴秦历来深受周文化影响这一事实推想，秦之刑律可能接近周之刑律而更加简约些。文公时大约对刑律作了严密化的充实，并增加了三族连坐的条文，迁公为了凸显秦刑之重对此特笔书之。"三族"含义，注家有歧说，当以《集解》所引如淳"父族、母族、妻族"之说为是。增设三族连坐法的目的，不外是要炫耀国家与君主权力的可怕，威慑臣下的反抗意识，赖残暴杀戮保障统治秩序。以这种方式强化政权，反映了文公功业中带血腥味的一面，流毒后世，贻害无穷。嬴秦备受后世谴责的严刑峻法传统，实由文公开其先河。

史官制度的建立最值得称道。文公十六年，"初有史以纪事，民多化之"。由巫祝文化脱胎而出的史官文化，在华夏文明中占据独特地位，是国家机器规模化、完善化及人文化的产物，标志着社会发展的新高度。史官文化的思考重心已经转向人事，转向对往昔的研究和总结，而逐渐淡化了对天象、神意的探求和解释。嬴秦史官制度的建立，反映了政权体制运行的健康和平稳，体现了统治集团对族统、君统及文化传统重要性认知的深化，也显示出嬴秦意识形态与华夏文明的进一步融合。史官制度有助于统治者历史责任感的形成，能够促进国家政策的理性与规范。史官不仅可以向执政者提供建立在社会进步观念基础上的警示和建议，其所崇尚的善恶必书的直笔精神，对国君、贵族的权力和品行也是一种监督和制约。正如《汉书·艺文志》所言："古之王者世有史官，君举必书，所以慎言行、昭法式也。"因此，史官制度存在与否，不单纯是文化领域的事，它关系到社会政治思想是否成熟，从而影响了国家的命运。也正是立足于这种认识，司马迁在"初有史以记事"一语后，紧接一句"民多化之"。这就是说，秦国建立史官制度后，国民素质获得了整体性提高，其政治效应在社会生活中有所显示。

文公时代秦国历史开始有了正规的文字形式，史敦是秦国的第一位史官。这比被认为文化最先进的鲁国国史《春秋》记事要早30多年。秦国的国史称作《秦纪》，是列国史著在秦初焚书运动中唯一保留下来的，司马迁撰《史记》即颇得益于此书，其《史记·六国年表》全赖此书而成，①《史记》中的秦史部分也因有《秦纪》的素材而特别丰实。此外，《史记》分述各个朝代及帝王史事以"纪"名篇，也采据《秦纪》，后世相承以为则式。嬴秦史官制度的建立，即从史学史的角度评说，也具有不容低估的意义。

文公在与戎族军事斗争中的功勋，尤为显著。文公即位之初，关陇一带戎势还是相当强盛的，这从襄公卒于戎马倥偬中即可看出。文公迁汧后经过较长时间的力量蓄积，终于具备了抗衡戎族的优势。《秦本纪》载，文公执政第十六年，"以兵伐戎，戎败走"。这是秦军的一次主动出击，而且获得了空前的胜利，不仅使国域有了较大幅度的扩

---

①司马迁在《史记·六国年表》序言中，明言"因秦记"而"表六国时事"。

展,而且进一步稳定了关中西部的局势。史言战后"文公遂收周余民有之,地至岐,岐以东献之周"。可知此役所涉地域颇广,原先平王与襄公盟誓归秦的"岐以西之地"已完全成为秦的领地;"岐以东"之地秦也有能力占有,为严格按盟约行事,而交东周王室处理。此役基本上解除了诸戎对关中的威胁,为关中经济恢复发展创造了条件。西周末年那场动乱严重摧残了关中社会生产,原有的村社结构在战乱中解体,部分居民随王室东迁导致大片良田荒芜,而且诸戎的攻略无度又使庶民生命财产常处危境。这些因素都使经济被破坏之后难以复苏。文公战胜戎族,"收周之余民有之",使流散的农民重返田园,将村社生产纳入政府的管理体制,逐渐恢复了关中的经济秩序,为此后赢秦社会的长足发展奠定了基础。

文公在位 50 年,期间赢秦在经济、政治、军事、文化诸方面都取得了辉煌的成就。文公时赢秦繁荣昌盛,可以视为国家崛起的标志。此后,以关中为基地,秦国羽翼日丰,虎视列国,威服百戎,一步步造就了霸业。

【附记】本文原为刘基主编《华夏文明在甘肃》一书(人民出版社 2013 年)第五章《早期秦文化》的前半部分。该章清样未经作者审阅,故文字缺漏讹误现象比较严重。现将校订后的这一部分独立成篇,标题及内容以此为正。

阳鸟崇拜与"西"邑的历史地位

近一个世纪来的古史研究和考古发现业已确认:自先秦至两汉,在秦岭以西的西汉水上游,有一个被称为"西"的城邑存在。西邑曾经在五帝时代被确定为华夏大地西部标位点,又曾经长时间作为秦人早期的都邑。以西邑为中心的这一片河谷盆地,当时是位置险要、南北通达、经济繁荣的著名区域;在民族关系极其复杂、政治局面变换频繁的古代西北发展史上,西邑地区起过相当重要的作用,具有辉煌的历史地位。由于种种原因,东汉以后西邑渐趋衰落,几乎完全退出了历史舞台,并被世人所遗忘。直到90年代秦先公西陵墓区在西汉水上游被发现,人们才又开始对它给予关注。数年前笔者曾撰《秦人早期都邑考》一文①,对西邑地望作过考辨;今又成此篇,意在揭示西邑兴起的深层次的文化背景及时代机遇,并阐述其在当时受重视的原因。

上篇 阳鸟崇拜与西极标位

在人类脱离动物界的漫长过程中,人类大脑对外部世界的感受,印象最深的莫过于太阳。在人类生存发展的宏观大环境——天与地的主体性对立统一中,太阳居于最为炫目、最为灵动、最具感召力的

---

① 载《陇右文博》1996年创刊号。收入氏著《秦史求知录》(上册),上海古籍出版社2012年。

地位。它给人类带来光明和温暖，也带来人类赖以生存的万物生长。"日月光华，旦复旦兮"，它就这样永恒地伴随着人类；人们"日出而作，日入而息"，依从着太阳的抚慰。人们赞颂上天之无量功德时，称之为"昊天"，于"天"上加"日"以示其崇高伟大。史前社会的太阳崇拜风习，存在于世界各民族的童年期；而在中国，这一历史现象表现尤为突出。我们从上古文献记载中，从神话传说中，从考古发现的实物资料中，均能找到大量不容置疑的证据。

我国远古关于太阳的神话，最生动、最具东方色彩的莫过于十日轮番运照的传说了。这一传说的古籍记载甚多，时代较早而又言之最详的，当首推《山海经》。在该书的描述中，太阳是有生命的，是被人"生"出来的，一共有十个："东海之外，甘水之间，有羲和之国。有女子名曰羲和，方浴日于甘渊。羲和者，帝俊之妻，生十日。"（《大荒南经》）这十个太阳，栖息在"扶桑"树上："汤谷上有扶桑，十日所浴在黑齿北，居水中，有大木，九日居下枝，一日居上枝。"（《海外东经》）之所以有一日"居上枝"，是因为它正整装待发，要升起来照耀太空，即《淮南子·天文训》所说的，"登于扶桑之上，爰始将行"。十个太阳，依次从东方汤谷的扶桑树上升起，并以此树为交接点，轮流运作："汤谷上有扶木，一日方至，一日方出，皆载于乌。"（《大荒东经》）《太平御览》所引《竹书纪年》亦载此传说曰："本有十日，迭次而运照无穷。"长沙马王堆西汉墓所出帛画，即以此神话为题材，高大的扶桑树上，错落相间，共画了九轮红日。日只有九，因为另一个正在天空值班运行。屈原《天问》中有一问，即针对此神话而发："日月安属，列星安陈？出自汤谷，次于蒙汜，自明及晦，所行几里？"十日的传说，对我国古代思想、文化影响甚大，且不说它派生出来的那些动人的故事（如后羿射九日、夸父追日等），早已融入我国传统文化之中，与古代人们日常生活密不可分的"天干"，即由此而来。三代以天干与地支相配的方式纪日,60日为一循环周期。是时早已通行使用序数,为什么置极方便的序数不用而取干支纪日呢? 深层原因就是崇日观念的牢固存留:太阳有十个,在天空轮番运照,每天出现一个,人们给每个太阳起一个名字,它的名字也便是它值班的这一天的代号。日共有十,夏商时代盛行"旬"(十天)的概念,旬在社会生活中的地位比月还重要,原因即在于此。

只有鸟类才能在天空飞行。在先民们的幼稚想象中,有一种鸟在背负着太阳飞翔于天际,这便是前引《大荒东经》所说的十日"皆载于乌"。事实上人们看不见背负太阳的飞鸟,故这神话后来演变为鸟在日中。流行于战国至秦汉时的装饰性日、月图案中,已经把鸟画在日轮之内了。《淮南子·精神训》说"日中有踆乌",其《本经训》说羿射九日,"日中九乌皆死,堕其羽翼"。《艺文类聚》卷92引《春秋元命苞》说:"阳,天之意,乌在日中。"皆此神话演变的反映。想象有一种运送太阳的载体,乃远古社会世界上许多民族都有过的一种观念。如古埃及人认为太阳是由一艘船载行的,古希腊人认为太阳是由一辆四马驾驶的车子载行的,地中海沿岸一带的古人则和我们的祖先一样,为太阳安上了鸟的翅膀。

华夏文明中飞鸟载日的神话,源自更为古老的史前社会的阳鸟图腾崇拜。阳鸟图腾是日图腾部族与鸟图腾部族结合后形成的一种复合图腾,出现于原始社会的晚期。阳鸟崇拜在华夏文明孕育过程中,曾产生过巨大影响;阳鸟图腾部族是构成华夏族的主要成分,在历史舞台上占据过重要位置。因此,在我国原始社会后期的主要文化遗存中,几乎到处可以找到阳鸟崇拜的影迹。仰韶文化彩陶,向我们展示了许多鲜明的阳鸟图案。尤其是庙底沟类型的某些彩陶,不仅鸟形生动逼真,其背负的太阳也都明确无误,有的光焰熊熊,栩栩

如生。①大汶口文化遗址中多处发现过的、被唐兰先生释为"炅"字的
那个图象文字,是由日、鸟、山三个形体组合而成的,日在鸟上的意蕴
一望可知。刻有这个图像的那些陶器,很可能就是祭日时特用的器
皿。《礼记·郊特牲》言及举行"报天而主日"的郊祭时指出:"扫地而
祭,于其质也;器用陶匏,以象天地之性也。"这是在强调郊天祭日的
简朴性;其实,这正是原始社会扫地为坛、陶具以献的古风遗存。良渚
玉器上的许多雕饰,学者们几乎一致认为是太阳神徽与阳鸟祭坛
图。前者上方一圆圈表示太阳,下方火焰纹表示太阳的性状;后者坛
体边框线内刻有阳鸟负日或太阳神徽,而坛顶中央树一柱,顶立一
鸟。②连云港市西南郊锦屏山马耳峰南麓的将军崖史前岩画中,有以
鸟喙人面纹为主的太阳神群像图,又有以星象与变型鸟纹为主的鸟
历星象图,另有三块雕有对称圆窝图案的大石,被认为是祭祀太阳
神的祭坛。③

　　史前社会的阳鸟崇拜,其实质是部落群体对始祖神和保护神的
敬畏,对始祖神、保护神降福赐佑的企盼,对农、牧业生产获丰收的渴
望。太阳既是天象的主体,而天象又同群体的生产、生活紧密相关,那
么,阳鸟崇拜就必然意味着对天象的观测与探求。我国早期天文学就
是这样发展起来的。在文明时代到来的前夜,在部落联盟完成向国家
过渡的最后阶段,即人们经常提到的那个以军事民主制为特征的五
帝时代,我们看到了阳鸟崇拜与天象观测凝结在一起的例证。《尚书·

　　①参看王大有:《龙凤文化源流》一书图版 14—16。北京工艺美术出版社,
1987 年版。
　　②参看杜金鹏:《良渚神祇与祭坛》一文,载《考古》1997 年 2 期。
　　③参看《连云港将军崖岩画遗迹调查》,载《文物》1981 年 7 期。

尧典》为我们保留了一份极其珍贵而且翔实的资料。《尧典》述尧之政绩,首言天时历象:

> 乃命羲和,钦若昊天,历象日、月星辰,敬授人时。分命羲仲,宅嵎夷,曰旸谷。寅宾出日,平秩东作。日中星鸟,以殷仲春。厥民析,鸟兽孳尾。申命羲叔,宅南交。平秩南讹,敬致。日永星火,以正仲夏。厥民因,鸟兽希革。分命和仲,宅西,曰昧谷。寅饯纳日,平秩西成。宵中星虚,以殷仲秋。厥民夷,鸟兽毛毨。申命和叔,宅朔方,曰幽都。平在朔易,日短星昴,以正仲冬。厥民隩,鸟兽鹬毛。

文中反映了当时的宾日、饯日制度,以及这些制度与阳鸟神话之间的关系。主管祭日、测日的是羲仲、羲叔、和仲、和叔四人,合称羲和。这显然同我们前引《山海经》中所说的那个“生十日”的羲和有关。在古代神话传说中,羲和为日神;发明了马车之后,又演变成了“日御”,即驾车载日飞行的神人。郭璞注《山海经》曰:“羲和,天地始生主日、月者也。”屈原《天问》:“羲和未扬,若华何光？”王逸注云:“羲和,日御也。”尧时部落联盟领导集团所设司日之职名羲和,他们当然实有其人,应为擅长观测天象的部族代表;进一步说,他们实即阳鸟图腾部族的首领。羲和部族大约就是虞夏时代东方“九夷”中的凤夷和阳夷的结合群体。《后汉书·东夷列传》介绍“九夷”,言及凤夷、阳夷之后,插了一句话:“昔尧命羲仲宅嵎夷,曰旸谷,盖日之所出也。”分明是在有意强调羲和同凤夷、阳夷的关系。《尚书大传》言舜巡守泰山,“乐正定乐名”,云:“羲伯之乐,舞将阳”,“和伯之乐,舞玄鹤”。这也从侧面告诉我们羲和的族属及其图腾。

羲和的任务是“钦若昊天,历象日月星辰,敬授人时”。“钦若”,《史记》释为“敬顺”;“历象”,包含长期跟踪观测的意思。《汉书·李寻传》载寻对此语的解释:“此言仰视天文,俯察地理,观日月消息,候星辰行伍。"目的在于授民以时,即以天象观测指导社会生活,确定与农、牧业息息相关的季候节气,这是部落联盟领导中心的头等大事。《尔雅·释诂》:"寅,敬也。"《字汇》:"寅,恭也。"宾义为迎导。饯,《说文》曰:"送去也。"《玉篇》:"饯,送行设宴也。"日出要敬迎,日入要恭送,礼仪相当隆重。最值得注意的是,针对太阳的周天运行,《尧典》确定了东南西北四个观测点;在另外一些典籍中,称之为"四极"。东方曰旸谷,南方文阙,西方曰昧谷,北方曰幽都。旸谷,《史记索隐》云《史记》旧本作"汤谷",《说文》引用则曰"崵谷",音义皆同,即《山海经》《天问》《淮南子》等书所言有栖日之扶桑的那个汤谷,意味着光明。与之相对应的西方之"昧谷",则意味着昏暗。《汉书·郊祀志》:"东北,神明之舍;西方,神明之墓也。"注引张晏:"神明,日也。日出东北,舍为阳谷;日没于西,故曰墓。墓,蒙谷也。"墓即暮,蒙、昧双声可通,"蒙谷"显然就是《尧典》所说的"昧谷"。如果说旸谷、昧谷、明都、幽都等称,皆为据太阳在该位置时的性状而言的话,则嵎夷、南交、西、朔方无疑为地域名。《说文》:"嵎夷,在冀州阳谷。"又曰:"崵山,在辽西。一曰嵎夷,崵谷也。"《尚书》孔传谓"东表之地称嵎夷"。据《禹贡》:"青州,嵎夷既略,莱夷作牧。"地当在山东半岛东端。颜师古注《汉书》,亦认为乃唐时莱州之地。和仲所宅之"西",与嵎夷相对应,也必为具体地名而非指方向。《史记集解》引徐广曰:"今天水之西县也。"又引郑玄:"西者,陇西之西,今人谓之兑山。"兑山,《后汉书·郡国志》引郑玄此语作"八充山","兑"字乃"八充"二字之误合。八充山者,著名的嶓冢山也。《汉书·地理志》陇西郡有西县:"西,《禹贡》嶓冢山,西汉所出,南入广汉白水,东南至江州入江,过郡四,行二千七百六十里,莽曰西治。""西汉"即指西汉水,此水发源于嶓冢山,今入嘉陵江,南流四川;但在汉代以前,此水并不南流入川,而是在今阳平关附近注入汉水之上游沔水(今称勉水)。《山海经·西山经》说:"嶓冢之山,汉水出焉，而东南注入沔。"乃当时之实况。①这是一条在当时极受重视的河流。嶓冢山即今天水市以南的齐寿山，乃古文籍中经常提到的西北名山。此山为流经礼县的西汉水和流经徽县的永宁河之分水岭，《汉中记》所言"嶓冢以东，水皆东流；嶓冢以西，水皆西流。"亦为该山水系之实况。永宁河今亦为嘉陵江的支脉，但在汉代以前，它被称作"漾水"，和西汉水一样，也流注入沔水，此即《禹贡》所言"嶓冢导漾，东流为汉"者。"漾"古籍也作"瀁"，孔传云："泉始出山为瀁水，东南流为沔水，至汉中东流为汉水"，说得最为简明。漾水和西汉水为同出嶓冢山的汉水之东西二源。漾字从永，《诗》"江之永矣"，《说文》引作"江之漾矣"。此河今称"永宁"，即源于漾字，"永宁"实为漾字之缓读。至此，我们可以领悟西汉水名称之由来：它本即汉水之西源，有些古书则直接称它为汉水或简称作汉。

《尧典》所说和仲所宅之"西"，即秦汉时陇西的西县，又有嶓冢山、西汉水这样的名山名水为坐标，其地望是不难确定的。作为城邑，西的具体位置当在今甘肃省礼县、西和两县邻接的永兴、长道附近。从政治角度讲，《尧典》确定的东南西北四个测日点，其实也就是当时华夏族势力所能达到范围的四至，也就是当时人们所能判断的四方坐标。正如《墨子·节用》所言："昔者，尧治天下，南抚交趾，北降幽都，东西至日所出入，莫不宾服。"古人把这四处地域称为"四极"是有一定道理的。

须强调指出，四方测日点的标定，并非一种观念上的虚拟，它们是真正到位的实测地。不要忽略《尧典》中的"宅"字，它的表义极其明确。甲、金文中宅字用作动词时，恒表居住或营建居处之义，无一例

---

①参看拙文《秦人早期都邑考》，载《陇右文博》1996年创刊号。

外。故司马迁在《五帝本纪》中引用《尧典》内容时，即以训诂代经文，直接把宅字改作"居"字。尧对羲和四子的指令是，要他们定居于那四处地域，以完成祭日、测日的任务。所以郑玄更进一步认为，尧不仅任命羲和四子为四时之官，同时又让他们"主方岳之事，是为四岳"。《尚书大传》言四岳八伯，即有羲伯、和伯，郑说不谓无据。姜亮夫先生在其《尧典新义》中引述赵庆益先生之说，《尧典》四仲中星非在一地所测，而是分别在山东东部、湖南长沙以南、甘肃境内和北京一带四个地区的实测结果，属于夏初之天象。[①]这就是说，当时曾经有一个部族，肩负着"寅饯纳日"的使命，为追寻太阳的归宿而西行。他们翻过陇山（即神话传说中的昆仑山），来到西汉水上游，在那里辟地作邑，生活下来。这必然是个崇拜阳鸟的部族，能以强大的群体精神响应阳鸟感召力的部族，有祭日传统并擅长天象观测的部族。羲和四子中的和仲，则是这个部族的首领。

文献记载又启发我们进一步推想，这个部族中走得最远的一支，曾沿着河湟谷地继续西行至青海湖畔。在这里，他们最后中止了对太阳归宿的追寻，因为地理环境已经给了他们答案；而且再往西是流沙和戈壁，已不适于远徙部族的生存。《淮南子·天文训》曰："日出于旸谷，浴于咸池，拂于扶桑。"《楚辞·离骚》曰："饮余马于咸池兮，总余辔乎扶桑。"注亦云咸池乃"日浴处"。咸池当指青海湖，也有人说咸池即"天池"，这是由于青海湖位处西北高原之故。青海湖的地理位置，恰与传说中的咸池相当。人们从青海湖边，遥望黄昏时的太阳从湖中落下，这便是"日浴咸池"的由来。人们早已知道太阳在东方就是从大海中升起的，现在它又落入了西方的海水，这便是其归宿。至于那棵作

---

①姜亮夫：《古史学论文集》，上海古籍出版社 1996 年版，第 47 页。

为太阳栖息处和换班交接点的扶桑树,位于宇宙的背面,只存在于人们的想象中。《山海经·西山经》在叙述了积石山(今黄河以南甘、青两省交界处)之后,接着说:"又西二百里,曰长留之山,其神白帝少昊居之。其兽皆文尾,其鸟皆文首,是多文玉石。实惟员神磈氏之宫。是神也,主司反景。"郭璞注:"日西入则景反东照。主司察之。"少昊本为东方阳鸟图腾部族的首领,现在他成了河湟地区"主司反景"之神了,这只能用东方阳鸟部族之一支,为追日而西迁来解释。曰"长留之山",意味着这支远徙部族至此不再前行,也不再东归,永远留居下来了。"主司反景",就是掌管对落日的观测,这正是和仲的职司。《西次三经》又说:"泑山,神蓐收居之……是山也,西望日之所入,其气员神红光之所司也。"郝懿行云:"李善注《思玄赋》引此语作濛山,盖即《淮南子》云日至于蒙谷是也。"这条资料和前一条关于少昊的资料内容完全一致。濛山即昧谷,日之所入处;"西望日之所入",即"主司反景"的另一种说法;而蓐收,据《吕氏春秋·孟秋篇》高诱注,乃少昊之子。《左传·昭公二十九年》言少昊氏之四叔,其中的"该"即蓐收。《尚书大传》亦谓:"西方之极,自流沙西至三危之野,帝少皞神蓐收司之。"

这支西行的阳鸟图腾部族到达过青海湖畔,但其部族主体却活动在西汉水中上游一带,因为这里的自然条件较好,交通形势优越,更适宜于部族群体的繁衍发展。这一地区被定名为"西",当然首先由于对位处中原的部落联盟中心来说,它在西方,但也与阳鸟部族在此定居栖息不无关系。考察一下"西"字的表义缘由是很有趣的。在汉字未发明前,东西南北这四个方位词,无疑早已存在于人们的语言中,但那只是音与义的结合。后来人们构创文字时,用何种形体表达这些方位词的含义,却不能不受当时文化背景及社会心理的影响,不能不受当时认知水平的制约。《说文》是这样解析"西"字的:"西,鸟在巢上也,象形。日在西方而鸟栖,故因以为东西之西。"段注:"下象巢,上象鸟,会意。上下皆非字也,故不曰会意而曰象形。"许氏所言,实乃假"栖"为西。但说该字为鸟在巢上之形,不足信。古文巢字的形体结构与"西"字绝然不同。而且,"西"字古读若"先",故"西施"也作"先施",洗字声从先;"西"字最初读音与后起的"栖"字读音并不相同,无从假借。考之甲、金文,西字实为鸟翼形。用鸟翼之形体表方位词"西"之义,也许就因为阳鸟部族西迁,且其居住地被确定为四至的西方标位点。《尧典》成文的时间可能较晚,但其所反映的时代,正与汉字的雏形期相当,那正是阳鸟部族西行的文化背景,故造字者才有这种联想的表义思路。此外,迁徙的迁字,古文从西,读音亦与西字同。段玉裁曾引《汉书》曰:"西,迁也。"班固在《白虎通义》中也说:"西方者,迁方也。"这都显示"西"字的造形表义同阳鸟部族的西迁并落脚于西地存在某种微妙的关联。

下篇　秦、戎对西邑的争夺

《尧典》所说的在西极"寅饯纳日"的和仲一族,后来哪里去了呢?他们在西汉水中上游地区栖息繁衍,发展农、牧业,在极其复杂的民族关系中小心周旋, 学习先进的周族文化, 吸收陇山以西的土著文化,艰难地成长着。在夏末商初的某一段时期,他们曾一度因犬戎的攻掠而被迫离开西邑;但他们始终不想放弃这片祖地,一直为回归故土而奋争。他们便是日后完成了统一中国大业的嬴秦一族。

秦人嬴姓,本属东夷集团中以鸟为图腾的部族,后来西迁至关陇。这一认识已被越来越多的古史研究者所接受。但在秦人何时西迁、因何西迁的问题上,学者们意见尚不一致。段连勤先生的观点影响较大,他认为秦人原系东夷"九族"中畎夷的一支,在夏末与商人结成反夏的商夷联盟,乘胜西进关中。《竹书纪年》载:"桀三年,畎夷入于岐以叛。"《后汉书·西羌传》云:"后桀之乱,畎夷入居邠岐之间",即指此而言。①依段先生说法，秦人与犬戎同族而分支。笔者赞同畎夷西迁后称犬戎说，但不同意秦人乃畎夷一支的主张，主要理由有二：一，在关陇地区，秦人与犬戎的关系虽也有友好交往、相互影响的一面，但更多的是矛盾冲突乃至战争，尤其表现在对西邑的争夺上，已处势不两立的状态。二，犬戎是以犬为图腾的部族，这不单显示在其族名上，还有另外许多史证。"夷"为先秦对东方部族的惯用称呼，犬戎在先周时又称"昆夷"，即居于昆仑山（陇山）地区之夷。《逸周书》所载《伊尹四方令》言"正西昆仑狗国"，正指昆夷而言。《山海经·大荒北经》也说："有人面兽身，名犬夷"，兽身谓狗的形象。这其实是一种"图腾装扮"，故《海内北经》说"犬封国，曰犬戎国，状如犬"。又说："有人名曰犬戎。黄帝生苗龙，苗龙生融吾，融吾生弄明，弄明生白犬。白犬有牝牡，是为犬戎。"在图腾信仰的较高阶段，图腾物不仅被视为群体的保护神，同时也被视为本部族的始祖，因此动物图腾大都被人格化。犬戎族为犬生，其以犬为图腾是显而易见的。而嬴秦族则是以鸟为图腾的，这已是学界之共识，不须再加论证。绝然不同的图腾信仰，表明秦人与犬戎决非同族。

我认为，秦人应属东夷九族中的凤夷、阳夷相结合的阳鸟图腾部族。秦人乃颛顼之后裔，颛顼称"高阳氏"，其父名昌意，其母名景仆，字皆从"日"。《竹书纪年》曰："颛顼产伯鲧，是维若阳，居天穆之阳。"《史记·夏本纪》谓鲧之父曰帝颛顼，《索隐》引皇甫谧云"鲧，帝颛顼之子，字熙。"颛顼家族的名号大都与太阳及其光芒有关。古籍中还有许多颛顼之母感受"白虹""瑶光"而生颛顼的神话传说。总之，颛顼之族

---

① 《关于夷族的西迁和秦嬴的起源地、族属问题》，载《人文杂志·先秦史论文集》，1982 年 5 月。

是一个以日为图腾的部族。秦人又以少昊为始祖神,自以为乃少昊之后。秦人在其祖地西邑立祀白帝少昊之"西畤"和"畦畤"①,其山称"人先山",其祠称"人先祠",足证秦人视少昊为自己的始祖。《潜夫论·五德志》说武王克商后,"封少昊之胄于祁",祁即祁山,在汉代西县境内,乃秦都西邑之门户。少昊是最著名的东方鸟图腾部族首领。值得特别提及的是,少昊与颛顼,存在着一种极不寻常的关系。他们皆都于"穷桑"(今山东曲阜一带),《帝王世纪》说:"颛顼生十年而佐少昊,二十而登帝位。"《山海经·大荒东经》说:"东海外大壑,少昊之国。少昊孺颛顼于此。"孺通乳,含养育义。《世本》又有"颛顼母独山氏之青阳,即少暤,黄帝之子"的说法。颛顼有可能属少昊之母系一族,他们两人或许是甥舅关系,或许是表兄弟关系,这是原始社会普那鲁亚式婚姻的影迹。②继少昊之后,颛顼成为东夷部落联盟的首领,把东夷集团带入了历史上最昌盛的时代。凤夷和阳夷这两个彼此通婚的部族,大约就是在少昊、颛顼前后结合为阳鸟图腾群体的。"昊"(或暤)字从日,也显示了这方面的信息。秦人既视颛顼与少昊均为自己的先祖,则秦的鸟图腾也必具有阳鸟崇拜的性质。据《史记·封禅书》,秦文公在陈仓修建"陈宝祠",就是为了祭祀一种神物,它自东南方飞来,"光辉若流星","则若雄鸡,其声殷云,野鸡夜雊"。该地后来即因此称"宝鸡",唐初又改名曰"凤翔"。愚意此神物非阳鸟莫属。陈宝传说反映了远古时代的图腾崇拜,对后世民众的心理观念仍有较深影响。故《汉书·郊祀志》言及"陈宝祠"已延祀七百余年时说:"此阳气之旧祠也。""阳"字道出了实质。

---

①据《史记·封禅书》言,畦畤作于栎阳;但《集解》和《索隐》均认为在西邑。故存疑。

②祝中熹:《秦人远祖考》,载《陇右文博》1997 年第 2 期。

　　羲、和历来被看作是重、黎的后裔,他们在尧时承袭了先世的职司,而负责"历象日月星辰,敬授民时"。既然少昊、颛顼乃秦人之始祖,重与黎又是少昊、颛顼的后代,而羲与和又是重、黎的胄裔,那么,羲、和与秦人皆属阳鸟图腾的同一血缘祖系就不证自明了。和仲作为阳鸟图腾部族的时代较早的代表,率族人西迁至西汉水中上游一带,以履行祭日、测日的使命。与和仲一族同一族系,共同信仰阳鸟图腾,而又生活在同一地区,只是时代有先后之别的秦人,只能是和仲一族的后裔。《秦本纪》言秦之先祖有名"若木"者,而若木在神话传说中为西方日所入处。郭璞注《山海经》说,若木"生昆仑西,附西极"。《淮南子·坠形训》:"若木在建木西,末有十日,状如莲华,光照其下。"《文选·月赋》注引此文时,下有"日之所入处"五字。《离骚》有"折若木以拂日兮"之句,《天问》有"若华何光"之问。总之若木为入日之处,而秦祖以它为名,这其中当有某种关联。

　　姜亮夫先生说:"羲和者,古伏羲与女娲之合也。"[①]且不言此说的是与非,关于伏羲的传说及遗迹存留,存在着明显的东、西两极背分现象。在许多古文献中,伏羲又被称作"太皞"。伏羲是群体记忆中最早的西方部族首领,而太皞却是东方之神;少皞本是东方的部族首领,后来却又成了西方之神。东、西方两大部族首领,被以"皞"字连接起来,这其中隐约透露出,少昊族由东方迁西方的历史痕迹。而伏羲在西方的传说及遗迹留存,又极引人注目地集中在天水、陇南(尤以礼县、西和两县为主)地区,这在地方史志中有大量资料可寻。这正是秦人的早期活动领域。

　　秦人以西邑为活动中心,正史明文可查的时间是在商后期。《史

---

①姜亮夫:《古史学论文集·羲娲合德说》,上海古籍出版社 1996 年版。

记·秦本纪》说以中潏为首领的一支嬴人，"在西戎，保西垂"。这个"西垂"，古今不少学者认为是泛称，意为"西部边陲"。《史记正义》则认为是具体地名，并引《括地志》云："秦州上邽县西南九十里，汉陇西西县是也。"郦道元注《水经·漾水》，亦持此说。现在我们已经可以肯定地说，"西垂"确非泛称，它就是本文所论的西邑。①西垂又名犬丘（或曰西犬丘），那是因为此地曾是犬戎居地。中潏这支嬴人居此后，犬丘地名因历史惯性而延存下来。"保西垂"的"保"字，亦因西垂被理解为泛称而被误释为保卫，有的学者甚至武断地说，中潏是奉商王之命，为商王朝防护西部边疆。其实，商代并没有严格意义上的"边疆"，对王畿外的无数氏国族邦，中央王朝是通过方伯制度实现宗属关系的。商后期西北地区的方伯一直由周族承当，商王室不可能越过周邦的势力范围，派一个部族跑到陇山以西去保卫边疆。西垂既是城邑名，则"保"字当训作"据有"或"筑城自固"之义。《诗·唐风·山有枢》："宛其死矣，他人是保。"郑笺："保，居也。"《礼记·月令》"四鄙入保"，郑注："小城曰保。"《左传》襄公八年："焚我郊保，冯陵我城郭。"《穆天子传》言穆王"至于瓜纑之山，三周若城，阏氏、胡氏之所保。""保"字皆用小城之义。作为周王室与陇西诸戎的联系纽带，秦人发挥了稳定西部民族关系的作用。周灭商后，居于犬丘的秦人转而臣服于周。周孝王时，犬丘的秦人首领为大骆。大骆与当时王室权臣申侯建立了婚姻关系，娶申侯之女为妻，生子名成，为大骆的嫡嗣。大骆另有一庶子名非子者，为孝王养马有功，被"分土为附庸，邑之秦"。但此时的非子，只是大骆一族分出的别支，大骆的氏国仍以犬丘为中心。数代之后，关陇地区的政治形势和民族关系发生了重大变化。由于周厉王无道，诸侯

---

①参看拙文《秦人早期都邑考》，《陇右文博》1996 年创刊号。

纷纷叛离,西北诸戎趁势反周,与周王室关系密切的大骆一族首当其冲,成为西戎直接攻掠的对象。结果大骆氏国被灭,西垂遂被犬戎占领。对犬戎来说,这也是故地回归。宣王时为了加强与西戎的斗争力量,大力扶植非子那一支秦人的首领秦仲,封他为大夫,命他"诛西戎"。结果秦仲也被戎人所杀。宣王乃召集以庄公为首的秦仲的五个儿子,"与兵七千人,使伐西戎"。这一次秦人终于取得了胜利,收复了犬丘地区。这样,秦庄公便除了控制其父秦仲所据的秦地之外,又占领了其先祖大骆的故地犬丘而"并有之",号称"西垂大夫",并将其活动中心又移至犬丘。由此可知,犬丘即西垂在秦人心目中,始终是祖业基地,是正统的宗邑邦都。虽然庄公的族人已在秦地生活了数代,但在取得了对犬戎的胜利之后,他们还是要向宗邑回归。这以后,为了保卫西邑,秦人继续与犬戎长期对立,战争不断。即使在周王室东迁、秦襄公被升封为诸侯之后,情况也是如此。襄公虽然武功显赫,最终还是死在了伐戎的军事行动中。

直到文公四年(前762)营邑于"汧渭之会",秦人才开始把活动重心移向关中。文公十六年彻底打败西戎,"收周余民有之",秦人方在关中立稳脚跟。即使如此,秦人仍显示出对祖地西邑的眷恋,文公死后仍要归葬西邑,甚至其孙宪公即位后,一度仍居于西邑。武公之后,秦人的领导集团才最终脱离了西邑地区,完成了政治、文化中心由西汉水上游向汧渭平原的转移,逐步卷入了与关东列强相周旋的更宏伟的政治、军事格局中去。但秦人在西邑立有"西畤"和"畦畤",保持了对始祖神少昊的定期祭祀。1919年在天水之西南乡出土了著名的秦公簋,原器铭之外,又有秦汉间凿字:"西元器一斗七升八奉"。刻铭目的在于标定该器的容量,但却声明是"西元器",即西邑原有之器。王国维先生说:"秦自非子至文公,陵庙皆在西垂。此敦(熹按:应作簋)之作,虽在徙雍之后,然实以奉西垂陵庙,直至秦汉犹为西县官物,乃凿款于其上。"①所言甚是。

秦人在西方的崛起,一直是以西邑为基地的。秦人为开拓、繁荣西邑而作出了卓越的贡献,也为保卫、收复西邑而付出了血的代价。西邑一直是犬戎与秦人争夺的核心地域。围绕西邑归属问题的秦、戎斗争,不仅可上溯到中潏时代,还可以上溯到夏末商初。邑名而称"丘",段连勤先生早就指出过,这是我国东方夷人居住区特有的风习。他曾经考察过《禹贡》《诗经》《左传》《战国策》《尔雅》这些古籍所载的 59 个含丘的地名,几乎全都分布在黄淮下游地区;除犬丘外,无一分布于西部者。②西汉水上游的西邑名犬丘,按照谭其骧先生著名的地名随部族迁徙的说法,当为东方九夷中的"畎夷"西迁后居于该地的结果。更有力的证据是,中国东部春秋时期也有几个地方名犬丘,其中位于今山东曹县境内的犬丘,又名垂,恰与西汉水上游的犬丘又名西垂相对应。这除了视为部族迁徙在地名上留下的史迹外,没有更合理的解释。我们在上文已言及,夏末商初,畎夷西迁,后来肆虐于关陇地区的犬戎,即其后裔。畎夷初至关中,最初的落脚点可能是汉代名槐里(今陕西兴平)的那个地方,因为槐里也曾有过犬丘之名;后称"废丘",是因为犬戎后来又离弃了该地,西越陇山,到了西汉水上游,占据了尧时曾作为西极测日标定点的西邑地区。畎夷离关中而西上,大约是不敌周、姜两部族联盟的强大势力,在关中难以立足的缘故。翻越陇山后,畎夷赶走了本定居于西邑地区的和仲一族,即秦人的祖先,兹后西邑便开始被称作犬丘。畎夷控制西邑的时间不会很短,因为犬丘地名影响颇深,一直到春秋时期,即在秦人重新取得了

①《秦公敦跋》,见《观堂集林》卷 18。
②《犬戎历史始末述》,载《民族研究》1989 年第 5 期。

它之后,都还一直在沿用。综上所述可知,西邑地区最早是由秦人的祖先和仲一族开发起来的,那时的地名就叫作"西"。后来畎夷西进,占领了该地,便又有了"犬丘"的地名(又称"西垂")。兹后秦人与犬戎长期争夺对该地区的控制权,斗争十分严酷,西邑曾几度易手。

为什么秦人不惜一切代价,定要从犬戎手中争夺这一地区呢?除了因为这里是他们的宗邑邦都,这里是他们赖以繁衍昌盛的祖业基地外,也还由于这一地区的地理位置、交通条件与自然环境,具有不可取代的优越性。这里是汉水流域同渭水流域的接壤地,东依秦岭,西望岷山,乃川、陕、甘三大地区的交通枢纽。沿西汉水河谷,东可入汉中盆地,南可下成都平原,北循嶓冢山麓经天水可达泾渭流域。直到汉魏时代,这里都是兵家必争之地。两汉之交割据陇右的隗嚣,战败后就曾固守过西邑;东汉伐羌名将段颎,也曾在西邑结栅布兵,以遮羌众散逃之路;诸葛亮北伐曹魏,更是两次取道西邑,围攻祁山。《魏书·明帝纪》载明帝语:"先帝东置合肥,南守襄阳,西固祁山,贼来辄破于三城之下者,地有所必争也。"祁山乃西邑的东北门户,被魏明帝视为魏国赖以固存的东、南、西三大军事要塞之一,其重要性可想而知。以西邑为中心的西汉水上游这一地带,又是一片肥沃的河谷盆地,即今日西起大堡子山东至祁山的永兴川(当地俗称"店子川")。西和河(古建安水)由南而北与西汉水汇合,山川交错,河流纵横,地势开阔平坦,气候温润,物产丰饶,人烟稠密。《水经注》在叙述西汉水流经祁山之南后,接言:"汉水又西,迳南岈、北岈之中。上下有二城相对,左右坟垄低昂,亘山被阜。古谚云:南岈北岈,万有余家。诸葛亮《表》言:祁山去沮县五百里,有民万户。瞩其丘墟,信为殷矣。"熊疏云:"此南岈、北岈,谓南北二壁间之大空也。"说的正是今日的永兴川。所谓上下"二城相对",也正是西邑的实况。汉代西邑(西县县城)城旁有个姊妹城曰戎丘,之所以有比肩并存的二城,是因为秦人在庄公时代收复犬丘之后,在其旁边又营建了一处新的居住点,即《秦始皇本纪》载宪公即位后所居之"西新邑"。此西新邑发展为秦汉时代的西县城,在其旁的原犬丘城址被称为"戎丘"。西县城在汉水北,为上;戎丘在汉水南,为下。二城并立,古时合称"西垂"。这一片河谷,自古以来为产粮区,《魏书·邓艾传》言邓艾分析姜维必复出的各种因素,其中即有"若趋祁山,熟麦千顷,为之悬饵"一条。总之,在汉代及其以前,这里是秦岭、陇山以西最富庶的地区。

西邑地区兴旺的原因之一是盛产井盐。距祁山约五公里的盐官镇(即汉代西县的卤城),以产优质井盐而远近闻名,汉代曾在该地设盐官,管理井盐的生产和经销。最近新披露的出土于西安市北郊的秦封泥,其中有"西盐"之印,可知秦时这里已设盐官。[①]在海盐难以在内陆流通而岩盐尚未获大量开采的古代,产井盐的地区必受极大的重视。而且,产盐也是畜牧业得以发展的优越条件。近人朱绣梓所撰《西和县志》云:"盐官城内卤池,广阔十余丈,池水浩瀚,色碧味咸,四时不涸。饮马于此,立见肥壮。"朱氏所言是有道理的,大家畜需从水草中不断补充盐分。因此,盐官附近地区畜牧业历来发达,盐官镇一直是西北著名的骡马交易中心,至今遗风犹存。当年生活在这里的秦人,即以善养马而著称;非子就是因为"好马及畜,善养息之"而被周孝王召去服务的。

此外,西邑地区矿产丰富,这为秦人的冶铸业提供了条件。从今日所知的情况看,礼县、西和一带产铅、锌、金、铁和铜。考古发现业已证明,秦时西邑曾是一处重要的武器铸作中心,和"栎阳""雍""咸阳"等地一样,是秦中央武库兵器的提供地。铭署"西工"的兵器为数不

---

①参看周晓陆等:《西安出土秦封泥补读》,载《考古与文物》1998年第2期。

少。在新出土的秦封泥中，有一枚"西采金印"，论者以为印主"当为西县掌冶金（铜）之官"[1]。也有人认为乃"主冶铁的部门"。[2]愚意"金"字含义尚须斟酌。是时之铁、铜、金已有明确区分，封泥中另有"齐采铁印""楚采铜""楚采铜丞""临淄采铁"等印，铜、铁二字的使用已表义严格，故"西采金印"之"金"，也有可能专指黄金。礼县、西和盛产沙金，近年发现的礼县大堡子山秦先公墓葬中，出土了大量黄金铸品及金饰片。西周末春秋初的这段时期，西邑地区极有可能已存在较发达的黄金采集业和冶铸业。

西邑地区有优越的地理条件，有宜人宜畜的自然环境，有丰盛的物产，乃秦人西迁后创业延宗的基地。数百年间，秦人在这片肥沃的土地上繁衍壮大，逐渐丰满了日后翱翔关中平原的羽翼。面对强悍的犬戎侵掠，秦人拼死保卫西邑。在漫长的历史岁月中，西邑曾几度易手，但最终以秦人的彻底胜利画了句号。

原载《丝绸之路》1998年学术专辑；又转载于《陇右文化论丛》第二辑。收入氏著《秦史求知录》（下册），上海古籍出版社2012年。

①周晓陆等：《西安出土秦封泥补读》，《考古与文物》1998年第2期。
②任隆：《秦封泥官印考》，载《秦陵秦俑研究动态》1997年3期。原载《丝绸之路》1998年学术专辑，转载于《陇右文化论丛》第二辑，后收入康世荣、南玄子主编《秦西垂文化论集》，文物出版社2005年版。

青川秦牍田制考辨

青川秦墓更修《为田律》木牍问世后，古史学界给予了极大关注，连续发表了许多考释、论析文章。但由于各家对牍文中某些关键词语理解有误，故使该律的部分内容未得到合理的、令人信服的说明。后来胡平生同志两次撰文，①指出牍文中的"则"系长度单位，而非连词，"三十步为则"。这样便纠正了通行释文断句及训义上的双重错误，为正确解读律文、进一步研究秦之田制，扫除了一大障碍，确为学界值得称道的快事。但在当时耕地规划格式，特别是阡陌配置及其名称义缘等问题上，史学界仍有不少混乱的认识。笔者愿将个人学习、思考所得在此提出，以就教于方家。

（一）

关于周代的亩积，《周礼·小司徒》郑注引《司马法》："六尺为步，步百为亩。"古今学者对此无异辞。这就是先秦盛行的长亩制。《诗·小雅·甫田》："禾宜长亩，终善且有。"这种长亩格局便于耕作和排水，便于田地的宏观规划、治理，适应当时的农业生产水平。时至战国，由于生产力的发展，可耕地大量垦辟，亩积也随之发生变化。各国亩积不尽相同，但总的趋势是不断增大。从银雀山汉墓所出简书《孙子

---

① 《青川秦墓木牍"为田律"所反映的田亩制度》，载《文史》十九辑；《解读青川秦墓木牍的一把钥匙》，载《文史》二十六辑。后文系胡平生与韩自强合写。

兵法·吴问》篇反映的情况看,赵国地区早在春秋后期即已推行二百四十步的大亩制了。秦国至迟在商鞅变法时也已采用了长二百四十步的亩制,《说文》《风俗通义》等书都肯定了秦亩长度为二百四十步。秦统一时间太短,未来得及在全国范围内亩制划一,汉初亦然。在一个相当长的时期内,两种主要的亩制并存:长百步的称小亩,亦称东亩①;长二百四十步的称大亩,亦称秦亩。直到汉武帝末年,全国才统一为秦亩。桑弘羊在与诸生辩论时说:"古者制田百步为亩,民井田而耕,什而藉一,义先公而后己,民臣之职也。先帝哀怜百姓之愁苦,衣食不足,制田二百四十步而一亩,率三十而税一。"②他把功劳都记在了汉武帝名下,回避了二百四十步一亩乃秦制的事实。

秦川木牍律文:"田广一步,袤八则,为畛,亩二畛。"首先须弄明白"畛"的含义。许多学者承袭传统解释,谓畛乃田间道路。但此释用之于律文,不论视"则"为连词还是量词,都无法圆其说。如视"则"为连词,"袤八"无疑应指长八步。我们已知秦亩是宽一步长二百四十步的条亩,两条畛在这一亩地中如何安置呢?按律文要求,"广一步袤八"步应为一田区,这种田区在一亩地中可划三十块,两条畛何能将一亩地分割成三十等份?如视"则"为量词,像胡平生同志所指出的那样,三十步为则,那么,"田广一步袤八则"正好是一个秦制长亩,两条畛还是无从安置。若顺长亩纵向安置,一亩地本有一步宽,在这一步宽幅内再修两条平行的道路,不仅占尽了耕地,实在也无此必要。若垂直于长亩横向安置,即以畛作长亩的两端,如杨宽先生所主张的那样,③初看似较合理,但律文紧接在"亩二畛"之后,还有"一陌道"的要

①东亩中又含亩积更小的古亩,此不详述。
②《盐铁论·未通》。
③《释青川秦牍的田亩制度》,载《文物》1982 年第 7 期。

求。这条陌道须"广三步",当然不可能作长亩与长亩之间的界路,它只能安置在长亩顶端(它也不可能安置在长亩之中,下文将详述之)。这样的话,长亩顶端的畛道和陌道必然相重。

于是人们转而把畛理解为田域。其实,古人言土地之疆理,界名与所界之区名常常通用,畛字本即有田域义项。《诗·周颂·载芟》:"千耦其耘,徂隰徂畛。"郑笺:"隰谓新发田也,畛谓旧田有径路者。"意思很清楚:畛谓有径路的田域。旧田者,长期耕种之熟地也。熟地修治畛畦,是精耕细作的需要。《战国策·楚策》言:"叶公子高,食田六百畛。"言蒙毅被"封之执圭,田六百畛。"《左传》定公四年述康叔之封:"封畛土略,自武父以南及圃田之北境。"《楚辞·大招》:"田邑千畛,人阜昌只。"均为在田域意义上使用"畛"字之例。畛作为田域,是由小径分割开的,故畛间小径便也称畛。后世注家单以田间小径释畛,是失之片面的。

青川木牍的"畛",应当也只能理解为田域。但新的问题也随之而来。若视"则"为连词,广一步袤八步即为一畛,那么一亩地恰好是三十畛,而决不会是二畛;若视"则"为量词,一则三十步,那么,一畛的面积就是宽一步长二百四十步,这正是一个秦亩,"亩二畛"岂不又陷入荒谬?有的学者据此而认为秦亩为四百八十步的大亩,[1]但这在古文献中找不到任何佐证,很难被人们接受。

问题的症结在于对律文"为"字的理解上。李学勤同志曾正确地指出:"为"字义为作、治,"为田"的意思就是制田,"为畛"的为字亦如之。[2]在古汉语中,"为"作动词有两种绝然不同的用法:一种是作联系

---

[1]参看本书 175 页注①《文史》十九辑胡文。
[2]《青川郝家坪木牍研究》,载《文物》1982 年第 10 期。

动词,相当于现代汉语中的"是";一种是作动作动词,意为造作、建树、整治。"为田律"的"为",无疑是动作动词;"为畛"的"为",用法与之同。这也正是《史记·秦始皇本纪》所载:"献公立七年,初行为市;十年,为户籍相伍";昭襄王"立四年,初为田开阡陌"的为字用法。律文下言"百亩为顷"亦同理。"顷"是战国以后盛行的田制术语,可能与商鞅"废井田,开阡陌"确定新亩积的份地制有关。顷包含一百亩耕地,但不完全是百亩的同义词。顷需经过规范化的整治并有封界,即云梦秦简所谓之"顷畔"。顷乃一完整的份地单位,而百亩只表示田地数量。云梦秦简《田律》言"入顷刍稿",言"顷入刍若干",表明作为份地单位的顷,已是语言中定型的专称。因此,"为顷"和"为畛"一样,都是"为田"的具体内容。

"为畛"者,修治田畦也。此义一明,我们便可以从量度计算的矛盾中解脱出来。"广一步,袤八则",说的就是一个长亩,在此长亩中修治两片畛畦。剩下的问题只是:这两片畛域是顺着长亩纵向划分呢,还是从长亩正中作横向截断?稍有点农耕实践经验的人都会想到,纵向划分是不可能的。因为一亩地只有一步宽(是时六尺,相当于今市尺四尺左右),在此幅度内只允许容纳培植农作物所必须的几条圳垄(以汉代赵过所行的代田法而言,一亩宽度仅容三圳),实在无法再培筑一条哪怕是很窄的道路,硬要这么做,则至少会浪费三分之一的耕地。张金光同志提出长亩中间横向辟路分为二畛的意见,并指出:"战国时在田间布置规划上通行着把一亩分作二区的耕作制度。"[①]张说极是。我这里再作点补充论证:在长亩制下,特别是在二百四十步的长亩制下,将条亩横断为二域,是农事操作的实际需要。畛作为田区

---

①《论青川秦牍中的"为田"制度》,载《文史哲》1985年第6期。

其实也就是畦。《说文》："田五十亩曰畦，从田，圭声。"慧琳《一切经音义》引《风俗通义》："秦孝公以二百四十步为田，五十亩为畦。"从"圭"之字，多含物半之义，《孟子·滕文公上》："卿以下必有圭田，圭田五十亩。"战国授田以百亩为率，五十亩乃份地量之半，故曰圭田。《说文》："趏，半步也，从走，圭声。"段注引《司马法》："一举足曰跬，跬三尺；两举足曰步，步六尺。"《方言》："半步为跬。""畦"字从圭，正取"田之半"义。从百亩份地中部，横辟一条道路，将份地中分为两片田畦，每一片田畦包含一百个半亩，即五十亩。可惜张金光同志未见或见而未采胡平生"三十步为则"之说，故在解释亩积时仍视"则"为连词，并认为律文"袤八之下脱一"十"字，这显然是一种臆断。此外，他认为二畛之间的界路，即是律文所言的"一陌道"，这也很值得商榷。第一，份地内的道路，纯为农事操作往来便利而设，以人畜能通行为度，不需太宽；太宽不仅多占耕地，且也虚耗筑路之功。木牍律文所言之陌道，要求三步宽（合今市尺一丈二尺左右），并由政府督促每年定期除草修垫，分明具有公共道路的性质，与份地内畛域间的小径有别。第二，云梦秦简《法律答问》："何如为封？封即田阡陌，顷畔封也，且非是？……是。"封即地界，律文说得很明确：阡陌即一块份地的四界，相当于顷畔。假如横贯一家份地之中的田道即为陌道，则与此律文不合，因为封是法律保护的、标志土地归属的界标，自家份地内是没有也不需要封的。第三，我们知道，先秦的长亩制延续到了汉代，汉代土地买卖是以亩为单位的，从我们今天所能见到的买地契约看，大都以陌标志其位置。如果陌道曾经是份地制下每家田地内之横向中线的话，土地买卖时以陌为界划分两家所有权的现象就不可理解，难道所有出卖土地的人，都把自己的耕地以半亩为单位往外卖？

（二）

要澄清律文所言"亩二畛，一陌道，百亩为顷，一阡道。道广三步"

的问题,须先从宏观上把握当时土地规划治理的总体面貌。许多同志的错误即在于囿于一亩地或一项地的小范围内思考,而未能将律文内容纳入先秦广泛存在的大型田域中察辨。古代耕地广域连片的形势,是农田垦殖规律所决定的,是氏族时代集体耕作传统所决定的。先秦耕地宏观治理的主体形式,就是在广阔的田域中按定制作统一规划,多以河流为中心轴线,采长亩制的百亩为单位配置阡陌,极注意沟洫道路的配套系统。这是往昔家族公社及后来的农村公社时代推行份地制的必然结果。《周礼·地官·遂人》对这种统一治理格局的大型田域有过样板式的叙述:"凡治野:夫间有遂,遂上有径;十夫有沟,沟上有畛;百夫有洫,洫上有涂;千夫有浍,浍上有道;万夫有川,川上有路,以达于畿。"这种万家百万亩的大型田域,按当时的量度标准计算,纵横各三十余里,这大约是周代土地连片规划的最大规模。在都邑周围的平野上,这是完全可以作到的。《诗·周颂·噫嘻》所言:"骏发尔私,终三十里。亦服尔耕,十千为耦。"描绘的就是万家份地百万亩大型田域上春耕的景象。清儒程瑶田在其《沟洫考》中说:"里曰三十,是万夫之田。方三十三里又少半里,举成数之证也。"都邑周围的沃壤无莱田,程氏的计算无误。《汉书·刑法志》:"地方一里为井,井十为通,通十为成。成方十里,成十为终。""终"作为大型田域中的最高级层,其包含耕地面积合计也正是三十余里见方。《考工记》:"凡天下之地势,两山之间,必有川焉;大川之上,必有涂焉。凡沟逆地阞,谓之不行;水属不理孙,谓之不行。梢沟三十里而广倍。"郑玄注:"谓不垦地之沟也。"这里实际上是讲后备耕地的治理,先开沟以泻水,其沟比耕地之沟宽一倍,其治理规模着眼于未来的大型田域,故作三十里见方的筹划。银雀山汉墓竹简有秦国的《田法》,也说:"州乡以地次受田于野,百人为区,千人为域。"此尤为大型田域存在之力证。有些学者怀疑《周礼》的田制,认为我国地势复杂,丘原交错,山林遍布,《周礼》所言那么整齐划一的田洫配置，只是一种设想，不可能实施。持此类意见的同志忽略了我国三代时的实情，而用后世人烟稠密、可耕地尽辟的景况以律古昔。须知那时人口较少，聚居于都邑之内，耕地则从都邑周围向外展开。那时的都邑，均选择在河川流经的平野，或背山面水拥有一片川原的地带，耕地大片连域是具备条件的。只要份地制存在，这种统一规划的大型田域就是必然的现实。商鞅变法因为要扩大亩积，增多份地量以行"自爰其处"的辕田制，不得不"开阡陌"，调整一下田亩界畔的原有结构，使每家份地单位"顷"的区域得以扩拓。但大型田域仍然存在，且新的阡陌业经确定，便很难再变。即使到份地制早已消失了的汉代，由于农业生产技术并未出现飞跃性进展，我们仍能看到先秦授田制下大型田域的历史遗踪。如"陌"，就仍在起着田地界标的作用：

> 《汉书·匡衡传》：乡本田提封三千一百顷，南以闽陌为界。初元元年，郡国误以闽陌为平陵陌。

> 《后汉书·光武帝纪》：命有司设坛场于鄗南千秋亭五成陌。

> 《孙成买地券》：左骏厩官大奴孙成，以雒阳男子张伯始卖所名有广德亭部罗陌田一町……①

> 《王未卿买地铅券》：河内怀男子王未卿，从河南街邮部男子袁叔威买皋门亭部什三陌西袁田三亩……②

> 《樊利家买地铅券》：平阴男子樊利家，从雒阳男子杜歌子子弟□买石梁亭部桓阡东、比是陌北田五亩……田南尽

---

①见罗振玉：《贞松堂集古遗文》卷十五。
②见罗振玉：《贞松堂集古遗文》卷十五。

陌北,东自比歌子,西比……①

　　《王当墓买地铅券》:谷郏亭部三陌西袁田十亩……田
本曹奉祖田,卖与左仲敬等,仲敬转卖与……②

以上材料在亭部或邮部之后即言陌。用陌标明某块田地的方位
和归属,这只有在大型田域中方有可能。陌前冠以数字,就更能说明
问题:这种作为田区位置坐标的陌道,是按一定次序平行排列的(因
此《匡衡传》中郡国官吏把闽陌当作了平陵陌,据后文说,一陌之差造
成了四百顷的出入),这正是统一规划的大型田域的历史遗存。每一
条阡陌都统领着若干家的份地单位"顷",每一条阡陌都有自己的名
称或编号。尽管份地制已经消失,尽管往昔的份地单位"顷",在土地
自由买卖的潮流中,也许早已被零碎分割,数易其主(如《王当墓地
券》所反映的那样),人们却习用原阡陌为坐标示其所在。"桓阡东比
是陌北"一语,表明此处之阡为南北走向,陌为东西走向,确证阡与陌
是垂直的。"陌西""陌北"杂现,表明陌的走向或南北,或东西,全因长
亩的纵向如何而定。《汉书·食货志》颜注所谓"东西曰陌"的定向说不
可取。我在十几年前的一篇文章中曾指出:古代长亩的走向,一般说
与附近河流的走向有关③。由东西方向者,有南北方向者,故《诗·小
雅·信南山》云:"我疆我理,南东其亩。"陌与长亩走向垂直,长亩走向
不一,陌便不可能定向。

　　对这种统一布局、按定制规划的大型田域有了总体认识之后,再
回过头来看木牍律文的"为田"规定,思路便畅通无碍了。"田广一步,

　　①见罗振玉:《贞松堂集古遗文》卷十五。

　　②洛阳博物馆:《洛阳东汉光和二年王当墓发掘简报》,载《文物》1980 年第
6 期。

　　③《〈周礼〉社会制度论略》,载《人文杂志》1982 年先秦史专刊。

衺八则,为畛,亩二畛",是说先定宽一步、长二百四十部的条亩,然后再在条亩内修治畛畦,即在条亩正中横向修一条畛径,将长亩分割为两片畦域。"一陌道",是说在所有长亩终端,修一条与长亩走向垂直的陌道,以作为与另一家份地之间的界限。当然,长亩的另一端也有一条陌道,但那由另一家份地主人负责修治,每家只需修一段陌道即可。由于陌道与畛径平行而且等长,故在后世田域术语使用不甚严格的情况下,有时也将畛径称作陌道,如《说文》即谓:"畛,井田间陌也。"畛、陌混称由来已久。"百亩为顷,一陌道",是说一百个条亩平行并列治为一顷,这是一家的份地,在并列相排的第一百个条亩的地边,应修一条与长亩平行的阡道,以作为与另一份地带之间的界限。当然,在相反方向即第一个条亩的地边,也有一条阡道,但那由另一家份地主人负责修治,每家只需修一段阡道即可。"道广三步",是因为阡陌不仅是每家份地的边界,也是大型田域中的公用道路,此非份地内便于农作的畛间小径可比,故需三步之宽。阡陌格局是定型的,因此两侧植桑,单骑旅人均可通行,如古乐府名篇《陌上桑》所描写的那样。按照这种为田制度,每家份地都被框在纵横垂直相交的阡陌之内,成一宽百步、长二百四十步的矩形,矩形的长边为阡,短边为陌。阡陌为每家份地四面的边界,故云梦秦简说阡陌也就是"顷畔",也就是"封"。阡陌是法定的,是不能私自更动的,私自更动即犯"赎耐"之罪。汉代阡陌之所以成为分辨田地归属的权威界标,道理即在于此。

(三)

人们可能会提出这样一个问题:既然阡陌实即一块份地的四边,而阡又是四边中的两条长边,为什么存世的许多汉代土地买卖券契,在述及地亩所处位置时,几乎皆以陌为坐标而很少以阡为坐标呢?探明这个问题对我们理解阡陌制度及古代土地所有制形态的发展变化,是有重要意义的。

农村公社瓦解后,份地固定为各家的私产。战国时的授田制,其实质不过是村社份地制的历史惯性延续,它表明国家对农民拥有一块份地的权利,给予了法律承认。当授田制也被废止后,土地私有权便完全确立。西汉时代如汪洋大海般存在着的自耕农阶层,便是村社制度结束后的产物。随着人口的繁衍,随着原份地家庭的分异,随着土地买卖的展开,以"顷"为单位的份地作为小农的私产而被不断切割易主。原有的阡陌虽仍如旧,但百亩一家的格局却渐被破坏,一顷份地可能为数家所有。汉代田地买卖券契反映的情况正是如此,一般田地交易不过数亩或数十亩,这是土地私有化之后的正常现象。明白了这一点,再联系长亩与阡陌的配置关系思考,汉代标示田地位置多言陌而极少言阡的疑问即可冰释:阡与过去的每一块份地相关联,但却不与每一亩地相关联,因此在确定几亩或几十亩地的位置时,很难以阡为轴标;陌则不同,陌是所有条亩的端线,像鱼的脊骨统领每一根刺一样,陌统领着每一个长亩。因此凡是份地制大型田域中任何一亩或若干亩土地,都可以用陌来表示其位置。(参看附图)

最后,还有个阡陌命名义缘的问题,即阡为什么叫阡,陌为什么叫陌。阡陌从本质上说,都是田界兼道路,阡与陌的区别,除了前者与长亩走向平行,后者与长亩走向垂直这一点外,还有些更深层的含义,这同我国农村公社后期份地配置原则有关。村社时代份地生产是社会经济构成中的主体,村社成员是社会生产的主要承当者,是剩余产品的提供者,是各种徭役的负担者,也是军队中的基本战斗力量。正因为如此,政府最重要的职能便是加强对村社成员的控制,于是产生了一整套严密的户籍制度。农村公社越向后期演化,这种加强户籍管理的趋势越明显。周代上层统治机构居重要位置的"司徒"一职,在西周中期以前一直称"司土",西周晚期以后渐改称"司徒"。徐中舒先生曾说:"先称司土,后称司徒,司土变司徒,是很有意思的,人民被束缚在土地上了。"①愚意不然。本称司土,是因为农村公社前、中期,土地管理是头等大事:耕地垦辟与份地等量分割,须统一规划布局;各家份地每隔三年要重新分配,以解决饶瘠不均的矛盾;还有莱田的配置及新生劳力份地的授予等等。总之,村社的管理与控制,是以土地为中心的。到农村公社后期,情况逐渐发生了变化:大型田域配置格局已完全规范,"爰田制"推行后,莱田渐消失,休耕轮作在各家份地内进行,份地被固定化并渐成农民私产,在国家的行政管理中,人的因素日益突出。《白虎通·封公侯》云:"司徒主人。不言人言徒者,徒,众也,重民众。"这便是春秋以后各国强化户籍制度的背景。在农村公社后期的户籍制度下,生产的进行,赋税的收取,徭役的征发,军伍的组合,均应互相照应,紧紧地连接在一起。集居相邻的各农家,编为最基层的行政单位;在军队中,这基层行政单位各家的服役者,相应地编为一个战斗集体,即"伍"和"什";他们的份地,也在大型田域中被规划在同一个长条带中,这长条带被夹在两条阡道之间,由若干份地单位"顷"排列组成。此即《周礼·族师》所述:"五家为比,十家为联;五人为伍,十人为联;四闾为族,八闾为联。使之相保相受,刑罚庆赏相及相共,以受邦职,以役国事,以相埋葬。"也即《逸周书·大聚》所言:"五户为伍,以首为长;十夫为什,以年为长;合闾立教,以威为长;合旅同亲,以敬为长。饮食相约,兴弹相庸,耦耕俱耘,男女有婚,坟墓相连,民乃有亲。"也即《国语·齐语》所谓:"伍之人,祭祀同福,死丧同恤,祸灾共之。人与人相畴,世同居,少同游。故夜战声相闻,足以不乖;昼战目相见,足以相识。"正如"什"在当时是军队中的基层战斗集体一样,十家份地相连而成的"千亩",也是当时通用的份地规划单

①《先秦史论稿》,1992 年巴蜀书社版,第 368 页。原载《简帛研究》(第二辑)

位。因此,纵向区分十家份地千亩的封界兼道路,便被称作"阡";横向区分每家份地百亩的封界兼道路,便被称作"陌"。阡与阡相接,构成长阡;陌与陌相接,构成长陌。许多条平行的长阡,与许多条平行的长陌,纵横交叉,组成了马克思所说的那种典型的农村公社份地形态——棋盘状耕地。《乐志》载曹植《琴调歌》一诗,其中有句曰:"东西经七陌,南北越九阡",也是大型田域中阡陌配置的写照。程瑶田《沟洫疆理小记·阡陌考》"当千亩之间故谓之阡","当百亩之间故谓之陌"的说法,基本上是正确的,青川秦牍进一步证实了程说。

附:畛域阡陌示意图(据《青川秦牍》资料绘制)

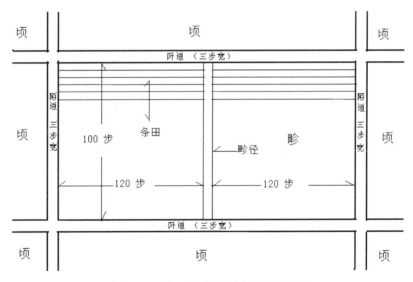

畛域阡陌示意图(据《青川秦牍》资料绘制)

原载《简帛研究》(第二辑),收入氏著《秦史求知录》(上册),上海古籍出版社 2012 年。

战国秦汉新爵制的社会基础和历史作用

　　商周时代的爵制,是宗法社会中贵族阶级权力分配的政治标志。父系家长制、嫡长继承制、爵位等级制三位一体,以血缘关系为纽带,组成了金字塔式的统治结构。血缘关系是不可逾越的客观存在,贵族阶级的政治、经济权益因此而相对固定化,严格的爵位等级称号也便因此而形成。商代统治体制中有所谓"内服"与"外服",当时有些爵称可能尚未从官职称谓中分离出来(如内服中的尹、亚、卿等,似乎既是官职又是爵位),但无疑可视为爵号的如侯、伯、子、男等名称,卜辞中已甚普遍。商代的"外服"与"内服",至周演变为两套并行而又互相渗透的爵系,一套是以封土食采的多少体现等级地位的公、侯、伯、子、男爵系,一套是以执掌行政权力的大小体现等级地位的公、卿、大夫、士爵系,而后者每一爵级中又分若干小的等级,反映了贵族社会权力等级结构的日趋严格和细密。商周爵制是以血缘关系为基础的,是以王权为核心的贵族政治的产物。

　　时至战国,宗法社会随着村社经济的解体而趋于崩溃,贵族阶级的血缘纽带日益松散,各国先后实行变革,政治结构发生了质的变化,贵族们的世袭权力开始动摇,越来越多的非贵族身份的人逐渐进入政权的各个阶层,新的爵称和爵制也随之萌生。最为典型的便是秦国自商鞅变法时即已基本确定,后来又逐步完善了的二十等爵制。汉代继承了这一爵制,并使其具有了更鲜明的地主阶级性质。新爵制的突出特点是:爵位的取得,不再凭靠由血缘关系决定的贵族身份,而是凭靠才与力。爵位失去了昔日那种与权势直接结合的、相对稳定的神圣光圈,而开始具有与官职分离的、可变性很强的功利色彩。由此而来的是爵位阶层更加繁细,并且有了许多更通俗的爵称。

战国秦汉施行的新爵制,无疑是宗法社会贵族爵制的对立物,是为新的封建经济基础服务的新的上层建筑。关于此,史学家们已多有论述。但新爵制的阶级实质,为其功利色彩所掩盖。对于产生新爵制的社会基础以及它的历史作用,笔者认为还有深入认识的必要。

(一)新爵制的社会基础

战国至秦汉,不仅爵级繁细,而且爵位下移,爵秩不再是某一阶级的专利品,而成了社会各阶层民众都有权攀登的进身之梯。新爵制在开始形成的时候,主要是面向下层的,《商君书》告诉我们:战士斩敌一首,即可得爵一级(《境内》),农民有余粮,允许"以粟出官爵"(《靳令》),所谓"民力尽而爵随之"。(《错法》)据《云梦秦简·军爵律》:"隶臣斩首为公士,谒归公士而免故妻隶妾一人者,许之。"奴隶也可以通过战功获得爵位,并可以此爵位作为解除"故妻"奴隶身份的交换手段。综观是时受爵的条件,不外耕、战二字,也就是说,新爵制的基本对象是耕与战的承担者,即农村公社瓦解后沛然勃生的自耕农阶层。

在一个相当长的历史时期内,农村公社曾经是中国古代社会的经济基础,史学界对此的认识已越来越趋于一致。尽管对农村公社的土地形态是否就是井田制,井田制是否即如孟子所说的那么规范化等问题,尚歧说甚多,但村社经济以份地为其特征,村社成员对其份地有一个从使用到占有乃至所有的过程,多数学者并无异议。农村公社解体之后,每一户村社成员便成为拥有一小块土地的自耕农,这便是战国秦汉文籍中常常提到的人数在五口至九口之间、土地大体以百亩为率的小农之家。在尚未败落破产之前,它们只接受政府的剥削和奴役,是构成初期封建社会的最小的经济细胞。

由于村社的解体是缓慢的、渐趋的,而且进展是不平衡的,故自耕农民拥有的那块份地,在某些地区还保留了国家授田的形式。这不仅在《孟子》《汉书·食货志》等书中有所反映,《云梦秦简·田律》又提供了新的证据:"入顷刍稾,以其受田之数。无垦不垦,顷入刍三石,稾二石。""叚门逆旅赘婿后父,勿令为户,勿予田宅。"有的学者以此说明当时施行土地国有制,而土地使用者都是国家佃农。这种见解值得商榷。如果我们全面地、历史地考察一下先秦村社土地形态的演变,并把国家的行政管理权与土地所有权概念认真区分开的话,便不难发现:战国至秦的所谓"授田",不过是村社时代份地分配方式传统习惯的遗留,其实质倒正表明了国家对农民份地权利的法律认可。我们切不可被"普天之下莫非王土"的专制主义王权色彩语言所迷惑。对于编户农民,政府应当分给他们一块土地,这在当时是不言而喻的,这是漫长世代的村社经济所造成的社会观念。在古代中国那么辽阔的幅员内,生产力发展的地区差异是必有的现象,有的地区村社结构瓦解得快一些,土地早已私有并开始买卖,因此出现了"或耕豪民之田,见税什五"的佃农,而有的地区可能还处于三年一"爰土易居"的农村公社中期阶段。如山东临沂银雀山汉墓竹简《田法》中就有这类记载:"州乡以地次授田于野……三岁而壹更赋田,十岁而民毕易田,令皆受地美恶□均之数也。"秦统一后颁布的国家正式法令"令天下民自实田",已无可辩驳地表明就总体而言,是时土地已经私有,而且人们拥有土地的数量已各不相等。用国家授田制是无法解释这一法令的。秦统一后,为了在广阔的疆域内平衡人多地少和人少地多这两类地区,采用移民垦荒的办法,以扩大耕地面积,这种"授田"同承认土地私有并不矛盾。认真说来,这正是土地普遍私有化过程中的必然步骤,国家在利用行政管理权促进土地的私有化。当然,汉初处于社会大动乱之后,户口大量减少,无主土地成片荒芜,许多流民未归田里。在这种情况下,局部地区由政府分配给贫民一定量的土地,也非绝无可能。

总之,农村公社解体后,小土地所有制必然成为社会经济结构中主体性的土地形态。虽然,土地兼并的过程也随之开始,但土地兼并的"初速度"并不太大。战国末到汉初这段时期内,自耕农经济还是获得了一个相对稳定的发展阶段。当时的人口增长因受连年战争的影响而滞缓,耕地的垦辟尚能与人口增殖相适应,故尽管土地可以买卖,但农民无地可种的现象并未构成严重的社会问题。《汉书·文帝纪》载文帝后元年诏:"夫度田非益寡,而计民未加益,以口量地,其于古犹有余,而食之甚不足者,其咎安在?"文帝绞尽脑汁思索农民困苦的原因,列举了八九项可能的答案,其正确与否姑不论,但却决不涉及农民失地的问题。《东观汉记·杜林传》说汉初"邑里无营利之家,野泽无兼并之民",虽含夸张,但去实际情况并不甚远。从战国到汉初,政治家、思想家在评论社会问题时,几乎众口一辞地认为危机在于赋税的沉重和徭役的频繁,"重民时,薄赋敛"是当时进步舆论的普遍呼声,而很少有人如后世那样悲叹农民被兼并了土地。这正反映了那是一个自耕农的时代。

战国至西汉,是我国封建社会的初期阶段,自耕农经济是这个阶段的社会基础。自耕农阶层是社会生产的主要承担者,是剩余产品的主要提供者,是赋税的主源,是军队的主体,他们是当时国家的真正支柱。马克思说过:"同一切君主的权力一样,封建主的权力不是由他的地租的多少,而是由他的臣民的人数决定的,后者又取决于自耕农的人数。"①战国至秦汉的统治者本能地认识到了这一点,他们采取了

---

① 《马克思恩格斯选集》,人民出版社,1976年版,第二卷,第223页。

种种措施,培植自耕农阶层,稳定自耕农经济,控制对自耕农的剥削和奴役,尽可能地发挥自耕农的社会能量。《汉书·王莽传》载区博疏谓:"秦知顺民之心可以获大利也,故灭庐井而置阡陌,遂王诸夏。"可谓一语中的。战国时各国的变法,都程度不同地含有维护自耕农利益的内容,如按亩征税,扩大亩积,公布刑法,平衡物价,发展人口,奖励耕战,兴修水利,以贤取吏等等,都直接或间接地有利于自耕农经济的发展。《商君书·说民》篇谓:"治国之举,贵令贫者富、富者贫。贫者富,富者贫,国强。"这是再明显不过的发展自耕农经济的理论。就当时而言,这是彻底战胜旧贵族残余势力的需要,是巩固封建政权的需要。但企图长期保持小农经济的平衡发展是不可能的,因为自耕农阶层的两极分化是历史发展的必然趋势, 而地主阶级的成长壮大又正赖于自耕农阶层的两极分化。所以,自耕农经济趋于繁荣的过程,也就是自耕农阶层拉开档次的过程,也就是中小地主冒尖、大地主丰满羽翼的过程。

　　战国时开始出现,到秦汉形成严密体系的新爵制,就是上述历史背景下的产物。代表地主阶级利益的封建国家,既要充分释放从落后的村社躯壳束缚下挣脱出来的自耕农阶层的社会能量, 又要顺应地主阶级发展壮大的迫切要求。在当时的政治家们看来,这二者是统一的, 因为自耕农阶层的分化尚未构成足以导致大规模阶级斗争的社会危机。二十等爵制,就是为适应这一特定的历史阶段而制定的。杀敌立功可以赏爵,入粟出钱可以拜爵,是为了发挥自耕农民耕与战这两大最基本的社会作用;而每级爵位所包含的经济利益和政治特权,又正合乎地主阶级膨胀势力的社会需要;爵级的细密,也同自耕农阶层的分化以及中小地主的成长相呼应, 反映了他们社会地位方面的差距和政治上升的轨迹。

(二)新爵制的历史作用

新爵制加速了地主阶级的成长,促进了封建社会的发展。这主要表现在如下几个方面:

(1)助长了自耕农阶层的分化

上文曾言及,新爵制开始是面向社会下层的,它对受爵人的身份未作什么限制,表面看来,受爵条件似乎对谁都一视同仁。但既规定了条件,就不会是所有的人都能达到,实际的受爵者特别是获得较高爵位的只能是一部分人。而爵位并不单纯是一种荣誉,它包含涉及社会生活诸多方面的实际利益,而首先是经济利益。即以秦的军功爵而言,获爵一级即"益田一顷,益宅九亩,一除庶子一人";[1]除了得到田宅外,爵位还意味着获得奴役他人的权利:"五甲首而隶五家",[2]"有爵者乞无爵者以为庶子,级乞一人",而这"庶子"要为主人服公役,无公役时每月要为主人劳作六天;到一定的爵级,可以免除役事,高级爵位还能得到三百家以上的"赐邑"或"赐税"。[3]显然,取得爵位尤其是取得较高爵位的农民,转眼间便成倍地增加土地和房屋,扩展了经济实力,并开始着手剥削他人。汉代的爵位是否也具有这样的权益,史籍缺乏系统的记载。但汉承秦制,特别是二十等爵称,完全是秦代的延续。就在刘邦打天下的过程中,秦的军功爵也还是照样执行着的,《汉书·樊哙传》曾详列樊哙在历次重要战役中的军功及其受爵级别的上升。刘邦即位后不久,即承认并巩固了秦爵,其六年诏书明令:"民前或相聚保山泽,不书名数,今天下已定,令各归其县,复故爵田宅。""其七大夫以上,皆令食邑。非七大夫以下,皆复其身及户,勿

---

①《商君书·境内》。

②《荀子·议兵》。

③《荀子·议兵》。

事。”"诸侯子及从军归者,甚多高爵,吾数诏吏先与田宅及所当求于吏者,亟与。"并明确重申了赐爵的传统原则:"法以有功劳行田宅"。①敦煌酥油土汉代烽燧遗址出土木简载有《击匈奴降者赏令》:"众八千人以上封列侯邑二千石赐黄金五百","二百户五百骑以上赐爵少上造黄金五十斤食邑百户百骑"。②这表明至少在军功爵范围内,秦汉爵位的权益并没有实质性的区别。在低爵位的待遇上,可能差别较大,每级爵"益田一顷,益宅九亩"的制度肯定已不再实行。汉代田赋三十税一,并不算重,但徭役和兵役却十分严苛,实为编户农民的最大负担;而汉制爵至五大夫即可免役,这就使此级爵位以上的人获得极大的经济优越性,以至于武帝时出现了"民多买复及五大夫,征发之士益鲜"③的局面。

自耕农阶层从一开始就处于分化之中, 平静的田园生活画面掩盖下的是艰苦的挣扎、奋斗,然后是浮升或者沦落。那些具有一定爵位的农民,在这场历史性的"竞争"中取得了优势,爵位作了他们浮升的阶梯,帮助他们迅速地发家,步入地主阶级的行列。他们的浮升,必然意味着有更多的小农家庭日趋破产, 而不得不在接受政府的奴役之外,又接受高爵者的奴役。据《汉书·食货志》所言,早在西汉文帝时,贫苦农民已不乏"卖田宅鬻子孙以偿责者"。到武帝时两极分化更趋严重,富人们"役财骄溢,或至并兼,豪党之徒以武断于乡曲",而"贫民常衣牛马之衣,而食犬彘之食"。这种情况势必造成"编户之民,

---

①《汉书·高帝纪》。

②敦煌县文化馆:《敦煌酥油土汉代烽燧遗址出木的木简》,载《汉简研究文集》,甘肃人民出版社1984年版,第7页。

③《史记·平准书》。

富相什则卑下之,伯则畏惮之,千则役,万则仆"①的社会风气,这已完全是地主阶级的天下了。具有讽刺意味的是:当时那些幻想长期保持自耕农经济稳定局面的政治家们,同时也是新爵制的热衷推行者;他们以为新爵制倡耕战而尽民力,可以促进小农经济的繁荣。殊不知爵制推行得越是认真,越是严格,自耕农阶层的分化也便越快,土地兼并的势头也便越强。结果是地主阶级壮大了,而社会危机也随之俱增,这是当时的政治家们始料所不及的。

(2)提高了地主阶级的地位

新爵制的特点之一是爵位可以买卖。《商君书》中多次提到的"粟爵",其实就是政府卖爵:"按兵而农,粟爵粟任则国富"(《去强》),"民有余粮,使民以粟出官爵,官爵必以其力,则农不怠"。(《靳令》)但究竟出多少粮食即可获得一级爵位,我们不得而知。《史记·秦始皇本纪》载始皇四年"天下疫,百姓内粟千石,拜爵一级。"这可能是对付灾疫的应急措施而非常制。《汉书·惠帝纪》载惠帝元年"民有罪,得买爵二十级以免死罪"(应劭:"一级直钱二千"),这也可看作是解除死刑的特例而非常制。明确记载国家的卖爵政策并提供爵价资料的是《汉书·食货志》,晁错向汉文帝建议:"欲民务农,在于贵粟;贵粟之道,在于使民以粟为赏罚。今募天下入粟县官,得以拜爵,得以除罪。如此,富人有爵,农民有钱,粟有所渫。""于是文帝从错之言,令民入粟边,六百石爵上造,稍增至四千石为五大夫,万二千石为大庶长,各以多少级数为差。"上造是二级爵,五大夫是第九级,大庶长是十八级,分析其爵价,显然各级并不相等,而是随其级别而递增,或者划分为级价不同的几个大的级段。当时粟价每石最低三十钱,设以略近于平均

①《史记·平准书》。

值的六百石为级价,则合一万八千钱,要比惠帝时免死罪的每级爵价
高得多。景帝时因"上郡以西旱,复修卖爵令而裁其贾以招民",爵价
有所降低,但不知降了多少。武帝时曾卖过"武功爵","级十七万,凡
直三十余万金。"这句话《史记·平准书》与《汉书·食货志》均有所载,
但却是个疑案。据臣瓒所引《茂陵中书》言武帝所置军功爵不同于二
十等爵制,只有十一级。如"级十七万"指的是钱,与"凡直三十余万
金"无法相副;如"级十七万"指的是金,则一金万钱,数字太大,令人
难以置信。又据《汉书·成帝纪》,成帝鸿嘉三年"令吏民得买爵,贾级
千钱"。武帝时的爵价与其前后时代相比,不可能悬殊万倍乃十几万
倍以上。至于爵位在民间的买卖转让,在汉代也一直被允许。惠帝六
年,"令民得卖爵"。①文帝后元七年"夏四月,大旱,蝗……发仓庾以振
民,民得卖爵。"②贾谊疏也说:"岁恶不入请卖爵子"。③晁错对文帝言
募民加强边塞守备的一段文字尤值得注意:"募民之欲往者,皆赐高
爵,复其家,予冬夏衣、廪食,能自给而止。郡县之民得买其爵,以自增
至卿。"④只要经过政府批准,爵位在民间如同商品一样可以买卖。武
帝时更由国家确定了民间爵位转让的价格:"(元朔六年六月诏)受爵
赏而欲移卖者,无所流㧗,其议为令。"⑤颜注:"许慎《说文解字》云:
㧗,物之重次第也'。此诏言欲移卖爵者,无有差次,不得流行,故
为置官级也。"也就是说,为了便于爵位的转让,由政府来规定每级
的爵价。

---

①《汉书·惠帝纪》。
②《汉书·文帝纪》。
③《汉书·食货志》。
④《汉书·晁错传》。
⑤《汉书·武帝纪》。

为什么我们如此注意爵位的买卖与价格呢？因为这是新爵制提高地主阶级地位的关键点。爵位转让的合法性，为小地主从富裕自耕农中脱胎而出，为中小地主向大地主阶层的攀升，提供了条件。《汉书·食货志》中贾谊对当时一般农民的家庭经济生活的分析为大家所熟悉：全年收入粮食约一百五十石，折钱四千五百。除过各种必要的开支，维持一家生活至少尚缺钱四百五十。而"不幸疾病死丧之费，及上赋敛，又未与此"。见于史载的最低爵价也达"贾级千钱"，合粮三十余石。这对于终年辗转在饥饿线上的一般农民来说，是拿不出来的，爵位可望而不可即。而对于地主阶级来说，情况就不同了，他们通过榨取佃农或佣工的剩余劳动而积累了财富，买取若干级爵位并非难事。一旦有了较高的爵位，便可免除役事，取得种种特权，在更大范围内扩展其经济力量，从而积累更多的财富去购买更高的爵位。因此，对于地主阶级来说，通过买爵而浮升，是个"辣椒红了更红"的过程。

新爵制以爵赎罪的规定，也是对地主阶级的一种特殊保护，使他们能够凭靠自己的财富而跋扈于法律之外。豪强势力的抬头，恐怕难以说与此无关。和爵位的买卖一样，以爵赎罪的制度在秦统一前即已存在，《商君书·境内》谓："爵自二级以上，有刑罪则贬；爵自一级以下，有刑罪则已。"《后汉书·南蛮传》载秦惠王兼并巴国后规定，"其民爵比不更，有罪得以爵除。"西汉以爵赎罪也成惯例，文帝时晁错就建议"使天下人粟于边，以受爵免罪，不过三岁，塞下之粟必多矣。"武帝时，"有司请令民得买爵及赎禁锢免减罪"[1]、惠帝、武帝时都有买爵以免死罪的规定。地主阶级的成长，一般说来总是和巧取豪夺、鱼肉乡里分不开的，触犯刑律在所难免。以爵赎罪的制度使他们干坏事时较

---

① 《汉书·食货志》。

少顾忌,即使败露触刑也可以爵自解而继续作恶。于是后来便出现了这样的社会局面:"亡义而有财者显于世,欺谩而善书者尊于朝,悖逆而勇猛者贵于官","行虽犬彘,家富势足,目指气使,是为贤耳! "①

　　新爵制下有一种很迷惑人的现象,即普遍性的赐爵:不为奖励军功,也不为收入钱粮,只为了显示"爱民之心",皇帝向每个有户籍的家庭无条件地赏赐爵级(由户主承受)。这种普遍性赐爵在秦以前较少见,即有也多为局部地区,惟秦始皇二十七年为庆祝天下统一而普赐过一次。汉代这种赐爵多了起来,大都在新君登位或国有吉庆大事或出现所谓佳兆祥瑞的时候颁赐。我据《汉书》诸纪作过统计,西汉二百多年间,共赐民爵三十八级次(对部分地区或部分人的赐爵未计在内),平均每六年即有一次赐爵机会。宣帝时这类赐爵最多,在位二十四年共赐爵十二级次,平均每两年一次。表面看来,这种普遍性"恩惠"似乎是为了照顾大众,有利于自耕农民状况的改善,但其实质仍是对地主阶级的扶植。因为汉代的爵位只有在较高级别上,才具有增强经济实力、提高政治地位的显著意义。如七大夫(七级)以上方有可能"食邑",公乘(八级)以上方可"冠刘氏冠",五大夫(九级)以上才能免除役事;而低级爵位,除了可用来减免刑罚或卖钱外,无多实际利益。民爵不能世袭,因此不能世代累加,普通农民一生中在其承具户主身份的有限岁月里,有幸能从皇帝这种恩赐中获得三、四级爵位,就很可观了,单靠这种赐爵得到高级爵位是不可能的。

　　地主阶级则不然,他们具备各方面的优势,在某次赐爵之前,他们已经享有相当高的爵位,赐爵是锦上添花,在原爵级的基础上再接受一级或二级恩赐,便可较快地甚至一下子进入高级爵层,从而获取

---

①《汉书·禹贡传》。

那许多与低爵位无缘的经济政治权益。显然，这类无条件的普遍赐爵，对于有相当爵级的地主和无爵或只有低爵的农民，意义大不相同，实为以惠济庶民之名，行优待地主之实。宣帝起于民间，为了摆脱霍光集团的控制，他颇注意收买人心，并以"德治"自赏；其在位时间又较长，故赐爵特多。在此期间，一部分农民可能有因频繁赐爵而进入高爵级的机会。但这只可视作特殊条件下的个别情况。我们不要忘记，爵位是可以出卖的，贫苦农民为了活命，有时连看作命根子的土地也不得不忍痛出卖，何况那不能充饥御寒的一两级爵位！在新的赐爵未到来之前，原先受赐的爵位恐怕早已卖掉了。当时的一些豪富也正等着收买民爵而为自己积累高位，前引晁错关于募民徙边的一段话就很能说明问题：政府甚至鼓励富民购买赐给募民的爵位以"自增至卿"。所以说，这种无条件的普遍赐爵，至少有一部分只不过在农民中转了一下手，最终还是"恩赐"到了地主阶级的头上。

（3）强化了初期封建政权

新爵制奖赏战功，提高了军队的战斗力，新爵制鼓励耕垦，促进了农业生产的发展，新爵制以粟拜爵，增加了政府收入，帮助政府解决边守及振荒所急需的粮食问题。这些方面对于巩固、加强初期封建政权，无疑都起了巨大的积极作用，对此人们已谈论得很多。下面我想专就新爵制与强化吏治的关系，略作分析。

在典型的贵族社会中，所有的男性贵族都参与政治生活，都在以王为总枢纽的宗法网系中行使其权力。他们是全部社会剩余产品的占有者，也是各级政权的执掌者。换句话说，贵族阶级的整个宗法体系，也就是全国的统治体系，不存在不掌权的剥削者。封建社会则不同，新兴地主阶级大都是在村社解体后繁荣起来的自耕农经济土壤中萌生的，中小地主的数量远较贵族为多，并没有一条血缘纽带把他们联结在统一的权力结构之中。封建国家只在政策上体现地主阶级的利益,而不可能让地主阶级的所有成员都进入政权。但是,一个政权是否稳固,是否能忠实有力地实现它所代表的那个阶级的意愿,归根到底还取决于它能否把本阶级的中坚分子吸收到各级政权机构之中。因此,我国历代封建政权都非常重视吏治,重视选拔人才,并逐渐完善了择任官吏的制度。在封建社会初期,在科举制乃至九品中正制尚未出现之前,新爵制的推行是国家培植地主阶级骨干力量以强化封建政权的重要手段。

从形式上看,二十等爵位与行政官职是分离的,这不仅因为二者的性质和作用不同,也还因为在级差和人数上二者都难以完全对应。但封建统治者很清楚,在支撑政权这个本质点上,二者的精神是一致的。因此,政府采取措施,使爵位与官职尽量在具体的人身上结合起来。一方面,通过奖励和赏赐,使各级官吏都具有相当的爵级,用爵位调动他们效忠封建王朝的积极性;另一方面,通过爵吏转换,吸收一部分具有相当爵级的人从政,以充实官吏队伍。

秦是以法制立国的,官吏的权力本来就大。汉承秦制,且刘邦集团大都出身于地方官吏,跟随刘邦转战的一批人马,后来多身居要职。正如《汉书·张苍传》所言:“汉兴二十余年,天下初定,公卿皆军吏。”刘邦登基后,在承认秦爵的同时,规定:“军吏卒会赦,其亡罪而亡爵及不满大夫者,皆赐爵为大夫。”①可以说,西汉政府从一开始就执行着优待官吏的政策,并利用爵位提高官吏身分。刘邦之后,西汉历代皇帝都继续贯彻这条路线,使用皇权力量使官吏们获得某种爵级,这类资料在《汉书》诸纪中比比皆是。特别是宣帝时,曾于元康二年、三年、四年、神爵元年,连续四次在“赐民爵一级”的同时,赐“天下

①《汉书·高帝纪》。

吏"爵二级,充分显示了官吏赐爵从优的政策。对于工作出色的官吏,爵位还是奖励的手段,如皇帝有时专给"勤事吏"赐爵,而且往往一赐便是两级。至于用爵位表彰高级官员,如桑弘羊因经理财政效益显著而赐爵为左庶长、黄霸因治颍政绩卓异而赐爵关内侯之类的事例,也是多不胜举。这样一来,从中央到地方,各级官吏一般都具有相当高的爵位。这在汉简中也有所反映:边塞地区的候官、队长等,职务并不怎么高,但多有公乘一级的爵位。

有较高爵位的人,被看作是地主阶级优秀分子,政权的大门是向他们打开着的。《韩非子·定法》:"商君之法曰:斩一首者爵一级,欲为官者,为五十石之官;斩二首者爵二级,欲为官者,为百石之官。"《商君书·解内》:"故爵为大夫,爵吏而为县尉,则赐虏六,加五千六百。"后一语义晦,但有大夫爵位的人可以出任县尉,则说得很明确,而且政府显然在鼓励这种爵吏转换。汉代对官吏的要求很严格,有市籍者和没有一定财产保障的人,均不得为官吏。但对具有一定爵位的人,在选拔官吏时优先考虑,某些情况下,还带有半强制的性质。如武帝时规定:"诸买武功爵官首者,试补吏,先除。"后来由于官吏短缺,又下令"除千夫、五大夫为吏,不欲者出马。"①成帝永始二年也曾颁诏:赐爵右更者,"欲为吏补三百石";赐爵五大夫者,可以"补郎"。②初期封建政权就是这样通过爵制与官职的渗透结合,来强化吏治的。

原载《青海社会科学》1989 年第 4 期。人民大学资料中心《先秦秦汉史》1989 年第 12 期选载。收入氏著《秦史求知录》(上册),上海古籍出版社 2012 年。

①《汉书·食货志》。
②《汉书·成帝纪》。

礼县大堡子山秦陵墓主再探

20 世纪 90 年代甘肃礼县大堡子山秦公陵园的发现，引起了海内外考古学界和文博界的关注。尽管陵墓随葬品已被盗劫一空，但通过抢救性清理发掘，初步了解了陵墓的方位、规模和形制，加上珍品流失海外后反馈回来的资料信息，以及国内文博机构通过各种渠道获得的该陵所出部分实物，均为我们判断陵园的时代和性质提供了依据。

大堡子山秦陵被发现不久，在与其隔西汉水相望的永兴乡赵坪村圆顶山，又发现了一处春秋时期的秦国贵族墓群。在已发掘的 4 座墓葬和 1 座车马坑中，出土了大批珍贵文物。[①]这一带以往便多次出土过等级较高的春秋、战国器物。笔者认为，这里应是嬴秦早期的国人墓地。这处墓地的发现，不仅佐证了嬴秦在西汉水上游兴邦立业的史实，也为探寻秦都西垂故址提供了线索，有助于我们对大堡子山陵园的研究。

一

大堡子山位于礼县东部，在永兴乡和永坪乡交界地区的西汉水

---

①甘肃省文物考古研究所、礼县博物馆：《礼县圆顶山春秋秦墓》，《文物》2002 年第 2 期。此文公布了已发掘墓葬中的部分内容。发掘者将墓葬时代定为春秋早期，笔者认为不排除时代更晚些的可能性。

北岸,距礼县县城约13公里。这是一座土山包,西汉水从其南面山脚流过。北来的永坪河从其西崖下注入西汉水,秦公陵园就坐落在山南麓高处向阳的缓坡上。在陵区中心部位,自北向南排列着两座中字形大墓(M3、M2)①,以及一东一西两座瓦刀形车马坑。周围有规律地分布着200多座中小型墓葬。两座大墓均坐西朝东,有东西两条斜坡墓道,墓室呈斗状,设二层台,台上有殉人,皆有腰坑,内各殉犬1只、玉琮1件。葬式为仰身直肢。车马坑亦呈东西向,辕东舆西,殉车四排,每排并列三乘,每乘两服两骖。

据笔者所掌握的信息,该陵所出器物目前主要有以下几批。

1. 李学勤、艾兰撰文介绍过的出现在纽约的一对蟠龙纹青铜椭方壶。铭文为"秦公作铸尊壶",形制、纹饰与传世的西周颂壶相似②。据说马承源在香港也曾见过一对传出大堡子山的与颂壶相似的椭方壶,惜不知其下落。

2. 韩伟在巴黎所见的一批金器。有金虎一对(以木为芯,外镶金箔),以及形制、纹饰、规格各不相同的金饰片42件(其中8件鸱枭形饰片高52、宽32厘米,推测应为棺椁饰物)。这批金器在巴黎展出过,并在伦敦出版了图录③。

3. 徐天进在日本所见的滋贺县美术馆从英国购进的两套各4枚编钟(估计枚数不全)。一套铭为"秦公作铸和钟",最大钟高达76厘米;另一套铭为"秦子作铸……"(照片字迹不清),最大钟高40多

①对北面一座大墓(M3)的墓形存在不同认识,其中一种意见认为是目字形墓。在正式报告发表以前,我们暂以发掘主持人戴春阳先生的意见为准。戴说见其《礼县大堡子山秦公墓地及有关问题》,《文物》2000年第5期。

②李学勤、艾兰:《最新出现的秦公壶》,《中国文物报》1994年10月30日。

③韩伟:《论甘肃礼县出土的秦金箔饰件》,《文物》1995年第6期。

厘米。^①

4. 上海博物馆藏品,从香港购回。带铭文的有 4 鼎 2 簋。其中两鼎铭为"秦公作铸用鼎",另外两鼎铭为"秦公作宝用鼎"。最大鼎高 47、口径 42.3 厘米。簋铭"秦公作宝簋",大者高 23.5、口径 18.8 厘米。此外还有形制、纹饰异于有铭 4 鼎的无铭 1 鼎,形制、纹饰同于有铭 2 簋的无铭 1 簋。^②据马承源讲,香港古玩坊肆还有一套 5 件列鼎,形制、纹饰与上博所藏的有铭鼎相同,而无铭文。它们和同地所出的 4 件簋,被台湾和香港的收藏家买去。

5. 甘肃省博物馆藏品。主要有金饰片20余件,部分的形制、纹饰与韩伟在巴黎所见大致相同。此外有青铜器若干件,包括鼎、簋、盘、钟钩等礼器,和軎辖等车马器,以及大量箭镞。其中鼎的部件和残片共 130 余块,有铭文者 20 余块,分属 7 件鼎体。现已修复完整的有 3 鼎,腹内壁皆有铭文:"秦公作铸用鼎"。最大鼎高 41、口径 40 厘米。簋的部件和残片约百余块,至少分属 5 件簋体。可拼接成全铭的有 2 簋,铭曰:"秦公作铸用簋"。

6. 甘肃省文物考古研究所藏品。系正式发掘品,惜发掘报告尚未发表。据说随葬品主要有小型金饰片 7 件、玉琮 2 件及若干玉鱼、石磬 5 件、残鼎足 1 件,以及钟钩、铜戈、铜刀、铜炮等残件,还有部分陶器。

7. 礼县博物馆藏品。有石磬 3 件,出自 M2 盗洞口,最大者纵 89.5、股博宽 22.1、鼓博宽 16.8、厚 4.4 厘米。此外有軎辖 1 套、马镳 1

①2000 年夏,在礼县"秦人西垂文化保护、开发、利用座谈会"期间,徐天进先生提供了编钟照片和有关信息。

②李朝远:《上海博物馆新获秦公器研究》,《上海博物馆集刊》第 7 辑。

套、凤鸟纹漆匣 1 件(实物已朽毁,只存照片)。以上器物已经或即将公布于世,它们是研究大堡子山秦公陵园的重要资料。

墓主问题是人们研究该陵的切入点。早在 1994 年,李学勤介绍出现在纽约的秦公壶时,认为器主"应该就是庄公"。理由是这对秦公壶酷似传世的颂壶。而马承源曾推定,颂壶为周宣王三年器,其铭文与秦庄公未即位时之器不其簋的铭文相比,"已向后来秦器趋近"。也就是说,颂壶的时代要略晚于不其簋,当作于庄公即位之后,故壶铭称公。1995 年,李学勤再次撰文,由墓主问题进而论及秦国的发祥地。①陈昭容则认为,与颂壶相比,那对秦公壶的腹、颈比例较小,时代应较颂壶为晚。而且庄公之称"公",可能是襄公始国后的追谥,所以,"秦公壶的作器者应是庄公以下春秋早期的某一位秦公",可能是文公。②白光琦也指出,颂壶不可能早于宣王中期以前,而秦公壶应为东周初期器,不出襄、文二世。他也认为,秦之始国之君为襄公,庄公的身份是大夫,不得称"公"。③韩伟在介绍巴黎所见大堡子山秦陵所出金器的同时,也对墓主问题作了论述。他依据金虎木芯朽质的碳十四测定时代,推断陵区两座大墓的墓主应为秦仲和庄公。④

此外,李朝远和王辉皆主张两座大墓的墓主应为襄公和文公。王辉还就铭文中"秦"字的写法发表意见,认为含"臼"之秦时代较早,应为襄公时之器铭。⑤陈平强调,秦仲死时,其族居地为清水秦邑,当时

---

①李学勤:《探索秦国发祥地》,《中国文物报》1995 年 2 月 19 日。
②陈昭容:《谈新出秦公壶的时代》,《考古与文物》1995 年第 4 期。
③白光琦:《秦公壶应为东周初期器》,《考古与文物》1995 年第 4 期。
④韩伟:《论甘肃礼县出土的秦金箔饰件》,《文物》1995 年第 6 期。
⑤王辉:《也谈礼县大堡子山秦公墓地及其铜器》,《考古与文物》1998 年第 5 期。

西垂已陷戎手,秦仲的墓葬不可能在西垂。关于"秦"字的写法问题,他与王辉的看法相反,认为省"臼"之秦器时代较早。他还对大堡子山陵园是否含两座公陵持慎重态度,如确系两位秦公之墓,则墓主当为文公和宪公。[①]笔者也曾撰文,论证在该陵所出器物显示的时段内,有资格葬仪称"公"而且文献记载葬于西垂的秦君,只有襄公和文公。两座大墓中,M3 应为襄公之墓,M2 应为文公之墓。[②]2000 年,戴春阳撰文(以下简称"戴文")介绍大堡子山秦陵发掘的基本情况,并就墓主问题提出了新看法,即大堡子山只有一个公(秦襄公)的陵园,M2 为主墓,即襄公之墓,M3 是其夫人的祔葬墓。[③]此说虽然后出,却产生较大影响。关于夫妇异穴合葬说,笔者不敢苟同。愿在下文中略陈浅见,以就教于方家。

二

　　戴文判断大堡子山秦陵为夫妇异穴合葬墓的主要依据有以下几点:第一,两座中字形大墓位于陵园北部,而两座瓦刀形车马坑则位于陵园南部,"并不像凤翔秦公陵园那样,中字形大墓多有自己的从葬的车马坑。"凤翔 1 号陵园中有三座中字形墓,韩伟曾指出,其中M3 是 M1 的祔葬墓,"这种祔葬形式应是夫妇关系的表现"。据此,则大堡子山陵园的这两座中字形墓也应是妇墓祔于夫墓的合葬墓。第二,在赵坪村圆顶山已发掘的几座秦墓中,M2 为男性墓主,其西侧的M1 是女性墓主,其东侧为车马坑。"赵坪 M2、M1 应属春秋早期的贵族

---

①陈平:《浅谈礼县秦公墓地遗存与相关问题》,《考古与文物》1998 年第 5 期。
②祝中熹:《大堡子山秦西陵墓主及其他》,《陇右文博》1999 年第 1 期。
③戴春阳:《礼县大堡子山秦公墓地及有关问题》,《文物》2000 年第 5 期。

夫妇墓"。赵坪 M2 的二层台上埋有 7 个殉人,而大堡子山 M2 的二层台上也埋有 7 个殉人。所以大堡子山的两座墓也应是夫妇墓。第三,两座大墓不仅并列相依,墓上还统一用封土覆盖,这应是异穴共丘现象。

笔者认为,要判定大堡子山秦公陵园为夫妇异穴合葬墓,上述论据是缺乏说服力的。例如,拿大堡子山秦陵与凤翔秦陵作类比时,必须考虑到两者的时代距离、地势差别、葬丧文化的演进等多种因素。以凤翔 1 号陵园为例,它与大堡子山陵园时代相隔约二百年,而后者的布局、规格、制度尚处始业阶段,难以同前者公陵制度成熟、已体系化了的情况相类比。而且,凤翔秦陵的墓序、位置与墓主身份之间的关系问题,并未获得彻底解决。戴文所引 1 号陵园中 M3 是 M1 的夫妇祔葬墓,也仅是诸说中一种说法,部分学者还把凤翔秦陵的 18 座"中"字形大墓视为 18 位秦君之墓。大堡子山陵园两座大墓和两座车马坑的配置方式有别于凤翔陵区。如凤翔 1 号陵园,主墓呈左右斜向错开,车马坑为目字形,且皆位于主墓的右前方,序列井然。笔者以为,大堡子山陵园的布局与当时秦国公陵的规划尚未形成定制有关。此外,大堡子山南麓为地势所限,也不可能像凤翔南指挥地区那样,对陵墓作疏散配置。所以,即使凤翔 1 号陵园的 M1 与 M3 是夫妇异穴合葬墓,也不能用来证明大堡子山 M2、M3 也是夫妇异穴合葬。

事实上,大堡子山陵园也是经过统一规划的。在陵区东侧,已发现从坡底部一直伸向山顶端的一道夯土遗迹。虽已被水平梯田多段打破,但断续的残存仍能显示出,那是一条茔域的兆界。在陵园的正上方有夯土台基遗存,在其附近发现了许多秦瓦残片及卷云纹瓦当。这表明,此地曾经有过陵寝之类的地面建筑。两座大墓和两座车马坑非常紧凑地集中在一个较小的方域内,组成一处完整的陵园。M2 墓主被葬在 M3 之旁,也许是因为后者执意要与先君葬在同一个陵园,所以大堡子山秦陵才有如此设计。

　　如果说大堡子山陵园与凤翔 1 号陵园还可以类比的话，大堡子山陵园与圆顶山墓地则缺少可比性。众所周知，周代诸侯国都邑旁的族茔，国君陵园与国人墓地是分区规划、分别管理的，公陵的布局与一般贵族墓葬的布局制度不相同。所以，没有理由因为圆顶山两座相近的墓墓主可能是夫妇关系，就推出大堡子山陵园中的两座大墓的墓主也是夫妇关系。而且，圆顶山墓区被认为墓主为夫妇关系的那两座墓(M2 和 M1)，其布位是一东一西前后斜向相错的，与大堡子山陵园两座大墓一北一南平行并列的格局不同。殉人情况尤其不能说明问题。殉人是先秦王公贵族墓葬中习见的现象，在秦国尤其盛行。大堡子山 M2 和圆顶山 M2 的二层台上虽然都殉葬 7 人，但大堡子山 M2 是中字形国君大墓，全长 88 米；圆顶山 M2 则只是国人墓地中一座长 6.25、宽 3.25、深 7 米的高级贵族墓。即便以殉人来说，大堡子山 M2 在二层台上仅殉 7 人，但在墓道中却殉葬 12 人；而圆顶山 M2 为长方形竖穴土圹墓，根本没有墓道。

　　至于陵园中心部位覆盖五花土的问题，戴春阳在另一篇文章中有更详尽的叙述，认为"这种大范围覆盖大型墓葬的五花土的做法，应是肇始的墓上封土之滥觞。"[1]大堡子山陵区地带很久以前即被辟为耕地，又经历年的大修梯田，土层早已被打破、扰乱。而且，陵区在正式发掘前，长时间遭到疯狂盗掘。当盗墓之事引起省政府的关注时，地方上个别领导竟然组织人力，使用炸药爆破，对盗洞进行大范围平填。这种种因素都使得大堡子山陵区土层已改变了原貌。因而，

---

①戴春阳:《礼县大堡子山秦国墓地发掘散记》,《甘肃文物工作五十年》,甘肃文化出版社,1999 年版。

不能排除因土层严重被扰而误认为有五花土统一覆盖的现象。秦国贵族的丧葬习俗,除了墓主头部朝西独具特色外,与中原丧葬文化基本一致。春秋中期以前的墓葬均"墓而不坟""不封不树"。时代比大堡子山秦陵晚得多的凤翔秦陵,跨时近 300 年,埋葬着 20 位秦公,但43 座大墓无一有封土,晚至芷阳陵域,方才出现墓上封土现象。所以大堡子山秦陵已开秦墓墓上封土之先河的说法似嫌牵强。

三

大堡子山秦陵不可能是秦襄公的夫妇异穴合葬墓,理由有三。

1. 墓葬时差

如果是夫妇合葬墓,则二墓的年代不会相差太远。事实上,M2 与M3 存在着较大的时间距离,M3 的时代早于 M2。正如本文第一部分介绍的,大堡子山秦陵所出青铜礼器,目前在国内主要有两批。一批在上海博物馆(下文简称"上博"),购自香港;另一批在甘肃省博物馆(下文简称"甘博"),来自公安部门的移交。后者据盗墓者交代,在发现时随葬品已残破为许多碎片。经在押盗墓人至现场指认,残器均出自 M3。盗墓人的交代与清理发掘时显示的情形相符,即 M3 的墓室在历史上确曾发生过坍塌,被砸碎的青铜礼器盗后仍残留许多细小残块。笔者曾认真观察过入藏甘博的那些残器,碎片皆为旧碴。所以,这批器物应出自 M3。而上博购自香港的那批器物完整无损,大墓只有两座,按逻辑推理,它们应出自 M2。戴春阳先生也是这么认为的。①确定了 M2 与 M3 部分器物的归属,我们便可凭借器物断代,对两座墓的年代作一分析。

---

①戴春阳:《礼县大堡子山秦公墓地及有关问题》,《文物》2000 年第 5 期。

从形制来看,两墓所出铜鼎的器形相似,但 M3 所出颈部收敛更为明显,垂腹更低;M2 所出铜鼎的足跟,已有向腹外侧偏移的趋势,耳、腹的比例也更加协调。再看铜簋,M3 所出器体较宽,器壁弧度较大,腹中部圆凸;M2 所出器壁弧度较小,盖沿坡度较为陡直。

在纹饰方面,M3 所出铜鼎的颈部饰窃曲纹,腹饰 3 排相错的垂鳞纹,鳞片颇大,颈腹间隔以 2 道凸弦纹。M2 所出铜鼎的颈、腹部皆饰以凤鸟为母型的窃曲纹。其中腹部窃曲纹属繁复式,为西周简式窃曲纹在秦人手中的演化。这种纹饰配置在西周晚期的传统纹样中难以见到,应是后起的纹样。

在铭文方面,大堡子山秦陵所出器物铭文中(图二),"秦"字有两种写法,一种为繁体,字中含"臼",一种为简体,字中省"臼"。学术界曾针对哪种秦字的器物较早而展开过争论。上博所藏器形、纹饰完全相同的秦公列鼎中,铭文中既有含"臼"之秦,又有省"臼"之秦。所以,不能用器铭所用秦字是否省"臼"判断器物的早晚。还有"簋"字,王辉引用陈昭容对该字演变过程的分析,认为上博藏器铭中,"皀"字的器座部分写作两笔相交,呈尖棱状,而甘博藏器铭中"皀"字器座的两笔写成一长一短,渐与武公钟、镈及景公磬、石鼓文的写法趋近。所以他认为,甘博铜簋的时代应晚于上博藏器。[①]笔者以为,此结论有值得推敲之处。甘博藏器铭中的"簋"字左旁完全是另一种体例,其上部是按"卤"字笔路走的,下部也呈尖棱状,只是不甚规整。而且,该字笔态圆浑, 没有棱角,这正是周代金文中此字较早的风格。上博藏器铭中"簋"字,左旁为食器,另外添加了 A 形顶盖,且盖与器分离,笔画刚

①王辉:《也谈礼县大堡子山秦公墓地及其铜器》,《考古与文物》1998 年第 5 期。

劲,棱角分明,结构匀称,这应当是时代较晚的特征。再如"公"字,M3
器铭中的"公"字上部两笔左右撇斜对;而 M2 器铭中的"公"字,有的
上部两笔正中相对。M3 器铭"公"字下部之"口"更接近于嘴形,而 M2
器铭"公"字下部之"口"大都呈圆形。总之,M2 器铭字体更加雅正、规
范,更多地显示出秦字的玉箸体风韵,其时代应当偏晚一些。

总之,从器物的形制、纹饰和铭文字体三方面看,M2 的时代晚于
M3。此外,M3 所出器物的制作工艺也比较粗糙,器形欠规整,纹饰疏
拙,铭文为錾刻,这正是早期秦器冶铸技术不很成熟的反映。李学勤
曾经指出,大约每隔 50 年,青铜器的上述诸方面就能看出明显的变
化。[1]如果以 50 年左右的时段考虑 M3 与 M2 的年代差距,就不存在
襄公夫妇异穴合葬的可能性。因为 M3 的时代在前,但随葬器物已铭
"秦公",如果是襄公夫人之墓,那么她应该逝于襄公被封诸侯之后。
而襄公是在封为诸侯的第五年即死于戎事的,则 M3 与 M2 的营建时
间都在这 5 年之内。以 5 年之内的时间,两墓器物是不会出现那么大
的差别的。

2. 墓葬位置与规格

先秦时代的习俗是以上为尊,族茔一般都选在地势较高的区域,
先在高处营墓,后代依次葬于其下,同辈人的墓葬则大都安排在同一
层面上。如被认为是夫妇墓的赵坪圆顶山墓区 M2 和 M1,7 鼎主墓
M2 在东,5 鼎祔墓 M1 在西,两者处于同一高度。大堡子山陵园所选
的坡地比圆顶山坡地要陡,M3 和 M2 的墓位显然是作上下安排的,
两墓平行靠近,却高低相错,显示出二者在世次上的先后关系。此外,
戴文谈到 M3 和 M2 同为中字形大墓,但笔者见过 M3 发掘现场的照

---

[1]李学勤:《失落的文明》第 44—45 页,上海文艺出版社,1997 年版。

片,也曾多次到陵区现场进行观察。从暴露在外的 M3 的北墓壁上部来看,墓壁微显弧意,中段略外凸,并无墓室口外扩为中字形的迹象,同 M2 的墓形判然有别。所以从墓葬形制上看,两者也非夫妇异穴墓。

关于大堡子山秦陵墓葬的规格,M3 全长 115 米, 墓室口长24.65、宽 9.8、深 16.5 米;M2 全长 88 米,墓室口长 12.1、宽 11.7、深15.1 米。[1]两墓在规格上明显有别。如果说高规格的大墓(M3)是祔墓,而规格相对较低的小墓(M2)反倒是主墓,这显然有悖于常理。

3. 器铭称谓

先秦贵族社会的青铜礼器铭文中,如果器主是女性,称谓格式有异于男性的特征。如果大堡子山秦陵 M3 是襄公夫人之墓,则其随葬的礼器不外两种情况, 一是她自作之器, 一是其夫襄公为她所作之器。如系自作器,则当自名。名的格式一般是国名加族姓,国名可能是夫国名,也可能是母国名。如"虢姜作宝障簋""卫妪作鬲"等。如系襄公为夫人作器,则主格襄公称谓之后,必交代夫人之名,即她的母国及母姓。如"格伯作晋姬宝簋""王作丰妊单宝盘盉"等。夫妇异穴合葬墓,在器铭称谓上也是有明确反映的。如陕西宝鸡茹家庄的两座西周时期夫妇异穴墓,主墓 M1 较大,其青铜礼器铭曰"渔伯自作用器"。祔墓 M2 较小,位于 M1 东侧,器铭曰:"渔伯作井姬用器"。[2]而大堡子山 M3 与 M2 出土器物的铭文格式完全一样,无论是鼎、簋、壶、钟,凡已知的器铭除一例"秦子"作器外,都是"秦公"作器,丝毫看不出有器

---

[1] 戴春阳:《礼县大堡子山秦公墓地及有关问题》,《文物》2000 年第 5 期。

[2] 宝鸡茹家庄西周墓发掘队:《陕西省宝鸡市茹家庄西周墓发掘简报》,《文物》1976 年第 4 期。

主是女性的迹象。所以,M3 墓主为襄公夫人的说法缺少器铭依据。

四

　　大堡子山秦陵两座大墓的墓主是两位秦君，他们应当是父子关系。

　　秦自宪公以后,国君都葬在关中。宪公之前,有资格称"公"的只有庄、襄、文、静四位。[①]我们把庄公以前的秦君排除在大堡子山陵园墓主之外，一是因为时段所限，二是因为庄公以前的秦君都不称"公"。关于时段问题,陵园所出铜器的形制和铭文均已呈现出西周晚期至春秋早期的时代特征。例如,鼎有厚大立耳,浅腹下垂,蹄足粗矮而有扉棱;簋有高大的兽首耳,耳下有珥,外撇的圈足之下附 3 个小足。纹饰则多用含目窃曲纹、波带纹、垂鳞纹、瓦棱纹等。铭文已无肥笔波磔,而且线条平直,规整劲秀,秦字风格已初步形成。从文献记载来看，从商代后期直到秦文公，除了非子至秦仲这支族系分宗别居外,所有的嬴秦首领都葬在西垂地区。但大骆(非子之父)以前显然超出了器物所反映的时段。而大骆之后葬于西垂的秦君，只能从庄公(秦仲长子)算起。庄公以前的秦君不称"公"。如民国年间出土于礼县东境的秦公簋,铭文言"十又二公,在帝之坯"。又如宋代已见著录的秦公锦,铭文言"十又二公,不坠在上"。这两件均为春秋中期器物,"十又二公"的起始公,不可能早到秦为诸侯国以前的时代去。此外,《史记》对秦君名号用语极其严格,称"公"自庄公始,绝无例外。

　　尽管秦君称公自庄公始,但在考虑大堡子山陵墓的主人时,仍须

　　[①]"静公",《史记·秦本纪》作"竫公"。"竫"乃"静"字之异体,古本《史记》即作"静"字。

把庄公排除在外。庄公称"公",乃是其子襄公被封为诸侯后对父君的追称,庄公死时身份仍是大夫,是不能以公号安葬的。

静公是文公之子、宪公之父。《史记·秦本纪》:"四十八年,文公太子卒,赐谥为竫(静)公。"他未及即位便去世了,后世却仍然称他为"公"。1978年出土于宝鸡太公庙的秦武公钟、镈,在铭文中即有"剌剌邵文公、静公、宪公不坠于上"的句子。但静公称"公",也只能是其子宪公即位后对父亲的追称。静公死时,其父文公依然在位,文公当然不可能用"公"的称号来安葬自己的儿子。既然庄公、静公均被排除在外,那么,在笔者看来,大堡子山陵园两座大墓的主人非襄、文二公莫属。

秦襄公死于公元前766年,秦文公死于公元前716年,两者相距50年,这正好符合前述李学勤所说的能明显看出器物演变的时段。此外,也只有襄公和文公之墓,才能合理地解释两墓所出器物在精美程度上为何有较大差别。襄公被封为诸侯时,关陇地区戎势正炽,他为解除诸戎的威胁,一直疲于征战,最后死于伐戎之役,只当了五年诸侯。当时秦国立足未稳,其青铜铸造业尚处于学习阶段,加之襄公死于军旅,丧事仓促,故其随葬品只能因陋就简,制作较粗疏,铭文也錾刻而成。

文公则不然,他在位50年间,秦国已完全控制了关中西部。文公越陇迁汧,辟疆拓域,使秦国进入了政治、经济、文化全面发展的兴盛时代。文公本人又是一位崇神敬祖的国君,所以,文公的随葬品远比襄公的华美也合乎情理。除了在青铜礼器上有所反映外,这种情况还表现在大量的金箔棺饰上。在M2内发现了盗余的金饰片。由此推测,韩伟在巴黎见到的那四对8只大型金鸷和各种形制的金饰片,以及甘博收藏的那批金饰片,均应出自M2即文公之墓。可以想像,由

金鹫装饰的文公椁室,是何等的华丽壮观。[1]

文公4年迁都于汧,但文公死后还是归葬于旧都西垂。至于M2的墓葬规模小于M3,可能是文公不敢越尊超制,所以其墓规格低于父墓。M3与M2墓型的区别,也与襄、文二公所处时代不同有关。襄公是始国之君,当时的秦人也许还不熟悉中字形墓的形制和规格,所以M3中部俯视呈枣核状。这应该是目字形墓向中字形墓过渡时期的产物。而到文公死时,情况已发生较大变化,秦人对诸侯墓葬的制度业已熟悉,故文公墓葬M2已是标准的中字形。从凤翔秦陵区的情况看,此时的秦君采用中字形大墓已成定制。此制当自文公始。

原载《文物》2004年第8期。收入氏著《秦史求知录》(下册),上海古籍出版社2012年。

---

①祝中熹:《试论秦先公西垂陵区的发现》,收入《秦俑秦文化研究》,陕西人民出版社,2000年。

论非子

在嬴秦早期发展史上,非子是个处位十分特殊而重要的首领。通过非子的别祖立宗,嬴姓部族经历了具有里程碑意义的裂变,为日后的族体危亡预伏了生机,从而决定了陇右嬴姓在逆境中得以再度崛起的命运。严格说来,作为政治实体的"秦",是从非子开始的,非子是秦的第一代君主。

有关非子的记载,集中见于《史记·秦本纪》。史文简略,但却明畅,没有呈现多少可引发史家进行深入探讨的疑难点和兴味点,和嬴秦后来的许多首领相比,非子受关注的程度相对较低。这种现象不仅影响了对非子历史地位的评价,也在一定程度上淡化了人们对早期秦史演变契机的认识。

本文试图紧扣非子所处时代的社会背景,在较深层面上析述非子的功业,并澄清几个相关的问题,以使嬴秦发展历程中的这个关键环节受到应有的重视。

一、非子的身世与特长

以西垂为中心的西汉水上游的嬴姓国,是三代时期甘肃东部众多方国中影响较大的一个。嬴姓国是商王朝的忠实盟邦,其部族首领多在王朝中央担任要职。商灭亡后,嬴姓国归服于西周。在这一王朝更替的政局大转换中,嬴族想必经历过痛苦的动荡,但史籍无载;我们只知道嬴姓方国不仅继续存在,而且与西周王朝保持着较为亲密的关系。一方面可能由于嬴族首领采取了有力的亲周策略，另一方面则显然是因为姬周初定天下，需要稳定统治秩序，尤需要在戎狄林立的陇山以西扶植一支宗属力量，发挥联结诸族的纽带作用，以为王朝的政治意图服务。

　　商末嬴族首领名蜚廉，其长子恶来，"父子俱以材力事殷纣"。[1]他们虽然都为商王朝而献身，其后裔却一直掌控着西汉水上游地区的嬴姓方国。非子的父亲名大骆，是恶来的四世孙。必须提及的是，蜚廉还有个次子名季胜，季胜的三世孙名造父，以善于驯马驾车而受宠于周穆王，"穆王以赵城封造父，造父族由此为赵氏"，这便是战国时期赵国的缘起。依贵族社会的宗法体制，君位或爵位由被称为"宗子"或"世子"的嫡长子承袭，世代递接，形成族系的骨干性正统；嫡长子之外的诸子，则可以别出为氏，另立小宗，形成家族的若干支系。氏的名称，或以其职官，或以其封邑，或以其祖之字。[2]季胜乃蜚廉的次子，其族系非嬴姓正宗，造父以封邑为氏而别出，顺理成章。嬴姓部族由此而分为并行发展的两支。《史记·赵世家》对此有很精练的概括："蜚廉有子二人，而命其一子曰恶来，事纣，为周所杀，其后为秦；恶来弟曰季胜，其后为赵。"值得注意的是，留居于西汉水上游的恶来后裔这一支，本为嬴姓正宗，却也"以造父之宠，皆蒙赵城，姓赵氏"。这就有点非同寻常，此事同日后非子身份的变化有直接关系，故须略作交代。

———————

　　[1]《史记·秦本纪》。以下引文凡未另注出处者，均见《史记·秦本纪》，不再标注。
　　[2]氏是家族的标记。随着族体的繁衍，支系越来越纷繁，构成氏名的因素也越来越复杂。应劭《风俗通义·姓氏》归纳曰："或氏于号，或氏于谥，或氏于爵，或氏于国，或氏于官，或氏于字，或尔于居，或事于事，或氏于职。"最初姓、氏有严格区别，氏由姓衍生而出。随着贵族社会的解体，族系不再别出为氏，氏也便定型为后世的姓了。

从政治角度看，这无疑是陇右这支嬴人向西周王朝讨好的一种策略。造父一族受宠获封为赵氏，恶来的后裔们也跟着成了赵氏，表示本族和造父一族同祖同宗，是一家人，当然同样会对王朝无限忠诚。从宗法体制上讲,这等于恶来的后裔们放弃了嬴姓正宗地位，改变了祭统。宗法制度的核心内容之一是所谓"别子为祖,继别为宗,"①从氏之别出的那一代起,即另立新宗,新的宗子就是其族系的新始祖,由此开始形成一系新的祭统。所谓"宗",其初义就是祭祖之庙堂;宗子身份按嫡长子继承制代代递传,反映在宗庙中便是祭统。祭统改变了,受祭的祖先系列及主祭人都将随之变化。须强调指出的是,嬴姓方国首领的别祖立宗,发生在西周王朝统治下,缘由是接受了西周王朝的封赐,别出的"赵"氏名自王朝的封邑赵城,这便意味着他们完全被纳入王朝的统属体系之内,其政治实体和西周政权是合为一体的。由此,我们方能理解战国时期周王室太史儋进言秦献公语中"秦始与周合,合而离"②的含义。说秦与周合,即指别为赵氏而言;说秦与周离,则指非子的受封。我们将在后文中详论此事。

非子是大骆的庶子而非嫡子。在贵族社会多妻的家庭格局下,为保证权位和财产的顺利传承,为维护伦理道德的等级秩序,宗法制必须严格区分法定配偶即正夫人与众妃妾的尊卑之别。以国君之子言,正夫人所生为嫡子,可称"公子",其中最长者为太子或称世子,是君位的当然继承人;其他诸公子通常情况下不能接袭君位,都要别出立

①《礼记》中《丧服小记》和《大传》两篇经文言及宗法制度时,皆载此语。
②周太史儋进言秦献公那段著名的话,《史记·秦本纪》《封禅书》《老子韩非列传》以及《汉书·郊祀志》均有记载,文字略有不同,但说秦与周始合而后离,则诸文一致。

氏；至于庶子，乃非正夫人所生，无论是否为长子，皆无权承袭君位，其身份比公子又低一个层次。也许正是由于这种身份背景，非子似乎对政治并不怎么感兴趣，却特别喜欢搞畜牧。史言非子"好马及畜，善养息之"，是个名气颇大的育马专家。

非子致力于畜马事业，除了他本人的志趣爱好外，也同两项社会性因素密不可分。一项是嬴姓部族的文化传统，一项是甘肃地区尤其是西汉水中上游的生态环境。

嬴姓部族起源于东方，以擅长畜牧而明载于史。其远祖大费即协助夏禹治水的伯益，是一位对早期畜牧业发展作出卓越贡献的部族首领。《秦本纪》说他"佐舜调驯鸟兽，鸟兽多驯服"，"为舜主畜，畜多息，故有土，赐姓嬴"。进入文明时代之后，马在畜牧业中的地位越来越突出，由畜马业衍生而出的驯马驾车技术，成为社会生活不可或缺的专职。伯益之后的嬴族首领，有许多是这方面的高手。如费昌即曾"为汤御，以败桀于鸣条"；中衍又为商王太戊御，并因此职而与殷商联姻，娶了王室之女为妻。至于前文言及的嬴姓支族首领造父，其驭马驾车本领更是超群绝俗。史载周穆王远巡至今中亚一带，适逢东方发生了徐偃王之乱，"造父为穆王御，长驱归周，一日千里以救乱"，足见御术之高明。造父同时还是个识马、育马的大师，著名的穆王"八骏"，就是经造父之手选育出来的。非子之父大骆以马为名，白马黑鬃谓之骆；古代部族首领常在名号中寓含其事业或特长，大骆之名很可能与其族善于畜马有关。我曾撰文论述过秦国的较早用铁，"铁"字当为秦人所创用。铁的繁体字为"鐵"，原来不从"金"而从"馬"，义为一种黑红色的马，初见于《诗经》中赞美襄公的秦诗《驷驖》："驷驖孔阜，六辔在手。公之媚子，从公于狩"。正因为嬴族善于畜马用马，故有为不同毛色的马各定专名的习俗，也才能因一种新金属同一种马的颜色相似遂以马名借指该金属，其他地区的居民很难产生这类物象方面的联想①。总之,嬴姓部族具有经营畜牧业的悠久传统,尤其是对马的繁殖和培育,是嬴族文化的一大亮点。

古代甘肃广泛分布着适于畜牧业发展的地带,这是学界所公认的。早在新石器时代,甘肃地区的史前文化即以畜牧业普遍发达为特色;后来又以率先引进、繁育马匹受到世人的高度关注。众所周知,我国"六畜"中马的饲养时代最晚,大约到新石器时代后期的文化遗存中方渐有家马骨骼出土,而陇原大地就是发现早期家马较多的区域。许多学者认为,马并非我国本土的畜种,它是从欧亚草原地带骑马民族那里传播过来的,甘肃正处在这个传播通道上。齐家文化是我国最先畜牧马匹的古文化之一, 甘、青地区齐家文化遗存中多有家马骨骼。"骑马民族的出现使古代东方和西方的交流成为可能,也就是说古代东方和西方是以骑马民族为中介来连通的。甘肃一带的齐家文化的地理位置, 正处于黄河农业文化向西延伸和西北游牧文化向东南延伸的会合点上"。②完全可以说,齐家文化居民对马的引入和驯养做出了巨大贡献,奠定了我国西北地区繁荣数千年的畜马业基础。自齐家文化之后,甘肃地区家马育殖蓬勃发展,最终成为我国主要育马基地之一。从《穆天子传》所反映的情况看,西周前期甘肃境内的家马畜养明显领先于中原和关中。穆王西巡往返经过甘肃地区时,当地部族"献马""献良马""献食马"的事例多不胜举,而且每献动辄数百匹,畜马业规模相当可观。活跃在甘肃东部的犬戎,就是一个畜马业十分

①祝中熹:《中国古代始炼铁及秦人用铁考述》,载《陇右文博》2001 年第1 期。

②张朋川:《从甘肃一带出土文物看丝绸之路形成过程》,载《丝绸之路·学术专辑》1999 年。

发达的部族,他们作战使用战车,拥有众多的马匹。古本《竹书纪年》载"夷王命虢公伐大原戎,获马千匹"。"大原"即今甘肃平凉一带,当时畜马业之繁盛可见一斑。

赢姓国域中心西垂附近,更是繁育马匹的理想地带。西汉水主流及其支流冒水河(古阳廉水)、西和河(古建安水)、永坪河(古武植水)、燕子河(古夷水)所形成的河谷川原和盆地,虽然面积不算宽广,却大都水土肥美,农畜兼宜,两岸山坡平缓,水源充足,分布着许多优质牧场。今礼县东部的盐官镇,即汉晋时期名闻遐迩的卤城,盛产井盐。朱绣梓撰《西和县志》云:"盐官城内卤池,广阔十余丈。池水浩瀚,色碧味咸,四时不涸。饮马于此,立见肥壮。"顾祖禹《读史方舆纪要》也说该地盐井"水与岸齐,味甘美"。存在盐井、盐池的地方,有利于畜牧业的发展,大家畜可从水草中不断补充必要的盐分。古代盐官附近盐池分布较广,水位较高,经常溢出井、池之岸,从而形成许多含卤水成分的泽滩,很便于大家畜的吸饮。因此,这一地区畜牧业自古发达;盐官镇曾长期成为西北重要的骡马集散地,遗风至今犹存。

擅长畜马、育马的部族传统,宜于畜牧的地理环境,再加上个人对繁育马匹的情有独钟,三方面的条件结合起来,培殖了非子畜马事业的杰出成就。

二、非子与其族体命运的转折

非子善于养马的声望传播开来之后,终于受到王室的关注。史言:"孝王召使主马于汧渭之间,马大蕃息"。非子应召到王畿之内,去为王室主持畜马业务,并取得了显著成果。这是非子个人生命经历中的一大转折,也关乎日后赢族发展的命运。

先秦时期,马匹在社会生活中占有极其重要的位置。马是马车的基本动力,而马车不仅是人们日常代步、运输的工具,更是构成军事实力的物质要素。在上古汉语里,马字与武字音义皆通,《说文》释马字即曰:"怒也,武也。"是时战车为军队之主体,战车的数量和质量,往往决定战争的胜负。一辆战车至少需要四匹良马,故《后汉书·马援传》云:"马者,甲兵之本。"虞喜《志林》云:"马,兵之首也。"马与车又是显示贵族身份、炫耀其权势地位的公认标志。贵族们不论爵位高低,出门总是离不开车马的,爵级越高,随从马车越多越豪华;甚至死后都要在墓地殉葬若干辆马车,以供在另一个世界乘用。因此,社会对马匹有极大的需求量,繁殖、培驯马匹是重要性仅次于农耕的一项生产活动。西周王朝非常重视马的培育,据《礼记·月令》记载,每年的仲夏和季秋,周王都要举行"颁马政"的隆重仪式。中央政府专设管理马匹的机构,还常从民间大量购置马匹,一些产马地区的氏邦部族还不断向王室贡献马匹。尽管如此,由于西周中期以后对戎狄战争日趋频繁,马匹入不敷出的情况还是相当严重。《太平御览》卷84引古本《史记》言,周孝王七年,"冬,大雪雹,牛马死,江、汉俱冻"。这场天灾更加重了马匹短缺的危机,解决马匹来源问题已成为西周王朝的当务之急。这便是孝王"召使"非子"主马"于汧渭之间的背景和动因。

"汧渭之间"指汧水汇注渭水所形成的扇形夹角地带,位处关中平原西部今宝鸡市附近。那里气候温润、水草充足、适宜放牧。非子没有辜负王室的厚望,干得相当出色,"马大蕃息",他也因此大受王室的器重。为了奖励非子的勋劳,周孝王打算让非子取代大骆嫡子成的世子地位,接大骆的班。立足于宗法制度的传统原则说,孝王的这个想法有违常制。世子是一种血缘身份,是不能轻易更动的。但如前文所言,那时大骆的政治实体已完全纳入王朝的统治格局中,孝王似乎认为他作为最高宗主,拥有这种更换氏邦世子的权力。然而,孝王的意向却遭到王室权臣申侯的坚决反对,因为大骆的正妻就是申侯之女,孝王打算换掉的那个嫡子成,是申侯的外孙。

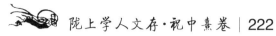

　　这个申侯，是申国的首领，其与王室的关系非同一般。大家都知道，上古时代我国西北地区有一个历史悠久、分布广阔、影响深远的大部族——羌族。殷商卜辞言及该族，男性书为羌，女性书为姜，羌、姜初为同一族体。母系氏族社会以女系为族统，故最初的族性往往都加女旁。姜字从女，保留着母系社会的影迹。由此可知，姜性部族是早在母系社会时即已从羌部族集团中分离出来的群体，后来发展成羌族中社会最进步、文化层次最高、融人华夏文明最早的族系。构成华夏族主干的黄、炎二族中的炎帝，即为姜性的始祖。姜姓部族是以"岳山"即今陕、甘二省交界处的汧山为中心兴起的，主要活动在关中西部，刘家文化被认为即其考古文化遗存。姜姓部族同姬周部族一为炎帝之后，一为黄帝之后。从我国远古传说中炎、黄二族同出一源的角度考察，它们最初应是同一氏族分衍而成的两个胞族。所以，它们的活动地域相邻相交，结成了牢固而悠久的两合婚姻联盟，并保持着世代亲密和睦的关系。姬周族的始祖后稷弃的母亲姜嫄，就是姜姓部族的一位女首领。

　　商、周时代姜姓部族分衍为许多族系，其中最主要的是齐、许、申、吕，它们都先后成为重要方国或诸侯国，不仅保持着与姬周世代通婚的传统，其首领在西周王朝统治时往往担任中央要职。《诗·大雅·嵩高》云："维岳降神，生申及甫，维申及甫，维周之翰"。甫即吕，申和吕被视为西周王朝的羽翼和屏障。申的封地彰然于文籍的，是在今河南省的南阳一带。但那是申族壮大后的迁封之地，最初的申国在西方，即《逸周书·王会》所载以凤鸟作贡品的"西申"。杨宽先生认为"西申当在今甘肃天水、甘谷以西地区"[1]，考虑到申国与嬴秦有友好联姻

---

　　[1]杨宽：《西周列国考》，见《杨宽古史论文选》第 173 页，上海人民出版社，2003 年。

关系,二国相邻的可能性较大,杨说可从。导致西周王朝灭亡的那场大动乱,就是由申国发起的。周幽王立宠妾褒姒所生子伯服为太子,废掉申氏王后及其所生的原太子宜臼。宜臼逃亡至申,申侯联合犬戎攻周,杀幽王于骊山之下。接着申侯又主持善后,率诸侯立宜臼为平王,此事足以说明申国在王朝中的地位和影响力。

非子时代的申侯,当然并非攻杀幽王的申侯,但他们都是申国的首领,都拥有对周王室来说举足轻重的权位,周孝王不得不考虑他的意见。申侯是这样劝阻孝王的:"昔我先郦山之女,为戎胥轩妻,生中潏,以亲故归周,保西垂,西垂以其故和睦。今我复与大骆妻,生适子成。申、骆重婚,西戎皆服,所以为王。王其图之。"这段话向我们提供了不少史事信息,可以帮助我们了解当时陇右的政治形势。确如我们前文所言,嬴族亲周,发挥了稳定陇右局面的作用;嬴、申联姻,也具有亲周自固的因素。申侯的弦外之音是,如果改变大骆嫡子成的世子地位,将破坏申、嬴的友邦关系,导致西戎的离心趋势,对王室是极为不利的。

孝王接受了申侯的意见,改变了初衷,决定不触动申、嬴关系和大骆族邦的继统,而用另一种方式奖励非子。史载:"于是孝王曰:'昔伯翳为舜主畜,畜多息,故有土,赐姓嬴。今其后世亦为朕息马,朕其分土为附庸。'邑之秦,使复续嬴氏祀,号曰秦嬴。亦不废申侯之女子为骆适者,以和西戎。""庸"即"墉",指城墙,"附庸"本义是靠近城邑的田地,后来演变成西周贵族分封制的专用词语,指王畿或诸侯国内领有一小块土地的政治实体,它依附于王室或公室,身份低于封邑之大夫。《礼记·王制》:"不能五十里者,附于诸侯曰附庸"。郑玄注云:"小城曰附庸,以国事附于大国,未能以其名通也。"非子此封不是附于诸侯,而是直接附于王室。

非子一支从大骆族体中析出,"别祖立宗",但却并不另立新氏,而是"复续嬴氏祀"。这一点相当重要,但却未被学界关注,罕见有人析论此事。孝王此举意味着确定非子具有嬴姓的正宗地位,其族是嬴族祭统中的主干,而非嬴姓中别出之氏。前文言及大骆一族从穆王时起即"蒙赵城,姓赵氏",从嬴族中别出,早已不再是嬴姓正宗了。现在孝王让非子"复续嬴氏祀",嬴姓再度构筑起宗子传递体系,恢复了祭统。这样一来,非子一族初封时实力虽然弱小,但在宗法意义上的地位却高于其原属的大骆主族;从原始母姓层次资历的角度说,非子一族具有和姬周对等的资格。所以,周太史儋追述周、秦关系的历史演变时,说秦与周先合而后离。"合"指从嬴姓中别出为赵氏归于周;"离"指恢复了嬴姓宗统,在族姓上与姬周并立。因此我们说,非子为王室主马受封,不仅是他本人一生中的大转折,也是嬴姓部族改变命运的关键点。当后来大骆一族被戎族所灭时,这层意义便更加显现出来。

非子受封之地名"秦",但"秦"字初义却非地名。《说文》:"秦,伯益之后所封国。地宜禾,从禾,舂省。一曰:秦,禾名。"许慎以地名释秦,说该地因产禾而得此名。他所列举的籀文字形,秦字上部为双手持杵,下部为双禾;所谓"舂省",是说该字本由"舂"与"禾"组成,但舂字的"臼"符被省略了。上个世纪90年代,礼县大堡子山秦公陵园所出青铜器,铭中有许多例未省臼的繁体"秦"字,双手、杵、臼、双禾4种字符俱全,充分证实了许慎的秦字省臼说。考察一下甲骨卜辞中最早出现的"秦"字文例可知,其义为一种祭名。西周卜辞有"王酓秦"一片。青铜重器㖇方鼎,铭记周公东征事,有文曰:"公归,获于周庙。戊辰酓秦酓。"酓即饮字,按古汉语名动互用习则,亦可表所饮之物。这"秦酓"或可饮之"秦",必为一种特别酿制的、十分名贵的酒,以至于饮用此酒时要特别加以记载。由此可悟,商代卜辞中的"秦"祭,当指使用这种酒的祭仪。《说文》告诉我们秦字的另一义项"禾名",实乃其本义。用这种粮食酿造的酒,称之为秦;使用秦酒的祭祀,也便以秦为名。去年友人李天铭先生惠赠日本 MIHO 博物馆所藏出自礼县大堡子山秦陵的秦子钟照片,发现铭文中的"秦"字还有省臼而从三禾的写法,"臼"字部位为一禾字所占。此非孤例,近读新印行的《珍秦斋藏金》,见其收录的两件"秦政伯丧戈"铭文,"秦"字亦省臼而从三禾。[①]这些实物向我们展示了当时流行的另一种"秦"字文体,"禾"被高度突出,字形鲜明地提醒我们,此字初义为某种粮食作物。

出产"秦"的那片地域原来就有秦名,非子封于该地后,"秦"便成为这支赢人定居的邑名。从此不管非子为始君的这个政治实体如何迁徙流变,"秦"的称谓都始终相伴随,由邑名而族名,而国名,而朝代名,其"禾"的本义逐渐被淡忘以至消失。

三、秦邑地望及相关论争

非子受封之秦地在何处?《史记·秦本纪》虽然未曾直接指示具体位置,但却极其明确地划定了大致范围,即"汧渭之会",或曰"汧渭之间"。汧渭二水地望凿凿,古今未移,难生歧义;但奇怪的是,在这个问题上人们的认识却很不一致,甚至出现较大的争论。

首先存在一个东方之秦和西方之秦的先后问题。由于赢姓部族起源于东方, 而东方也有名秦之地, 故有学者认为非子所居西方之秦,并不是赢姓的最初封地;最初封地为伯益受封于舜的东方之秦,在今河南范县,非子所居之秦不过是沿袭了祖先封地的旧名。[②]

---

① 《珍秦斋藏金·秦铜器篇》,澳门基金会 2006 年。

② 李江浙:《秦人起源范县说》,载《民族研究》1988 年第 4 期;何清谷:《赢秦族西迁考》,载《考古与文物》1991 年第 5 期;柳明瑞:《赢姓溯源》第 125—130 页,中国文史出版社,2003 年。

　　说嬴姓先祖伯益封于秦地,唯一的文献根据是《盐铁论·结合》:"伯翳之始封秦,地为七十里。穆公开霸,孝公广业。自卑至上,自小至大。"且不说伯益是否封于秦,这里说秦地起初只有70里,经穆、孝的不断开拓才"自小至大"的,显然讲的是西方之秦。何况事实上伯益受封于费,在今山东费县境内,与"秦"无关,这在古文献中有充分依据①。先秦时期东方确有秦地,《春秋》庄公三十一年:"秋,筑台于秦。"杜注:"东平范县有秦亭。"《通志·氏族略》亦云:"鲁又有秦氏,居于秦邑,今兖州范县北秦亭是其地。"据《㝃羌钟铭》可知,晚至战国中期,鲁地之秦犹在。然而,到目前为止,我们没有发现这东方之秦同嬴姓族有什么瓜葛,更找不到东、西两处秦地之间的内在联系。上引《氏族略》言鲁地之秦邑,是在详述了嬴秦在西方的发展脉络之后的附缀之笔,郑樵是把东、西二秦严格区分开来的。此外他还言及楚地之秦,并在文后的"臣谨案"中特别说明:"言秦者又有三:秦国之后,以国为氏;其有出于鲁者,以邑为氏,盖鲁有秦邑故也;出于楚者,未知以邑、以字与?然此三秦者,所由皆殊,皆非同姓。故十四氏虽不同秦而同嬴,是为同姓;此三秦者,虽同秦而不同嬴,是不为同姓。"所言"十四氏",是指《史记》关于嬴族后分为十四氏的记载。鲁地之秦与楚地之秦皆非嬴姓,郑樵交代得清清楚楚。

　　至于东、西方之秦的先后,且不说商、周甲骨卜辞中的"秦"是否为地名,就算是地名,也没有任何根据说它必然是东方之秦。单以明确为地名之秦出现在史籍中的时间而论,非子要比鲁庄公早约200年。凭什么断定西方之秦是东方之秦地名的迁延呢?《史记》之后,几乎所有的古史地志,如《世本》《十道志》《通典·州郡四》《通志·氏族

---

　　①祝中熹:《早期秦史》第8页、第85页,敦煌文艺出版社,2004年。

略》《太平寰宇记》《后汉书·郡国志》《元和姓纂》等等,尽管对秦之地望说法不一,但却众口一词地称非子所居乃秦之"始封",没有一条材料能显示西方之秦系伯益封地的名称西移。所以,东方之秦与西方之秦,其居民不存在族缘承袭关系,东方的秦氏当别有源流。宋人邓名世所撰《古今姓氏书辨证》一书,介绍东方的秦氏,也同样不涉及嬴族。它说东方秦氏"出自姬姓,周文公世子伯禽父,受封为鲁侯,裔孙以公孙为鲁大夫者,食邑于秦,以邑为氏。《春秋》鲁庄公三十一年书筑台于秦,即其地也"。显然,鲁地之秦不是嬴姓的始封地。

澄清了所谓东方之秦的问题,现在我们来专论西方之秦。非子受封之秦邑也即后来文公迁都之汧邑,司马迁在《史记》中三处言及,说它在"汧渭之间"或"汧渭之会",史文前后呼应,讲得明明白白。令人大惑不解的是,古今众多学者弃《史记》正文于不顾,而坚信《集解》所引徐广之说,谓非子封地在"天水陇西县秦亭"。最新出版的史为乐主编《中国历史地名大辞典》也说,非子所封之秦邑在"今甘肃张家川回族自治县东"。①据我所知,古籍中似乎只有王充《潜夫论·志氏姓》坚守了《史记》的说法,谓非子所处之秦乃"汧秦亭是也",将其邑归之于汧。

这桩疑案的造成,不能归罪于徐广,始作俑者是班固。《汉书·地理志》述秦地,言非子受封即曰:"邑之于秦,今陇西秦亭、秦谷是也。"想来此即徐广等人所本。所以,持此说者虽众,而皆出一源。把事情简化一下,摆在我们面前的实际上就是《汉书》与《史记》的歧异。但《史记》对相关史事三言其要,文义畅朗无隙;而《汉书》只是一语直书,为

---

①同书"秦亭"目下却又说:"即秦邑,一作秦城,在今甘肃清水县东三十里"。这种自相矛盾的现象,表明辞条编撰者仍是沿袭旧说,未做深入考究。

何学者们要弃子长而从孟坚呢？问题的症结在于，陇上即今甘肃张家川、清水一带确有秦地，而且确曾是秦人的活动中心。但那却并非非子的封域，而是非子后裔的居地。在《地域名"秦"说略》一文中，我曾作过论述，指出非子一族并没有能够长期据守汧渭之间那片地域。那一带的民族关系和政治形势相当复杂，而新从大骆主族中分出的非子族系实力尚弱，当西周王朝还能控制局面时，他们背靠大树，不难立足；在王室日趋衰弱、自身难保的情况下，他们恐怕就无法安居了。我推测，可能就在厉王后期的政治动荡中，非子的后裔们离汧登陇，另谋发展。不少史籍和方志说陇上之秦乃秦仲的封地，这提示我们思考，秦仲之所以受到史家的高度评价，就是因为他率领族人在陇上开拓了新的秦域，壮大了族体的力量。"秦"这个地名，也便由汧渭之会被带到了陇上。"又由于秦人在陇上立足后获得了引人注目的发展，部族势力开始强盛起来，而造成了一种历史定格，使后人在观念上将秦人与陇上之秦邑紧密联系在一起；随着时间的推移，而渐渐忘却了秦人曾在汧渭平原生活过的那段相对短暂的历史"。①《汉书·地理志》把非子受封之秦邑误置于陇上，原因即在于此。

近翻康世荣主编的《秦西垂文化论集》，得以拜读李零先生的大作《〈史记〉中所见秦早期都邑葬地》，始知当代学者中尚有同音。在这个早期秦史研究领域至关重要的问题上，李零先生也是完全忠实于《史记》的。他说："徐广等人把秦邑定在天水东北的清水一带，清水一带当时有秦亭、秦谷大概不会有问题，但他们说秦亭、秦谷就是非子所邑之秦却明显是附会。因为此说与《秦本纪》的原文全然不符。"②这

①此文载《秦文化论丛》第七辑 1999 年。
②《秦西垂文化论集》第 329 页，文物出版社，2005 年。

也正是我一直着力阐明的观点。还应强调一下《元和郡县图志》的有关记载,其陇右道"秦州"目下说:"孝王使非子主马于汧渭之间,马大蕃息,孝王邑诸秦,使为附庸。今天水陇西县秦亭、秦谷是也。"这显然是采《汉志》之说。但在凤翔府"陇州"目下,却又谓陇州所属的汧源有"秦城,在州东南二十五里。秦非子养马汧渭之间,有功,周孝王命为大夫"。在我看来,这类自相矛盾的记载并不奇怪,这正反映出汧渭之间和陇上都曾是秦人活动中心的史实,在人们记忆中的留存。

在有关秦邑和汧邑地望问题的讨论中,有些学者还在"汧渭之间"与"汧渭之会"两个词语的表义上做文章。如刘明科先生即批评我的《地域名"秦"说略》"犯了两个致命的错误",一是把襄公徙汧和文公徙汧"混为一个概念",一是把"汧渭之间"和"汧渭之会""混为一个概念"。①前一个"错误"其实是刘先生把自己的错误强加给了我,因为所谓襄公徙汧压根就不存在这回事。关于这个问题我曾多次作过考辨②,徙汧的是文公而非襄公,有《史记》的白纸黑字在,怎么谈得到混淆呢? 张守节《正义》引《帝王世纪》说襄公迁汧是一个荒唐的伪证,大量资料表明《帝王世纪》的记载同《秦本纪》完全一致,也是讲文公徙汧,其至在《史记》三家注中,就能找到例证(如《封禅书索隐》所引皇甫谧语),此事可以说已经铁证如山。刘先生一定要坚持襄公徙汧的误说,别人当然无权干涉;但认为不相信襄公迁汧就是个"致命的错

---

①刘明科:《秦族源及早期都邑、葬地歧说集举》,见康世荣主编《秦西文化论集》,文物出版社,2005 年第 395 页。

②主要见于以下论著:《春秋秦史三考》,《丝绸之路》1999 年学术专辑;《早期秦史·都邑篇》,敦煌文艺出版社,2004 年。《论秦襄公》,《陇右文博》2006 年第 2 期。

误",是否霸道了些?

至于"汧渭之间"与"汧渭之会",字面含义当然不同,后者指二水的交汇点,前者范围涵盖大一些,指二水交汇形成的扇面夹角。对于这种稍识几个汉字的人都能区分的文义差别,竟然"混为一个概念",确如刘先生所批评的,是个"致命的错误"。然而,问题在于不是我们在使用这两个词语,而是司马迁在使用;司马迁用它们来表述非子以及后来文公营邑的地域,我们只能依据司马迁的语境和文义理解它们。我们的目的是弄明白司马迁告诉了我们什么,而不是站在语文教师的立场上,去孤立地剖析"间"与"会"的词义差别。那么,就让我们实事求是地看一下,司马迁是怎么使用这两个词语的。

《秦本纪》述非子擅长畜马,"孝王召使主马于汧渭之间,马大蕃息";为奖励非子,孝王分土为附庸,"邑之秦"。这里还难以明确看出"汧渭之间"和秦邑的关系。后文述及文公,言文公三年"以兵七百人东猎。四年,至汧渭之会。曰:'昔周邑我先秦嬴于此,后卒获为诸侯。'乃卜居之,占曰吉,即营邑之"。"秦嬴"即非子,这里迁公明确告诉我们:文公卜营之汧邑,就在当年非子所封秦邑的附近(假如不是同址的话),迁公称之为"汧渭之会"。《封禅书》再言此事,文曰:"秦文公东猎汧渭之会,卜居之而吉"。同一件史事,同一处邑居,司马迁既用"汧渭之会",又用"汧渭之间"。我们应抱什么态度?是批评一通司马迁汉语水平太低,竟把不同的词语"混为一个概念"呢,还是如实地理解司马迁的意思,承认他讲的是同一个地带? 如果采取后一种态度便是"犯了致命的错误",那我也只好认了,这种错误恐怕还要继续犯下去。

其实,所谓"汧渭之间"与"汧渭之会"都不能绝对化,因为我们讨论的是一座城邑,它决不会修建在两条河流交汇的那个几何学意义的点上,其具体位置严格说必然在二水之"间"。司马迁使用了两种说法,是因为就非子的牧马活动而言,地域相对辽阔,用"之间"涵盖度大一些;就居邑的营建而言,位置比较明确,用"之会"更加近实一些。如果不想歪曲司马迁的本意,我们只能做这样的理解:非子受封之秦邑也即后来文公卜居的汧邑, 就在非子畜马的汧渭之间距二水交汇点不太远的那片地域内。《绎史》卷28引《列异志》讲述陈仓(今陕西宝鸡)陈宝祠的来历,说秦文公猎得神雉,"化而为石,置之汧渭之间,立为祠,名曰陈宝"。可见古人对"汧渭之间"也是这么理解的。只有个别坚持非子封邑在陇上的学者,不顾地理实情,硬把"汧渭之间"无限扩大,扩大到包容今甘肃张家川县境。汧水发源于今甘肃华亭县南部,其源头距离渭水约200华里。被认为是非子初封之陇上秦邑的位置,无论如何也难以归入"汧渭之间"的范围,更不用说"汧渭之会"了。

依《史记》所言,非子受封之秦邑和文公卜居之汧邑或为一处,或相距甚近,大致可视为同一地望。但由于古今学者大都信从班固和徐广之说, 把秦邑锁定在陇上;而文公卜居之汧邑是没法说到陇上去的,只能到汧渭二水夹角附近寻求,遂形成了秦邑、汧邑分处两地且相距遥远的思路。如上文所论,笔者是尊重《史记》原文的,认为陇上之秦乃非子后裔的活动地带;非子之秦邑也即文公之汧邑,必在汧渭之间。考古学界正在探寻的汧邑地望,其实也就是,或者说接近于秦邑的地望。其具体方位,目前学者们的认识存在较大分歧。常见的观点有汧县扶风一带说、古陈仓说、魏家崖一带说和陇县东南境说。①诸家析证均言之成理,各有千秋,但一时尚无足以服众的研究成果来统

---

①刘明科:《秦族源及早期都邑、葬地歧说集举》,见康世荣主编《秦西文化论集》,文物出版社,2005年第395页。

一众说。问题的最后解决,还须寄希望于未来的考古新发现。

我在《早期秦史》一书中,倾向于赞同陇县东南境说,认为该说论据相对充分些。《水经·渭水注》述汧水:"迳汧县故城北。《史记》秦文公东猎汧田,因遂都其地是也。"《元和郡县图志》"陇州"目下曰:"《禹贡》雍州之域,秦文公所都,汉为汧县,属右扶风。"下文又言该州所属汧源县境内有"秦城,在州东南二十五里,秦非子养马汧渭之间,有功,周孝王命为大夫"。《秦本纪正义》引《括地志》:"故汧城在陇州汧源县东南三里"。隋唐时期的陇州汧源县治,据考即今陕西陇县县城所在地,[1]汧邑故址当距今陇县县城不会太远。上个世纪 80 年代,陇县东南乡边家庄村西汧河南岸台地上,发现了一处范围较大的春秋早期秦国墓地,其中包括许多贵族墓葬。在墓地东南约 3 华里处的磨儿塬,又发现一处春秋至战国的故城遗址,尚存夯土及城墙残迹。该地区 1949 年以前即因多次出土过青铜礼器、车马器和兵器,而引起人们的关注,论者认为即汧邑故址[2]。此说的薄弱环节在于,所认邑址位置距汧、渭二水的合流处略嫌远了些,不乏可商余地。

四、小结

史前社会的部族首领,通常也都是生产领域的行家里手,因为他首先要组织、指导群体进行物质生活资料的谋取和创造。进入文明时代之后,情况发生质的变化。部族首领逐渐转化为高居群体之上的专制君主,他们醉心于权势掌控和安逸享乐,基本上完全脱离了实际生

---

[1] 王学理主编:《秦物质文化史》第 66 页,三秦出版社,1994 年版。
[2] 陕西省考古研究所宝鸡工作站等:《陕西陇县边家应五号秦秋墓发掘简报》,《文物》1988 年第 11 期。

产。非子是罕见的一个例外，他是在亲身实践中发育成熟的畜牧专家，又多又好地繁殖马匹，是他终生为之奋斗的事业。非子乃秦国始兴之君，但他的君位既不是来自基于血缘身份的权力继承，也不是来自反叛或政变之类暴力形式的强行夺取；尽管其封号和领地归根到底属于贵族王朝的统治体系，但登位的主导因素却完全缘自他个人在生产领域的成就和贡献。非子取得君位的方式，在我国文明期历史上难觅其偶。

非子继承了嬴姓部族的畜牧业传统，把这项事业推向了新的高度。嬴姓方国的畜牧业，并非如某些囿于嬴秦落后论的学者所认定的那样，处于低水平的游牧阶段，而是在定居农业基础上的专业畜牧。它独立于家庭饲养之外，以繁殖、驯养马匹为主，其目的主要不在于为群体生存提供食物，而在于满足社会生活的广泛需要。也正是在这个层面上，非子才备受社会和王室的器重。非子肯定掌握了一套卓越的畜马本领，既包含了对往昔经验的总结和承袭，也充盈着他自己长期探索积累的新技术。否则他不会拥有惊动朝野的专业声望，并先后在两个地区取得巨大成功。尽管非子的畜马造诣未能以文字形式流传下来，但在行业中必然产生深远影响。后来的秦国，一直保持了自非子时代空前兴盛起来的畜马业优势。春秋时期秦国轻车纵横，征服诸戎；战国时期秦国铁骑驰骋，令列强生畏；秦国军事力量持续强盛，最终得以扫灭六国，一统神州。原因之一便是军马量大质优，来源绝对充足。从这个角度考察，非子的贡献也不宜忽视。

非子一族以嬴姓正宗身份从大骆族体中分离而出，开始辟拓新的地域繁衍生息，对于嬴族在西方的发展来说，具有划时代的意义。这决不单纯是原始族姓恢复的问题，更关键的是此举为嬴族保存并强化了一支力量，从而使族群避免了整体覆灭的命运。就在非子秦邑立宗 40 多年之后，"西戎反王室，灭犬丘大骆之族"。此时非子的曾孙秦仲,已率领族众在陇上开创新的活动中心,大大发展了族体实力,并被西周王室升封为大夫。正是这支以非子为祖的嬴人,后来在周宣王的扶持下打败了戎族,收复了西垂地区,奠定了西方诸侯大国的基础。非子的后裔们,不仅延存了嬴姓部族的生命,而且凭靠自身的强势进取,从根本上改变了西北地区的政治格局,成为我国历史上很长一段时期的主导性力量。

非子一族对汧、渭地区的开发经营,时间虽然并不太长,但却是秦人最早接触、了解关中西部的一段重要经历,给宗室后代留下了深刻的记忆。春秋初期,秦国便决策东向发展,意念中应当含有非子汧渭之间创业的因子。襄公伐戎至岐,文公东猎卜居,都凝结着先祖非子的精神感召。

原载《陇右文博》2007 年 1 期。收入氏著《秦史求知录》(上册),上海古籍出版社 2012 年。

论秦献公

　　春秋时期的秦国,自迁都关中后发展比较顺利。尤其是在穆公时代,秦已能与老牌诸侯大国晋抗衡,后来又致力于西部经营,"开地千里,益国十二",国势大盛,穆公也因此被列为春秋五霸之一。但当时秦国总体说来在社会发展程度上和东部诸国还存在差距, 总是受制于强邻,在列国逐鹿中原的格局中,秦难以起到主导性作用;进入战国时期后,秦国更是一度陷入衰弱的窘境,国内政局不稳,内乱频仍,对外军事斗争接连失利。秦国真正的强盛并对列强构成巨大威胁,是在商鞅变法以后。因此人们读史的关注点,常集中在重用商鞅大刀阔斧展开变法的孝公时代, 而比较忽视为孝公时代大变革奠定基础的秦献公。本文试图对献公的治国作为略加评析,进而阐明其在秦国历史上的作用和地位。不妥之处,望方家指教。

一、即位背景

　　秦献公名师隰,又名连,秦灵公之太子,秦孝公之父。由于宫廷政争,他是在灵公死后 30 年即公元前 384 年才登上君位的,距以三家分晋为标志的战国时期开始已经 90 多年。这期间总的形势是, 齐、楚、燕、韩、赵、魏各国的社会制度,已在发生重大变化,新兴地主阶级开始抬头。为了巩固大国地位,扩拓领域范围,列强频繁发动战争,弱小国家和族邦不断被征服,被兼并。如楚国灭蔡,灭杞,灭莒。齐国大肆蚕食鲁、卫两国领地,先后夺取了安阳、成、贯丘等城池。魏国不仅悍然侵逼其西邻秦国,控制了河西地区,还越赵远袭,灭亡了中山国,后来又将领土扩展到黄河以南。赵国则在与楚魏的斗争中壮大了国力,攻取了卫国大量土地。韩国也一直在窥伺郑、宋,曾伐宋打到彭城,俘虏了宋君;又曾伐郑占领了阳城,最终灭亡了郑国。这一时期的秦国,虽也对周边族邦氏国发动了一些战役,取得了一些胜利,但相对说国力还较弱,不仅在南面受制于蜀,在东面更被强大的魏国侵逼,节节败退,曾在数年间丢掉繁庞、临晋、元里、洛阴、郃阳等地,以至于河西地区完全归魏所有。即使在对西部诸戎的斗争中,秦国的进展也很有限,一些胜利并不彻底。几个实力较强的戎邦,早在穆公时代即已被征服过的,此时也仅在名义上对秦维持一种臣属关系,如东部的大荔戎,西部的狝戎、绵诸戎、乌氏戎,北部的义渠戎、胸衍戎等。其中绵诸戎经过厉共公和惠公时两次讨伐被灭掉了,而大荔和义渠却还"筑城数十,皆自称王"①,秦人似乎拿他们没办法。尤其是义渠,据《史记·秦本纪》载,厉共公33年(前444年),秦军"伐义渠,虏其王。"但虏其王却未能灭其国,十几年后又发生了"义渠来伐,至渭南"的事。敢于主动伐秦,可见其实力。总之,僻处西北一隅的秦国,进入诸侯行列较晚,尚不具备与中原列国充分交流的条件,社会进展相对缓慢,尤其是在战国前期,国势较弱,还没有在同列强周旋中占据上风的能力。

再来看秦的国内情况。从经济方面说,史籍没有明确的记载,显示其繁荣或衰败,亦未言其有大的灾荒或动荡。可以推测,战国前期的秦国社会生产,处于基本正常的发展过程中。但有一条史料却非常值得我们重视,它便是《史记·六国年表》所列简公七年的"初租禾"。

---

①《后汉书·西羌传》。

我们知道,秦国在商鞅变法前是施行井田制的。井田制是人类历史上各主要文明都曾存在过的农村公社土地结构,在我国的具体表现形式,至迟从西周开始,到春秋后期共延续了数百年。秦域中心为西周王畿,自是井田制的普行地区。典型的井田制下,村社成员的份地与公田并存,孟子有一段著名的表述:"方里而井,井九百亩,其中为公田。八家皆私百亩,同养公田,公事毕然后敢治私事。"①井田制的私田、公田配置格式是否如孟子所说的这么严整,并不重要;问题的实质是每户社员都拥有一块赖以建立家庭经济的份地,并共同从事公田劳作。公田由贵族们控制,是贵族社会榨取庶民剩余劳动的主要物质手段,这便是古文献中多处言及的"助法"剥削。自春秋中期以后,随着生产力的提高和劳动人民斗争性的增强,井田制渐呈衰落态势,村社成员对公田劳作日益厌倦,"公田不治"现象越来越严重,"助法"剥削难以为继。公元前594年,鲁国首先进行改革,推行"税亩"制,按亩征税,变助法剥削为实物地租。兹后各国相继效仿,征税率大致为农民收入的十分之一,此即所谓"彻法"剥削,也被称为"什一"税。改行"彻法"后,公田便消融在份地之中,井田制的灵魂实际上已经消亡,农村公社经济形态进入后期阶段。虽然原份地规划格局和阡陌封疆配套的耕地模式依然存在,但那不过是井田制遗留的物质躯壳而已。"禾"字泛指农作物,秦国的"初租禾"同鲁国的"初税亩"性质相同,但却晚了180多年。这一方面说明秦国的社会进程比较迟缓,另一方面也说明秦国的经济终于发展到了亟须变革的阶段。经济形态的演进,是整个社会变化的基础。"初租禾"24年之后献公即位,那正

---

①《孟子·滕文公上》。

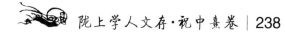

是秦国社会面临转机,一波大改革的巨浪已开始涌动的时代。

此时的秦国,在政治上却偏又动荡不安,险象环生。秦国宗法贵族的势力向来较弱,国君的旁系别支或异姓大家族,都难以构成对君权的威胁,类似鲁国的"三分公室",晋国的"三家分晋,"在秦国绝对不会出现。但与此相应,存在另一个问题:协助国君执政的大臣们权势特重。他们的权势不是来自血缘关系所决定的族统身份,而是国家行政任务所赋予的。在君位交接时他们的政治能量表现得最突出,甚至能决定继位者的人选,特别是在传统的嫡长继承体系出现故障的时候。权臣决定君位的现象,早在春秋前期即已发生过,如宪公去世时的宫廷政变。大庶长弗忌、威垒、三父三个权臣,废太子而立只有五岁的出子为君。六年之后他们又杀掉了出子,"复立故太子武公"①。这帮权臣后来虽然被武公杀掉了,但他们在近十年的时间里控制政局,操纵国君的废立,权势之重可想而知。献公即位前的那段时期,政治局面和武公即位前的情况非常相似。献公的曾祖父怀公上台的第四年,便在庶长鼂等大臣的攻逼下自杀,早死的太子昭子之子灵公被立。灵公死后,权臣们不立灵公太子献公,硬是舍近求远,从晋国迎来了灵公的季父悼子,是为简公。又过了30年,两易君位之后,献公才最终被立。献公的即君位,也完全是在权臣的操纵下运作的,《史记·秦本纪》载:"出子二年,庶长改迎灵公之子献公于河西而立之。杀出子及其母,沉之渊旁。秦以往数易君,君臣乖乱,故晋复强,夺秦河西地。"史文不仅表述了当时秦国君弱臣强已延数世的政治局面,并且指出这种局面严重危害了秦的国力,使秦在军事、外交上遭受强邻的欺凌。在秦孝公即位后向全国发布的诏令中,也说:"会往昔厉、躁、简

---

①《史记·秦本纪》。

公、出子之不宁,国家内忧,未遑外事,三晋攻夺我先君河西地。诸侯卑秦,丑莫大焉!"简公与出子时君位之险恶,前文已言及;厉、躁二公之"不宁",史未明述,但从他们所获之恶谥看,其与权臣们的矛盾也可见一斑。

《秦本纪》述献公的即位,是被庶长改从"河西"迎立的,但《正义》却这样解释:"西者,秦州西县,秦之旧地。时献公在西县,故迎立之。"显然,张守节所见《史记》本,"西"之前无"河"字;故王念孙认为,河字"盖涉下文夺秦河西地而衍"。①西即秦之旧都西垂,该邑本名西,即汉代陇西郡西县县治所在, 地在今甘肃礼县东部永兴乡的红土嘴附近。②秦虽于文公时即已东迁关中,但因西垂乃其桑梓之地,有祖茔公陵和先君宗庙在,故一直有公室贵族留守,保持着对祖神的祭统。献公长期被剥夺了太子地位,为避乱而远居于故土宗邑,也是很合乎情理的。但《吕氏春秋·当赏》的记载却支持了河西说,谓献公本来流亡在魏国,后来进入翟邦,是从焉氏塞被迎入秦国的。是时魏国与秦国对立交恶,秦国公族避政乱者多亡入魏,故《当赏》所载也不无可能。不管怎样,献公是在复杂而又残酷的政争漩流里即位的,他面对的秦国,政治上亟待整顿,经济上要求改革,军事上尤须遏止败势。长达30年的逆境磨练,培育了献公领导秦国走出低谷的胆略和能力。

二、治国作为

1. 徙都栎阳

在政治斗争形势复杂而艰危的情况下, 迁都往往是新任君主摆

①王念孙:《读书杂志》卷3。
②祝中熹:《再论西垂地望——兼答雍际春先生》,《丝绸之路·文论》总第7期。

脱被动局面、削弱权贵实力的一项措施。献公深明此理,即位第二年,即修筑栎阳城作为新都。栎阳即唐代的万年,故城在今西安市东北的阎良附近,距旧都雍城有数百里之遥。弃雍而远徙栎阳,这在当时的确是个大胆的决定。

栎阳位处肥沃的渭北平原东部,石川河绕城北和城东后南流,后来修的白渠直经城北,表明这一带当时是水利资源非常丰富的良田区。《史记·货殖列传》评价栎阳说:"北却戎翟,东通三晋,亦多大贾。"栎阳作为秦都,只有34年的时间(自献公二年即前383年至孝公12年即前350年),但在秦迁都咸阳后其地位仍然显要。秦末项羽封司马欣为塞王时,即以栎阳为都,刘邦也一度以栎阳为政治中心,还曾在栎阳修建皇家宫殿。栎阳确系一座交通发达、经济繁荣、具有战略地位的城邑。

献公徙都栎阳,除了巩固新政权的需要外,还着眼于和魏国争锋。如前文所述,在献公即位前的数十年间,秦国饱受晋国以及由晋分出的魏国的欺凌,经常被动挨打。扭转败势,兵锋东指,收复失地,是献公选栎阳为新都的战略性动因。这一点,继献公之位的孝公看得很清楚,在其著名的元年诏令中明确指出:"献公即位,镇抚边境,徙治栎阳,且欲东伐,复缪公之故地,脩缪公之政令。"[①]献公要施展其治国宏图,首先要为自己营造一个条件优越、便于东向进取的可靠基地。

2. 止从死

《史记·秦本纪》叙述献公史事,首句即言:"献公元年,止从死。"废除"从死"这一野蛮、落后、灭绝人性的制度,是献公掌国后所作的第一件大事。马非百先生《秦集史·国君纪事》献公部分的文后案评专

---

①《史记·秦本纪》。

论此事曰："此实由于社会进化之趋势有以使然，然献公在人类史上之贡献，固不在林肯解放黑奴之下矣。"献公的"止从死"和林肯的解放黑人奴隶，乃性质完全不同的两码事，是不能相提并论的；但马先生指出献公此举应合"社会进化之趋势"，则无疑是正确的。

准确把握"止从死"的意义，我们必须先弄清两个概念。古代某些王公贵族们死后，活着的人跟着死，通常有两种情况：一是人祭，二是人殉。二者起源不同，性质也有异，不能混淆。人祭是杀人而祭，起源于原始社会部族战争中的吃人习俗。被杀者是作为牺牲奉献给死者，就像杀掉牛羊等家畜一样，是供死者享用的。人们熟知的安阳殷墟商王大墓周围那许多祭祀坑，所埋者便是这种人祭的牺牲。在那时的宗教理念中，人祭还有向先祖昭告部族胜利，宣泄敌忾情绪，祈求祖神降福的含义，所以牺牲品大都来自战俘，来自异族。那种视人祭牺牲为奴隶，并以大量祭祀坑来证成商周奴隶社会的错误观点，已渐被古史学界所摈弃。人殉则是阶级社会中才有的现象，缘自权势者要在冥世继续享受奢侈生活的愿望。人殉的对象是死者身边的服务人员，诸如妃妾、卫士、仆役、御夫乃至近臣等等，换句话说，殉者都是其主人生前离不开的人，他们的任务是在冥世继续为主人工作，供主人役使。人殉是特定宗教观念支配下的产物，是现实生活中阶级压迫的极端化，是剥削者凶残本性和愚昧迷信结合而生的怪胎。析言之，人殉又可分为两类。一类是强迫性的，凡被拟入要为死者服务名单中的人，不管你的个人态度，都得跟着死，这可以称之为杀殉。另一类是自愿的，甘心陪主人进入另一个世界，继续为主人服务，此即所谓"义殉"。这后一种人多为死者的宠妾或近臣，他们和死者有特殊的亲密关系，并坚信死后能在另一个世界里和主人一起生活。这后一类人在殓葬规格上会得到些"优异"待遇，对其家属的抚恤可能也会丰厚些，从而产生某种"榜样"效应。那些本不愿死但又明白自己非死不可的人,也便会违心地宣称自己愿意对主人以死相报,这正是权势者们所需要所希望的。"从死"这个概念就是这样形成的。

人殉现象在我国古代延续了很长的时期,甚至直到明清时代都还有其遗风残留。商代是我国贵族社会的上升期,这种血淋淋地反映着贵族特权的葬习,在商代最为盛行。嬴秦长期是商的忠诚臣邦,又同属东方的鸟图腾部族,族源接近,许多风习尤其是葬丧风习有相通之处。因此,秦国贵族墓葬的殉人现象也十分突出。《史记·秦本纪》载武公死时,"初以人从死,从死者六十六人。"这里的"初"字令人困惑,因为现在我们已经知道,在武公之前秦国的人殉早就存在,如礼县大堡子山秦公陵园的两座大墓,①墓道中和二层台上,均有殉人,目字形墓共殉 8 人,中字形墓共殉 19 人。我们只能这样理解:武公之葬可能正式肯定了人殉风气,并使之制度化,意味着统治集团对"从死"的倡导。因此,武公以后"从死"之风久炽不衰,而且愈演愈烈。史载穆公之葬"从死者百七十七人",其中包括深受国人爱戴的贤臣奄息、仲行、鍼虎"三良"。上个世纪 70 年代发掘的陕西雍城陵园景公大墓,殉人多达 186 名。除了国君陵墓之外,秦国中小型贵族墓葬殉人现象也极为普遍。

从死制度不仅残酷地剥夺了许多无辜者的生命,也是对大众的一种精神摧残,是同人类社会文化、道德的进步潮流背道而驰的。所以,随着贵族宗法体制的没落,随着民本主义思想的兴起,随着统治集团中"仁政"精神的张扬,从死制度必然越来越受到社会的非议和谴责。早在穆公时代,民间即已有哀伤从死者、愤恨杀人者的呼声,《诗·秦风·黄鸟》即为明证。献公"止从死",对这种反人性的贵族葬制

---

①时代为春秋初年,多数学者认为很可能是秦襄公和秦文公之墓。

作了权威性的否定,顺应了社会进步潮流。他虽然不可能彻底铲除这一毒瘤,但对它无疑是一种有力的遏制,至少表明了他个人的道义态度。初登君位即首发此举,表明"从死"之事已久萦其心,表明他早就形成了废除此制的定见。此举对于重振公室威望,争取民心,也将起到相当大的作用。

3. 作畦畤,祀白帝

《史记·秦本纪》载献公"十八年,雨金栎阳。"《封禅书》续说此事:"栎阳雨金,秦献公自以为得金瑞,故作畦畤栎阳而祀白帝。""雨金",用现代科学知识来解释,很可能是某地发生强劲龙卷风,将金属材料卷起,运行至栎阳附近而随雨散落,当时人们对此类现象肯定会视为神异;当然,也不排除神秘主义观念下的一种错觉或人为的附会。我们关注的是献公对这一"神异"事件的利用。如同当年秦文公梦黄蛇自天属地,认为乃"上帝之征",于是作鄜畤郊祭白帝一样,献公也认为这是"得金瑞",当即作出反应,立畦畤以祀白帝。白帝指嬴秦始祖神少昊。嬴秦是鸟图腾崇拜部族,而少昊是东夷集团鸟图腾部族的最高首领。秦人本为东夷集团嬴姓的一支,后来西迁至以西垂为中心的陇南西汉水上游地区,少昊也便随之由东方之神演化为西方之神了。按五行说思想体系,西方和五色中的白色相配,故称少昊为白帝;西方又和五行中的金相配,故得金瑞即为白帝之征。设畤祭少昊的传统,早在开国之君襄公时即已确立,《史记·封禅书》说:"秦襄公既侯,居西垂,自以为主少皞之神,作西畤,祠白帝。"文公作鄜畤,沿袭了这一传统;如今献公作畦畤,再申这一传统。

在那个时代,神权、族权和政权,其核心是三位一体的。部族的先祖,是配天的,祭天也就是祭祖神。祖先崇拜与祭祀制度相结合,从精神上和行动上强化着宗法体系,从而使宗族观念凌驾于一切意识形态之上。族权是政权的本体,政权是族权的扩大和延伸,而神权则是政权和族权的思想依据。国君的位势来自何处？来自祖神，来自上天，祭祀是沟通人与神的方式，天意在冥冥中下达。这便是那时占绝对统治地位的政治哲学"天命观"的基本内容。所以，不论襄公、文公还是献公，他们作畤祀白帝，决不单纯是一种宗教行为，更是一种政治行为，强化神权也就是强化政权。以祖神少昊作号召，可以培育民众的向心力，从而提高国君的威望。精明的政治家都善于在关键时刻抓住所谓吉兆神瑞的机遇，大作宗教文章，通过神灵而为权力造势。

畤的含义，《史记·封禅书》在记述始皇祠泰山梁父时，有过解释："盖天好阴，祠之必于高山之下，小山之上，命曰畤。"《秦本纪》言襄公祠西畤，《索隐》曰："畤，止也，言神灵之所依止也。亦音市，为坛以祭天也。"《说文》："畤，天地五帝所基止祭地也。从田，寺声。"段注："谓祭天地五帝者，立基址于此而祭之之地也。"综合诸说可知，畤是在山下高地上所建祭天祭祖之坛。秦人的畤祀相当于周人的郊祭，这是最高规格的祭典，其功效直接关系国家和民族的命运。襄公所作西畤，实即西邑之畤，地点就在秦的旧都西垂，这点古今无疑义。献公所作畦畤，地点却存在问题。《封禅书》正文说"作畦畤栎阳"，《集解》似乎视而未见，迳自引晋灼曰："《汉注》在陇西西县人先祠山下，形如种韭畦，畦各一封土。"《索隐》也说："《汉旧仪》云：'祭人先于陇西西县人先山，山上皆有土人，山下有畤，埒如菜畦，畤中各有一土封，故云畤。'"裴骃和司马贞直接解释畦畤并说它在陇西西县，表明他们所用的《史记》本"畦畤"下均无"栎阳"二字，可知今本《史记》栎阳二字乃因涉"栎阳雨金"语而被传抄者所误加。"雨金"发生在栎阳，但畦畤却未建在栎阳，因为立畤的动因主要在"金"，而"金"是必须和"西"相联系的，所以畤须建在西邑，建在祖神少昊的始祭之地。西垂故土有"人先山"，山上有"人先祠"，这"人先"自非嬴秦的始祖少昊莫属。裴骃和司马贞是引用他们那时还能见到的古籍作此注的，决非杜撰，应当相信畤時是建在西垂而非建在栎阳。由此我们方悟，为什么古史志言及秦人所建六畤时，总把西、畤二畤与另外诸畤分开来表述，二者在管理上也有差异，原因就在于西、畤二畤不在关中而在西垂。

襄公所作西畤为正畤，想其规格应较高大，祭仪也更隆重；献公所作畤畤可能在其旁，处位低平，故形似菜畤。二畤都是祭"人先"少昊的，都在人先山下。这人先山究在何处？在成稿于 1997 年的《秦人远祖考》一文中，我首次将人先山与陇右祁山相对应。[1]曾主持过《礼县志》编撰工作的康世荣先生也认为，人先山就是后世的祁山。祁山在西汉水畔翘起一孤立小丘，即《水经注》所言祁山城南三里的诸葛亮"故垒"，也即今俗称之"祁山堡"，康先生认为就是襄公所作之西畤。在祁山堡东侧，"由西向东总长达三华里的范围内，依次蛇形排列着 9 个间距大体相等、或大或小、或方或圆用黄土夯筑而成的土台。最大者高约十一、二米，顶部直径约五六米；最小者高约七八米，顶部直径约三四米，大小相差将近一倍。"当地群众统称为"九土堆"或"祁山九寨"，传说为当年诸葛亮伪布粮山以骗司马懿所用。康先生指出，传说不能代替历史，"九土堆"的真正起源，应为秦献公所作畤畤。[2]康先生的意见很值得重视。在西汉水上游所形成的那带较开阔的川原内，祁山是水北的主要山系，其主峰在川原的中段，是扼控西和峡口、枢纽蜀陇交通要冲的战略高地，魏晋以前，一直为兵家所必争，魏明帝即视祁山为魏国赖以固存的东、南、西三大军事要塞的西面一塞。[3]

---

①载《陇右文博》1997 年 2 期。收入氏著《秦史求知录》(上册)，上海古籍出版社 2012 年。

②康世荣：《祁山稽古》，《陇右文博》2004 年第 1 期。收入其主编《秦西垂文化论集》，文物出版社，2005 年。

③《三国志·魏书·明帝纪》。

秦国西垂公陵所在的大堡子山,乃祁山脉系的西首;而上文所说的祁山堡,正位于笔者所考证的西垂邑址东面数华里处,那恰是先秦郊祭最合理的位置,又正合"高山之下,小山之上"的设畤条件。我还想再给康先生的说法作点补充:作为畤时的"九土堆"之所以数目为九,那可能是自献公之后每位秦君都在那里立一祭坛的结果,正如《史记》的《集解》和《索隐》所说,畤时形如菜畦,"畦各一封土"。自献公至秦二世,恰好九代国君。当然,不一定每代国君都亲临畤时举行祭仪,更大的可能是每君设坛只具祭统上的象征意义。

4. 户籍相伍

《史记·秦始皇本纪》后附《秦纪》载,献公"十年,为户籍相伍。"这是一项把土地制度、户籍制度和军赋制度紧密结合起来的措施,即依据村社份地的规划配置,统一编制村社成员的户籍,五家为"伍",十家为"什",以便于收取租赋,征调兵丁,安排徭役。这项举措和之前简公时的"初租禾",以及之后孝公时的"制辕田,开阡陌",前后呼应,是秦国完成由村社制向自耕农制转化过程中不可缺少的一个环节,是秦国社会制度大变革的重要内容之一。

在本文第一部分我们曾谈到,商鞅变法以前农村公社是秦国的经济基础。村社制下的阶级结构主要表现为村社成员即庶民大众同村社的领有者即贵族阶级的对立。村社成员以公田劳作形式为贵族们创造财富,也从村社取得一块赖以建立自己家庭经济的份地,这份地不仅数量有严格规定,而且还要定期(一般是三年)重新分配,以消除因土质差异而造成的不公。这一切都是在村社内部进行的。国家行政体制是金字塔式的贵族宗法结构,各级贵族都有自己的领地,而每处领地都由若干村社组成,贵族们拥有对村社的控制权,支撑贵族社会的农业生产、兵源、役源,都由村社提供和承担。在这种体制下,国家相对来说并不太关注村社内部的家庭户籍。但农村公社发展到后期,情况逐渐出现质的变化。一方面,由于公田劳作越来越受到庶民的抵制,实物地租取代了劳役地租,公田消失;另一方面,随着生产力的不断提高和村社职能的日趋弱化,份地定期分配制度渐渐废弛,份地开始固定,土地私有化成为历史发展的大势。秦国自简公七年"初租禾"以来,农村公社已进入上述衰亡期,自耕农阶层已基本形成。献公为适应新的社会形势,施行统一的户籍制度,加强了国家对从村社体制下独立出来的农民的管理和控制。国家依赖的已不再是分级层的贵族宗法系统,而开始直接面对越来越活跃的自耕农阶层。

新的户籍制度下,份地相邻的农民被编联在一起。军队中也采用伍、什编制,居住相邻的各家,在国家需要征发军队时,所出兵丁也编在一起。这种户籍制度并非献公的发明,而是承袭的周制,实为当时许多国家早已在施行的制度。《周礼·族师》介绍这种制度说:"五家为比,十家为联;五人为伍,十人为联;四闾为族,八闾为联。使之相保相受,刑罚庆赏相及相共,以受邦职,以役国事,以相埋葬。"《逸周书·大聚》也有同类表述:"五户为伍,以首为长;十夫为什,以年为长;合闾立教,以威为长;合旅同亲,以敬为长。饮食相约,兴弹相庸,耦耕俱耘,男女有婚,坟墓相连,民乃有亲。"《国语·齐语》讲得更生动:"伍之人,祭祀同福,死丧同恤,祸灾共之。人与人相畴,世同居,少同游,故夜战声相闻,足以不乖;昼战目相见,足以相识。"以上记载充分阐述了这种户籍制度的严密性和优越性。它既发扬了村社时代庶民聚居共茔,在生产生活中相互协作彼此照应的民俗传统,又提高了政府管理效率,有利于政令的颁行,增强了军队的战斗力。秦献公推行这种制度,不仅符合社会发展的需要,为不久以后的商鞅变法创造了条件,也在促使秦国社会体制与中原列国趋同的道路上,迈出了重要的一步。

5. 初行为市

献公七年(前 378 年)"初行为市",此举也载于《史记·秦始皇本纪》后附《秦纪》中。这表明当时秦国社会稳定后经济获得发展,商品交换开始活跃,献公的励精图治初见成效。将此举同《史记·六国年表》所载秦惠文王二年(前 336 年)"初行钱"一事联系起来看,秦国经济在战国中期后迅速走向繁荣的端倪已现。

须先说明,"初行为市"并非说这以前秦国没有市场,没有产品交易,此语只能理解为政府开始为市场的建立、运作和管理,规定并颁布了明确的政策、制度。而这以前,产品交易可能是规模不大的、原发性的、无序的。同理,秦惠文王时代的"初行钱",也并不意味着这以前秦国还没有货币,还停留在原始社会以物易物的阶段,只是说从那时起秦开始由国家发行金属铸币,而以前交换使用的是非金属货币或延用着原来周人的货币罢了。《说苑·臣术》载:"秦穆公使贾人载盐,征诸贾人。"那时即已有了专业经商者,且政府已在向他们征税了。又据《三辅黄图》说,早在秦文公时,长安附近即已设有"直市",因"物无二价,故以直市为名。"《史记·货殖列传》更明言,秦文公、秦穆公"居雍,隙陇、蜀之货物而多贾。""隙"指商业孔道,陇蜀间虽交通不便,但远距离货运交易很早即已产生。

虽说市场与产品交换早就存在,但在以村社结构为基础的社会中,农业与手工业相结合的自给自足的家庭经济,始终是社会生活的主流,商业处于很次要的地位。民间交易大都是自发的、约定俗成的,即所谓"日中为市","以其所有易其所无",货币形式也多为某种使用最普遍而又便于计量的实用产品,如生产工具或布帛等。在这种交换层次上,政府并不重视市场的管理。只有在商品经济发展到一定程度,已能显著影响社会生活,实施严格管理能使政府获益的时候,政府才会制定方针,颁布制度,把市场管理纳入行政轨道中。献公的"初行为市"应当就是在这种经济发展水平下实施的,其中可能包括规划市场位置、指定交易时间、明确交易原则、规范度量衡,以及宣布税率和征收方式等一系列内容。只有这样才能维护市场秩序,使之健康地发展,并增加政府收入。

6. 显示国家实力

先从军事方面看。许多史籍都一致强调,献公即位后"欲复穆公之迹","复穆公之故地"。为此,献公向东部强邻多次发动战争。经过最初两次战役失败后,终于扭转了局势,于其在位的最后数年间,接连取得了三次重大胜利,再振了秦的国威:

十九年(前366年),秦发兵东击,败韩魏联军于魏地宅阳。

二十一年(前364年),使章蟜率兵伐魏,与救魏的赵军战于石门,获大捷,"斩首六万"。

二十三年(前362年),秦军伐魏,战于少梁,获胜,俘虏了率兵的魏国太子公孙痤,并攻占了庞邑。

三次胜利中以石门战役影响最大,连周天子都派使者赴秦祝贺,被史家视为"秦始复强"的标志。此外,秦军还曾"兵临谓首,灭狄獂戎。"①继续推行征服戎狄的政策。

再从县制的扩大上看。秦国实施县制始于秦武公。《史记·秦本纪》载,武公十年(前688年)"伐邽、冀戎,初县之。"这是武公处理曾长期困扰嬴秦的西戎问题,而采取的一项改革性措施。以往大国征服了小国,或者将其彻底灭掉,变成某个贵族的封邑;或者在被征服国君表示归服的前提下,让他或他的后代继续执政,成为征服国的属邦。武公不再走老路,他在被征服地区设"县",将该地区直接纳入国家行政体系之内,由中央政府委派官员去主持政务。在邽、冀设县的

①《后汉书·西羌传》。

次年,武公又"县杜、郑",他看准了这是一条强化中央权力的途径。县者,悬也,意为该地远悬边域,但却不是卿大夫们的封邑,而是直属中央的行政区。兹后秦国不断有设县之举,但已不再限于对边远地区。《史记·六国年表》载献公六年,"初县蒲、蓝田、善明氏",一下子就新设了三个县。尤其值得注意的是,"十一年,县栎阳。"连国都也设了县。清儒梁玉绳认为此举不可理解,猜测"县"为"徙"字之误。①其实这正说明献公时代县的性质已发生了变化,已由解决新兼并的边远地区管理问题的权宜措施,渐演变成常规性行政区划编制。在此基础上,不久后的商鞅变法更彻底,普行县制于全国,共设了41个县。

最终成为中国封建社会支柱性政体结构的郡县制,在秦国发育得早,成熟得快,这和秦国贵族宗法势力较弱、封邑传统不盛有关,也同武公、献公等一些强腕君主坚持推行分不开。设县幅度的扩大,必然压缩滋养贵族势力的温床,丰实国君的权柄,强化中央集权。所以,献公的大量设县,也是秦国力增强的显示。

三、历史地位

秦献公即位于秦国的衰落期。长达30年的流亡或至少政治上被边缘化的经历,培养了他的意志和判断力。他清醒地把握当时列国纷争的大势,熟悉秦国的社会实情,了解民众的愿望,故掌国后能兴利除弊,施行改革,引导秦国走出国弱政乱的低谷,军事上也逐渐恢复了强势,为孝公时代的辉煌铺平了道路。从各方面看,献公都是秦国历史上一位有胆识、有魄力,手段硬朗、敢于开创新局面的国君。

献公的治国作为,在当时就已经引人瞩目,并得到高度评价。史

---

①梁玉绳:《史记志疑》卷9。

载石门大捷后"献公称伯",只言天子贺而未言天子"致伯",即未言王室为他举行隆重的册命仪式,故有学者认为献公的"伯"是他的"自称"。①此事尚须仔细斟酌。"伯"指军事上的霸主,周天子向强势诸侯"致伯",乃东迁之后的现象。那时王室日衰,依靠强大诸侯国的扶持方能立足,要看大国的脸色行事。所谓"致伯",其实是承认某大国霸主地位的无奈之举。但即使如此,周王室的"伯"也不是轻易便"致"的。《史记·周本纪》载此类事前后有四次:惠王十年,"赐齐桓公为伯";襄王十七年,"赐晋文公珪鬯弓矢,为伯。";显王五年,"贺秦献公,献公称伯。";显王二十六年,"致伯于秦孝公"。另据《秦本纪》载,周襄王二十九年,因秦穆公征服西戎,"天子使召公过贺公以金鼓",史文未言伯事,但在孝公元年的募贤诏令中却说穆公胜西戎后,"天子致伯,诸侯毕贺"。计此则终东周之世,周王室向诸侯致伯共有五次。这五次记载,司马迁的语言表述各不相同,并没有史例成式,不存在"微言大义"的《春秋》笔法,据记载很难说献公称伯只是他个人的自炫。况且,《秦本纪》说天子贺献公以"黼黻",黼为黑白两色相间的刺绣,花纹为一对斧钺;黻为黑青两色相间的刺绣,花纹为一对弓形。这是一种寓有特殊含义的赐赠。按商、周王室的古老传统,斧钺弓矢乃受命专征伐的方伯的权力象征,任命方伯时,常要伴赐斧钺弓矢。如《史记·殷本纪》载商纣对周文王即"赐弓矢斧钺,使得征伐,为西伯。"《晋世家》载晋侯为伯时,天子赐物中也有"彤弓矢百,玈弓矢千"。《齐世家》载齐桓公为伯会葵丘时,周天子赐物中也有"彤弓矢"。周显王贺献公以黼黻,如同襄王贺穆公以金鼓,当亦含有赐伯之意,表明王室对献公的高度赞誉。

---

①林剑鸣:《秦史稿》第 175 页,上海人民出版社 1981 年版。

说到周王室对秦献公的态度，我们不得不言及先秦史上一桩著名的公案。献公登位第十一年也即周烈王二年(前 374 年)，周太史儋使秦，对献公说了这样一番话："周故与秦国合而别，别五百岁复合，合十七岁而霸王出。"此事在《史记》的《周本纪》《秦本纪》《封禅书》《老子韩非列传》中均有记载，《汉书·郊.祀志》也袭用之。各处文字略有差异，但基本内容一致。对太史儋的那番话，自古以来诸家解释纷纭，而无一说能服众。诸说有个共同的思路，即都认为儋语具有预言性质，而且是应验了的预言。大家在这个前提下，着眼于周秦关系的全过程，为儋语中那些历史断限寻找对应事件。由于对所涉历史事件的性质和意义认识不同，便不可避免地出现许多对应方案，犹如猜谜。笔者曾指出，以预言看待儋语是错误的，我们是历史唯物论者，不应陷入历史神秘主义的误区，相信太史儋有预知未来的特异功能。儋语是对已知历史的概括。欲知此须先明白当时的背景。在三家分晋之后，正处于风雨飘摇中的周王室失去了依靠，需要另选一个强大而又可信赖的诸侯国，作王室生存的保障。在献公治理下逐渐走出逆境，一天天恢复兴旺的秦国，成为王室的首选目标，献公被断定能成为新的霸主。太史儋是肩负重大政治使命而千里迢迢赶到栎阳的，他的任务是在新形势下密切周秦关系，让献公意识到自己的历史地位，并把王室的命运同秦国的霸业联结在一起。太史儋是个很高明的政治家，他知道历史上周秦关系的非同寻常，通过追思往昔，可以在献公心中唤起对周王室的亲切感和责任感。他把周秦关系的演变，放到历史长河中表述，以规律性的总结，来增强周秦密合论的说服力。他所说周与秦合而别的"别"，是指非子的受封立宗；他所说的"霸王出"显然即指秦献公的就君位。太史儋鼓励献公走霸主之路，表达了周王室向秦国投靠的坚决态度。①正因为周王室如此看重秦献公,所以,当秦取得石门战役的巨大胜利后,王室才以致伯之礼贺之。其实,早在十年前王室就已经把献公看作霸主了。事实证明周王室对献公的判断是正确的。

献公的历史地位,其继位者孝公也曾作过评价。《秦本纪》载,为了完成献公的未竟之业,使秦国更加强盛,孝公即位后发布招揽治国人才的诏令,诏文首赞当年穆公的霸业,接言厉公之后秦国的衰败,然后盛誉献公对局势的扭转:"献公即位,镇抚边境,徙治栎阳,且欲东伐,复缪公之故地,修缪公之政令。寡人思念先君之意,常痛于心。"孝公对其父的评价,史家是认可的,司马迁在《史记·六国年表》序言中即曰:"秦始小国僻远,诸夏宾之,比于戎翟。至献公之后,常雄诸侯。"他把献公时代看作秦国由弱至强的转折点,比孝公的评价还更进了一步。

还有一条很值得注意的史料。《越绝书》(卷8)载秦国的部分世系,有文曰:"自秦以来,至秦元王,不绝年。""秦元王至子婴,凡十王,百七十岁。"秦国历史上没有元王,据《吕氏春秋·当赏》高诱注,秦献公名连,又名元。以《越绝书》所记王数和年数推算,元王无疑就是秦献公,但高注说元为献公之名恐无据。《秦本纪·索隐》说献公名师隰,《吕氏春秋·当赏》说献公名连,不大可能再有第三个名。《秦始皇本纪索隐》引《世本》称献公为"元献公",古人没有在谥前加名字的称号格式,元字非名,应为美称。值得注意的是,《越绝书》不仅称献公为王,而且称之为"元王",而且和司马迁一样把献公放在秦国历史分界点的位置上。"元"字含正始、本原、宏大等义项,称献公为元王,和太史

①参拙著《早期秦史》143—149页。敦煌文艺出版社2004年版。

儋誉献公即位是"霸王出"一样,都反映了古人对献公的历史地位评价之高。

原载《陇右文博》2004 年第 2 期,后收入宫长为、徐勇主编《史海侦迹——庆祝孟世凯先生七十岁文集》,新世纪出版社,2006 年。

我从事秦文化研究的简要回顾

一、我与礼县秦文化事业的缘分

礼县是嬴姓夷族西迁后的崛起之地，也是早期秦文化考古遗存的密集区。我和礼县有极为特殊的关系。多重因素的复合，导致我与礼县秦文化事业结了不解之缘。这从以下 5 个环节即可看出。

1. 学业基础。我 1961 年毕业于山东大学历史系。20 世纪五六十年代，这是在全国名列前茅的校系，方家竞列，学氛浓郁，尤以中国古代史炫辉于世。这影响我终生从事了先秦史的探索，而秦文化是先秦史的重要组成部分，对先秦社会的熟悉是秦史研究的基础。我在学生时代即初步奠定了这个基础。

2. 故乡处位。我出生于山东诸城，那里是海岱文化圈东夷文化的中心地带，域内有大汶口文化的典型遗址。诸城与嬴族起源地莱芜相邻，而莱芜与礼县实为嬴秦发展史上东西对应的两大圣地。这一地缘因素，为我的秦文化研究提供了有利条件。

3. 工作地域。大学毕业后我被分配至甘肃礼县，一呆就是 25 年。先后两次在礼县一中任教，曾一度调至大堡子山旁的园艺场（后改建为"五·七干校"）工作，也在大堡子山斜对岸的永兴中学教过书。礼县各界均不乏我的学生。对礼县的自然风貌和古代文化沉淀，我比较熟悉。

4. 家庭安置。我爱人家乡是可视为当年嬴秦方国都邑东大门的盐官镇,她是68届知青,插队于大堡子山东侧的友好村(黑家崖)。我们结婚后就落户在该村,在那里整整生活了十年。对大堡子山地区,我们是既非常熟悉,又充满感情。而此山正是20世纪90年代发现的嬴秦第一座公陵的所在地。而圆顶山秦贵族墓地,即属于我曾任教过的永兴镇。

5. 职业变换。正当礼县秦文化遗存大白于天下之时,我由庆阳师专(今陇东学院)调至甘肃省博物馆,任历史考古部主任,兼《陇右文博》副主编。为适应新的业务环境,我刻苦学习,积极补课,全身心地投入考古文博天地。在这个节点上的工作变动,导致我治学路径的调整。对礼县秦文化事业的关注,既在我的工作职责之内,又和我的学术志趣相合,更消融在我对礼县人民和山川的情怀中。

以上多重因素交织,形成了一股巨大的合力,影响着我的人生道路。环顾学界,唯我独遇、独承了这种合力。这便是我和礼县秦文化事业的特殊缘分。

二、我为秦文化事业所作的努力

从宏观角度评说,我为秦文化事业所作努力,主要可归纳为如下几个方面:

1. 早期秦史框架的构塑

上世纪90年代礼县嬴秦西垂陵区面世后,秦文化研究热潮初兴时,我即潜心投入其中,坚持考古信息同文献资料密切结合的治学宗旨,开拓了早期秦史研究的新视野,初步构建了早期秦史的基本框架,包括作为一门学问必须涉及的许多环节。诸如嬴姓族源及其图腾崇拜,嬴族西迁时间与动因,陵区状况与性质,都邑所在与变迁,秦文化田野考古与物质遗存,嬴秦方国同中央王朝的历史联结,嬴秦同诸戎尤其是犬戎的关系,嬴秦崛起历程中的重大史事,嬴秦经济、文化的发展水平,嬴秦崛起在华夏文明育兴中的意义等。后来学界关注、探讨的问题,大都在我所构塑的学术框架之内。

2. 引领性研究资料的汇聚

这项工作是我与礼县学者共同完成的。本世纪初,我应邀赴礼参与秦西垂文化研究会的工作策划。讨论中,我力主在收集早秦文化已有研究成果的同时,公布礼县秦文化田野考古发现成果,使图录与文集一起出版成姊妹篇,因为我知道这是学界最迫切的需要。我承担了图录编辑与综论撰写任务,并负责向李学勤先生邀序。经过我和几位礼县学者两年多时间的操作,完成了后由文物出版社印行的《秦西垂陵区》和《秦西垂文化论集》那两部书。这是新世纪有关早秦文化最先问世而内容又最全面的资料汇聚,在学界有较广泛的影响,为推动秦文化的深入研究,贡献了一份力量。

3. 文物征集与信息梳理

在主持甘博历史考古部工作时,我力主并建成了"文物征集处"。那正是礼县西垂陵区被盗文物大量流散的时期,甘博的征集使许多珍贵的秦文物归属国有。我还是第一个罗致世界范围内西垂陵区出土文物信息,并撰文梳理公布的学者,后来又曾为国家追讨海外流失文物提供过资料。西和县公安局向甘博移交的出自大堡子山目字形大墓的那批青铜器及大量残片,就是我赴西和接收并组织人员整理的。如今甘博所藏几件含铭文的秦公鼎、簋,均为那批残片中的修复品。

4. 学术交流与社团创建

我一直踊跃参加礼县举办的秦文化学术活动,并提出自己的一些建议。曾主动与北京、西安、宝鸡、莱芜及省内一些秦文化学者建立联系,尽力争取他们对礼县秦文化事业的支持。2012 年我被荐举为甘肃秦文化研究会会长,筹备并主持了学会的第一次学术研讨会,参与筹划了第二次学术研讨会。2017 年又被荐举为学会第二届会长,并主持学会第四次学术研讨会。任期内,策划了学会第一、三、四届学术研讨会论文集的编印出版。此外,我多次参加过全国性学术研讨会,并以秦文化为主题作了发言。接受过各级媒体 20 多次采访,讲述秦文化的有关问题和意义,为扩大礼县秦文化遗存的影响而不断发声。

5. 对地方学术力量的扶植

我十分重视和地方文化界的朋友们保持联系,交流认知,讨论问题;特别是对一些年轻学者,我喜欢与他们坦诚相处,不拘言辞,有问必复。座谈、候访、接话、答询,从不推避;阅稿、指误、建言、荐文,尽力而为。经我撰写序、跋或题辞的地方学者著作约有七八部。交往中我强调最多的是文献记载与考古遗存紧密结合的治学门径,启发对话者开拓文化视野。在文著中,我常有意引用地方学者的一些观点,或对他们的某些看法提出质疑,以激发他们做深层次的思考,增强他们的学术志趣。有几位年轻学者已视我为他们的忘年交。

6. 学术研究的具体成果

积数十年的刻苦学习和埋头探求,我在秦文化领域微有所成。现从以下三方面略作举示:

(1)文章:我迄今发表过 300 多篇文章,其中写秦史、秦文化、秦物质遗存的多达百余篇,有十几篇论文是发表在国家一级刊物上的。

(2)成书:已出版的 9 部著作中,有 3 部是秦史、秦文化专著。余6 部中,秦事、秦物的内容也占很大比重。如《甘肃通史·先秦卷》即重点写了秦史,《青铜器》中秦国文物最为突出,《摩碦庐文史丛稿》共收文 48 篇,与秦文化相关的文章多达 18 篇。新印行中的一部专题性文集《华夏文明的西源》,关于嬴秦崛起的内容,约占近一半的篇幅。

(3)体系:所选论述课题并非散乱无序的随机而发,而是整体与局部的有机组合。各个环节彼此呼应,脉络通联,相互支撑。所有的论点,都呼应着同一个学术心脏的跳动。已建立起早期秦史、秦文化完整的认知体系。

三、我的秦文化学术观点举要

在秦史、秦文化领域,我先后提出了一系列个人看法,约略统计至少有40多项。其中有些为学界所认可,有些遭到质疑或引起争论,这都极其正常。我历来主张,治学贵在发现并提出问题,观点能令人关注并启发关注者思考,即使结论被证误,也是有意义的。基于这种认识,在此我例举几项较有代表性的己见,以求约略反映我在此领域的一些主体性思路。

1. 关于嬴族最初西迁的时间和动因

创立"阳鸟部族"说。通过族源析证,将《尚书·尧典》和仲测日、祭日的记载,与嬴族西迁联系起来考察。以族系脉络、文化特性、活动地域三层要素的完全重合为主要论据,确定嬴族最初西迁陇右在五帝后期。指出此举既肩负部落联盟交付的天象观测的使命,又含阳鸟部族图腾精神(追日并探求其落点)内因的驱使。对有关神话如十日运行、后羿射日、夸父追日的阐析融涵其中。

2. 关于嬴秦早期都邑及其变迁

创立"西名母元"说。在王国维研究的基础上,我对嬴秦早期都邑如西、犬丘、西垂、西新邑、秦等邑名、地望及其变迁,作了全面而系统的梳理。不仅指出王说的误识,又辨正了后世对非子封地的错判,论析陇上之秦为秦仲封地,并提出了"西新邑"成因和性质的假说。所有论述贯穿一条红线:"西"为最早产生而且嬴秦一直坚持使用的母元性邑名。而西垂,犬丘、西犬丘是畎夷也即犬戎族从东方带过来的邑名。

3. 关于嬴秦西垂陵园的墓主与祭祀人

提出"父登子肩"说。大堡子山陵园墓主为襄、文二公,此非我的创见。但我对此说作了详明的论证和阐述。依据两座大墓规格、位置和出土物时代的差别,论定上方目字形大墓墓主为襄公,下方中字形大墓墓主为文公,指出这符合我国族葬"父登子肩"的古老传统。对大堡子山乐器祭祀坑主祭人秦子,我依据祭坑出土编镈时代以及当时的宗法制度,提出秦子为宪公说。并兼论各类器铭中的秦子,提出"秦子多元"说。

4. 关于秦国的時祭传统

对秦国的時祭,我最早作了全方位的论析。我将此传统与阳鸟部族执掌天象的族性联系起来考察,指出時祭既缘自东夷部族古老的天神崇拜信仰,又育成于后起的"五方帝"宗教体系的成熟。强调其有别于王朝郊祭,而将天祖合于一身的特征。其基本宗旨是通过高扬始祖少昊为西方白帝这面精神旗帜,绕过诸侯不能祭天的王朝圣则,实现神权、祖权与政权的强势结合。对学界关于西時地望的研究,我作了全面评析;对畦時创设原因和背景,发表了自己的看法。对"九土堆"畦畤说,作了补充性论证,提出献公之后每位秦君在襄公西時旁设時,从而形成菜畦状景观的新说。

5. 关于秦国的田制

对关系到先秦社会形态的"爰田制",我曾作过专题研究。主张晋国所行乃农村公社后期,份地固定化后的三圃或二圃轮作制。因为实现份地固定化,须以份地量调剂田质差异的矛盾,质次量大的份地需要休耕轮作。秦国田制变化滞后于三晋,商鞅变法时方推行此制。适应农业生产力显著提高的实情,商鞅以扩大亩积的方式大幅度增加份地量。所谓"开阡陌",为份地量增大后,彻底铲除原井田制下耕地规划的旧躯壳,而代之以新份地制下的配置模式。我通过对青川秦牍

《为田律》的细致剖析,阐明了秦国辕田制下的阡陌配置格局。只有对秦国农业生产方式作出具体直观的表述,方能力证奴隶制在秦国国民经济中只居辅助地位,而非决定社会性质的生产形态。田制必然牵涉生产力问题,为此我对秦国的铁器使用及畜马业,也作了较深入地探索。

6. 关于华夏文明的西部源流

创立"汉渭文化圈"说。我围绕地域范围、远古传说、考古遗存、嬴秦崛起这四个环节,提出"汉渭文化圈"这一历史地理学概念,论证它是与海岱文化圈相对应的西部文化区系,乃华夏文明的西源。对秦文化领域而言,此说既表述了嬴秦崛起的生态环境和人文土壤,又突显了嬴秦崛起决定西北地区历史走向的伟大意义。此说的中心是伏羲文化与陇右文化的关系,对这一领域的论述,倾注了我晚年大部分学术精力。对古汉水上流及嘉陵江的正本清源,即包含在此说中。对陇右史前文化系列的表述,也提出了我个人的一些看法。

7. 关于秦文化研究与华夏文明育兴的关系

创立"二昊文化易位"说。立足于整体史学的宏观认识,通过我国文明时代前夕东西两大文化区系会聚交融的析述,论说横向配置的宗教性"五方帝"体系的形成,及其与纵向配置的史程性五帝体系的关联,阐释伏羲与太昊名号合一的人文原因和意义,以及太昊与少昊反向易位的历史背景。在此基础上,对伏羲"风"姓的缘起,作了充分论证,宣布了我的判断。这些阐析,将秦文化研究纳入华夏文明育兴的宏观史流中,大幅度扩拓了秦文化研究的视野,提升了对嬴秦崛起历史意义的认识高度。

8. 关于嬴秦与犬戎族的关系

完善"犬戎为寺洼文化主人"说。此说学界早有人作过推测,但未见翔实的论证。在对"西戎"这一泛称全面考察的基础上,我对犬戎的族系与活动经历作了探源性辨析,得出它实为夏商时代东方"九夷"中的畎夷,并且就是寺洼文化主人的结论。主要论据是:文献记载中,与嬴秦交往、冲突最为频繁而时间又最久的,是犬戎族;田野考古发现中,在同一时段内,与秦文化遗存紧密邻接乃至交错的,就是寺洼文化。此外,考古学界一直存在寺洼文化外来说;而犬戎即畎夷族,确系由东方迁至西方的族系。寺洼文化面貌与嬴秦考古文化也存在相互影响之处。

本文开宗明义,即重笔交代我与礼县秦文化事业的不解之缘。在拙著《秦史求知录》的前言和后记中,我都曾倾吐过这种心声。如把自己比作一粒渺小的种子,时代之风把它从海岱之间卷扬而起,飞越数千里长空,飘落在汉源之畔的这片土地上,居然发芽生长,乃至开花结果。借用句瑞语,可谓天诱其衷。为此我写过一首宽韵七律《天嘉缘》,今录于此以作首尾之应:

天嘉自古称福地,西风漫捲秦源旗。

齐烟九点韫潍密,汉波三洄绕仇池。

依祁傍陵寄寒舍,引典据物探故实。

利衰毁誉心坦荡,青竹丛中一小溪。

初载于《陇右文博》2022 年 2 期。收入氏著《华夏文明的西源》,三秦出版社 2023 年。

丙编
史疑故实考辨

文王受命说新探

周原甲骨被发现后,史学界对商周关系给予了新的关注。但在商周关系中占据重要地位的"文王受命"说,其真相却至今未获澄清。本文试图对这个问题作一些新的探索,并望得到指正。

文王受命说的产生和完善

出于巩固政权的需要,周初的政治家们把商代的天帝崇拜,发展为"敬天保民"的理念。"敬天"的目的是求得神的福佑,"保民"的目的是实现对众庶的役使。因此,"匮神乏祀而困民之财",被看作是政治的失败;"神飨而民听,民神无怨",[①]被视为政治的成功。人王既是神与民的中介,则必须掌握好"命"这一条上承神旨、下达王意的纽带,这是专制主义王权的政治生命线。所谓天命,就是上帝的意志,人主依据天命取得对民众的统治权,又通过王命行使这种统治权。周人极力宣扬这种观点:殷商本也是膺受天命的,但后来却"诞淫厥泆,罔顾于天显民祗","自绝于天,结怨于民",因此上帝震怒,"大降丧于殷";周人由于"明德慎罚,不侮鳏寡",故受到上帝的眷顾,遂起来"肃将天威","恭行天罚",终于灭掉了曾煊赫"历年"的大邑商,成为天命新的承受者。[②]而导致天命转换的关键人物就是文王。周初文献中关于文

①《国语·周语》。
②以上引文散见于《尚书·周书》诸篇。

王受命的颂辞赞语之多,颇引人注目,现摘要列举如下:《何尊》:"肆玟王受此大命",《大盂鼎》:"文王受天有大命";《尚书·大诰》:"天休于宁(文)王,兴我小邦周,宁(文)王惟卜用,克绥受兹命",《康诰》:"帝休,天乃大命文王",《无逸》:"文王受命惟中身,厥享国五十年",《君奭》:"在昔上帝割申劝宁(文)王之德,其集大命于厥躬";《诗·文王》:"穆穆文王,于缉熙敬止。假哉天命,有商孙子。商之孙子,其丽不亿。上帝既命,侯于周服",《大明》:"维此文王,小心翼翼,昭事上帝,聿怀多福……有命自天,命此文王",《文王有声》:"文王受命,有此武功。既伐于崇,作邑于丰";《逸周书·程寤》:"王及太子发,并拜吉梦,受商之大命于皇天上帝",《祭公》:"皇天改大殷之命,维文王受之"。这是周人为胜利唱的赞歌,也是为新政权的神圣性所造的舆论。神权与王权相统一,唯心主义的天命观与政治斗争的现实需要,得到了有力的结合。

周初的文王受命说仅此而已。后人并不满足于这种神秘的说教,想知道天命授受的具体方式。《孟子·万章》篇记录了万章与孟子关于舜的对话,反映了当时人们的这种心理:"'然则舜有天下也,孰与之?'曰:'天与之。''天与之者,谆谆然命之乎?'曰:'否。天不言,以行与事示之而已矣。'"可见,受天命必须确定一个重要历史事件作为其标志。而文王受天命的标志,是由汉代经师毛亨首先渲染出来的,他在解释《诗·绵》篇"虞芮质厥成,文王蹶厥生"两句时说:"虞芮之君,相与争田,久而不平。乃相谓曰:'西伯,仁人也,盍往质焉?'乃相与朝周。入其境,则耕者让畔,行者让路;入其邑,男女异路,班白不提挈;入其朝,士让为大夫,大夫让为卿。二国之君感而相谓曰;'我等小人,不可以履君子之庭。'乃相让以其所争田为闲田而退。天下闻之而归者,四十余国。"伏生《尚书大传》则谓:"文王受命,一年断虞、芮之质,二年伐于……"《史记·周本纪》本汉初经师之说,在叙述了虞芮质成的故事后,谓:"诸侯闻之,曰:西伯盖受命之君。""(文王)受命之年称王而断虞芮之讼。"这样,文王受命便有了事实根据,虞芮质成乃其标志,文王受命说由此便发展为文王质成受命说了。

商周关系的历史回顾

《周本纪》和《尚书大传》都说文王自质成受命后,发动了一系列的征战:伐犬戎,伐密须,伐耆,伐邘,伐崇。①似乎真的是文王已意识到自己承受了天命,便耀武扬威地扩展势力,取殷而代之了。历史的真相是否如此?

从殷墟卜辞看,商周关系至迟可以追溯到武丁时代。那时的卜辞中,有一些"璞周"("璞"即"戬",甲骨学者多训为"伐")的记载,但多数卜辞表明,周是商的一个较远的属国,双方并无严重冲突。史载文王的祖父古公亶父为戎狄所逼, 自豳迁至岐下, 依附于商才立稳脚跟。《今本竹书纪年》虽系伪书,但有些记载并非凭空捏造,它说"武乙三年,命周公亶父,赐以岐邑。"就是指上述情况。此后,商周关系尽管有矛盾的一面,但总的来说比较正常,主属关系是分明的。《古本竹书纪年》对此提供了较多的资料:"武乙三十四年,周王季历来朝,武乙赐地三十里,玉十瑴,马八匹。""武乙三十五年,周王季历伐西落鬼戎,俘二十翟王。""太丁二年,周人伐燕京之戎,周师大败。""太丁四年,周人伐余无之戎,克之。周王季命为殷牧师。""太丁七年,周人伐始呼之戎,克之。""太丁十一年,周人伐翳徒之戎,捷其三大夫。""文丁(?)杀季历。""帝乙二年,周人伐商"。不难看出,当时周是一个听

---

①在征伐次序上,《史记》与《大传》有异,此处以《史记》为准。

命于商的部族,与商的关系又总是同伐戎相联系。其所伐之诸戎,实即鬼方的各支,乃商西北的劲敌。结合武乙、文丁时期卜辞中"命周侯""命周"等记载分析,周对商的臣服关系是不容置疑的。季历是否被文丁所杀,古书说法不一,商周关系一度紧张则是事实。但到文王时代,关系又有所好转。文王即位后,继续任商的牧师。他曾被纣囚拘于羑里,受过许多凌辱,但他总是屏息周旋,苟顺以求容。文王的母亲即王季的夫人大任,是从商畿娶来的,即《诗·大明》所谓"挚仲氏任,自彼殷商,来嫁于周,曰嫔于京,乃及王季,维德之行。大任有身,生此文王。"文王为了密切同商王朝的关系,继续贯彻王季的意图,一反往昔与姜姓通婚的传统,再次从商畿娶女,即《诗·大明》所谓:"文王嘉止,大邦有子。大邦有子,倪天之妹。文定厥祥,亲迎于渭。"顾颉刚、高亨等学者都认为《周易》所载"帝乙归妹"即指此事,"大邦"非商莫属。《吕氏春秋·顺民》说:"文王处岐事纣,冤侮雅逊,朝夕必时,上贡必适,祭祀必敬。"在某种程度上合乎当时的情势。七十年代末出土的周原甲骨告诉我们:在周部族的政治中心地区,设有商祖的宗庙,周王定期举行祭祀,杀牲盟誓以示忠诚。总之,"小邦周"确是在小心翼翼地服事"大邑商"的。对此,后世儒家解释谓文王内秉仁德,忠贞慎行,恪守为臣之道。其实问题的关键在于是时周人力量尚弱,根本无法与商对抗。所谓"三分天下有其二",不过是为了美化文王形象而虚张的声势。当时文王执行的政策是依附于商,搞好与中央王朝的关系,以求周部族的生存发展,逐步使羽翼丰满;而决不是公然与商对抗,谋求取而代之的政策。

在这样的背景下,难道仅仅是由于两个小国至周质讼,诸侯们便一致认为文王受了"天命"?难道文王本人也果真以受天命者自居,改元更年,急忙揭起翦商的大旗,展开了一系列的军事行动?这是令人难以置信的。

文王受命的历史真相

　　然而,虞芮质成与前引文王的"五伐",却又决非汉儒们的杜撰,它们大都在《诗经》中有所反映。问题的症结在于:文王确实受过"命",但并不是天命,而是王命,即殷纣王之命。《史记·殷本纪》所言:"赐弓矢斧钺,使得征伐,为西伯",就是真正意义上的"文王受命"。文王接受商纣的西伯封号,取得专征伐的大权,这在周部族的发展史上具有划时代的意义。由此,周人扭转了逆境,获得了扩拓实力的良机,为日后的伐商奠定了最重要的一块基石。所以,周人总是满怀骄傲地颂扬此事,传说日久,遂笼上一层神圣色彩。天命观本为周人的基本政治哲学,其伐商的主要理论根据就是天命归说,武王发兵又是打的文王旗号,势必要把文王说成是膺受天命的圣王。于是文王受命任西伯一事,就在与日俱增的胜利赞歌声中被偷换了概念,再经汉儒们用虞芮质讼事加以渲染、阐发,历史真相遂被掩盖。清初史学家马骕已窥及此,不过他是把天命和王命统一起来看的:"受命云者,一受殷命而征诸侯,一受天命而兴周室。"①应当指出,就其实质言,这王命和所谓天命二者非但不能统一,其含义倒是绝然相反的。

　　弄清了文王受命的真相,许多事情便都有了合理的解释。比如虞芮质成,就是因为文王作为西伯,负有调解、处理西方各部落间矛盾纠纷的职责。虞芮质成是文王行使西伯职权的第一件大事,标志着文王的部落联盟长身份被承认,故周人颇引以自豪。汉儒们选中此一历史事件作为文王受天命的象征,是有一定道理的。再如文王的六年五

---

　　①《绎史》卷十九。

伐,为什么商纣没有采取任何遏制措施呢?这是因为五伐都是按商王朝的旨意进行的。西伯为西方诸侯之长,实乃商王之右臂,其"专征伐"的大权,是由中央政府授予的,是以维护商王朝的统治权威为前提的。盖文王所伐诸国,为商之畿外部族,对商有较大的离心力,故商王朝假西伯之手以示惩罚。即以黎(据考黎即耆)言之,武乙卜辞中有大量征伐黎方的记载,且规模都不小,常常要动员"王族"与"三族",由商王亲自率领出征。《左传》昭公四年记椒举语:"商纣为黎之蒐,东夷叛之。"先秦之"蒐",多带有显示武力、威胁对方的性质,如《左传》宣公十四年:"夏,晋侯伐郑,以邲故也。告于诸侯,蒐焉而还……郑人惧。"由此看来,文王败耆,与纣的行动是一致的。至于文王所伐之犬戎,更是商在西北之宿敌,季历就是因为伐戎有功而被商王朝任命为牧师的,文王伐戎无疑也是贯彻了商的意图。文王所伐之邘即鄂(见《史记》集解引徐广语),史载鄂侯为纣所杀,故邘(鄂)国肯定和商王朝处于敌对状态,且乙辛时代卜辞中也有不少商王征邘(盂方)的记载,文王顺纣意而伐之,亦为情理中事。《今本竹书纪年》谓"密人降于周师"的同年,"王锡命西伯得专征伐",如此条记载不伪的话,则伐密显然也被商王所认可。综合诸多因素考察,密须似为商在西方的盟邦,但相比之下,商王还是更看重与周方伯的关系。因此,那种认为文王五伐而导致商周交恶的说法,是不符合史实的。

"伯"是我国古代贵族社会册封制度中最高的等级。《周礼·大宗伯》:"一命受职,再命受服,三命受位,四命受器,五命赐则,六命赐官,七命赐国,八命作牧,九命作伯。"这种受命场面是非常隆重的,《国语·周语》有一段周襄王派太宰文公及内史兴赐晋文公命的文字:"晋侯郊劳,馆诸宗庙,馈九牢,设庭燎。及期,命于武公,设桑主,布几筵,太宰莅之,晋侯端委以入。太宰以王命命冕服,内史赞之,三命而后即冕服。既毕,宾飨赠饯如公命侯伯之礼,而加之以宴好。"这是晋文公初立时的事,只描述了册命的场面,未记命辞。《左传》僖公二十八年载城濮战后周襄王册命晋文公为"侯伯"的命辞:"王谓叔父:'敬服王命,以绥四国,纠逖王慝。'"将上引两段记载互校,我们对贵族社会的"命伯"便有了具体的认识。文王受命为西伯,这在当时是了不起的大事件,周原甲骨对这一具有历史意义的事件,作了简略而可靠的记录:"文武口口往其邵(昭)帝(禘),口来𠂤(佐)卜典,遣周方伯,西正仄𠂤(佐),王受冬(祐)。""贞,王其𢍸(拜)又(侑)大甲,遣周方伯豊(礼)。西正不𠂤(佐)于受冬(祐)。"据徐中舒先生解释,"以上两条卜辞都是文王被起用为周方伯, 前往殷王宗庙拜受新命之事。其不同者,前者是合祭,须有卜人佐助卜典,按次序祭所有殷先王,后者仅告于大甲一人。"①"彝文武宗。贞,王翌日乙酉其𢍸(拜)再,丙戌武豊(上缺)𠂤(裂)卯(上缺)𠂤(佐)王。""再"训"举","𡿩"即"旂"字,徐中舒先生说:"再旂即举起周方伯旂,此旂也应是殷王所颁。"②"贞,王其自(师),用胄,重(唯)乎胄,乎𢍸(拜)受。西不妥(绥)王。""绥"即施。"此言文王在师中举行再旂大典,呼用殷王所颁赐之(胄),而不再用西土原有的大旂。文王接受新命,在周民族中举起周方伯旂的大典,前一日彝于文武宗,翌日乙酉再往殷王宗庙拜谢再旂之事。第三日丙戌文多残缺,其可知者,裂卯皆指杀牲言。佐王上当缺'西正'二字。文王在周民族中举起周方伯旂,也要与西正同饮血酒,同心同德,保卫

①卜辞及解释均引自徐中舒《周原甲骨初论》,《古文字研究论文集》,四川人民出版社1982年版。
②卜辞及解释均引自徐中舒《周原甲骨初论》,《古文字研究论文集》,四川人民出版社1982年版。

周邦,效忠殷王。"①

史实也是这样,文王受任西伯后,六年五伐,为稳定商王朝的西方局势,立了汗马功劳。《左传》襄公四年说文王"率殷之叛国以事纣",殆非虚言。

商周关系后来的演变

商纣为什么要任命文王为西伯,并授以专征伐的大权?

商末的社会危机已十分严重,主要表现为最高统治集团的腐败、内争,以及外围部族的叛离。《诗·荡》描述商王朝内外交困的形势说:"如蜩如螗,如沸如羹,小大近丧,人尚乎由行。内奰于中国,覃及鬼方。"商域东起海滨,西抵陕甘,成一横向条带。商部族本身活动于中原地区,其外围属国,主要分布于东西两翼,于是很自然地形成东西方两大政治群体。是时北方的戎狄与南方的荆楚,虽已开始构成对中原的威胁,但还远非头等问题;商王朝感到棘手的部族矛盾,主要发生在东西两翼,而尤以西翼为甚。因为商族兴起于东方,控制中原后,势力渐向西发展,与西方诸邦的矛盾一直比较尖锐。卜辞中"伐西师""伐西土""伐羌方""伐鬼方""代黎方""伐邛方""征孟方"等记载屡见不鲜,充分反映了商王朝西方部族问题的严重性。东西两大部族集团,在商王朝中央必然有其政治代表,这种权力格局,至西周尚能窥其孑遗。《公羊传》谓周初周、召二公以东、西分陕而治;《尚书·顾命》载康王即位时,"太保率西方诸侯入应门左,毕公率东方诸侯入应门右。"均为例证。在文王被囚前,西方集团一度在王朝中央得势,史称

---

①卜辞及解释均引自徐中舒《周原甲骨初论》,《古文字研究论文集》,四川人民出版社 1982 年版。

文王、九侯、鄂侯为纣之"三公"，他们都是西方部族首领。后来，在最高统治层的内部倾轧中，西方集团垮台，九侯、鄂侯被杀，文王被囚，费中、恶来（均为嬴姓部族首领）获宠，东方集团控制了政局。①这必然引起许多西方部族的叛离，使政局动荡。《逸周书·程典》谓："文王合六州之侯，奉勤于商。商王用宗谗，震怒无疆，请（诸）侯不娱，逆诸文王。"透露了一些消息。一则迫于亲周部族的压力，二则需要在西方培植一支镇压叛乱、稳定局势的力量，于是纣决定起用威望较高而且对商王朝一直恭顺服事的周文王，借助于周人的军事实力来巩固对西方的控制。商纣的这种谋略，对文王来说正是欲渡河而船来，因为他可利用"西伯"的地位和威望，趁势翦灭异己，丰满周部族的羽翼。这是一笔双方都认为对已有利的政治交易。

商王朝任命文王为西伯，也并非就是下策。不管文王心里怎么想，至少在表面上他还是遵守盟誓的。终文王之世，不论是典籍经传还是甲骨卜辞，均未见商周有什么军事冲突。商纣之所以敢于劳师动众去对东夷进行大规模的远征，说明他对背后并无顾忌，对周人控制的西方还是相当放心的。当然，这也是文王策略的成功之处。

商周力量对比的天平在悄悄地发生着变化，文王死后，这种变化终于累增到了平盘可能逆倾的程度。武王认为与殷商决一雌雄的条件已经成熟，于是一反文王时代小心翼翼侯服于商的政策，开始密谋发动对商的战争了。《庄子·天运》载子贡与老子语："文王顺纣而不敢逆，武王逆纣而不肯顺"，不仅道出了这父子俩的不同气质，也反映了商周关系发展的不同阶段。《诗·酌》云："于铄王师，遵养时晦。时纯熙矣，是用大介。"前两句颂文王，说文王虽有锐盛之师，但安位守德，与

---

①嬴姓部族在商代活跃于东方，学者们已多有论述。

时俱晦;后两句颂武王,说一旦时机成熟,武王即大兴甲兵而取天下。换言之,伐商是武王时代的决策。这时商王朝也已认识到了问题的严重性,商周关系日趋紧张。《逸周书》中许多篇章借周初史事以立言,所采商周易代时期的一些资料,当有所据。从该书反映的情况看,文王在世时,不曾有任何与商对抗的策划部署;而武王即位后,气氛大变。武王曾一年内数次"召周公旦",密谋拒商大计,一再声称"余夙夜维商","余夙夜忌商",担心"谋泄",甚至连梦中也"有商惊予"①,双方已成必战之势。是时周之实力已远非文王受西伯之命时所能比,武王已控制了西方诸部族,团结了一批与国,经营了一个可靠的后方,并拥有一支战斗力较强的军队;商纣远征东夷所造成的军力、物力消耗,短期内难以恢复充实,这个战略错误给武王提供了有利时机。这一切都导致武王政策的历史性转换获得了成功。由于文王受天命以代商的说法影响太大,后世遂视文、武政策为一辙,商周关系的复杂性也就被掩盖了。

原载《人文杂志》1988 年第 3 期,人民大学资料中心编《先秦秦汉史》1988 年第 7 期收载。《新华文摘》1988 年第 8 期摘载。收入氏著《古史钩沉》,上海古籍出版社 2018 年。

---

①见《逸周书》的《柔武》《大开武》《小开武》《宝典》《酆谋》《寤儆》诸篇。

武王观兵还师说质疑

牍野之战前两年,据说曾有武王孟津观兵还师一事。关于武王此举的意义,旧说或谓扬武示警,冀纣悛悟;或谓振旅邀盟,卜诸侯之志。此事宋儒已有所疑,因论证无多,后世遂少有理会。延至今日,观兵还师说已为熟悉古史者所共知, 不少论著及教材对此说且有所铺陈,未见再有什么异议。笔者近几年来因留意于商周关系之史事,较仔细地阅读了一些有关文籍,对此成说的相信渐趋动摇,并形成若干否定看法。现将鄙见整理成文,恭求同志们教正。

一、度之情势

观兵还师说最早见于《史记》。该书至少三处述及此事:

《殷本纪》:

西伯既卒,周武王之东伐,至盟津,诸侯叛殷会周者八百。诸侯皆曰:“纣可伐矣。”武王曰:“尔未知天命。”乃复归。

《周本纪》:

武王即位,太公望为师,周公旦为辅,召公、毕公之徒左右王,师修文王绪业。九年,武王上祭于毕;东观兵,至于盟津。为文王木主,载以车,中军。武王自称太子发,言奉文王以伐,不敢自专。乃告司马、司徒、司空、诸节:“齐栗,信哉!予无知,以先祖有德臣,小子受先功,毕立赏罚,以定其功。”遂兴师。师尚父号曰:“总尔众庶,与尔舟楫,后至者斩。”武王渡河,中流,白鱼跃入王舟中,武王俯取以祭。既渡,有火自上复于下,至于王屋,流为乌,其色赤,其声魄云。是时,诸侯不期而会盟津者八百诸侯。诸侯皆曰:"纣可伐矣。"武王曰:"女未知天命,未可也。"乃还师归。

《齐世家》:

文王崩,武王即位。九年,欲修文王业,东伐以观诸侯集否。师行,师尚父左杖黄钺,右把白旄以誓,曰:"苍兕苍兕,总尔众庶,与尔舟楫,后至者斩!"遂至盟津。诸侯不期而会者八百诸侯。诸侯皆曰:"纣可伐也。"武王曰:"未可。"还师,与太公作此《太誓》。

这就是著名的"孟津之会",会后未战而还师。据《史记》说,还师后两年,武王再次挥兵东进,战于牧野,终遂其灭商之志。但在当时形势下,此事有许多不合情理处。

灭商前,周为商之属国,受商中央王朝的控制。自周原甲骨发现后,史学界对此已有大体一致的认识。文王时代的商周关系,曾因纣囚文王于羑里而一度紧张,但后来冲突和平解决,文王不仅被释,且被商王朝任命为西伯,并授予"专征伐"的大权。此即古书多有所载的所谓"文王受命"的历史真相(关于文王受命问题,笔者另有专文论述)。此后,文王为商王朝讨伐叛逆,为邻邦调解纠纷,并建新京于丰,"率殷之叛国以事纣"①一方面稳定了商西北方的动荡局势,一方面趁机壮大了力量,开拓了国势,形成了一个以周为盟主的部族集团。但终文王之世,商周不曾发生过军事冲突。文王六年五伐,在名义上是行使了中央王朝授予的权力,在事实上是为殷纣实施了对叛国的惩

---

① 《左传·襄公四年》。

罚,因此殷纣对文王的军事行动并未采取任何遏制措施。商王朝中虽也有人(如祖伊、微子等)看到了周部族力量强大后将对商造成威胁,但纣王出于某种战略考虑,继续对周寄以信任。而且,甲骨卜辞告诉我们,商周时代的"伐",是一种临时性、局部性的武力打击,"伐"并不意味着"灭"。所以,事情并不像当前有些史学家论著所说的,文王伐耆、伐崇后,从西北与西南形成了对商中心地区的钳形攻势,兵锋已迫商之王畿,似乎灭商已为朝夕事。果真如此的话,商纣是时尚有胜利完成远征东夷任务的军事实力,还拥有一批亲商的部族邦国,为什么却对迫在眉睫的西方威胁视而不见呢? 事实只能是:文王在世时商周关系并不十分紧张,至少,纣王尚不认为周部族是商王朝的致命之患。

武王就是在这种背景下继承文王之位的。武王加速执行灭商决策,但其策划与准备却不能不异常机密。《逸周书》的许多篇章系战国时人假借周初史事以立言,但其所假借的周初史事,却有相当可信的史料价值。据该书记载,武王即位后的两年内,曾多次召周公旦密谋对付殷商之事。武王说自己"夙夜忌商",并神情紧张地担心"谋泄"。《吕氏春秋·精谕》篇有段话很值得重视:"不言之谋,不闻之事,殷虽恶周,不能疵也;口缗不言,以精相告,纣虽多心,弗能知也;目视于无形,耳听于无声,商闻虽众,弗能窥矣。"这说明周之谋商,确处于绝密状态,这是避免纣王疑忌的必然策略。当时周虽已羽翼丰满,但毕竟还只是个地方性集团,并没有与商抗衡的十分把握,这我们从牧野战时周之与邦及兵力不难看出。周人恒自称"小邦周",而称商为"大邑商",决非故作谦卑。所谓文王时已"三分天下有其二",不过是后世儒家美化文王形象的虚拟之笔罢了。在这种情势下,伐商大事只能暗中准备且要求一举成功,决不允许事前即大肆张扬。所谓孟津观兵,号称"八百诸侯毕至",兴师动众,在商王朝的大门口盟誓振旅,耀武扬

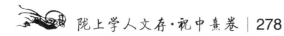

威了一阵子之后,却又"退以示弱",息鼓还师了。这样的"观兵",无异于公然向殷纣下战表,并且有意识地给商王朝以两年准备应战的时间。这同武王密谋灭商的战略意图是水火不相容的。而"资辩捷疾,闻见甚敏,材力过人"①颇有军事经验的纣王,竟然置周部族集团这种大规模武装挑衅于不顾,偏要在此等危险局势下,千里迢迢去进行东夷之征,尤其不可思议。

武王伐商或观兵是由丰京出发的。丰京至孟津的实际路程,少说也有一千华里。史载周军于癸巳日启行,戊午日至孟津,用了二十六天的时间。数万人马,远离自己的根据地,长途跋涉,深入敌方腹心地区,仅仅是为了搞一次示威性的军事检阅,举行一次往返历时近两个月的武装大游行,所承担的风险与耗费的人力、物力和财力,都是用兵原则所不允许的。据上引《史记》言,周方大军已经渡过了黄河,这在当时的运输条件下,实非易事;而且,渡河之后军队即已立于险境,已成必战之势。稍具军事常识的人,恐怕都不至于干这种蠢事。《史记》和伪《尚书孔传》说此举是为了"以观诸侯集否","以卜诸侯伐纣之心",尤难令人置信。这样作等于对友邦与国进行了一次政治大欺骗,使人联想到寓言故事中那个谎称"狼来了"的牧童。《逸周书·丰谋》篇载武王兴师图商前夕与周公交换意见,周公说:"言斯允,格谁从已出,出而不允,乃灾;往而不往,乃弱。士卒咸若,周一心。"显然,周公的意思是:既然举事,即应下定决心,团结众力,说话算话,不能言而无信,中途变卦。否则,将导致自己势力的衰弱,造成灾难性后果。武王当时与周公的意见一致。但孟津观兵还师之举,却完全与上述指导思想背道而驰。

---

①《史记·殷本纪》评纣语。

　　据《史记》所言,孟津观兵时祭过神,宣过誓,古人对祖先神灵及自己的誓言是看得极重的,尤其是军旅之祷祭与众誓,决不会随意背弃,更不可能旋即背弃。祭誓之后不战而归,亦为一大疑点。

二、考之文籍

　　殷末周初史事,本是先秦各类著作的热门话题。孟津观兵还师之举,如确有其事的话,则不仅在当时会引起极大的震动,在先秦文籍中也必将有引人注目的反映。然而,奇怪的是不仅甲骨金文绝无所载,就是《诗》《书》《易》《礼》,诸子百家,也均不见关于此事的踪迹。

　　《诗经》中不少篇章咏述商末史事,许多关于殷衰周兴的重大事件,常能在诗中找到反映。如虞芮质成,见《绵》篇;筑灵台,见《灵台》;伐犬戎,见《采薇》;伐密须,见《皇矣》;伐崇、作丰、宅镐,见《皇矣》、《文王有声》诸篇;牧野之战,见《大明》《閟宫》等等。但不见言及观兵还师事。

　　《尚书》未载此事。伪《孔传古文尚书》中,《泰誓》《武成》是专述武王克殷经过的,但经文本身也不见言及观兵还师事。

　　《古本竹书纪年》不载此事。

　　《左传》《国语》多涉古史,但也不见此事。

　　战国诸子书中述及文王、武王事多不胜举。《孟子》最善征引传闻逸史,其赞叙文、武之言辞近二十处;《韩非子》也以例举旧史见长,其言涉殷末史事者有十余篇。但诸子书中却均不见观兵还师事。《韩非子·初见秦》篇倒是有"武王将素甲三千,战一日而破纣之国"的记述。注家谓"素甲"指为文王着丧服。那么,这就从时间上排除了孟津观兵还师的可能性。《墨子·明鬼下》云:"武王以择车百两,虎贲之卒四百人,先庶国节窥戎,与殷人战于牧之野。"清儒和近世学者都曾指出:

"庶国节"即《史记·周本纪》言观兵时所谓"乃告司马、司徒、司空、诸节"之"诸节","窥戎"即观兵。①此可视为观兵说之滥觞。但墨子明言观兵后大战随即展开,绝无还师之举。此处之观兵,无疑为对部队的战前动员性大检阅。

屈原的《天问》,从盘古开天辟地直问到战国,在所提一百七十多个问题中,有二十多个涉及殷纣与文、武之事,对武王伐纣问得尤细:"会朝争盟,何践吾期?苍鸟群飞,孰使萃之?"前一问说众诸侯如约到孟津会师,后一问即接言将士们作战如猛禽般英武,看不出有"还师"的痕迹。下文又问:"武发杀殷何所悒?载尸集战何所急?"此句与上引《韩非子·初见秦》所述一样,反映了文王死后不久武王伐纣的紧迫情势,中间难容观兵还师之举。

以博闻杂说著称的《吕氏春秋》,引用过商末文、武之事的文章不下二十篇,也均无观兵还师之说。其《古乐》篇倒是有"武王即位,以六师伐殷。六师未至,以锐兵克之于牧野"的记载,说武王等不及大兵赶到就投入了战斗,亦反映了当时事态的紧急。

《逸周书》言商末事的诸篇,是严格按时间先后顺序排列的。其第二十五篇《文传》载:"文王受命之九年,时维暮春,在鄗召太子发曰:'呜呼!我身老矣!吾语汝我所保与我所守,传之子孙……。'"这显然带有遗嘱性质,文王即死于该年。下一篇《柔武》:"维王元祀,一月既生魄,王召周公旦曰:'呜呼!维在文考之绪功……'。"这是武王初即位时的事。二十七篇《大开武》:"维王一祀二月,王在丰,密命访于周公旦曰:'呜呼!余夙夜维商……'"二十八篇《小开武》"维王二祀,一

---

①参看孙诒让:《墨子间诂·明鬼下》,中华书局 1986 年,第 273 页;马叙伦:《读书续记》卷 2,北京市中国书店 1986 年。

月既生魄,王召周公旦曰:'呜呼! 余夙夜忌商……'"二十九篇《宝典》:"维王三祀,二月丙辰朔,王在鄗,周公旦曰……'"三十篇《丰谋》:"维王三祀,王在丰,谋言告闻……周公旦曰:'时至矣。'乃兴师循故。"据此,武王即位第三年兴师伐商,而在此之前,不曾有观兵还师之事。

只有《今本竹书纪年》在帝纣五十一年下系有"冬十一月戊子,周师渡孟津而还"一语。但该书人所共知是靠不住的,王国维在《今本竹书纪年疏证》中指出,上引此条采自《尚书序》,即伪《孔传古文尚书》中《泰誓》之小序。其实,小序只言"师渡盟津",并末言观兵后还师;说还师"示弱"的是所谓孔传。《孔传古文尚书》假孔安国之名,实出东晋,其观兵还师说显然仍本自《史记》。

综上所述,在司马迁以前的所有文籍中,找不到一例关于观兵还师说的记载。

三、究其症结

应当注意到,《史记》本身对武王伐纣事的叙述有些自相矛盾之处:

(1)《殷本纪》《周本纪》《齐世家》说武王于孟津观兵后还师(见前引文),而《刘敬传》(娄敬言于刘邦)却说:"武王伐纣,不期而会孟津之上八百诸侯,皆曰纣可伐矣,遂灭殷。"不言还师再伐之事。

(2)《齐世家》说武王九年于孟津观兵时"与太公作此《太誓》",而《周本纪》却说《太誓》乃十一年伐纣时所作。

(3)《周本纪》与《齐世家》说文王死后两年,孟津观兵;文王死后四年,正式伐纣。而《伯夷列传》却说,武王伐纣时,伯夷叔齐扣马而谏曰:"父死不葬,爰及干戈,可谓孝乎? 以臣弑君,可谓仁乎? "据此,则文王死后不久武王即已发兵攻商,期间不容有观兵还师之举。

(4)《周本纪》说孟津渡河时有"白鱼跃入王舟中，武王俯取以祭"，渡河之后则"有火自上复于下，至于王屋，流为乌，其色赤，其声魄"。(中熹按:此乃战国五行家之说。他们认为白为殷色，赤为周色。)这分明都是"天意"的显示，大命归周的祥瑞，然而武王却以"未知天命"为由，不战而退。

细味以上矛盾，我们不难发现:观兵与伐纣本应是一次行动的前后两个阶段，它们之所以被分视为两次行动，是由于存在着两个年代，换言之，问题的症结在于"九年"与"十一年"的时间差。为了说明这个问题，我们不得不进一步考察一下司马迁写此段历史的材料来源。

司马迁的材料来源一是伏生弟子们所为的《尚书大传》，一是汉武帝时出世的《泰誓》，这是人们已熟知的事实。司马迁对《尚书大传》是非常相信的，《周本纪》中许多关键地方都以《大传》为准。《大传》谓文王受命七年而崩，九年，"武王伐纣观兵于盟津"，司马迁采用此说。今存《大传》的《泰誓》文已失佚，据后世诸书所引，对伐纣观兵之事言之甚详，却并无"还师"之说。所谓"观兵于盟津"，完全可以理解为:部队经过长时间艰苦行军后，在孟津大战前的休整、检阅，进行必要的政治动员，然后渡河向商郊进发。从军事学角度看，这样理解最为合理。但司马迁未作这样的理解，因为他又见到新出的《泰誓》。此《泰誓》据说出于"河内女子"的坭中，它虽与先秦肯定存在过、而西汉时早已亡失了的古本《泰誓》不同，但它出世后却被视为珍籍，相当长的时期内无人怀疑其伪[1]。据刘向说，此《泰誓》发现后即被献给朝廷，

---

①东汉时的马融始疑其伪。

"与博士使读说之,数月皆起,传以教人。"①很快便风行一时,影响甚大。《周本纪》所言白鱼、赤乌等事,即取自此《泰誓》。而此《泰誓》却说武王伐纣,十一年四月上祭于毕,下至于孟津。这样,摆在司马迁面前的是与同一个地点即盟津相联系的两个年代:《大传》的九年和《泰誓》的十一年。正是这个时间差,导致司马迁铸成了观兵还师说的错误。

必须指出,在河内本《泰誓》出世之前,流传的《尚书》经文虽然只有伏生所传的今文二十九篇,但更多篇目(当然,不一定是传统认为的百篇)的《书序》,却已经存在了。据陈梦家先生统计,《史记》全书引过四十五个书序,涉及六十四个篇目(有两篇或数篇共用一序的情况)②,其中包括《泰誓》的序。陈氏根据《周本纪》与《世经》所引内容,结合熹平石经残文考订,认为《泰誓》书序应为如下二十四个字:"惟十有一年武王伐纣十二月戊午师渡于盟津作大誓三篇。"司马迁采用了这个书序,表明他确凿无疑地相信伐纣之实施是在十一年。但他错在没有因此而否定《大传》的九年说,他太相信《大传》了。为求得一致,他便对《大传》所说的九年"观兵于盟津"作了另一种解释:武王在孟津与诸侯会盟,是为了考验一下诸侯的政治态度,旋即回师,两年后方再次出兵伐纣。这样一来,伐纣的实施时间统一为十一年,《大传》与《泰誓》的矛盾也就不存在了。

论述至此,人们可能要问:河内本《泰誓》是否说过观兵还师之事呢? 该书经文也早已失传,无法进行确凿的核证;古人引书多不严格录原文,而常夹以参自他书而形成的个人理解,这增加了我们据后书

---

①《尚书序正义》引刘向《别录》。
②陈梦家:《尚书通论》(增订本),中华书局 1985 年版,267 页。

引文作出判断的困难。据《孔传尚书·泰誓正义》言："彼伪书三篇（中熹按：指河内本《泰誓》），上篇观兵时事，中、下二篇亦伐纣时事，非尽观兵时事也。"正义作者孔颖达为唐人，是时河内本《泰誓》尚存世，他的话是可信的。但我们知道，河内本《泰誓》本为一篇，并无上、中、下之分，故伏生《尚书》并《顾命》与《康王之诰》后再合《泰誓》，仍为二十九篇。该《泰誓》一析为三，乃西汉末所谓孔壁古文《尚书》出世后的事。既为一篇，就不大可能同载跨时两年之久的两次誓辞。孔颖达说中下两篇亦含伐纣时事，足证观兵与伐纣实乃一次行动的两个环节，其间并无"还师"之举。郑玄注《礼记·乐记》曾谓："武王除丧，至盟津之上。纣未可伐，还归。二年，乃遂伐之。"孔疏说此注"出今文《泰誓》"，似乎河内本《泰誓》经文果有还师之说；但孔氏接着又说："郑撮而用之，非正文也。"那么，该注又不过是郑玄所理解的文意，而非《泰誓》之原文了。其实郑玄该注解释的是《乐记》中一段关于舞蹈的描述："先鼓以警戒，三步以见方。再始以著往，复乱以饬归。奋疾而不拔，极幽而不隐。""再始以著往"，本指舞步及路线的重复，郑玄因受《史记》的影响，相信观兵还师说，故用以比附此舞的第一个阶段，认为舞蹈动作象征着观兵还师这一军事行动。这完全是郑玄的发挥，不能证明《泰誓》原文有还师之说。孔颖达指此注出《誓泰》，是指注言武王除丧后挥师孟津渡河伐纣这个主要点而说的。

事情很清楚，司马迁囿于《大传》的"九年"说，而把"观兵"与"伐纣"分割为两次行动，"还师"不过是这一分割必然派生出来的推断而已。《大传》的九年说是错误的，可为什么后人虽然摈弃了《大传》的九年说，却仍相信有观兵后还师之举呢？这又同晋代伪出的《孔传古文尚书》有关了。该书的《泰誓》篇最引人注目，它完全丢开了河内本《泰誓》，也不采《史记》的孟津观兵还师说，而广辑战国文籍中所引已佚的古《泰誓》文句，揣义串缀成篇。但在伐纣问题上，却有个奇怪现象：

序文曰："惟十有一年，武王伐殷。一月戊午，师渡孟津，作《泰誓》三篇。"而其正文却曰："惟十有三年春，大会于孟津……惟戊午，王次于河朔，群后以师毕会。"作伪者不会自相矛盾到如此地步，正文中的"十有三年"显然系伪误。因为二说的季节和日子（"一月戊午"，"春……戊午"）完全相同，这不可能是巧合。但由于人们心目中有《史记》观兵还师说的先入之主，故这个伪误所造成的"十一年"与"十三年"的新时间差，正好取代了《大传》与河内本《泰誓》的"九年"与"十一年"的旧时间差，观兵还师说便又在这块新空隙中获得了新的生命力，差别不过是武王的"两次"行动各向后推移两年罢了。

四、理其纪年

剔除了"还师"说，《史记·周本纪》所言"十一年十二月戊午，师毕渡盟津，诸侯咸会"，即为真实的记录。不过，司马迁此处用的是殷历；如用周历，则应是"十二年一月戊午"。史学界公认可视为周初史料的《逸周书·世俘》篇用的是周历，故说"惟一月丙午旁生魄，若翼日丁未，王乃步自周，征伐商王纣。越若来二月既死魄，越五日甲子朝，至接于商"。《国语·周语》用的是周历，故说"王以二月癸亥夜陈，未毕而雨。"武王伐纣，历时数月，按夏正和殷正计，实跨两个年度。殷历的十一年十二月，正是周历的十二年一月。所以，十一年与十二年两说其实是一回事。后人又有十三年之说，这是由于刘歆、班固附会《尚书·洪范》"惟十有三祀，王访于箕子"而来。其实武王与箕子的谈话，不一定非在克殷的当年不可；据《周本纪》，实为克殷后的第二年，此又恰证克殷年应为十二年。十三年之说后来影响较大的另一个原因，是晋代伪出的《孔传古文尚书·泰誓》篇经文有个十三年的伪误，本文前面已提到过。

必须澄清这样一个问题：这个"十二年"是自文王受命起计（含有

武王即位后的年岁)呢,还是纯系武王的纪年?对此自古至今有两种意见。笔者认为应是自文王受命之岁起的纪年,理由如下:

(1)《史记》文王受命(实指受商命任西伯,得专征伐)后改元更年,汉代著名学者无异辞。盖受命之事,意味着周在西方诸侯中盟主地位的被承认,在周部落发展史上是一件具有划时代意义的大事。自此以后的事件即以此受命年为坐标纪年,是合乎情理的。此事因周原甲骨的发现而获得了新证:"六年,吏(使)乎(呼)宅商西。"徐中舒先生认为此即反映文王宅丰之事①,与《史记·周本纪》所载文王受命第六年"伐崇侯虎而作丰邑,自岐下而徒都丰"密合。

(2)文王之死年,《史记》采《尚书大传》的受命后七年之说有误,当为受命后九年。班固《汉书·律历志》引刘歆《三统》:"文王受命九年而崩,再期,在大祥而伐纣。"皇甫谧《帝王世纪》谓文王即位四十二年更为受命之元年,《尚书·无逸》谓文王"享国五十年",结合二书推算,文王受命至死恰是九年。前引《逸周书·文传》载文王受命九年暮春与武王的谈话,已用遗言口气,而下一篇《柔武》即直称武王之"元祀",也可证文王受命九年而崩。《孔传古文尚书》之《武成》篇经文也明载文王"惟九年,大统未集。"此事历代学者多有所论,无须赘述。

(3)许多材料表明,武王即位后不久(至多不超过三年)即兴师伐纣,不可能十二年之后方举事。如《史记·周本纪》谓武王伐纣载文王木主,自称太子发;《伯夷列传》谓武王兴师时伯夷叔齐扣马而谏,非难武王"父死不葬,爰及干戈";《楚辞·天问》有"武发杀殷何所悒?载尸集战何所急?"之句;《韩非子·初见秦》言武王伐纣,"将素甲三千,

---

①卜辞及解释均见徐中舒:《周原甲骨初论》,载《古文字研究论文集》,四川人民出版社1982年版,8页。

战一日而破纣之国。"(梁启雄注:"武王在丧服,故素甲。");《淮南子·齐俗》:"武王伐纣,载尸而行。海内未一,故不为三年之丧始。"以上诸条足证伐纣乃武王即位后三年之内的事。此外《逸周书·丰谋》篇明言武王"三祀""兴师循故",更是确证。

(4)《帝王世纪》:"文王即位四十二年,岁在鹑火。文王更为受命之元年。"《国语·周语》载伶州鸠答周景王语:"昔武王伐殷,岁在鹑火。"从文王受命到武王克商,正好是古太岁纪年法的一个周期,即十二年。如说伐纣之十二年纯系武王纪年,则上距文王受命年数为二十一,不合岁星之周纪。

原载《青海师范学院学报》(哲学社会科学版),1987年第3期。收入氏著《古史钩沉》,上海古籍出版社2018年。

关于《诗·卫风·氓》的几个问题

《卫风·氓》是《诗经》中的名篇,其艺术价值和思想意义以及在文学史上的地位,早已为人们所熟知。本文试图从史学角度探讨该诗中的几个问题。

"氓"的身份

在研究《诗经》的古今著作中,除了少数把"氓"说成是对男子的卑称(清人顾栋高的《毛诗订诂》持此说。今人林庚、冯沅君主编的《中国历代诗歌选》释氓为"这家伙",也属此说)外,几乎众口一词,释氓为"民"。

释氓为民,原则上并不错,但若多翻阅几本先秦文献便会发现:在许多文句中,氓、民并列使用,而且二者显然具有不同含义。如《战国策·秦策》:"不忧民氓。"《淮南子·修务》:"以宽民氓。"《孟子·公孙丑上》:"廛无夫里之布,则天下之民皆悦而愿为之氓矣。"尤其是《周礼》一书,其"小司徒"职是主管乡区的,通篇称"民";其"遂人"职是主管遂区的,通篇言氓。界线清楚,区分严格。上述情况告诉我们,不能简单地在氓、民之间画等号,有必要考察一下"氓"的特定含义。

综观古文献的注疏笺释,除了训氓为民者外,尚有如下一些解说:

1. 田民说,即释氓为农民。如:《说文》:"甿,田民也。"《史记·陈涉世家》集解引徐广云:"田民曰甿。"甿为氓字之异体。

2. 野民说,即释氓为边远地区的农民。如:《孟子·滕文公》赵歧注:"氓,野人之称。"《淮南子·修务》高诱注:"野民曰氓。"

3. 徙民说,即释氓为从别处迁移来的农民。如《周礼·旅师》郑玄注:"新氓,新徙来者也。"焦循《孟子正义》《公孙丑》篇:"自他归往之民,则谓之氓。"《万章》篇:"氓是自他国至此国之民。"

以上三说中,最后一说虽不大为人们所注意,但却最接近氓(或甿)字古义。《孟子》一书中曾多处用"氓"字,考其义,确是指从别处迁来之民。现代汉语中的"流氓"一词,尽管"氓"的表义已发生质的变化,但它和"流"字联结在一起,仍能看出其古义的残迹。今天北方人常把外地流落来的没有户口的人称为"氓流",氓字古义的留存更为明显。

但"迁来之民"严格说来也还不是氓字的本义。氓字的本义应当是"遂区之民"。彻底解决这个问题,必须涉及周代的乡遂制度。乡遂制度是我国农村公社后期的结构,是时血缘纽带虽仍发挥着重要作用,但居民已基本上是通过地域关系联结起来的。村社成员每家拥有一定数量的份地,而且份地已经固定化,不再定期轮换,建立在份地基础上的小家庭经济已十分稳定。由于"彻"法剥削取代了"助"法剥削,所以形成了严格的户籍制度,村社成员被编制在专制主义政体的统治层序之中,如《周礼》所述:"五家为比,五比为闾,四闾为族,五族为党,五党为州,五州为乡。"同一比闾的人服军役和徭役时编在一起,他们的份地也相互毗连,即《国语·齐语》所说的"人与人相畴"。最初是只有"乡"而没有"遂"的。所谓"乡",从人的角度讲,是指聚居国邑中的村社成员之最高户籍编制级层;从地域角度讲,是指国邑周围的平野。但随着人口的繁衍,在国邑周围的平野上份地逐渐连片为大型田域,终于再也没有多余的份地提供给新生的劳动力。而且,与份地连片相对应的严格的行政、军事合一的户籍制度,也不允许经常插

入新的成员。马克思在谈到农村公社的"再生产"时曾经说过:"凡是在那每一个人应得若干亩土地的地方,那里居民的增长,就已经妨碍了这一点。"①那么,新生的劳动力怎么办呢?只有一条出路——向乡区连片份地之外的未垦区域发展。于是,在乡区之外出现了一些新的居民点,被称作"郊邑"(孙诒让《周礼正义》"泉府"条下说:"郊,六乡外之余地。")段玉裁《经韵楼集》中说:"郊之为言交也,谓乡与遂相交接之处也。"而郊邑之外新开辟的田域,就被称为"遂"。显然,遂区是乡区的扩展,遂民是乡民的分蘖。迁移到遂地去安家落户的是些什么人呢?是乡民中的"余夫"。即每一个村社家庭中除了家长及其嫡长子之外的男劳力。在宗法制度下,嫡长子不仅继承其父的份地使用权,而且继承家产和宗权,他们世代相袭地生活在定型化了的比闾编制之中,在一般情况下是不往他处迁移的。而其他庶子即"余夫"就不同了,他们长到有权领受份地的年龄,要独自成家立业。乡区无法容纳他们,他们的份地只能划配在遂区。郑玄注《周礼·载师》时曾指出过这一点:"余夫在遂地之中。"而孔疏做了更具体的阐发:"百里内置六乡,以九等受地,皆以一夫计,其地则尽。至于余夫,无地可受,则六乡余夫等并出耕在遂地之中。"

《诗》《郑笺》谓氓的读音是"莫耕反",其字本应作"萌"。古文献中氓、萌通用,如《周礼》"兴锄利甿"句,《说文》引作"兴锄利萌"。《墨子·尚贤上》说:"国中之众,四鄙之萌人,闻之皆竞为义。"用的也是萌字。赵歧注《孟子》曾指出,萌比氓为古,"经典内萌多改氓改甿"。征之甲骨、金文,此说有据,氓、甿确系后起字。萌者,蘖也。草木分蘖滋生谓

①《资本主义生产以前各形态》,人民出版社,1956 年版第 31 页。

之萌,人口的繁衍增殖也谓之萌。因此,迁到遂区成家立业的乡区余夫,就被称作"萌"。后来人们为了区别植物滋萌的义项,另造了同音同义的新字"甿"和"氓"。这就是氓字本义的渊源。后来有所引申,不仅指迁往遂区的乡区余夫,凡自他处迁来之民皆谓之氓。

弄清了氓字的本义,我们对《卫风·氓》篇中的一些情节便会有更深的理解。诗中的"氓",正是一个由乡区迁徙到遂区落户的村社成员。诗中女子自述与该氓"总角之宴,言笑晏晏,信誓旦旦",可见他们是青梅竹马,自幼生活在一处的。可是为什么长大之后他们却不在一起了呢? 这正是男方到了授田年龄,离开老家到遂区去立业了。诗中所反映的他们双方居住地的距离, 也正是像卫国这种诸侯国的国都至郊遂的距离。关于周代国、郊的间距,汉儒们说法不一,其实,这要看国家的规模如何。郑玄注《仪礼·聘礼》时说:"周制天子畿内千里,远郊百里,以此差之,远郊上公五十里,侯伯三十里,子男十里也。近郊各半之。"这说法比较合理。所谓"远郊",是指郊邑以远的地区,即遂区;所谓"近郊",是指郊邑以近的地区,即乡区。西周时卫属大国,远郊五十里,近郊二十五里。周里长度为今华里的三分之二,那么,郊邑至国都的距离当为今天的十六、七华里左右。遂区之民是聚居于郊邑中的,诗中描述该氓可以用"抱布贸丝"作为与女方往来的借口,说明相距并不是太远;但又需乘车、涉淇,说明相距也不是很近的。可能就是十几里到二十里左右的路程, 这同上述卫国国都至郊邑的距离相符。诗中女子自述:"自我徂尔,三岁食贫","三岁为妇,靡室劳矣;夙兴夜寐,靡有朝矣",反映的也正是乡遂制度下村社小农家庭的劳动生活。这种村社小农经济在《诗经》中多处可见,这是当时占统治地位的社会生产形态。史学界流行着一种观点:把"国人"即乡民说成是自由平民、国家公民;而把"野人",即遂民和都鄙之民说成是奴隶。这种论断在古文献中找不到任何证据, 相反地却存在着大量反证,《卫

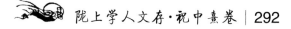

风·氓》就是一例。如上文所阐明的,遂民是由乡民繁衍增殖而来,其与乡民只在宗法身份上有区别,决无阶级的区别。即以《氓》篇反映的情况言之,该氓的生活相当穷困,这是事实;但他能够"抱布贸丝",能够求媒谋卜,娶妻成家,且有自己的车辆,显然有独立的小家庭经济,无论如何也难以把他说成是"奴隶"。

"布"指什么

对"抱布贸丝"的"布"字,诸家解释,不外两种:一是释为"货币","抱布贸丝"即用钱买丝;一是释为"布匹","抱布贸丝"即拿布换丝。

以文学作品而论,释布为货币或为布匹都无关宏旨,因为这不影响该诗的主题和人物形象。但从史学角度看待这个问题,却关系甚大,产品交换究竟是货币买卖形式,还是以物易物形式,直接反映着当时的生产水平和商品经济的发展程度。

《氓》被认为是春秋初年的诗,那时的卫国,不可能仍处于实物交换的时代。恩格斯曾经指出,早在原始社会末期,第三次社会大分工"创造了一个不从事生产而只从事产品交换的阶级——商人"。而且,随着商人阶级的产生,"出现了金属货币即铸币"。[1]我国至少在商代即已有贝币流通,中华人民共和国成立以来考古发掘的实物证明,商代后期且已有了仿贝的金属铸币(铜贝)。商民族是以善于经营商业而著称的,后世把买卖人称为"商人",据说就是由于商民族的擅长经商。《尚书酒诰》记载的是周王对被征服的殷商民众的告诫,有"肇牵车牛远服贾,用孝养厥父母"的话,可作为商畿内商业比较发达的旁证。卫国所在,正是商王朝的中心地区,这一地区的货币经济早在商

---

①《马克思恩格斯选集》卷四,人民出版社,1976年版,第162页。

代即已相当繁荣,经过了一段较长时间的发展,到春秋时代却又退回到了原始社会的以物易物时代,这实在是难以令人相信的。

其实,"布"作为货币,不仅《毛诗》郑笺、朱熹《诗集传》都有明确的解释,古文献中也有大量例证,本是不须论证的货币史常识。然而为什么当今许多《诗经》研究者却要摒弃旧说,不把"抱布贸丝"的"布"解作货币呢? 这是因为他们囿于"布币乃一种金属铸币"这样的成见,不知道在金属布币流行之前,我国曾广泛流行过纺织品布币这一史实。

一般的货币史著作,都说"布"是一种铲形金属铸币,是由农业生产工具"镈"(即《诗经·臣工》篇所谓"命我众人,庤乃钱镈"的"镈")演化而来的。镈与布同声,故布字就代替了镈字。这种金属铸币保留了镈的外形, 早期的还铸有装柄的空首 (即所谓 "空首布")。一提到"布",人们便联想到这种铲形金属币。而这种金属布币,大量流通于战国时的三晋地区。就连力主我国铸币早于传统说法的货币史学者,也只能作出春秋中期可能已有金属布币的判断;而《氓》却是春秋初年卫国的诗作, 学者们倾向于认为当时的卫国不大可能流通金属布币。此外,"抱布贸丝"的"抱"字,也表明布不是金属铸币,因为金属布币不存在"抱"的问题。这就是当代许多《诗经》研究者要把"布"解释作"布匹"而不视为货币的原因。

金属布币无疑是由铲类农具演化而来的,但它被称作"布"却并非因为镈、布同声,而是因为纺织品的"布"本身就曾充当过主要货币。布匹的货币职能在社会生活中影响至大,在人们的习惯意识中印象至深,所以后来出现了铲形铸币时,人们仍沿着历史的惯性称之为"布"。马克思在论述某种商品转化为货币时说过,作为一种特殊商品的货币,"究竟固定在哪一种商品上,最初是偶然的,但总的说来,有两种情况起着决定的作用。货币形式或者固定在最重要的外来交换

物品上，这些物品事实上是本地产品的交换价值的自然形成的表现形式；或者固定在本地可以让渡的财产的主要部分如牲畜这种使用物品上。"①我国古代的货币形成，证明了马克思的这一论断是正确的。我国的贝币，属于马克思所说的第一种情况，贝产自海边，对于商、周两代的辽阔国域来说，它确实是"最重要的外来交换物品"。布匹作为货币，属于马克思说的第二种情况，人们的生活离不开布匹，它是凝聚着一定量劳动的社会产品，是"在本地可以让渡的财产的主要部分"，而且便于计量和携带，最易发挥交换和流布的功能。

布字从"巾"，古巾字与"市"同，音弗，表示某种纺织品。货币的"币"与市场的"市"也都从"巾"，这中间已很清楚地显示了纺织品与货币交易存在着某种必然的联系。《汉书·食货志》说："太公为周立九府圜法；黄金方寸而重一斤；钱圜函方，轻重以铢；布帛广二尺二寸为幅，长四丈为匹。"这段话不尽确当，但指出布帛为货币的一种，却决非班氏的凭空捏造。《孟子·公孙丑上》："廛无夫里之布，则天下之民皆悦而愿为之氓矣。"赵岐注："里，居也；布，钱也；夫，一夫也。""里布"为一种税收。最有力的证据是睡虎地秦墓所处竹简中的《金布律》："布袤八尺，幅广二尺五寸。布恶，其广袤不如式者，不行。""钱十一当一布。其出入钱以当金布，以律。"②律文不仅明确规定了布作为货币的尺寸，还规定了布币与金属币的兑换比值。《韩非子·内储说下》载："卫人有夫妻祷者，而祝曰：'使我无故得百匹布。'其夫曰'何少也？'对曰：'益是，子将以买妾。'"这故事恰巧也发生在卫国，表明

①《资本论》卷一，第二章。人民出版社，1976年版，第107页。
②睡虎地秦墓竹简整理小组：《睡虎地秦墓竹简》，文物出版社1978年，第56页。

直到韩非子的时代,布匹仍作为货币而流通于卫国。《周礼·载师》郑司农解释"里布"时云:"里布者,布参印书,广二寸,长二尺,以为币,贸易物。"如此说有据的话,则以布匹这种商品作为货币,也曾经简化为一种证券形式,尺幅不大,上面盖有"印书"。这种证券形式的布币,其流通的范围和时代,还有待于更深入地考证和研究。但不管怎样,纺织品的布曾经长时期充当过货币,这是毫无疑问的;虽然后起的金属铲形币逐渐取代了纺织品的布币,但却继承了"布"的名称。

《左传·成公八年》已有引《氓》篇的文例,说明此诗是春秋中期以前的作品,甚至不排除其为西周末期诗的可能性,那正是布匹货币盛行的时期。因此,《氓》诗中"抱布贸丝"的"布",指的是货币,是纺织品的布币,而不是金属质的铲形布币;"抱布贸丝"反映的是货币交易,而不是实物交换。

"复关"何解

对"复关"的解释,是《氓》诗中分歧最大、最难解决的一个问题。据我所知,有如下几种成说:

1. 人名说,即该氓的名字。

2. 地名说,即该氓所居之地。

以上两说是把"复关"作为一个名词来看待。

3. 车厢说,"复"释返回;"关"释车厢。"复关"可译为"回来的车子"。

4. 关卡说,"复"释返回;"关"释"关卡"。"复关"可译为"从关口回来"。

以上两说是把"复关"作为动宾短语看待。

让我们对这几种成说略作评析。

人名说于诗义最顺,因为该女子满怀思念,"乘彼垝垣",盼望到

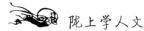

来的应当是人,故接着说"不见复关,泣涕涟涟;既见复关,载笑载言。"此说也符合《诗经》的句式习惯。我粗略统计了一下,《诗经》中"未见"(或"不见"),"既见"对应使用的句式共八例,"既见"单用的共十七例,"未见"或"不见"单用的共十三例(不包括《氓》篇),其宾语皆指人而言,另有"不见"与"乃见"对应的句式两例,其宾语也是人名。据此推论,"复关"也当为人名。但通观全诗,"复关"如是人名的话,出现得太突兀。诗的开首称"氓",后又称"子"、称"尔",中间忽然连用三个"复关",在修辞上十分别扭,对于像《氓》这种艺术上相当成熟的作品来说,不大可能有这类毛病。另外,先秦的习惯,一般地说,名用一个字,字用两个字。像氓这种身份的人,称字的可能性很小。所以,人名说难以为人们所接受。

地名说由来已久。郑玄和朱熹都从此说。此说有合理的一面,如果"复关"是一个词,那么,不是人名的话,则肯定是地名,决不会再有其它。有人还曾试图考证"复关"的地望,说"澶州临河县复关城在黄河北阜也,复关堤在南三百步,自黎阳下入清丰县界。"①但此说有一个致命的弱点,即地名不存在"不见""既见"的问题,不可能一会儿出现一会儿消失。而且,紧接着"载笑载言"一句也不好解释。至于地望,所谓之复关城与复关堤距淇水和卫都朝歌甚远,也决非登上墙头所能望见者。因此,此说不可取。

车厢说为高亨先生的独家见解,他引《墨子·贵义》篇"墨子南游使卫,关中载书甚多"以证"关"应释为车厢,"复关"指男方回来接女方的车子。②此说于诗义甚通。古时结婚,确有男方驾车亲迎的风俗,

①见胡承珙:《毛诗后笺》引《寰宇记》。胡氏并不赞同此说。
②高亨:《诗经今注》,上海古籍出版社,1982年版。

《诗经》中的所谓"携手同车""有女同车""驾予与归"等等,皆可为证。《氓》篇所叙述该女子热切期盼未婚夫驾车返回来接她,实如同后世所说的"盼花轿"。但释关为"车厢",只有《墨子·贵义》篇中的一条孤证,未足服人。

首倡"从关口返回"之说的是余冠英先生.他说:"复,返也;关,在往来要道所设的关卡。女望男到期来相会, 他来时一定要经过关门。"①我认为到目前为止这是诸说中最能圆通的解释,在先秦史料中也能找到例证。那时的郊邑地区,的确是设有关卡的。郊区相当于国都的大门口,或者说是国都的一道外围防线,国家有许多重大活动,诸如祭天之礼、对贵宾显使的迎送、军队的整顿等等,都在郊区举行,因此郊区要设关。《孟子·梁惠王下》:"臣闻郊关之内有囿方四十里。"《周礼》中设"司关"一职,掌管对来往行人的盘查和对商旅的征税事务。《周礼·地官·遗人》条下叙述国家收入的用途,按从内到外的顺序,先言"乡里",后言"门关",再言"郊里"。所谓"门关"正是指乡遂之间的关卡。《仪礼·聘礼》说来宾"及境,张旜誓,乃谒关人。"《左传·襄公十四年》载:"蘧伯玉从近关出"(杜注:"欲速出境。"),《左传·昭公二十年》:"偪介之关,暴征其私",说的都是郊关。《氓》诗中的氓既是遂区之民,他要到国都中与女方相会,当然是非经过郊关不可的。《古谣谚》卷九十九载先秦古谚,有"逾关不可复,亡犴不可再"之句,说明古时确有把经过关口返回来称为"复"的这种用法。

1984 年《文史知识》第二期,刊载了罗春初同志《说复关》一文,在余冠英之说的基础上又发挥了一下,说关口是集市所在,氓是个商人,而"商人重利轻别离",他要到关市上去做买卖,因此那女子盼望

①《诗经选》,人民出版社,1956 年版,第 43 页。

他从关口回还与她相会。我觉得这样立论是值得商榷的。首先,说该氓是个商人,没有半点根据。找不到一条先秦文献例证,也举不出一家注疏笺释,是把氓解作商人的。也许罗春初同志认为"抱布贸丝"就是根据,但拿钱买东西这是人们社会生活中的常事,怎么能证明买东西的人一定是商人呢? 当然,该氓没有到市场上去买,而是找上女方的门去买的,这是因为他另有目的,"贸丝"不过是个借口罢了。所以诗文明言:"匪来贸丝,来即我谋"。事实上,如我在本文第一部分所论述的那样,氓是个遂区之民,是乡遂制度下的一个普通村社成员,决不是个商人。此外,"关市"之说也难以成立。"关"与"市"是两码事,不能混为一谈。征税固然是设关的目的之一,但征税的地方却不一定就是交易场所。《孟子·公孙丑上》说:"市廛而不征,法而不廛,则天下之商皆悦而愿藏于其市矣;关讥而不征,则天下之旅皆悦而愿出于其路矣。"将关和市的不同性质区别得清清楚楚,关之征分明是一种过路税而非贸易税。《周礼·司关》称:"司货贿之出入者,掌其治禁,与其征廛。凡货不出于关者,举其货,罚其人。凡所达货贿者,则以节传出之。"显然,司关执掌的是征收关卡税的职务,其注意的中心是货物的进出是否办理了关税手续,而与货物的交易无涉。交易场所即集市并非设在关口上,而是设在都城(或大邑)之内的。《考工记》:"匠人营国……左祖右社,面朝后市。"大量的古城发掘材料已证明《考工记》关于城市建设布局的记载是正确的。《左传·文公十八年》载鲁夫人哀姜被绝回娘家齐国:"将行,哭而过市,市人皆哭。"《左传·昭公三年》载:"景公欲更晏子之宅,曰:'子之宅近市,湫隘嚣尘,不可以居。"表明市在国城内而不在郊关。罗文引《史记·匈奴列传》关于景帝、武帝时在边境设关市以与匈奴进行贸易的记载,证明《氓》诗中的关亦当设市尤为不伦。后世与异族的边境贸易,与先秦乡遂制度下的郊关之制完全是两码事,不能同日而语。最后一点,按罗文的逻辑推,该氓与该女似是婚前即同居住于国城中，只是由于氓外出到关市上去作买卖才暂时分离，这是与诗意不符的。诗言他们双方交往需要"涉淇"，女方远送男方"至于顿丘"，女方出嫁和被弃时都需要乘车等等，很明白地告诉我们，他们婚前是分居两地且有相当远的距离，不能以同处国中视之。

因此，"复关"问题，还是余冠英先生的解释比较稳妥。

原载《人文杂志》1985 年 4 期。收入氏著《古史钩沉》，上海古籍出版社 2018 年。

先秦独特的挑战方式
——致师

我国古代军事家,非常重视军队临战时的精神状态,提出过"气"的概念。《左传·庄公十年》所载著名的曹刿论战即曰:"夫战,勇气也。一鼓作气,再而衰,三而竭。"《尉缭子·战威》篇谓:"民之所以战者,气也。气实则斗,气夺则走"。"气失而师散"。所谓"气",就是指战士们基于必胜信念而激昂奋扬起来的那种敌忾情绪和求战欲望。昂扬的士气,在战斗中必将转化为巨大的歼敌力量,故高诱注《吕览·审时》篇时直接说:"气,力也。"因此,军队统帅在战前十分注意激发战士的斗志,此即《孙膑兵法·延气》篇所谓:"临境近敌,务在励气。"

古代战争中"励气"的方式很多,其中与交战直接关联的一种"励气"方式就是"致师"。《周礼·夏官》有"环人"之职,其首要任务是"掌致师"。郑玄注云:"致师者,致其必战之志。古者将战,先使勇力之士犯敌焉。"旧版《辞源》"致师"条下据郑意而作申释:"致其欲战之意于敌人也。"其实,致师的意思绝不止此。致师的主旨在于先声夺人,显示己方的勇猛威武,以达到震慑敌军气焰、鼓舞本军斗志的目的。因此,致师者的风格可以各异,但有一点却是共同的,即都要突出一个"勇"字。《左传·宣公十二年》叙晋楚邲之战:"楚许伯御乐伯,摄叔为右,以致晋师。许伯曰:'吾闻致师者,御靡旌摩垒而还。'乐伯曰:'吾闻致师者,左射以菆,代御执辔,御下,两马、掉鞅而还。'摄叔曰:'吾闻致师者,右入垒,折馘、执俘而还。'皆行其所闻而复。"是时战车为军事攻守运动的主要凭依,每乘战车都是一个独立的作战单位,车上配备甲士三人:左执弓主射,右执戈主击,中执辔主御。许伯等人各立足于自身的职责而确定了致师的标准:御者驾战车直驰敌军营前,让车上的旌旗擦过敌营的壁垒;车左一面发矢射敌,一面代御操缰,让御者下车去整理好马的颈革;车右于此时杀入敌营,斩取敌军首级,并抓回一个俘虏。当然,这是致师的高标准,一般人难以做到。但由此我们可以看出,致师的要义就在于表现勇武。

　　致师之举,一般发生在交战双方均已摆开阵势之时。一方致师,另一方当然不会坐待,必然要予以反击。上引邲之战楚方许伯等三人致师,下文即言:"晋人逐之,左右角之",只是由于乐伯善射,"左射马,而右射人,角不能进",方逃脱了对方的追击。对于遭受致师的一方来说,未能抓获或消灭致师者,则被视作一种耻辱。邲之战中晋方的赵旃,即因"怒于失楚之致师者"而请求赴楚营挑战。所以,致师是相当艰巨而危险的任务,致师者往往战死或成为俘虏,如《左传·文公二年》载晋国的狼瞫,"既阵,以其属驰秦师,死焉。"《左传·哀公十七年》载"齐国观、陈瓘救卫,得晋人之致师者。"皆为例证。正因为致师要冒极大的危险,故高水平的致师者重在以轻松自如的风格来显示自己超人的勇敢和卓绝的武艺。入垒、杀人、获囚、归营,都在神情自若、敏而不乱中完成,惊心动魄的冒险化为一种搏击的艺术,令人叹为观止。《左传·襄公二十四年》关于晋楚棘泽之役的一段文字,大约是这类高水平致师最精彩的描写了:

　　　　晋侯使张骼、辅跞致楚师,求御于郑。郑人卜宛射犬,吉。子大叔戒之曰:"大国之人不可与也。"对曰:"无有众寡,其上一也。"大叔曰:"不然。部娄无松柏。"二子在幄,坐射犬于外,既食,而后食之。使御广车而行,己皆乘乘车。将及楚师,而后从之乘,皆踞转而鼓琴。近,不告而驰之。皆取胄于槖而胄,入垒,皆下,搏人以投,收禽挟囚。弗待而出,皆超乘,抽弓而射。既免,复踞转而鼓琴,曰:"公孙,同乘,兄弟也,胡再不谋?"对曰:"曩者志入而已,今则怯也。"皆笑,曰:"公孙之亟也!"

晋国张骼、辅跞这两位,可谓致师专家了。由于事前慢待了郑国的御者,而御者某种程度上说又是决定乘士命运的人,故他们二位的致师任务就加倍的艰险。但他们却从容不迫到这种程度:临近敌营方登战车,最后一刻方解囊戴盔,在御者关键时刻两次以突然疾驰相报复的情况下,竟仍能蹲在车后的横木上悠闲地弹琴;完成任务后胜利归来,对御者的不合作行为毫无愤怨,而是豪爽友善地谈笑风生。这种风度,在当时无疑会博得全军的欣赏和赞叹。

致师贵在从容中显出勇敢,所以有时还讲究穿插以"顾献"之礼。春秋时代及其以前,战场多选在山下的莽野之地。当时人烟稀少,禽兽甚多,战场往往也就是猎场。试看《逸周书·世俘》篇所记牧野之战,周军在战胜商军的同时,就曾猎获过虎、麋、熊、豕等大批动物。所谓"顾献",是指背后有敌人追击的情况下,射取动物作为礼品,回身献给对方。出现这种场面时,追击的一方一般也就以礼相待,不再追逐。这可视之为古代的一种贵族式的军事道德。

应当指出,人们常把"致师"看作是"挑战"的古语,这是不妥当的。这种认识,是受了《左传·宣公十二年》杜注以"单车挑战"释致师的影响。《后汉书·光武帝纪》:"光武击铜马于鄡,吴汉将突骑来会清阳。贼数挑战,光武坚营自守。"李贤注挑战:"挺身独战也,古谓之致师,见《左传》。"其实,致师并非挑战的同义词。挑战的主要目的在于使敌方投入战斗,而致师的主要目的是显示勇猛,振奋军心。致师是在两军阵前进行的,是大战前的序幕。有时致师甚至直接与大战联为一体,如《逸周书·克殷》篇记牧野之战:"周车三百五十乘陈于牧野,帝辛从。武王使尚父与伯夫致师。王既誓,以虎贲戎车驰商师,商师大崩。"显然,周方的致师,是一次百人锐卒的集体冲锋,这一冲锋竟动摇了商军的阵脚,大部队随后压过去,商军遂全线崩溃。在这次战役中,致师与决战是一气呵成的。而挑战则不必然。挑战不一定在阵前,也不一定意味着马上要展开总体性决战。因为还存在着对方应或不应,何时方应的问题。致师固然含有挑战的成分,但挑战却不一定以致师的方式进行。

为什么杜预及其后的许多注家,都把挑战与致师看作是一回事呢？那是由于挑战一词的内涵,从战国以后发生了变化,其词义已不再广含表示欲战意图的各种形式,而缩小为独身赴敌阵前作武装挑衅这一种形式,而这种形式,则与战国前的致师形式比较接近。《史记·项羽本纪》载楚汉两军对峙于广武:"项王谓汉王曰:'天下匈匈数岁者,徒以吾两人耳,愿与汉王挑战决雌雄,毋徒苦天下之民父子为也。'"项羽要求与刘邦"挑战决雌雄",意为两人一对一地交锋,颇有点中世纪欧洲贵族社会中的"决斗"味道。此时的挑战含义,就是指双方各派一名勇士对面交手。这种斗将式挑战,汉以后的史籍乃至笔记、小说中常常言及,如《隋书·史万岁传》载:史万岁戍敦煌时,"遣人谓突厥曰:'士卒何罪过,令杀之？但当各遣一壮士决胜负耳'。突厥许诺,因遣一骑挑战。……万岁驰斩其首而还。"严格地说,这种挑战不论就其形式还是就其意义,都有别于致师。致师以车乘为行动单位,挑战则是独骑而出;致师是一种主动的突袭,其中心环节是闯垒,不存在对方应不应的问题,而挑战则是先"挑"后"战",如对方不应,则挑战行动至多不过是一场阵前的叫骂而已。从实战角度说,致师是以少对众的搏杀,挑战是一对一的交锋。总之,挑战已不具备致师那种先声夺人的锐利气势,而更多地带有阵前比武的性质,从而也就失去了致师所特有的那种略含浪漫主义气息的冒险色彩。

春秋以后,致师形式渐从战争舞台上消失,这是战争本身演变的结果。春秋以前的战争,一般说规模较小。西周时动员几百乘战车、几千名步卒,已算是极大的声势了。就是到春秋后期,大国间的战争至多也仅有数万人参加。那时的战争以战车为主力,以阵地战为基本形式,布阵也较简单,军事行动涉及的地域有限,阵前发生的事情双方将士多能目睹,往往在短时间内即可结束战斗。因此,战争的胜负相对而言较多地取决于战士们临战时的心理情绪和精神状态。致师这一古朴的励气形式,就是和上述情况相适应的。一乘战车综合了御、射、击等主要攻击能力,可看作是一方军事力量的缩影,致师的励气效应在锐车闯垒的行动中可以得到充分的显示。此外,那时的军事指导思想也比较强调义理,在战争实践中还看重某些礼仪。时至战国,大型战役双方参战人数动辄几十万,骑兵、步兵已取代战车成为主力兵种,战斗多在复杂的地形中展开,布阵与战术技巧也日趋复杂和精密。运动战越来越受到重视,野战更注意利用山水之险而修筑坚固的防御设施,杀伤力极强的劲弩已被广泛使用,战争的进程也变得旷日持久起来,战争的胜负已更多地取决于交战双方综合国力的强弱及统帅们总体指挥的得失等各种因素。在这种情况下,致师行动的励气效应越来越小,在对方坚固的壁垒和远射程强弩面前,致师者必然成为无谓的牺牲。因此,致师不仅渐渐失去了必要性,也渐渐失去了可能性。

原载《文史知识》1988 年 7 期

也来说"发"

《语文教学与研究》今年第二期，有两篇文章谈到"发（發）"字：一篇是辰苏文同志的《"拨乱反正"词义辩证》，文中说"拨的本字是發"（即"發"），并引《说文》："發，以足踏夷草。"然后解释道："据此可见，發是用脚踢除田里的杂草，把它堆起来，使之发酵腐烂。"另一篇是孙永都同志的《论词义的古今差别》，文中引了《孟子·尽心上》"君子引而不发，跃如也"，一句之后，说："引、發"两字均有形符'弓'字、就会使我们较容易地理解'引'（拉弓）和'發'（射箭）的本义，较准确地理解句子的含义。"

其实，"射箭"也好，"踢草"也好，都不是"发"字的本义。"射箭"说并不错，且也能从《说文》中找到依据，但这只不过是"发"字的引申义。辰苏文同志的"踢草"说虽据《说文》，但可惜他对《说文》的解释作了完全错误的理解。

"发"的本字为"發"，战国玺文作 ，甲骨文作 。从字形分析，是手持木棒插入双脚下土地之象。人类社会的早期历史告诉我们，以木棒掘地松土，进行播种，是最原始的农耕方法。先秦时代的主要农具"耒"、"耜"，就是由尖端木棒发展而来的：为了手持操作方便，木棒的上端演化为曲柄，为了提高刺土效率，木棒的下端演化为尖利的双叉；为了能辅以足的力量，双叉稍上的部位贯以横木。这就是"耒"。耕作时，两人共持一耒，并肩劳动。一人的右脚踏于横木的左端，一人的左脚踏于横木的右端，同时用力，使双叉刺于土中，这叫做"推"；耒叉

推入土中后,向后斜扳耒柄,把土拨散,就叫做"发";一推一发,即谓
之一"拨"。后来演化为两人各持一耒,并肩发力刺土,更能提高功效。

　　这种两人协作的农垦方法,就是先秦文籍上常常提到的"耦耕"。
《诗·小雅·大田》孔颖达《正义》说:"计耦事者,以耕必二耜相对,共发
一尺之地,故计而耦之也。"将耒刺土的两歧,改装为末端略呈弧形的
板状,起土效果更好,这便是使用更为广泛的"耜"。《诗·豳风·七月》:
"三之日于耜,四之日举趾",所谓"举趾",毛传就解释为"举足而耕"。
这种耦耕要求两人协力配合,因此两人的身高和体力应差不多才好,
所以《周礼·地官·里宰》条下说:"以岁时合耦于锄,以治稼穑。"里宰
是周代的基层官员,他的职责之一就是在开春时组织村社成员"合
耦",把身高与体力差不多的农民结合在一起,使其互相佐助。随着生
产力的发展,人们逐渐掌握了冶铁技术,便在耒或耜的下端,安装铁
质尖头或半圆形、方形的铁刃,提高其破土效能。于是后来便不再需
两人配合耕作,一人也可以持耒耜翻土了。《淮南子·主术》篇就曾说
过:"一人蹠耒而耕,不过十亩。"这种相当原始的耕作方法,在土质松
软的黄河冲积平原上曾保持了很长的历史时期,直到清代,尚能看到
其历史遗存。江永在其《周礼疑义举要》中,有过具体的叙述:"询之行
中州者,谓亲见耕地之法,以足助手,趾耜入土,乃按其柄,向外挑拨,
每一发则人却行而后也。"我们今天用铁锨翻地,基本上也还是这种
操作程式。

　　在先秦文籍中,使用"发"字本义的文例甚多,略举几则如下:

　　《诗·周颂·噫嘻》:"骏发尔私,终三十里。"[①]

――――――――

　　[①]"骏发尔私"的"私"字,诸家解释不同,有人说是指"私田",有人说是指工
具,"私"即"耜"字。好在二说均不影响"发"字的表义。

《考工记》:"坚地欲直庛,柔地欲句庛。直庛则利推,句庛则利发。"(庛即刺,句是斜的意思)

《孟子·告子》:"舜发于畎亩之中。"

《管子·国蓄》:"耕田发草。"

《国语》韦注引古语:"土长冒橛,陈根可拔,耕者急发。"(熹按:除草言"发",是强调用耒耜深除其根,而不是用铲仅除草之茎叶。)

"发"也被借为"伐","伐"即"坺"。《说文》:"坺,治也。一曰臿土谓之坺"①《说文》"耜"作"枱":"枱,臿也。"孙诒让在《周礼正义》中说:"伐即坺之借字,其字又通作发,俗作墢。"《考工记》说:"耜广五寸,二耜为耦,一耦之伐,广尺深尺。"可见耜、臿、耒都是起土农具。癶、伐、坺、墢都指起土动作,墢也作撥,《国语·周语》记载周王行籍田礼时说:"王耕一墢,班三之,庶人终于千亩。"即是证明。

"發"字的确也表示"射箭"的意思,但这已是其本义的引申。在这种引申的基础上,人们给"癶"字增添了"弓"字这个部件。因此《说文》就把"癶"与"發"作为两个字来解释。不过我们应当了解,最初只有"癶"字而且其含义与"射箭"无关,因为"射箭"无论如何也与双足及"殳"字联系不到一起去。

那么,所谓"用脚踢除田里的杂草"又是怎么一回事呢?原来辰苏文同志没有深察《说文》"以足踏夷草"这个解释的文义,不知道"夷"、"殳"都是铲除的意思。《说文》段注讲得很清楚:"从癶,谓以足踏夷也。从'殳',杀之省也。艸部芨亦从殳,癶亦声。"许慎所谓"以足踏夷草",是说用脚踏耜以铲草,用的正是"癶"的本义(略有变化),绝不是用脚踢草的意思。《周礼·秋官·薙氏》条下云:"掌杀草:春始生而萌

---

①《说文》另本此条是:"坺,坺土也,一臿土谓之坺。"

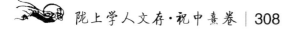

之,夏日至而夷之,秋绳而芟之,冬日至而耜之。若欲其化也,则以水火变之。"郑玄注:"萌之者,以兹其斫其生者;夷之,以钩镰迫地芟之也,若今取茭矣;含实曰绳,芟其绳则实不成孰;耜之,以耜侧冻土劙之。"冬天地冻土硬,不能再用别的办法,须以耜翻撅,把杂草连根铲除;既然用耜,就要"以足踏"之。至于辰苏文同志所说的"把它堆起来,使之发酵腐烂"。就更超出"发"字含义的范围了。之所以有这样的解释,是因为辰同志把《说文》对"癹"字用法的举例之文,错当作释义来理解了。《说文》在"癹"字释义之后说:"《春秋传》曰:癹夷蕴崇之。"意在告诉我们《春秋》经文中曾经这样使用过"癹"字,①并非说"癹"字本身具有"蕴崇"的含义。这正如上引《周礼·薙氏》条下的"若欲化之,则以水火变之"一样,是对所发之草处理方式的说明,不能将其归入"癹"字的表义之中。

　　最后,我还想说几句题外的话:"拨"字虽然后出,但它毕竟已形成了自己的独立含义,因此它是一个独立的字。从某字的本义中引申出一种新义来,后来在文字运用的实践中又针对这引申义为该字增添某种偏旁部件,使之发展为一个后起的新字,这是汉语文字孳生的形式之一。"拨"字正就是这样产生的。《说文》不再纠缠"發"与癹的渊源关系,直接说"墢,治也。从手,癹声。"是有道理的。"拨乱反正"一词用的是"拨"而不是"发",我们也就没有必要再用"癹"的本义去诠释这个成语。因此,把"拨乱"解释为"治理乱世",并没有什么不妥之处。

原载《语文教学与研究》1982 年 4 期

---

　　①《春秋》本经中并没有"癹夷蕴崇之"的话,语出《春秋左传·隐公六年》。

王杖鸠首说

汉代重孝尊老,故有"七十赐王杖"之制。此制为 1959 年甘肃武威磨咀子汉墓出土的《王杖十简》以及 1981 年同地汉墓出土的《王杖诏书令》所证实。"年七十以上杖王杖,比六百石,入官府不趋。吏民有敢殴辱者,逆不道。"①这些规定当时是认真执行了的,两份出土简册所举案例中,16 个殴辱王杖主者,包括一些政府官吏,都无例外地被判了死刑。

王杖亦称鸠杖,缘杖首作鸠形。实物多有发现。1984 年武威五坝山 23 号汉墓曾出土一根鸠杖,松木质,长 2.1 米,制作精细,杖端安装雕鸠一只,形象逼真。东汉学者王充曾对鸠杖提出过一系列疑问:"七十赐王杖,何起?著鸠于杖末,不著爵,何杖?苟以鸠为善,不赐鸠而赐杖,而不爵,何说?"(《论衡·谢短》)他实际上提了三个问题:一、王杖制度起于何时?二、王杖为何与爵位无关?三、王杖为何以鸠作杖首?

赐老者杖以示尊显,并不自汉代始。《周礼·秋官·伊耆氏》职下,即有"共王之齿杖"的规定,郑玄注曰:"王之所以赐老者之杖。郑司农

---

①《王杖诏书令》,见《汉简研究文集》所收武威县博物馆:《武威新出王杖诏令册》,甘肃人民出版社 1984 年版,37 页。

云：谓年七十当以王命受杖者。今时亦命之为王杖。"周代王杖称齿杖，意为授于齿高者之杖。《礼记·月令》及《吕氏春秋·仲秋纪》也都有仲秋"养衰老，授几杖，行糜粥饮食"的记载。汉代的王杖制度当为先秦旧制的承袭。汉代亦重爵位，但一般吏民的爵位须通过军功、入粟，或逢重大吉庆皇室特恩赐予等渠道获取，共分二十个等级，与年龄无涉。从出土汉简中大量反映吏民身份的资料看，年龄与爵位参差错杂，政府从不因齿高而授某人以爵位。尊老属伦理道德范畴，颁爵乃政治措施，二者性质完全不同。爵位用以显示某人对社会贡献的大小，鼓励人们为国家多出力出钱，它与纯以年龄为断限的王杖制度没有内在联系，故王杖不著爵。至于王杖缘何以鸠为饰，倒很值得深考。

《后汉书·礼仪志》："仲秋之月，县道皆案户比民。年始七十者，授之以王杖，餔之糜粥。八十、九十，礼有加赐。王杖长九尺，端以鸠鸟为饰。鸠者，不噎之鸟也，欲老人不噎。"这是一种说法，《文献通考》从之。但此说寓意狭陋，恐为无据之臆测。《水经注·济水》引《风俗通》提供了另一种解释："俗说高祖与项羽战于京、索，遁于薄中，羽追求之。时鸠止鸣其上，追之者以为必无人，遂得脱。及即位，异此鸠，故作鸠杖以扶老。"但此乃《风俗通》作者应劭引述之"俗说"，《艺文类聚》卷92载这段文字，下面还有话："按：少皞五鸠，鸠者聚，聚民也。《周礼·罗氏》：献鸠养老。汉无罗氏，故作鸠杖以扶老。"显然，应劭并不相信鸠杖缘于刘邦京、索免难的传闻，他向前追寻，认为汉代王杖制度系先秦献鸠养老习俗消失后的一种变通。应说较合理。《太平御览》卷29引《三齐略》述刘邦因鸠免难之事，即不再与鸠杖相联系，而云："后汉世元日放鸠，盖为此也。"其实，正月元日放鸠之习俗，也并不自汉代始。《列子·说符》讲了这样一个故事："邯郸之民，以正月之旦，献鸠于简子。简子大悦，厚赏之。客问其故，简子曰：'正旦放生，示有恩

也.’客曰:‘民知君欲放之,竞而捕之,死者众。君如欲生,不若禁民勿
捕。’”这说明正月放鸠风习,先秦即已有之。

汉代王杖制度无疑与先秦献鸠养老习俗有关。需要进一步弄清
楚的是,为什么以鸠来体现养老之意呢? 前述应劭所引《周礼·罗氏》
原文为:“中春,罗春鸟,献鸠以养国老。”郑玄释曰:“是时鹰化为鸠。
鸠与春鸟变旧为新,宜以养老,助生气。”鹰鸠互相转化的说法,最早
见于《大戴礼·夏小正》,该篇言正月“鹰则为鸠”,五月“鸠为鹰”,此为
郑玄所本。鹰鸠互变当然是不可能的,值得注意的是其象征性含义:
鹰象征刑杀,鸠象征养生。《诗·曹风·鸤鸠》用鸠比喻“淑人君子”,毛
《传》云:“鸤鸠之养其子,朝从上下,暮从下上,平均如一。”这里,鸠又
具备了对后代慈爱平等的美德。总之,人们把鸠看作是仁爱、养生的
善鸟,这是个古老的传统。汉代崇鸠,决不是由于刘邦脱险的故事;实
情恐怕恰恰相反,丛薄鸠鸣的传说,正是崇鸠习俗的产物。

如果我们再往前追溯,不难发现,崇鸠习俗缘于鸟图腾崇拜;而
鸠杖,实即鸟图腾柱在历史折射中的影迹遗存。我国远古文明史上存
在过引人注目的鸟图腾崇拜,此为学界之共识。许多在中华民族形成
过程中起过重要乃至主体作用的部族,都有鸟始祖的神话传说,这在
各类古文献和现代考古发现中,有极充足的证据。在盛行图腾崇拜的
社会里,图腾形象具有令人敬畏的神秘性,它被显示于生活环境中最
醒目的位置,表明部族保护神的无处不在。将崇拜形象雕立为石质或
木质的图腾柱,乃许多原始部族之共习;而将崇拜形象装饰于杖端,
为图腾柱的衍生现象,民族史上不乏其例。《后汉书·四夷传》载突厥
族以狼为祖先,系狼图腾部族,其“旗纛之上施金狼头”。鸟图腾柱及
其衍生物的资料更多。美国斯密生博物馆所藏良渚文化玉器,即刻有
鸟立于柱状物顶端的多种形象。浙江绍兴著名的 306 号战国墓,出土
物中有一座铜质房屋模型,屋顶为四角攒尖式,顶心立一图腾柱,柱

端立一大尾鸠。①传世青铜器中,有战国时代的鸠形、鹦鹉形杖首,鸟腹有圆銎以装长柄,与汉代王杖的基本构制相同。晋人王嘉《拾遗记》载:"少昊以金德王，母曰皇娥……帝子与皇娥泛于海上，以桂枝为表,结薰茅为旌。刻玉为鸠,置于表端,言鸠知四时之候。"台湾有学者即视此桂枝玉鸠为鸟图腾柱。②汉代盛行"相风",《三辅黄图》言建章宫南之玉堂,"铸铜凤高五尺,饰黄金栖屋上,下有转枢,向风若翔。"又引郭延生《述征记》:"长安宫南有灵台,高十五仞,上有浑仪,张衡所制。又有相风铜乌,遇风乃动。"这说的是宫廷建筑。民间之相风,一般是在院中或屋上立一长竿，顶端安装可以随风转动的铜鸟或木鸟,据其旋转角度以视风向。测知风向的宜用物甚多,为何一定要用鸟形作标志呢?这显然是受了鸟图腾柱的传统影响。东北地区赫哲人及萨满家,即有房外竖神杆,杆端立神鸟形象的习俗。萨满跳神祈福禳灾时,须有童子手执顶端立鸟的神杖,作为神队之前导。满族立神杆于中庭的传统，直到入关后仍有一定程度的保存。清大内坤宁宫前,即树一神杆,杆顶立有神鸟。

　　图腾信仰与祖先崇拜常常融为一体。这种信仰和崇拜,与现实生活中对老年人的尊敬和信赖血脉相联。远古时代的尊老意识,首先是为人类文化递接的历史需要所决定的。老年人受到社会群体的特别重视,不仅因为他们在生产、战斗及日常生活中技艺纯熟、经验丰富,还由于年青一代的生产、生活实践,需要老年人的传带和指导。知识、技能的传递,不同于物质财富的继承;人类文明的世代延续,不可能

　　①《绍兴 306 号战国墓发掘简报》:《文物》1984 年 1 期。
　　②文崇一:《亚洲东北与北美西北及太平洋的鸟生传说》,台刊《民族学研究所集刊》第 12 期,1961 年。

以接力棒交接的方式进行。每一个社会成员都要从一无所知的阶段开始自己的生活，他必须重复走前人走过的路，于实践中向长辈学习，在此基础上才可能有新的发观和创造。没有生产、生活领域中经验、技能的教授传习，就没有知识的积累，就没有文明和进步。在这持续不断的智能递接过程中，老年人的主导作用是不言而喻的。社会愈原始，知识储存与交流的手段愈简陋，老年人的主导作用便愈具决定性。对先民来说，老年人不仅是血缘意义上的长辈，也是部族智慧和经验的载体。因此，敬老、崇老几乎是创造过人类早期文明的各民族的共同特征，在中国表现得尤为突出。

既然图腾信仰、祖先崇拜、尊老习俗三者在精神上是相融的，那么，带鸟形标志的图腾柱，衍生为部落首领及氏族长.家族长一类人物的权杖，再普及为老者手扶之杖，便是一种合乎逻辑的演化。最初，图腾柱端所立之鸟不一定是鸠，后世定型为鸠，恐怕与鸟图腾部族系列中鸠图腾族的得势有关。我们知道，图腾信仰受当时社会组织结构形式的制约，分为若干包容性层次:有全部族共同敬奉的图腾，各部落有各部落的图腾，每个氏族又有自己的图腾。《左传》昭公十七年所载郯子的一段话，即显示了鸟图腾层次的遗踪:"我高祖少皞挚之立也,凤鸟适至,故纪于鸟,为鸟师而鸟名:凤鸟氏,历正也;玄鸟氏,司分者也;伯赵氏,司至者也;青鸟氏,司启者也;丹鸟氏,司闭者也。祝鸠氏,司徒也;鴡鸠氏,司马也;鸤鸠氏,司空也;爽鸠氏,司寇也;鹘鸠氏,司事也。五鸠,鸠民者也。五雉为五工正,利器用,正度量,夷民者也。九扈为九农正,扈民无淫者也。"少皞氏乃一大部族,含有五个鸟部落,五个鸠部落,五个雉部落,九个扈(即"雇",亦鸟类)部落。以"鸠民"为职司的鸠部落,势力显然最为强盛,故所执掌的业务后来演化为三代政权构建之主体:司徒、司马、司空、司寇、司事。鸠图腾部落的得势,导致鸠鸟形象在人们心目中被美化和神化。因此,后世便视鸠为善鸟、养生之鸟、仁慈之鸟,以鸠比喻君子,礼器中有鸠形之尊彝,仪仗中有鸠形之啄兵。鸟图腾柱顶端之鸟,其形制具体化为杖首之鸠,实乃鸟部族中鸠图腾族发展壮大至文明社会的历史定格。

原载《文史知识》1995 年 11 期

夸父追日故事史影发微

一、阳鸟部族一支的西迁

20世纪90年代甘肃礼县大堡子山秦公陵园的面世，揭开了秦史、秦文化研究的新篇章。原属海岱文化圈东夷集团嬴姓族系的一支西迁陇右，在汉渭文化圈内建立了嬴秦方国，经过世代相继的奋发经营，成为雄据西方的强势诸侯，最终完成了九州一统的大业。对这段历史的认知，学界已形成共识；但在这支嬴族何时何故西迁的问题上，仍存在不同的看法。笔者主要依据族源脉络、文化特性、活动地域这三项要素的完全重合，力持五帝后期说，认为《尚书·尧典》所载肩负西极测日祭日使命的和仲一族，乃最早西迁的嬴姓族体，日后崛起于陇右的嬴秦，是其后裔。

在人类文明时代的育兴期，对天体运行和物候变化最为关注，这是早期农业和畜牧业发展的直接需要。所以，通过对天象尤其是对太阳的细密观察和测量，获得历法知识向群众公布以指导生产，即所谓"敬授民时"，是部落联盟中央必行的头等大事。故《尧典》讲尧的伟大功绩，开宗明义先交代尧指令羲和四子分赴东南西北四方标位点即所谓"四极"，负责天象观测及对太阳的祭祀。之所以让羲和四子承担这一任务，是因为羲和家族乃阳鸟部族的核心成员，世掌天文历法事务。

包括古本《竹书纪年》在内的一些先秦文献，对东夷集团多有所载。他们共分9大族系,合称"九夷",是大汶口文化及其衍展而盛的山东龙山文化的创育者。以鸟为图腾的少昊部族,当属九夷中的凤夷,即凤夷;以日为图腾的颛顼部族,当属九夷中的阳夷。这两大部族居地相联,关系密切,彼此通婚,结成了古人类学详述过的普那鲁亚式"两合婚姻联盟"。文献记载,颛顼的幼、少年期是在少昊族内度过的,后来曾"佐少昊",乃至继少昊之后成为东夷集团的首领。事实上,他们就是群婚制时代联姻族体间的甥舅关系。后世嬴秦既视少昊为祖神,又认颛顼为始祖,这正是两和婚姻联盟导致的双祖现象。我称他们的联盟为"阳鸟部族",因为两族联盟后的图腾并合形象,即为日与鸟的组配。我国新石器时代后期,阳鸟部族是个极为强盛的族系,影响深远;其复合图腾形象,在许多史前遗存中都能窥其影迹。其中大汶口文化多处发现过的由山、鸟、日组成的那种陶符,最具代表性。

阳鸟部族的形成,同远古时代"天有十日,轮番运照"的理念相互辉映,血脉贯通。我们今天视这个理念为神话故事,但先民曾深信不疑。诸如羿射九日、夸父追日、羲和御日等传说,均由此理念衍生而出。综合古文籍对这一理念(或者说故事)的记载,其要旨是:太阳原本有十个,由一只大鸟负载,依次在天空运行,轮换值班。一日落下,一日升起,东方旸谷的扶桑树为升落的交接点。长沙马王堆所出西汉帛画,即是对此理念的直观描绘:高大茂盛的扶桑树上,错落相间地画了9轮红日。之所以画9轮,是因为另一轮正在天空运行。树顶一轮红日特大,日轮中有一只大鸟,正蓄势待发。近些年来不断公布的四川广汉三星堆的辉煌发现中,那高大雄伟举世瞩目的青铜神树,也在9条分枝上栖立着9只凤鸟。在我看来,那就是起落阳鸟的扶桑铸像。可见阳鸟崇拜影响之深广。

我们说十日运照是一种理念,因为它在上古社会现实生活中,直接发挥着作用。先民赋予每个太阳以名称,那就是自甲至癸的所谓十干,通称"天干"。天干在哲学、历象、宗法等领域都占有重要地位。商王即以天干为庙号,虽然在日名源自生日还是死日问题上有争论,但殷商坚信十个太阳依次运照则是肯定的。十天为太阳轮照的周期,由此产生了"旬"的概念。旬在当时是最通行的计时单位,甲骨卜辞常以数字配旬表示时段。《说文》之所以训"旬"为"遍",就是因为此字本义指十日轮飞了一遍。和天干对应,后来人们又给每个月安了个名字,构成 12 个"地支"。那时早已发明并熟练使用序数了,但却要用较复杂的干支交配法(以 60 为一周期)来纪年。这种纪年法的正统地位居然保持了三千年以上。这只能用十日轮照理念在传统文化中的权威性来解释。先秦贵族政治宣扬人分十等,根据便是天有十日。大鸟负日飞行的情景,并不出现在人的视觉中,故后来异化为鸟在日中的图像。前言大汶口文化的阳鸟陶符,山顶大鸟奋展双翼以载日的意蕴尚一望可知;而流行在战国至秦汉的装饰性阳鸟图案中,已经把鸟画在日中了。再后来又出现了日中之鸟为"三足乌"的说法以及形象。其实,最初那是把正面立鸟的垂尾认作一足了,这种误视又被东夷黑陶又化盛行的陶鬶所强化。东夷是阳鸟崇拜的源起地,鬶类容器多做成鸟形;器必有三足,而且是黑陶,遂成为日中"三足乌"的实物印证。

　　和仲属羲和家族,这个家族向上追索便是重黎家族。而重和黎又分别是少昊和颛顼的后代。天象观测和历法的制定,专靠持续不断的资料积累,需要世代相继的族体来完成,阳鸟部族从一开始即具有这种世袭的文化特性。文献记载中的颛顼,能"履时以象天",不仅有指挥重黎施行"绝地天通"宗教大改革的功业,同时又建"星与北辰之位"而"初作历象",有"历宗"之称。秦代使用的历法,就被称为"颛顼历"。当然,颛顼时代的历法不可能留存至秦汉,但后世历法依托颛顼之名,至少反映了颛顼在原始历法领域有突出成就。至于少昊族系的擅长天文历法,更为古今熟知,《左传》昭公十七年所载郯子讲述其祖少昊的那段著名文字,便是最有力的证据。总之,作为嬴秦祖族的和仲一族,属于阳鸟族系,无可置疑。

和仲一族执行尧的指令,为完成测日祭日使命而远徙陇右,居于"西"地,测日祭日点为"昧谷",即《淮南子》所言羲和御日于黄昏时沦入之"蒙谷",《尚书大传》则称之为"卯谷"。昧、蒙、卯乃一声之转,实为一地。《尧典》载羲和四子分赴四方,其居地分别曰旸谷、明都、昧谷、幽都,地名皆以太阳的光照程度为征。故先儒一致说此谷为日落之地,日落则冥暗,故谓之昧谷。其地望古今学者多有考证,实即今流经甘肃礼县同天水市秦州区交接地带礼县一侧的红河。此水《水经注》称杨廉川,而晚至唐宋时的碑刻还名之为茅城谷,当地群众则一直呼之为茆水河。今地图标为冒水河,保留了古音。作为日落之处,此地在古文献中又称"崦嵫"或"弇兹"。《离骚》载羲和御屈原西行"望崦嵫而勿迫"。王逸注曰:"崦嵫,日所入山也。下有蒙水,水中有虞泉。"《穆天子传》言穆王"升于弇山",郭璞注曰:"弇山,弇兹山,日入所也。"当代工具书释此山,都称之为传说中的日入之地,位置在今天水以西,也与昧谷地望相符。

二、夸父追日神话对史事的折射

和仲一族的西行,无疑是我国文明前夕的轰动性大事件。在那个时代,一个族群由海岱地区远徙至陇山以西,必须有充分的物质准备和精神准备,要经历漫长的岁月,克服无数的艰难险阻。这样的豪行壮举,必然在群体记忆中留下深刻印痕,经世代口耳递传,形成壮丽的神话故事。这便是流传至今一直脍炙人口的夸父追日传说,最初缘起的文化背景。和仲一族敢于接受并完成如此艰巨的任务,不单纯基于擅长天文历法的族体特性,也因为他们属阳鸟部族,具有崇日情结。远古时代先民对太阳充满敬畏感和神秘感,既产生了飞鸟载日的想象，也必然萌发了解太阳归宿的愿望。已知太阳升起于东方的大海，落入何处则是个谜。西行的和仲族群，肯定为强烈的图腾崇拜精神所驱动，他们决心亲自解开这个谜。夸父追日故事，体现的就是这种抱定信念，不畏艰险，虽死不渝的气魄。既已成神话传说，当然不可能反映史事原型的轮廓，但从隐存的珠光片羽中，我们还是可以窥知一些零星的史影。

夸父的故事，许多古文籍都曾述及，以《山海经》的记载最为丰富而且典型。《海外北经》云："夸父与日逐走，入日。渴欲得饮，饮于河渭，河渭不足，北饮大泽。未至，道渴而死。弃其杖，化为邓林。"《大荒北经》云："夸父不量力，欲追日景，逮之于禺谷。将饮河而不足也，将走大泽。未至，死于此。"

先考察一下夸父的来历。夸字从大，本表大义。《山海经》言夸父国又名博父国。博也训大。夸、博意在显示夸父族身材之魁伟高大。山东诸嬴姓古国中有个奄国，是殷商的重要盟邦，当为周初三监之乱的主体性力量，故周公东征又被称为"践奄"。近世出土的清华战国简《系年》言及奄国，说嬴秦先祖飞廉参与叛乱，战败被杀，商奄之民被迁至陇右。奄字也从大，和夸、博一样本表大义，甚覆盖义由大义引伸而出。故有学者认为奄国就是传说中古代东方的"大人国"，也即夸父一族所属之国。此说不谓无据。奄、秦同为嬴姓，秦人在古代也被视为身材高大之人。且奄国战败后余族不迁他处而西迁陇右，就是因为陇右原本就存在一个和仲后裔飞廉族所建嬴姓方国。

夸字在甲骨卜辞中多表示方国名，金文中此字形也极像族徽。值得注意的是，商周时代有些以鹰鸟为标志的青铜器，夸字图徽旁配有日字形符。这也提示我们思考夸父国与阳鸟部族的族源关系。《山海经》说夸父和"噎"都是后土的后代，同时又说"噎"是重黎的后代；而这个与夸父、重黎同一族系的"噎"，又是"处于西极以行日月星辰行次"的人物。这也透露了夸父属于阳鸟族系的信息。此外,《西山经》说夸父形象如同一种"四翼""声如鹊"的鸟,而这种鸟"名曰嚣"。这似乎在影射鸟图腾部族首领少昊,因为少昊就有"玄嚣"的名号。

再来看夸父所到达过的地域。前引《山海轻》言夸父"入日",当然不是说进入太阳之内,而是说到达日入之处。饮于"河渭"之河渭,指黄河及其支流渭水,大致范围在甘肃中部。夸父国所在的"积石山",即《禹贡》述禹"导河积石"之山,古今无异名,位置明确,也在甘肃中部。夸父所逮之"禺"谷,又称隅谷,亦名虞渊。在古文献记载中,该地和昧谷一样,被视为日落之处,故经文说夸父"入日"。上节文中引王逸《离骚》注之"虞泉",即虞渊,处于崦嵫山下的蒙谷中。《吕氏春秋》载禹巡行四方,曾西至"犬戎之国,夸父之野,禺疆之所,积石之山",此文不仅与《山海经》相呼应,将夸父所至的"禺"地归之于积石山;还又提到"犬戎之国",而犬戎族的活动中心区域很明确,就同和仲一族后裔嬴秦所建方国相邻。显然;夸父之所"逮",和仲之所"宅",为同一地带。

《山海经·中山经》言"夸父之山",并说山北有"桃林广员三百里,其中多马"。郝懿行注谓夸父之山又名秦山。而桃林,古今学者都认为即夸父弃杖所化之"邓林",邓、桃同声。众所周知,嬴族向以善于畜马、驯马而著称,其先祖造父献给周穆王的"八骏",就是从桃林培育、挑选出来的。在有关桃林的记载里,也隐现了夸父族同嬴秦联接的蛛丝马迹。

综上所述种种信息加以分析可知,不论从族源脉络上看,还是从活动地域上看,夸父都应属阳鸟族系,其长途跋涉、苦苦逐日的故事,折射着和仲一族肩负测日祭日使命而奋然西行的史影。

必须指出的是,神话故事虽然萌生自童年期人类对客观世界的真实感受,包含着许多史实因子,但毕竟神化色彩浓重,且经过不同时代的加工修饰而异化，塑成了远离现实社会的另一片天地。我们说夸父故事折射着和仲西行的史影，并不等于说夸父族与和仲族就是同一个群体。而且，和仲族定居于汉水最上游的"西"地，也并不意味着他们当年的西行就到此为止。他们肩负的使命如此伟重，必然是一个颇具规模的强势族体；天长日久地进行测日工作，需要选择一处生态环境相对优越的地带。昧谷所在的"西"地，东依陇坻，西望河湟，北接泾渭，南通巴蜀。这一带气候温润，山川秀美，又盛产池盐，农畜兼宜。确是一片适于一个氏邦族群繁衍生息的理想地域。后来被开发为嬴秦方国的都邑区，决非偶然。但作为在图腾信仰感召下，决意探寻太阳归宿的部族来说，这里不可能是行程的终点。

笔者认为，这支阳鸟部族西行最远已到达青海湖畔。《山海经》说夸父之国在积石山之西，也正是青海湖的大致方位；经典文献说颛顼的族势已"西至流沙"，实非虚言。那时的青海湖比现在大得多，北为高峻连绵的祁连山系，南为浩瀚无际的沙漠荒滩，远行者至此只能止步。更重要的是，太阳归宿追寻者至此已获得了答案：升起于东方大海的太阳，绕行穿空后落入了西方的大海。这是西行的阳鸟部族在青海湖畔的真实视觉。作这种判断并非凭空想象。《淮南子·天文训》云："日出旸谷，浴于咸池，拂于扶桑。"前文述及《离骚》"望崦嵫而勿迫"的句子，下节即言"饮余马于咸池"，并要"折若木以拂日"。崦嵫和若木都是羲和御日西行的终点，即日落之处，故咸池当指青海湖。此湖又名"鲜水"咸、鲜字异音同，源自湖水的含盐成分量大；古书又称此湖为"天池"，源自湖水处位的海拔之高。今青海湖东有座"日月山"，登此山可眺望日、月之落。山名甚古，《山海经·大荒西经》称此山为"天枢"，为"日、月所入"处。《史记·天官书》述天体星象之"五宫"，四方之宫分别称苍龙、朱雀、玄武、咸池。东南北三宫皆以传统文化盛赞的"四灵"为名，唯西宫不称白虎却称咸池。愚见此事显示咸池为日入处而象征西方的文化认知,在社会生活中已成定说,以至于能进入星象命名领域。咸池和崦嵫声近义同,《离骚》二词联用,一就水而言,一就山而言,这可以避复。汉唐诸儒常把崦嵫和昧谷说成一地,那是因为它们都被视为日落之处。事实上崦嵫即咸池当与青海湖相联系,远在昧谷即今日红河流域之西。我们只应关注神话传说所隐约折射的史实影迹,不可能也没有必要在细节上作完全合辙的对应。

余光中先生《向日葵》一诗,称此花是"挣不脱的夸父","扭不屈之颈,昂不垂之头,去追一个高悬的号召。"他赞誉夸父一族的壮烈西行,是在完成一个神圣的使命,堪称千古佳句。

刊于《博览群书》2023 年第 4 期。今稿文字略有变动。

嶓冢山与汉水古源
——对一桩史地疑案的梳理

今日汉水的上流，为陕西汉中勉水（古沔水），但这并非古汉水的始源。魏晋以前，今嘉陵江上游流经甘肃东南部的两大支流，乃汉水的正源。一条是纵贯徽县全境南下，曾被称作漾水的永宁河；一条是绕穿礼县、西和、成县，与永宁河相会的西汉水。二水均发源于天水市南境古称嶓冢山的齐寿山。永宁河上流白家河，源于山之东麓；西汉水上流盐官河，源于山之西麓。此即《水经·漾水注》所言："东西两川，俱出嶓冢，而同为汉水者也。"这种水系实况，在时代较早的几部地志著作如《尚书·禹贡》《汉书·地理志》《华阳国志》《水经注》等，均有明确记载。但后来自然环境发生变化，导致水道改易。在今阳平关以东地区，汉水被壅阻而中断，由东西汉水组成的原汉水上流南冲入川，形成了嘉陵江，汉中西部的沔水遂成汉水正源。

古地志记载同水系实况的背离，不可能不反映到文化认知上。《禹贡》是"经"，具有权威性。为了能和《禹贡》所言相应合，人们便在嘉陵江形成后的汉水上游，傅会出一座嶓冢山和一条漾水，并以设嶓冢县或西县这类行政建置的方式，把认知确定下来。但这样做反而使问题更加复杂化，因为《汉书·地理志》、《水经注》等文献，明言嶓冢山、漾水、西县等名称地望都在陇右，怎么一下子都跑到汉中去了呢？由唐至清，学者们为此而诘辩不休。有的煞费苦心，依后世地貌实情解说《禹贡》经文，盛斥班《志》、郦《注》之谬；有的避开水道经域，坚守晋以前的古说,为班、郦申义;有的意识到古今水道有变,不可以今非古,但也只是泛言推测,并无实据。

这桩历史疑案一直延续至当代。经过学界的递接努力,如今真相业已昭然:《禹贡》《汉志》《水经注》等文献记载并没有错,汉水古源确发自陇右的嶓冢山。疑难的症结,正在于水道的变易。但这是个专业性特强的学术问题, 熟悉这一领域并关注过这桩疑案的学者为数不多,一般读者偶涉相关山、水、地名需要查知时,通常会借助并相信几部传世名著和工具书,而它们所持或所采的,却都是疑案未澄清前流行的观点。如颇具影响力的谭其骧主编《中国历史地图集》,在先秦卷中就未将古汉源如实划出。所以,误识、误传往往仍在继续。这也是常见的文化现象,某项业已探明的学术疑案,要被社会普遍接受,往往需要时日。时下学术界尚未产生对这类史疑新证作出评估的机制,尤其是一些边缘学科,上述现象已成常态。笔者在此领域寻觅过,困惑过,深有所感,觉得有必要做点后续工作。故不自量力,据手边所有资料,对此案略作梳理,以求对正确认知的传布起一点助推作用,并为涉及此域的学人们提供些信息查阅线索。

一、南北朝以前的文献记载

1.《尚书·禹贡》

(梁州)岷嶓既艺,沱潜既道。

对于《禹贡》的叙事方式,清儒曾有过讨论。有人认为导山与导水系两条思路,不宜混一;而更多学者信从孔《传》"治山通水,故以山名之"的说法。一则水源多由山出,二则必须凭山以观水势流向,所以导山是为导水服务的,二者应结合起来考察。"岷"即今甘肃东南部的岷山,"嶓"指嶓冢山,是古代西北地区的一座名山(是时有称名山为冢的传习),《禹贡》多次言及,《山海经》也有载,连远在楚地的屈原,也吟过"指嶓冢之西隈兮,与纁黄以为期"的诗句。①嶓冢山地望,古籍有一致的记载,不须赘引。大致方位在秦汉时西县与氐道交接地带,实即今天水市南境的齐寿山,对此学界已有共识。

关于"沱""潜",《史记集解》引郑玄说:"水出江为沱,汉为潜。"(潜、涔同音异文)视沱、潜为泛指水流现象。顾颉刚、刘起釪曾指出"各家旧释率皆以自江分出之水为'沱',自汉分出之水为'潜',因而梁、荆两州皆有沱水、潜水。由此可知,沱字、潜字原是通名,而不是专指某一水。但确也有水称为沱水、潜水,大抵是与江、汉相关的某一水。"②所言甚是。我们更关注与汉源有关的"潜"。孔颖达疏《禹贡》此文曾引郑玄注曰:"潜盖汉,西出嶓冢东南,至巴郡江州入江,行两千七百六十里。汉别为潜,其穴本小,水积成泽,流与汉合。大禹自导汉疏通,即为西汉水也。故《书》曰'沱潜既道'。"这段注文,极为重要。前数语说的是整条汉水,源出嶓冢山;后数语说"潜",实指西汉水与汉水通流受阻之处,大禹即在此处进行疏导。郑玄是在注经,故须同禹的功业挂钩,我们无需拘泥。值得特别指出的是,郑玄不仅视西汉水为潜,而且以地下水的伏流释潜。郑玄是东汉后期人,是时汉水在今陕甘交界处附近已经受到壅阻,水道已很不畅顺,水聚处成泽,而潜穴暗流。郑玄的解说,正是西汉水与沔水亦断亦通实况的写照。《史记》述《禹贡》此语,"潜"字作"涔"。《水经》记有涔水,说它"入于沔",实乃汉水的另一条小支流,并非西汉水。郑玄说潜是同西汉水的疏导相联系的,和涔水无涉。《经典释文》释"潜",引马融;"泉出而不流者

①《楚辞·思美人》。
②顾颉刚、刘起釪:《尚书校释译论》(第二册)《禹贡》篇,中华书局 2005 年,第 657 页。

谓之潜。"可与郑说相辅。

　　(雍州)嶓冢导漾,东流为汉。

　　经文只有 8 个字,却凝聚了此案的核心内容。漾水为汉水上流,发源于嶓冢山,讲得明确无疑。孔《传》云:"泉始出山为瀁水,东南流为沔水,至汉中东流为汉水。"瀁为漾的异体字。前引郑玄注此文亦曰:"汉水出嶓冢东南。"他注《尧典》"宅西,曰昧谷"句则云:"西者,陇西之西,今人谓之兑山。"《后汉书·郡国志》汉阳郡西县条下引郑玄此语,"兑山"作"八充山"。显然,"兑"字乃"八充"二字的误合,而"八充"乃"嶓冢"古读的音转。由郑注可知,漾水所出的嶓冢山,位处秦汉时的西县。漾水即今由天水市南部流经徽县后东南入嘉陵江的永宁河,后文还将言及。

　　2. 班固《汉书·地理志》

　　(梁州)嶓冢导漾,东流为汉,又东为沧浪之水,过三澨,至于大别,南入于江。

　　《志》文扩展《禹贡》语意,接述汉水的经域。颜师古注进一步阐明:"漾水出陇西氐道,东流过武关山南为汉。禹治漾水自嶓冢始也。"颜师古虽为唐代人,但他忠于班《志》,回避了《志》文同水流实况的矛盾,接受了漾水出氐道的说法。《志》文提及沧浪水,是为了更清楚地交代水之流向。沧浪水是古汉水在楚国的名称。《水经·沔水注》"武当县"下即云:"县西北四十里,汉水中有洲名沧浪洲。"又引《楚辞》"沧浪之水清兮,可以濯我缨……"文末言:"盖汉沔自下有沧浪统称耳。"

　　(武都郡武都县下)东汉水受氐道水,一名沔,过江夏,谓之夏水,入江。天池大泽在县西,莽曰循虏。

　　班固在此点出"东汉水"之名,至关重要。表明此水与西汉水对应,乃古汉水上游两大支流东面的一支。它与沔水通流,东过江夏而入江。此处班固有所忽略,未能言明氐道水实即漾水。"氐"为先秦时期就已活动在陇右地区的一个部族, 氐道为秦汉时在氐族集居地设立的县级建置,属陇西郡(晋代改属武都郡)。其境与西县相接,在西县之东北,含今徽县北部及天水东南部。上世纪80年代出土于天水放马滩战国秦墓中的木板地图, 图一中部二水合流处用方框标注"邸"字,同墓所出竹简文字中又言及"邸丞"。邸有丞,表明是一级行政建置。李学勤先生曾撰文指出,此处之邸,就是西汉时陇西郡的氐道所在。[1]氐字加邑旁,以示地名。该图显示,战国时期秦已置氐道,汉承秦制。通过对诸图的对照参比、细加析察可知,标示"邸"字的区域正在今天水市之东南方。[2]清儒王先谦在《汉书补注》中说,氐道故域在上邽之东南,并与西县接壤,其说确当不移。

西汉武都郡治武都县,在今西和县南部的洛峪,也即《水经注》所言洛谷。《志》文所谓"天池大泽",指今礼县南部地区古时的一大片水域。那一带地势较低,西汉水流经该地,当东行水道受阻而壅滞时,流水必然在低处分注汇聚。古时以水多处称"都",故颜注云"以有天池大泽故谓之都"。后来南冲入川的嘉陵江形成,武都地区的水势方渐消退,但低洼处湖泽仍多。那一带保留于后世的地名,武都之外如大潭、潭坪、雷坝、王坝、潭水、滔山、太塘、仇池、河池等等,尚能透露出往昔水多的信息。后人未明西汉时武都之所在,以今之武都释班《志》此文,误将文县北部的"天池"视为"天池大泽"。

《志》文说"东汉水受氐道水",表述同《禹贡》微有不合,似乎氐道

①李学勤:《放马滩简中的志怪故事》,《文物》1990年第4期。

②祝中熹:《对天水放马滩木板地图的几点新认识》,原载《陇右文博》2001年2期,收入作者的《秦史求知录》(下册),上海古籍出版社2012年。

水非东汉水主流。核之水系,同氐道水并列组成东汉水的,乃流经今两当县境的红崖河,古称故道水。《禹贡》明言漾水(即氐道水)为汉水之源,理应为东汉水主流,是时氐道水应大于故道水。

> (陇西郡氐道下)《禹贡》养水所出,至武都为汉。莽曰
> 亭道。

颜注已交代,养或作漾,实即漾,即《禹贡》所言"东流为汉"的漾水。结合上录武都县下文字可知,此置于氐道下的漾水就是氐道水,班固不过是因地而分隔表述罢了。前文已言及,漾水即今发源于天水市南部齐寿山而纵贯徽县全境南入嘉陵江的永宁河,永宁之名缘自漾字,乃漾字的缓读。《诗·汉广》"江之永矣",《说文》引之即作"江之羕矣"。综上诸条,《禹贡》所言汉源的漾水,出于陇西氐道,又称氐道水,属东汉水水系。至此,班《志》已将汉水上游的东部源流交代得十分清楚。

> (陇西郡西县下)西,《禹贡》嶓冢山,西汉所出,南入广
> 汉白水,东南至江州入江,过郡四,行二千七百六十里。莽曰
> 西治。

这是班《志》受后儒非难较多的一处文字。论者批评班固擅变《禹贡》经意,《禹贡》只说嶓冢导漾,未说导西汉水。实事求是地说,班固把西汉水同嶓冢山连在一起,开汉水东西二源说之先河,的确一定程度上加重了后世的认识混乱,因为后世水系明示西汉水并非汉源。但依笔者愚见,这段文字实为班固的一大贡献。他以求实精神释说《禹贡》却不泥著《禹贡》,指明了同样出于嶓冢山的漾水之外的另一支汉源。后文我们将提到,郦道元《水经注》之所以重点讲述西汉水,无疑是受了班《志》的影响。清儒曾反复追究嶓冢山的方位,多数学者最终弄清楚了此山横跨西县和氐道的事实,明白了漾水、西汉水同出嶓冢的道理。

　　汇入西汉水的广汉白水,当指今由礼县白河乡东流、在雷坝乡与西汉水相会的清水河(今地图标洮水河,误)。《史记·樊哙列传》载哙"入汉中,还定三秦,别击西丞白水北",《索隐》:"案:西,谓陇西之西县。白水,水名,出武都,经西县东南流。言哙击西县之丞在白水之北耳。"广汉郡与武都郡相邻,白水为西汉水中游最大的一条支流。此水曾被误认为白龙江,而白龙江自古与汉水无瓜葛。

　　3. 常璩《华阳国志·汉中志》

　　　　汉有二源,东源出武都氐道漾山,因名漾。《禹贡》"导漾
　　东流为汉"是也。西源出陇西西县嶓冢山,会白水,经葭萌入
　　汉。始源曰沔,故曰"沔汉"。

　　葭萌,《方舆纪要》云:"在保宁府广元县西北",位于汉中西部。东、西汉水合流后东经该县地域而与沔水通流。常氏此文将汉源古说综合起来,作了简明、切当的概括,弥补了班《志》因分散表述,诸文缺乏联系而导致误解的缺憾,汉水二源说获得了东西分明的归结。常氏未把沔水看成是汉水的一条支流,而看作是汉水上流的全称,包含了东、西二源。《志》文最大的失误是在嶓冢山问题上,背离了《禹贡》文意,不认为漾水出自嶓冢,另外傅会出了一座漾山。对此,曾引用常氏此文的郦道元也不以为然,认为这是常氏附而为之的"殊目"。常氏何以不言嶓冢而另出漾山呢? 我想原因在于他既信从班《志》西汉水源于嶓冢山之说,却又不明嶓冢山的具体位置,认为此山既归了西汉水,就不可能再归漾水。是时氐道行政上已改属武都郡,这更促成了他将汉水东西二源远远分开的判断。

　　4. 郦道元《水经注》

　　　　(漾水经文:漾水出陇西氐道县嶓冢山,东至武都沮县
　　为汉水)(熹按:《注》文先引《华阳国志》文,此略。接下来引
　　刘澄之、郭景纯、庾仲雍诸说)……是以《经》云:漾水出氐道

县,东至沮县为汉水,东南至广魏白水。诊其沿注,似与三说相符,而未极西汉之源矣。然东西两川俱受沔汉之名者,义或在兹矣。班固《地理志》、司马彪、袁山松《郡国志》并言,汉有二源,东出氏道,西出西县之嶓冢山。阚骃云:汉或为漾,漾水出昆仑西北隅,至氏道,重源显发而为漾水。又言陇西西县嶓冢山,西汉水所出,南入广魏白水。又云漾水出猿道,东至武都为汉水,不言氏道。然猿道在冀之西北,又隔诸州,无水南入,疑出猿道之为谬也。又云:汉,漾也,东为沧浪水,《山海经》曰:嶓冢之山,汉水出焉,而东南流入江。然东西两川俱出嶓冢,而同为汉水者也。孔安国曰:泉始出为漾,其犹濛耳。而常璩专为漾山、漾水,当是作者附而为山水之殊目矣。

应注意,时代更早的《水经》,已把漾水、嶓冢山和陇西氏道联结在一起。郦《注》广引包括常《志》、班《志》在内的诸家之说,除了指出猿道之谬和对漾山的不认以外,郦氏对诸说基本上是赞同的,结论是汉有二源,俱出嶓冢。猿道在今陇西一带,与汉水绝对扯不上边,其为氏道之误无疑。阚骃说漾水出昆仑西北隅,如非笔误,当牵扯对昆仑山的认识问题,古人常说的昆仑山,有可能指陕甘交界处的陇山,说来话长,此姑勿论。也不排除阚氏误把嶓冢山说成昆仑山的可能。郦道元也有点小失误,他把广汉白水说成了"广魏"白水。而且,《经》文只说漾水东至沮县为汉水,并未说又东南至广汉白水,他把班《志》文误用于此。

最令人刮目的是,郦《注》意识到了诸家偏重于阐述汉水之东源即氏道漾水,"而未极西汉之源"。所以郦氏集中笔力用大量篇幅叙述西汉水,内容之系统、详尽,给人以深刻印象。尤须特加指出,他述此水系,最初用"西汉水"领句,言至"盐官水南入焉"之后,便改称西汉水为"汉水",直到文末。这表明郦道元视西汉水为汉水上游主流。他把西汉水内容置于《水经》漾水目下,一则是因为该《经》未立西汉水之目;二则就因为他要纠前人"未极西汉之源"的缺憾,强调西汉水之主流位置,而漾水在会西汉水之后,方称汉水。在郦道元时代,想必是西汉水大于、长于东汉水。顺笔指出,至今陇南许多学者仍坚持认为西汉水或西和河为漾水,主要依据便是《水经注》置西汉水于漾水目下。他们未深察《水经》未立西汉水之目(原因不明)的事实,故不知郦氏只能借漾水之目申说西汉水的用意。

　　还须交代一下,郦《注》述汉水(实指西汉水)过了阳平关之后,言及通谷水,说"通谷水出东北通溪,上承漾水,西南流,为西汉水"。此处西汉水的"西"字显系"东"字之误。因为这支水是从东北方南下的,而且是"上承漾水"。能同漾水即氐道水合流而南的,只能是故道水,合流后即为东汉水。如此理解,郦《注》所言纷繁水系中,汉水东西二源的处位便更加明朗化了。

　　在《水经》"潜水"目下,郦《注》完全采信郑玄之说,并以"伏水"说补充了郑说。为避重复这里不再引录。

　　5. 许慎《说文·水部》

　　　　("漾"字下)水出陇西豲道,东至武都为汉。从水,羕声。

　　　　("汉"字下)漾也,东为沧浪水。从水,難省声。

　　　　("潜"字下)涉水也。一曰藏也,一曰汉水为潜。

　　　　("沔"字下)水出武都沮县东狼谷,东南入江,从水,丏声。或曰入夏水。

　　《说文》是字书,但所提供的零散信息,可以辅证史志著作中的一些说法。据之可知,漾、潜、沔、沮诸水均与汉水通流。许氏释潜之一义为"藏",并介绍"汉水为潜"之说,可同前引郑玄的看法相呼应,再一次印证了东汉时尚存在汉水受阻后,水聚成泽、伏流仍通的现象。说沔水出沮县东狼谷,表明此水即沮水,本为汉水的一条支流。说漾水出漾道(郦道元可能即误采此说),段玉裁注文已纠其误,应作氏道。段注着意指出许说同于班《志》,"皆释《尚书》禹时汉源也。不言嶓冢山者,言氏道嶓冢在其中,与《志》同也"。此语也透露了段氏对此疑案的看法,其潜语言是:《禹贡》和班《志》讲的是"禹时汉源",后来的水道发生了变化。

6. 其他文籍

7. 除了上述几部古文献外,魏晋以前言及汉源的著作还有不少,虽非专论,但反映了那时学界较一致的认识。如郦氏引用过的《山海经·西山经》即云:"嶓冢之山,汉水出焉,而东南流注于沔。"这是《禹贡》之后最早述及此事的文字,直言汉水源于嶓冢山,可证《禹贡》说之非孤。说汉水流注于沔,不严谨,事实为沔水流注于汉。但嶓冢所出之水与沔通流,则语意分明。又如《淮南子·地形训》说洋水出昆仑山"西北陬"(《水经注》引阚骃之说,当本于此),高诱注曰:"洋水经陇西氏道,东至武都为汉阳,或作养水也。"庄逵吉:"洋或作养,养应作瀁,亦作漾,即汉水也。'东至武都为汉阳',阳字疑衍。"该篇后文又言"汉出嶓冢",高诱注:"嶓冢山,汉阳县西界,汉水所出,南入广汉,东南至雒州入江。"前后文对应审视可知,上文所言昆仑山应指嶓冢山。高、庄皆认为,源出氏道嶓冢山的洋水即漾水,乃汉水上流。此外,张华《博物志·山水总论》亦谓"汉出嶓冢"。看来,汉源确已同嶓冢山紧紧联为一体了。

范晔《后汉书·郡国志》陇西郡下:"氏道,养水出此。"汉阳郡下:"西,故属陇西,有嶓冢山,西汉水。"与班《志》相承接,但未言汉源问题,只将漾水归氏道,西汉水归西县,如实显示两支水系。刘昭注则进一步引《巴汉志》说指出"汉有二源",东源为养水,西源为会白水的西汉水,"经葭萌入汉",称"汉沔",二源均出陇西嶓冢山。此外,《汉唐地理书钞》所辑袁山松《续汉书·郡国志》亦载此说,郦《志》已引,此略。

综上十余部文籍提供的材料可知,对于汉有东西二源皆出嶓冢的史实,南北朝以前人们的看法总体说是一致的,并无根本性的异见歧说。

二、南北朝之后的学界认识

当汉水受阻中断,嘉陵江完全形成后,随着时间的推移,古籍记载同水系实况的严重背离,必然引起越来越多学者的关注,人们试图对此作出解释。我国传统文化以经、史研究为主线,在这类疑难问题上,先儒总是围绕文献记载思考,罕有人去作实地考察,所以很难避免主观性。依那时的文化理念,《禹贡》作为经典不会出错,错便出在班《志》、郦《注》等书上,对它们的评议与非难也便层出不穷。但对《禹贡》"嶓冢导漾,东流为汉"的定说,总要有所交代;最彻底的解决方式是在当时人们熟悉的汉水上游,找出一座嶓冢山和一条漾水来。中国的行政建置,向来是中央集权体制的产物,是依执政者的意图而变动的。北魏时期,为应合《禹贡》所言,在汉水上游的沔阳(今陕西勉县)析置嶓冢县,属梁州华阳郡。《魏书·地形志》载此:华阳郡所属三县中有嶓冢县,"有嶓冢山,汉水出焉"。此志奠定了后儒论说此疑案的正史记载依据,可视为汉源认知历程中文化分野的标志线。至隋代,又有了更完善的演变,《隋书·地理志》载汉川郡统县八,其中有"西县":"旧曰嶓冢,大业初改焉。有关官,有定军山、百牢山、街亭山、嶓冢山。有汉水。"古文献均言嶓冢山在西县,所以北魏所设的嶓冢县便被改称作西县了。此县后来又经多次变易,至清代称宁羌(今宁强)。

隋唐时代对汉源的认知,可以杜佑的《通典》为代表,其突出特征是认定有两座嶓冢山,一在天水,一在汉中。《州郡四》"天水郡(治上邽)"下云:"……又有汉西城县,城一名始昌,在今县西南。嶓冢山,西

汉水所出,今经嘉陵曰嘉陵江。"其"金牛县"下云:"汉葭萌县地,有嶓
冢山,禹导漾水至此为汉水,亦曰沔水。颜师古云:汉上曰沔。"《州郡
五》言古梁州时也说,"岷嶓既艺"的嶓冢山,在汉中郡金牛县。上邽的
嶓冢山是嘉陵江之源,金牛的嶓冢山是汉水之源。这样,便既合乎水
道实情,又印证了《禹贡》之说。《元和郡县图志》山南道兴元府下有文
曰:"嶓冢山,县东二十八里,汉水所出。"山的具体点位已很明确。《新
唐书·地理志》承接二书之说,既言天水郡上邽县境有嶓冢山,又言汉
中郡有西县,谓山南道的"名山"中也有嶓冢山。

延至宋代,人们讲汉源,均已把目光聚集在汉中西部,而不再关
注陇右之嶓冢山了。如郑樵,已对隋唐定说深信不疑,其《通志·地理
略》云:"汉水名虽多而实为一水,说者纷然。其源出兴元府西县嶓冢
山,为漾水,东流为沔水,故地曰沔阳,又东至南郑为汉水。有褒水从
武功来入焉。南郑,兴元治;兴元,故汉中郡也。"他据《开元十道图》介
绍唐时的陇右道,名山列秦岭、陇坻、西倾、朱圉、积石、合黎、崆峒、三
危、鸟鼠同穴,而不见嶓冢,大川列洮水、弱水、羌水而不见漾水和西
汉水。因为是时西县、嶓冢、漾水的配套体系,已在汉中西部完全奠
定;陇右的相关山、水、地名已被排斥在视野之外了。

经学和考据学空前兴盛的清代,自不会忽略汉源这一重大疑案,
认真进行探讨、论述的学者甚多。主流看法沿袭了唐宋时代已形成的
定说,但不同的声音也一直存在,且出现过不少辨误纠偏、弥合古说
与今说差距的睿见。有人已意识到古今水道有变,不能以今水非古
说。肯定唐宋定说而批评班《志》、郦《注》等古著的学者,可以胡渭和
顾祖禹为代表。

胡渭在其《禹贡锥指》的序文中,即已旗帜鲜明地指出:"氐道之
漾水,非嶓冢之所导;西县之嶓冢,非漾水之所出。"认为南北朝以前
诸说都是"沿袭旧闻不可尽信者也"。他在列述了不同时代嶓冢山所

在地名多有变化之后,批评《汉志》:"地名六变而山则一,要在今宁羌
州北与沔县交界处也。至若嶓冢在汉中而班固谓在陇西之西县……
此又谬误之大者。"在梁州"嶓冢既艺"条下,胡氏释嶓冢山,举《魏书·
地形志》和《括地志》,而不提《汉书·地理志》《华阳国志》和《水经注》,
认为潜水即西汉水,为嘉陵江之源,与汉水无涉。在雍州"嶓冢导漾,
东流为汉"条下,胡氏以大量篇幅论述西汉水从来没有沔、漾之名,
沔、漾俱为东汉水,而氐道同武都脉络不通,"武都受漾水为不可据",
谓桑钦徙氐道漾水为西汉水之源,"由是愈纷杂",而"郦道元委曲迁
就,通之以潜伏之流证之以难验之论,更觉龃龉。"他主张"尽废诸说
而一之以经文",肯定了《通典》所言上邽嶓冢山所出西汉水为嘉陵
江,而汉中金牛县嶓冢山所出为《禹贡》导漾东流为汉的漾水。他否定
常璩的汉水东西二源说,强调嶓冢有二,一在天水上邽一在汉中金牛
说:"知嶓冢有二,则东西二汉源流各自了然。漾之与沔,本为一流,与
陇西之嶓冢无交涉。常氏之误,可不辨而明矣。"也就是说,在他看来,
存在东、西两条汉水,而非汉水有东西二源。

　　胡渭乃史地学名家,其《禹贡锥指》不乏精当之论,序言中且云:
"地志水经之后,郡县废置不常,或名同而实异,或始合而终离,若不
一一证明,将有日读其书而东西南北茫然莫辨,不知今在何处,亦有
身履其地目睹其形而不知即古之某郡某县某山某水者。"这堪称睿见
卓识。遗憾的是,在汉水古源问题上,胡氏却未达自倡的境界,而囿于
《通典》之成说,不能深察郑玄、郦道元潜流说之缘由,进而悉悟西汉
水原本之流向,竟把常璩之功判为过。奇怪的是,胡渭既然认真考察
过嶓冢山的来历,而且甚明"郡县能乱其疆域,山川亦能变其疆域"的
道理,何以无视文献中比汉中嶓冢出现早千余年的陇右嶓冢,却坚定
认为汉中的嶓冢是真正的嶓冢?此误令人百思莫解。但应当指出,胡
氏力辨西汉水并非漾水,值得肯定。自古至今混此二水为一水者,不

乏其人,尤其在《水经注》"漾水"目下详述西汉水之后。前几年新版的《甘肃省地图集》,把向来标名西和河(古建安水)的那条西汉水支流,无缘无故地改标为漾水,就是上述现象的反映。

顾祖禹的《读史方舆纪要》是比《禹贡锥指》影响更大的著作。在该书《凡例》中,和胡渭一样,顾氏也表达过被誉为不刊之论的精辟见解:"水道既变,小而城郭关津,大而古今形势,皆为一易矣。余尝谓:天至动,而言天者不可不守其常;地至静,而言地者不可不通其变。"然而心识至而实践难,顾氏对古汉源的认知,也和胡渭一样,终未能贯彻其"通其变"的宗旨,仍难脱基于后世地貌而成说的桎梏。在陕西"嶓冢"条下,他说:"嶓冢山在汉中府宁羌州东北四十里,《禹贡》嶓冢导漾是也。《山海经》以为鲋嵎山。《水经注》沔水出武都沮县东狼谷中,狼谷即嶓冢之异名矣。薛氏曰:陇东之山皆嶓冢也。《唐六典》山南道名山曰嶓冢。"文下有小字注文:"又秦州西南七十里有嶓冢山,则西汉水所出。"显然,顾氏不怎么在意此案的古说,而轻率地认从后世既成状态,认定《禹贡》导漾的嶓冢山在宁羌,乃至毫无根据地把《水经注》所言沮县的东狼谷,说成是嶓冢山的"异名"。在嶓冢山问题上,顾氏言辞犹豫含混,似乎心中无底。他此处引用薛氏"陇东之山皆嶓冢"之说,在《川渎四》再述嶓冢山时,他更直接表述此说,以作"狼谷亦嶓冢支裔"的依据。其实,此说正反映了魏晋以后人们认识上的混乱。汉中本来就不存在什么嶓冢山,为应合《禹贡》硬要找一座出来,最初必然表现为论者各有所指、异见并出的局面。说陇东之山皆嶓冢,本即虚诞悬河之见,顾氏却信从之。他忘了,事实上宁羌并不在陇东。

在"汉水"条下,顾氏明确地说"汉水有二",一条是出自汉中宁羌嶓冢山而东流,也即《禹贡》导漾为汉的汉水;一条是出自"秦州西南九十里嶓冢山",为嘉陵江上游的西汉水。把西汉水说成与汉水并列的另一条汉水,是顾氏的创见。此说既可以彰显东、西二汉水名称的对应(因为东汉水即漾水被视为汉水上游正流),又可以解释《水经注》何以直称西汉水为汉水。但此说的要害是彻底切断了西汉水曾经与汉水通流的史影线索。在"《禹贡》山川"条下,顾氏把自己的意见讲得最充分:"嶓冢山在陕西汉中府宁羌州东北三十里,汉水出焉,亦曰漾。一名沮水,以其初出沮洳然也。一名沔水。孔安国曰:泉始出为漾,东南流为沔,至汉中东行为汉。如淳曰:北人谓汉为沔,汉沔通称也。"顾氏引孔国安之说,却没有意识到孔说实际上否定了他前面的叙述。正因为漾水出自北方的陇右嶓冢山,所以说它"始出",须"东南流","至汉中",才"东行为汉"。依顾氏所述,汉、漾、沮、沔,一股脑全出自汉中宁羌,这哪里是孔安国的意见!

顾祖禹在其书《川渎四》部分,批评《水经》只言沔水出沮县东狼谷,"而不详汉所自出,舛矣!"这是在睁眼说瞎话。《水经》"漾水"下明言"漾水出陇西氐道县嶓冢山,东至武都沮县为汉水",这不就是"汉所自出"吗? 白纸黑字,何"舛"之有? 症结在于顾氏专注于沔,认定沔为汉源,已把氐道嶓冢出漾水的话题抛在脑后,《水经》言沔而不及汉源,他表示很不理解,故谓之"舛",意谓《水经》也把东狼谷说成嶓冢山才合适。这种荒唐,顾氏难以自察。张之洞在《书目问答》中评论《读史方舆纪要》乃"专为兵事而作,意不在地理考证",言不为过。

清儒中对此疑案持客观慎重态度,尊重古地志记载而不为成说所惑的学者,也大有人在。如金榜,其《礼笺》[①]"汉水所出"条下即提出,《汉志》所言乃"《禹贡》汉水故道","盖潆水辍流,不与汉相属,由来久矣"。批评"后儒考《汉志》,不详于汉源,求嶓冢不得,因旁汉水之

————————

①阮元编:《清经解》(三册)554 卷,上海书店 1988 年影印本。

山强名之为嶓冢,亦近诬矣。"此确为击中要害之论。金氏为《汉志》作了很有说服力的剖辨,指出《汉志》分述西汉水出嶓冢而漾水出氐道,都是在解释《禹贡》"嶓冢导漾,东流为汉"一语。既知漾出嶓冢,则氐道必有嶓冢,"是山峰岫延长,西、氐道皆其盘迴之地。准之地望,氐道当在西县东。《志》已于西县著嶓冢山,氐道例不重出。"金榜的判断十分准确。我们前文已做交代,氐道方位今已辨明;西县域含今礼县东部、西和县北部及天水市南部偏西地区;嶓冢山即今齐寿山,位处西县与氐道的交接地带。齐寿山并非一座孤峰,它是秦岭西展的一脉山系,正如金氏所言,"峰岫延长",势接二县。从自然地理角度说,这带山陵不仅是东西汉水的分水岭,也是汉水、渭水即长江流域和黄河流域的分水岭。①嶓冢山在先秦有那么高的名望,这是原因之一。

金榜对班《志》的辨正,尤其是对嶓冢山位置的判定,在学界颇有影响,许多学者受他的启发,开阔了此案所涉地域的视野。如成蓉镜的《禹贡班义述》②,观点就和金榜相当一致。在"嶓冢导漾东流为汉"句下,成氏简述自宋至清初有关嶓冢山的种种记述,指出汉中宁羌之嶓冢山,始于《魏书·地形志》,这以前,只存在秦州之嶓冢。他认为班《志》所言西汉水所出的嶓冢山,也就是《禹贡》"导漾"的嶓冢山。在引述漾水出氐道的诸条文字之后,成氏说:"盖《禹贡》嶓冢有东西二水分流,其西流者即《汉志》西县之西汉水;其东流者即《汉志》氐道之养水。故《华阳国志》云汉水有二源……《汉中记》云嶓冢以东,水皆东流;嶓冢以西,水皆西流。故俗以嶓冢为分水岭。"这种认识,清晰切实,毫无含混之处。和金榜一样,成氏不仅主张《禹贡》时代水系不同于后世,而班《志》是针对《禹贡》而立说的;也承认汉水上流有过原通

①祝中熹:《魅力秦源·序二》,赵文慧《魅力秦源》,中国文史出版社 2011 年。
②王先谦编:《清经解续编》(五册)1410 卷,上海书店 1988 年影印本。

后阻的"寝绝"现象,氐道水不与汉水通流之后,出东狼谷的沮水便被视为汉水上流了。在嶓冢山"盘迴"西县、氐道两县之地的问题上,成氏也完全认同金榜的判识。

王鸣盛亦应属不轻从成说的学者之列。在其名著《蛾术编·说地》中,有相当篇幅论说此案。他阐释《禹贡》"嶓冢导漾,东流为汉"时,综合诸说,认为"漾、汉、沔、沮,四名同实,东狼谷虽别源,实一水也"。他信从郑玄的注文,说郑玄意在"欲见此水随地异名,以证始为漾,东为汉也"。王氏摒拒《通典》之说,乃至直斥胡渭等人两座嶓冢、两条水流,一为汉源一为嘉陵的观点曰:"此等野文,何堪阑入经义!"语气虽近轻狂,但从严守《禹贡》本义的角度说,他是对的,因为两座嶓冢这一前提本来就荒诞。

王鸣盛对郑注"潜"义的阐发,最值得称道。在《说地九》"荆州沱潜"条下,有段专言潜水的文字:"潜水性与沔同,伏流涌出,隐显不常。北水善决者河,南水善决者汉。自襄阳以下,沔阳以上,上去发源处既远,下去入江处亦遥,众流委输,泛滥常有,潜水或为所夺,在汉世不著,至三国及唐、宋始显。此亦足备一解。"王氏此论抓住了郑注的要义,增强了郑说的影响力,而且强调了水系变迁的时代性和地域性,所言非常切合汉水源流的实情。

三、水道变易的真相

对这桩地志学上的历史疑案,我们今天已能大致辨明。《禹贡》所言不错,班《志》也未误释,郦《注》更没有妄袭。问题的症结,确如几位清代学者所推测的,在于古今水道的不同。最早明确揭示答案的,是《华阳国志校注》的作者刘琳先生。在《汉中志》"汉有二源"那段文字内,他有一条长注:

……很多学者指出《禹贡》与《汉志》乃反应古河道,汉以后河道变迁,不能以今说古。按此说甚是。嶓冢山跨西县、氐道等县界,所出之水非一。西县在西,氐道在东,古人以发源于西县者为西汉水,而发源于氐道境之永宁河为漾水或东汉水。永宁河南流至今陕西略阳西北与西汉水合。此地盖曾属汉武都县,故《汉志》云漾水至武都为汉。此水今直南流入四川,而在古代,此水至阳平关附近曾东流入汉中。《地理知识》杂志一九七八年第七期载李健超《我国第一条电气化铁路——阳安铁路》一文,谈到阳平关至汉江中源一带地形时说:"列车由阳平关(车站)出发,跨过嘉陵江后,沿着它的支流黑水河向东。不到三十公里的路程即可越过分水岭(按即陕西嶓冢山)到达汉江流域。……车过戴家坝,穿过一条近两千米的分水岭隧道,就到了汉江中源青泥沟。奇怪的是从戴家坝到青泥沟,不像一般河流的上源谷地那样的幽深,而是一条宽敞的谷道,宽谷中流水潺潺。就是在分水岭上也有合流堆积的卵石层。表明这里过去曾经发生过河流'袭夺现象'。原来嘉陵江上源由北向南流到阳平关附近,不是继续南流入四川,而是东流入汉江的。如今铁路所经过的地方,就是一条被遗弃的河床。"此说可以解开千古之谜。盖在战国以前嘉陵江至阳平关附近东流入汉中,故《禹贡》云:"嶓冢导漾东流为汉。"而至西汉,嘉陵江至此分为二水,一水东流入汉中,一水南流入四川,故《汉志》有东、西二汉之说。进而至东汉,嘉陵江不再东流入汉中,故三国人所著《水经》专以出于嶓冢者为西汉水。[①]

①刘琳:《华阳国志校注·汉中志》注四。巴蜀书社1985年,105—106页。

我在《早期秦史·都邑篇》中引用刘先生这段注文后,写过这样的话:"这段注文真是太重要了,把围绕嶓冢山、西汉水、漾水和嘉陵江千余年的聚讼纷纭,全部给予了澄清。明确了嘉陵江形成以前的陕、甘交界地区的水道关系,一切便都豁然贯通,西汉水为什么被直称为汉水,也便不再是疑问。"①注文所引李健超文章的昭示,无疑属地理学领域的重大发现;但将这一发现以古文献注释形式公之于史界,却要归功于刘琳先生。此举使我们对此疑案产生了"顿悟",久积的疑霾一扫而光。须略加分辨的是,说西汉时嘉陵江"分为二水,一水流入汉中,一水南流入四川,"似仍囿于嘉陵江自古即有的思路,未全合《禹贡》《汉志》本意。事实是,东汉以前,东、西汉水会合后,南流一段即在略阳西北地区与沔水通流,那就是汉水,是时不存在嘉陵江。班《志》所谓东、西汉水说的是汉水上游一东一西两大支流,汉水受阻至中断后,这两大支流合而南冲入川,才形成了嘉陵江,并非嘉陵江的一支中断了入汉的水道。《水经》虽只言嶓冢山所出为西汉水,但郦《注》却明确交代:西汉水与沔水通流,实即汉水。

刘琳先生的注文随后讲,晚至晋代"二汉水在阳平关附近有时还相通,故《水经注·江水》载庾仲雍说:'汉水自武遂川南入蔓葛谷,越野牛,迳至关城(今阳平关)合西汉水。'古今河道的变迁与史籍的记载一一吻合,后人不明此理,徒致聚讼纷纷。"这表明刘先生也认识到,汉水的中断经历了较长的时间过程,存在过时断时通的现象。这种认识同当年郑玄对潜水的记述有内在联系,印证了汉水古道变易中的一个关键环节。庾仲雍言汉水南下至阳平关附近"合西汉水",显示他把漾水也即氐道水(班《志》称东汉水)视为汉水上游主流,这和

---

①祝中熹:《早期秦史·都邑篇》,敦煌文艺出版社 2004 年,117—118 页。

郦道元的主张相异。如前文所述,《水经注》是把西汉水视为汉水上游主流的。对于《汉中志》凭空冒出一座"漾山",刘先生也不认同,说"漾山别无所见,疑是附会"。

由于充分认识到李健超、刘琳两位先生这一卓越发现的意义,我在一系列文章中都曾引述、阐发、张扬过。此项成就已融汇在我对早期秦史和汉渭文化圈的研究中,成为一些重要论点的地域性基石。我坚信,一项史证新知,只有在人文领域被适当运用,同学术探求凝结在一起,才能焕发其生命力。我之所以着意于此,除了研究课题本身的需要外,还蕴含着人生旅途中一个小小的情结。十几年前,有位朋友在谬赞我为嘉陵江"正本清源"后,又用调侃口吻说:"这是你研究嬴秦历史的副产品。"若认真追究,此语不确。我关注这个问题,远在涉猎秦史之前。1961年我大学毕业分配至礼县工作,天水至礼县公路的后半段,一直沿一条河流的北岸前行,同车人告知这河名西汉水。到岗位后翻查地图,知该水是嘉陵江的一条支流。当时就纳闷:此水与汉水毫无瓜葛,何以名西汉水?那时当然不可能也无条件考究此事,但西汉水名缘这颗种子,却已深埋在心中。上世纪90年代,因工作性质有变,我开始踏入秦史、秦文化领域,随着古地志阅读量的增大,西汉水名缘的种子迅速萌发,产生了获知答案的强烈愿望。然而,面对文献记载的纷乱和抵牾,我长时间苦思冥想而终未获解。直到读了刘琳先生的《华阳国志校注》,才豁然开朗,疑雾顿消。如同"阳平关"嘉名所喻示的那样,我的学思似乎一下子进入明亮的坦途。

所谓早期秦史,主要指原属海岱文化圈东夷集团的一支嬴姓部族,西迁后在陇右发展壮大的那段历史。其早期活动地域,就在西汉水中上游一带,其中心居邑名"西"(又称西垂或西犬丘),据古文献记载,就是《尚书·尧典》所言五帝后期部落联盟中央派往西方负责测日、祭日的和仲一族定居的"西",也即秦汉时期陇西郡西县的县治所在。依《汉书·地理志》《史记》三家注等史籍提供的线索,该邑地望主要就靠嶓冢山和西汉水来确定。所以,研究嬴秦历史,掌握其早期活动地域,寻找其第一个都邑,了解其为何选居此地,就离不开对嶓冢山方位及西汉水经域的考察。嶓冢山是不是一带山系?它同当今的什么山相对应? 西汉水为何又被称为汉水? 相关地名如汉阳、汉中和它有没有关系?西汉水流域有什么性质的考古发现?这些问题都应在探究之列。

嬴秦在陇右一直和诸牧猎部族邻接并处,乃至交侵错居,既有友好交往,也有矛盾冲突。考察陇右诸戎的存在及其与嬴秦的关系,是研究早期秦史的一项重要内容。氐族是与羌族同源异流的一个有悠久历史的部族,自先秦至南北朝,一直活跃在西汉水流域。战国时期秦国在氐族集中区域设置氐道,其地望的确定,也离不开古地志对汉源问题的表述。嶓冢导漾,但漾水出氐道,又称氐道水。那么,嶓冢山是在西县呢还是在氐道? 漾水和西汉水是不是一条水? 如果不是,它和当今的什么水相对应?氐道和西县在位置上是什么关系?这都是必须回答的问题。

所谓汉渭文化圈,是我近些年新提出来的一个人文地理概念,概括说指以陇山为依托,以今天水市为中心,汉、渭二水上游众多支流邻厕密布的那片地域。这里是仰韶文化母源之一的大地湾文化起源地和衍育区, 也是大地湾文化之后兴盛起来的马家窑文化、齐家文化、寺洼文化的密集区。这里还是被视为华夏始祖的伏羲、女娲,以及时处文明前夕、位居五帝之首的黄帝神话传说沛涌流布的地带。这里又正是嬴姓族体的早期活动区域,经过世代相继的开发经营,嬴秦在此域内奠定了崛起的基础。完全可以说,这个文化圈是华夏文明主要发源地之一。文化圈内先民的生存繁衍和社会发展,充分受益于汉、渭两大水系河谷川原所形成的生态网络。黄河、长江同为中华民族的母亲河,她们虽皆源于青海省南境的巴颜喀拉山谷麓,但成流后却一北一南分道扬镳,且有渐行渐远之势,只在甘肃省东部亲密拢近了一下。今天水市南境西秦岭,以齐寿山即古嶓冢山为主峰的一脉山系,造成了水域的分野:北流水汇入黄河主要支流之一的渭河;南流水汇入长江主要支流之一的嘉陵江。嘉陵江上游两条最大支流,即东面的永宁河和西面的西汉水,也就是本文反复论说的古汉水上流的二源:东、西二汉水,它们分别发源于齐寿山即古嶓冢山的东、西两麓。所以前文曾言,嶓冢山不仅是汉、渭二水的分水岭,也是古汉水东、西二源的分水岭。因此,在我对于汉渭文化圈的思考中,嶓冢山与古汉源同样是必设之鹄。

除了将有关古汉源的史疑新证纳入自己从事的研究课题之外,我还试图探索一下汉水中断、河道变易的时间和原因。依据郑玄、郦道元等人对汉中西部水聚成泽、伏流潜通状况的表述,可以推想,汉水受阻的时间不会晚于东汉后期,原因很可能是一次规模较大的地震,引发了山体大滑坡,导致了河道的壅堵。东汉中期以后,地震多发。我曾对《后汉书》诸帝纪所载地震情况,作过粗略统计。和帝以前,很少发生地震;从和帝时起,我国进入地震多发期。特别是安帝、顺帝二世,几乎每年都发生多次乃至数十次地震。史载太史令张衡发明的候风地动仪,就"始作"于顺帝阳嘉元年(132年)。这绝非偶然,该仪是当时实际情况需要的产物。从安帝永初元年(107年)到顺帝汉安二年(143年),在不到40年的时间里,全国共发生大小地震535次。其中特别严重的几次,大都发生在西北地区。如顺帝永和三年的金城、陇西大地震,史言"二郡山岸崩,地陷",朝廷曾派员到震区开展视察救济工作。汉安二年陇西、汉阳、武都以及河西诸郡,发生了180次地震,"山谷坼裂,坏败城寺,杀害民庶",朝廷再次颁诏救济抚恤。

如此频繁的强势地震,在多山地带造成崖崩坡滑,泥石流阻塞河道的情况,是常见现象。如遇附近另有山谷低地,则势必导致河流改道。①

泥石流壅阻河道,疏松处会有伏水潜流;且山坡滑动常有变化,水流时断时通也在情势之中。当时汉水上流水势颇盛,主河道受阻后只能四溢漫流,而新河道须经长时间的冲击涌泻方能形成,过程中低洼地区必然成片聚水,今礼县、西和南部及武都北部想必到处是湖泊,所谓"天池大泽"就是这样形成的。这种局面可能一直延续到魏晋时期。后来南冲入川的嘉陵江完全定型,情况才渐改观,"天池大泽"也随之消失。

四、古汉源澄清后的衍生课题

汉水古源疑案探究过程中及真相明确之后,衍生出的一些枝节性问题,还有待于作更深层次的研讨。在此我择举两项已被学界关注的课题,略加述说。

1. "嘉陵"含义

嘉陵江是汉水中断后其上源东、西二汉水合流南冲入川所形成的一条新的长江支流,晚至北宋《元和九域志》才第一次称此水为嘉陵江。熊会贞疏《水经·漾水注》已指出该志视故道水为嘉陵江之误。②此水名实缘自西汉水,乃西汉水中后段别名的移用。西汉水中后段名嘉陵水,这在《水经·漾水注》《通典·州郡四》《元和郡县图志·豮谷县》诸书中皆有明确记载。那么,我们要问:西汉水何以拥有此名?"嘉陵"

①祝中熹:《"西"邑衰落原因试析》,原载《丝绸之路》2000 年学术专辑,后收入作者的《秦史求知录》(下册),上海古籍出版社 2012 年。

②杨守敬、熊会贞:《水经注疏·漾水》,江苏古籍出版社 1989 年。

何义？

"嘉"作为形容词,意为美善,这没问题;"陵"含丘陵和陵墓两个义项,区别很大。"嘉陵"之陵使用何义？如无其他人文信息作参证,很难作出判断。值得庆幸的是,文献资料为我们提供了许多线索。礼县古称"天嘉",几乎所有的礼县县志及含涉礼县的州志、府志,都有这种记载。乾隆年间的《直隶秦州新志》乃至说"由来称礼县曰天嘉"。康熙年间的《礼县新志》(手抄本),时任礼县知县王揄善在《序言》中称"卑职不敏,备员天嘉",其县学之匾额已题"天嘉书院",可见天嘉已成礼县之别名。诸方志还众口一词地说,在今县城东 40 华里处,曾经有座城邑,名"天嘉古郡",元、明两代都曾在那里设置过军政机构。而天嘉古郡所在的那段西汉水川原,就叫"天嘉川"(即今东起盐官镇西至大堡子山脚的永兴川,俗称店子川)。这有比诸方志时代更早也更可靠的碑文为证:

元至正十一年(公元 1351 年)所立《礼店东山长生观碑》:

……是郡也,东北掖乎秦巩,西南跨彼阶文。汉阳长道之清流,夹涤污染;红岫湫山之茂麓,两助祯祥。郡之震方有川曰天嘉,四顾则秀入画图,六仪则合乎地理。

元至元五年(公元 1339 年)所立《大元崖石镇东岳庙之记碑》(文记元李店文州军民元帅府之初设):

……上命秦国忠宣公按竺尔镇抚三方,开帅阃于西汉阳天嘉川冲要。①

"震方"即东方,此为西汉水上段称天嘉川的确证。"汉阳"即西汉水(古汉水上源)之阳,在古代陇右这是个大地名。东汉改天水郡为汉

---

①以上两碑实物均在,碑文见礼县老年书画协会与礼县博物馆合编的《礼县金石集锦》,2000 年。

阳郡，曹魏复天水郡名，至北魏又把天水郡南部分出，再设汉阳郡，郡治就在天嘉川南岸的长道。西魏改郡名长道而县曰汉阳，隋又改汉阳县为长道县。后来汉阳地名渐缩小范围，指今长道、永兴一带。元末明初这一地区政治、文化中心西移至今礼县城区，"汉阳"这一地理概念也便随之西移，县城以西的西汉水便有了汉阳川之称。后人未察此历史演变，晚出的方志遂把元代军民元帅府在县西所设的分支机构，误认为帅府所在，以至于东西并言，矛盾百出。其实，至元碑文明言"开帅阃于西汉阳天嘉川冲要"，所谓"冲要"，指西汉水与西和河的合流处（古河口在今河口以东五、六华里处），该地是扼控西和峡（古称塞峡，又称鸳峡，乃陇右南通汉中、巴蜀的必经要道）的咽喉，史称"当蜀陇之冲"。[①]李店后来改称礼店，乃"天嘉古郡"消失后在其附近新兴起的邑镇，故俗称天嘉川为店子川。元帅府在大地名"文州"前冠以小地名"李店"，就是为了标示其府址。

须特加注意的是，所有言及"天嘉"的方志，都把此称和秦联系起来，说它是由秦设立的或县或郡的行政建置。康熙二十七年依明代天启年间稿本修成的《巩昌府志》，其"古跡"目下甚至说天嘉古郡"在礼县东四十里，秦武公所置"。秦武公是秦国第一个推行郡县制的国君，陇右的邽、冀二县就是由他首创的。天嘉郡或县不见于史载，但后世如此一致地把"天嘉"邑名同秦国，尤其是同创立郡县制的秦君紧相联结，不可能是一种凭空编造，其中必隐含某种历史影迹。我曾详考过嬴秦早期都邑"西"（也即秦汉西县治所）的地望，它应在永兴川也

---

①近读彭小峰《同知哈石公遗爱碑相关问题研究》一文（载《陇右文博》2015年3期），提出了元代军民元帅府初建于长道附近的李家店子，后于元代中后期在今礼县城东的"旧城"兴建了元帅府。此说很值得重视。

即古天嘉川的最开阔处，今永兴与祁山堡之间西汉水北岸红土嘴一带，实际上也就是方志盛言县东 40 华里处的"天嘉古郡"之所在。上世纪 90 年代面世的大堡子山秦公陵园，西距此处不过 10 余华里；以生产井盐著称于史的天嘉川东大门盐官，东距此处也不过 10 余华里。这里面临西汉水与西和河交汇形成的肥美川原，背依上有祭祀先祖宗庙古称"人先山"的祁山，确为枢纽要路、襟带山河的立都胜地。①这一区域，从魏晋到宋金，长期陷于战乱，军阀割据，政权频仍，文化凋敝，曾经作为嬴秦活动中心的辉煌，早已被岁月积尘所掩埋，人们已全然忘却。甚至连两汉时礼县地境为西县的史实，在民国年间所修《礼县新志》中也予以否认，其《凡例》声言这是旧志之误说，故"削而不书"。所以，"天嘉古郡"实乃遥远的秦都史影在群体记忆中唯一被保留下来的痕迹，其意义不论怎么高估都不过分。

辨明了这一历史线索，"天嘉"之名的立意即可昭然，当为秦人遵持先秦主流意识形态天命观理念，对祖邑故都的颂誉之称，意为天赐福地。沿此思路，"嘉陵"则可理解为天嘉之陵，实指天嘉川最西端的大堡子山公陵。这就是嬴秦第一处国君陵园，两座大墓的墓主很可能就是嬴秦开国之君襄公，和奠定了嬴秦崛起基石的文公。所以，古地志把流经大堡子山之后南下的那段西汉水，称之为嘉陵水，西汉水由此有了嘉陵水的别名。此别名，后被移用为汉水中断后其上源南冲入川水流的全称，因为西汉水实为此水上游主流。

2. "天水"名缘

"天水"一名，通常认为是汉武帝元鼎三年(前 114 年)从陇西郡分置出的新郡名。为何采"天水"二字，后世说法很多，引用率较高的

---

①参拙著《秦人早期都邑考》《再论西垂地望》，二文收入《秦史求知录》(下册)，上海古籍出版社 2012 年。《早期秦史·都邑篇》，敦煌文艺出版社 2004 年。

是《水经·渭水注》的记载。《注》文言耤水流经上邽县故城，"北城中有
湖水，有白龙出是湖，风雨随之，故汉武元鼎三年，改为天水郡"。此说
神话色彩太重，难以凭信。何况，正如马建营先生所指出的，天水郡初
建时郡治在平襄（今甘肃省通渭县西），上邽仍留陇西郡而不属天水
郡，上邽城内湖出白龙，①和天水郡的创设扯不上关系。

　　1981年礼县永兴乡蒙张村出土了一件鼎，高22.5厘米，口径22
厘米，圆腹圜底，腹正中一周凸弦纹，三蹄足，宽厚附耳，浅弧盖，盖面
三鞍形鼻纽。盖表及上腹部各刻同文篆隶13字："天水家马鼎容三升
并重十九斤"。②从形制及字态看，当为秦器（不排除战国后期器的可
能），而"家马"为秦官，系掌舆马的"太仆"所属三令之一。《汉书·百官
公卿表》颜注云："家马者，主供天子私用，非大祀、戎事、军国所需，故
谓之家马也。"秦都东迁后，故都西邑仍是族基腹地，祖茔宗庙在斯，
故有公室高级贵族留守。与大堡子山公陵隔西汉水相望的圆顶山贵
族墓地，即是显证。该墓地跨时甚久，从春秋至西汉，在已发掘的墓葬
中，即不乏五鼎墓和车马坑，而家马鼎的出土地就在这片区域之内。
嬴秦向有畜马传统，西邑地区又有优越的畜马条件，故家马令之设顺
理成章。据说铭含天水的秦鼎民间也有收藏。总之，出土实物已确证，
"天水"地名在天水郡创设之前早已存在。

　　另一件文物的出现，则为"天水"名称的初始地望，提供了可靠线
索。田佐先生在《话说西汉水》一书中告诉我们，礼县红河乡草坝村向
有传说，谓古时村内有座规模极大的寺院，有5华里长廊，300多僧
人。有块寺碑留存到文革时期，当地群众怕被毁掉，将它砌在一农家

①马建营：《"天水"地名渊源考辨》，收入作者《秦西垂史地考述》一书，敦煌
文艺出版社2010年。
②该鼎现藏甘肃省礼县秦文化博物馆。

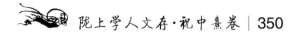

墙内。1990年墙颓碑出,知为宋代的《南山妙胜廨院碑》。碑文称"南山妙胜廨院在天水县茅城谷,有常住土田"。先是"唐贞观二十三年赐额昭玄院、天水湖",宋太祖建隆元年赐敕改称昭玄院为"妙胜院",改称天水湖为"天水池"。该寺有天水池佛殿,朝廷曾多次降旨,初赐名"惠应殿",最终改名为"法祥殿"。[1]草坝村正处秦州南山一带,宋代的天水县治在今天水市秦州区天水镇,俗称小天水,其辖境含草坝地区。小天水是西汉水出齐寿山后流经的第一个邑镇,此邑即三国时颇受兵家关注的天水关。民国年间刻印的《天水县志》"古蹟"目下曰:"天水故城:在县城西南七十里,汉上邽地。唐初置天水县,属秦州,旋废,宋复置。……即今之天水镇是。"此为"天水"一名最早的实地归属,是时后世的天水尚称上邽。

碑文所言天水湖,当为前引郦《注》出白龙之湖的历史因子,此湖在传说中被移位到了上邽,因为后来上邽有了天水之名。碑文所言"茅城谷",即《水经·漾水注》所言杨廉川,也就是今礼县与天水接界地区流经红河乡全境的峁水河(今地图莫名其妙地改为冒水河),为西汉水上游第一条大支流。别看此水当今很不起眼,在上古它的名望却不同寻常。20年前我提出一个假说,认为《尚书·尧典》所载肩负测日、祭日使命而"宅西"的和仲一族,是西汉水中上游地区最早的开发者,《禹贡》谓"和夷底绩"即对此而言。而赢秦就是和仲一族的后裔。[2]《尧典》说测日、祭日具体地点为"昧谷",孔《传》:"昧,冥也。日入谷而天下冥,故曰昧谷。"《史记·封禅书》:"东北,神明之舍;西方神明之墓也。"《集解》引张晏:"神明,日也。日出东北,舍为阳谷;日没于西,故

①田佐:《话说西汉水·"天水"渊于西汉水流域考》,中国文联出版社2007年。
②祝中熹:《阳鸟崇拜与"西"邑的历史地位》,载《丝绸之路》1998年学术专辑,后收入作者的《秦史求知录》(上册),上海古籍出版社2012年。

曰墓。墓，濛谷也。"此"濛谷"，也即《淮南子·天文》言羲和御日黄昏时
"沦入"之蒙谷。蒙、昧同声，蒙古即昧谷，古人视为日落所入之处。赵
逵夫先生提出，蒙、昧、峁乃一音之转，蒙谷、昧谷实即峁谷，也就是礼
县东部的峁水河。①所言甚是。《尧典》昧谷，郑玄以"柳谷"释之。《尚
书大传》述和仲居西，亦云："曰柳谷"。柳字从卯，虞翻所见郑注古文
本即作"卯谷"，王应麟《困学记闻》对此已有考辨。②峁水河中流川原，
正是近些年来田野考古在礼县境内发现的三个秦文化中心区之一；而
峁水河源出的朱圉山，又是清华战国简《系年》所言一支嬴族西迁陇右
的居地。何况，《尚书大传》《山海经》皆有嬴秦始祖少昊之神主司"日
入"的文字。结合文献记载与考古发现双重因素考察可知，当年和仲测
日祭日之地，确同嬴秦活动中心区域重合，而西汉水最上流的峁水河，
上古时代就已经和太阳运行即"天"结了不解之缘，象征着日之归宿。

　　天水家马鼎出土于西汉水上流之畔，天水故城高据西汉水近源
处，天水湖坐落在西汉水上游最大支流即被视为日入之地的古"昧
谷"。这一切都在昭示：西汉水上流古称"天水"。东汉改天水郡为汉阳
郡，陕西汉中为何称"汉中"，均可作辅证，因为那时西汉水就是汉水，
"汉阳"就是汉水之阳，"汉中"就是汉水中游地区。最早认识到天水地
名缘自西汉水的是夏阳先生，③随后赵文会、马建营、田佐等学者，又
据家马鼎和妙胜院碑文作了更深入的考辨。④他们的立论依据比较可

---

　　①赵逵夫：《论秦史研究与秦人西迁问题——读祝中熹先生〈秦史求知录〉》，
《天水师范学院学报》2013 年 1 期。

　　②王应麟：《困学记闻》，辽宁教育出版社 1998 年，27 页。

　　③夏阳：《天水名考》，载霍想有编《伏羲文化》，中国社会科学出版社，1994 年。

　　④赵文会：《天水家马鼎考释》，初刊于《天水日报》1998 年 7 月 27 日和 8 月
3 日；马建营：《"天水"地名渊源考辨》，初刊于《陇右文博》2004 年 1 期。二文后来
均收入张俊宗主编《陇右文化论丛》（第一辑），甘肃人民出版社 2004 年。

靠,为此课题的研究开拓了新视野。

先秦时期人们非常尊崇汉水,把它与长江并称"江汉",把它与黄河并称"河汉"。《尔雅·释水》谓江、淮、河、汉古称"四渎"。《禹贡》述荆州云:"江汉朝宗于海。"《左转》昭公十七年蔡墨言孔甲时,"帝赐之乘龙,河、汉各二"。更引人瞩目的是,天上的银河被称作"汉"。《尔雅·释天》"箕斗之间,汉津也。"注云:"箕,龙尾;斗,南斗。天汉之津梁。"称银河为"天汉"。《古诗十九首》有"皎皎河汉女"、"河汉清且浅"等句,也以"河汉"喻银河。《诗经》中崇汉例句更多,如《小雅·四月》:"滔滔江汉,南国之纪。"视江、汉为南中国的命脉。《大雅·云汉》:"倬彼云汉,昭回于天。"《大雅·大东》:"惟天有汉,监亦有光。"皆把天中银河名之为"汉"。汉水既和天上的银河对应,它也便是地上的银河。天汉为天上之水,汉水为地上的天汉,天水之名即缘此而来。汉水发源于古嶓冢山,水源之最高处可与天比齐,故汉水上流便被泛称天水,汉水最高支流便被视为日入之处称之为昧谷,所形成的湖泊便被称作天水湖,而近靠汉水之源的居邑也便有了天水之邑名。后来,行政级别更高的上邽占用了天水之名后,天水成为域含更广、名声更大的地理概念,原天水故城便被加了个"小"字称为小天水了。

乙未岁暮成稿于兰州

载于《天水师范学院学报》2016 年第 3 期。后收入氏著《古史钩沉》,上海古籍出版社 2018 年。

附录

祝中熹论著要目

一、专著文集

1.《早期秦史》,敦煌文艺出版社 2004 年。

2.《青铜器》(祝中熹、李永平合著),敦煌文艺出版社 2004 年。

3.《秦西垂陵区》,文物出版社 2004 年。

4.《物华史影》,三秦出版社 2006 年。

5.《甘肃通史·先秦卷》,甘肃人民出版社 2009 年。

6.《秦史求知录》(上、下册),上海古籍出版社 2012 年。

7.《古史钩沉》,上海古籍出版社 2018 年。

8.《摩硰庐文史丛稿》,甘肃文化出版社 2019 年。

9.《嬴秦文化论考——甘肃秦文化研究会第四次学术研讨会论文集》(祝中熹、赵文博合编),三秦出版社 2022 年。

10.《华夏文明的西源——汧渭文化圈史地考论》,三秦出版社 2023 年。

二、文史论文

1.《对中国古代社会性质的一点浅见》,《青海师范学院学报》1980 年第 3 期。

2.《郭沫若"商周奴隶社会说"质疑》,收入《古史钩沉》,上海古籍出版社 2018 年。

3.《浅说偏义复词——与刘瑞明同志商榷》,《甘肃教育》1981 年第 11 期。

4.《〈周礼〉社会制度论略》,《人文杂志》1982 年专刊《先秦史论文集》。

5.《来也说"发"》,《语文教学与研究》1982 年第 4 期。

6.《"的"与"地"不能合二为一》,《语文学习》1982 年第 5 期。

7.《从"凯旋归来"看成语的语意重复》,《语文学习》1983 年第 1 期。

8.《词语古今异义析例》,《甘肃教育》1983 年第 12 期。

9.《几组易混词的辨析》,《教学参考资料》语文专辑,1983 年 1 月。

10.《乡遂制度与周代社会性质》,《青海师范学院学报》,1983 年第 3 期。

11.《试论乡遂制度与亚细亚生产方式》,《历史教学与研究》,1984 年第 1 期。

12.《说"年"》,《甘肃日报》1984 年 2 月 12 日。

13.《谈谈如何复习历史》,《甘肃教育》1984 年第 4 期。

14.《谈谈文言文中"同字反义"现象》,《语文学习》1984 年第 9 期。

15.《关于〈诗·卫风·氓〉的几个问题》,《人文杂志》1985 年第 4 期。

16.《"废井田,开阡陌"刍议》,《青海社会科学》1985 年第 6 期。

17.《先秦第一人称代词初探》,《兰州大学学报》1986 年第 2 期。

18.《武王观兵还师说质疑》,《青海师范大学学报》1987 年第 3 期。

19.《论周代军事编制中的"卒"》,《人文杂志》1987 年第 5 期。

20.《论商代社会性质研究中的几种倾向》,《庆阳师专学报》(社会科学版)1987 年第 1 期,人民大学资料中心编《先秦·秦汉史》1988

年第 6 期收载。

21.《文王受命说新探》,《人文杂志》1988 年第 3 期,人民大学资料中心编《先秦·秦汉史》1988 年第 7 期收载,《新华文摘》1988 年第 8 期论点摘录。

22.《先秦独特的挑战方式——致师》,《文史知识》1988 年第 7 期。

23.《"面缚"辨义》,《兰州大学学报》(社会科学版)1989 年第 2 期。

24.《〈逸周书〉浅探》,《青海师范大学学报》(哲学社会科学版)1989 年第 2 期,中国人民大学资料中心编《图书资料》1989 年第 6 期收载。

25.《古语辨义(四则)》,《庆阳师专学报》(社会科学版)1989 年第 2 期。

26.《战国秦汉新爵制的社会基础和历史作用》,《青海社会科学》1989 年第 4 期,中国人民大学资料中心编《先秦·秦汉史》1989 年第 12 期收载。

27.《宋衍申主编〈历史要籍介绍及选读〉注商》,《庆阳师专学报》(社会科学版)1990 年第 2 期。

28.《董仲舒对儒家天命观的发展》,《青海师范大学学报》(社会科学版)1991 年第 3 期。

29.《关于西周农业生产者身份的辨析——与顾孟武先生商榷》,《庆阳师专学报》(社会科学版)1991 年第 3 期。

30.《文史名著语疑考辨》,《烟台师范学院学报》(哲学社会科学版)1991 年第 4 期。

31.《公刘与先周史》,《青海社会科学》1992 年第 2 期。

32.《"振旅"新解》,《人文杂志》1992 年第 3 期。

33.《先秦"爱田"制评析》,《庆阳师专学报》(社会科学版)1992 年第 3 期。

34.《从史学角度论后羿》,《烟台师范学院学报》(哲学社会科学版)1992年第4期。

35.《秦始皇与赘婚俗》,《庆阳师专学报》(社会科学版)1993年第1期。

36.《战国秦汉赘婚俗驳议》,《秦陵秦俑研究动态》1993年第4期。

37.《〈三国〉掩卷说祁山》,《中国西部发展报》1995年3月16日。

38.《关于秦襄公之墓》,《丝绸之路》1995年第3期。

39.《王杖鸠首说》,《文史知识》1995年第11期。

40.《登陇临渭话隗嚣》,《丝绸之路》1996年第2期。

41.《秦人早期都邑考》,《陇右文博》1996年创刊号,《甘肃省志·建制志》(附录)收载,甘肃人民出版社2017年。

42.《青川秦牍田制考辨》,《简帛研究》第二辑(1996年9月)。

43.《简牍医著〈治百病方〉》,《丝绸之路》1997年第4期。

44.《铜奔马"考古新发现"的驳正》,《甘肃日报》1997年8月6日、13日(连载)。

45.《秦人与西周王朝的关系》,《陇右文博》1997年第1期。

46.《文王灭密史事述评》,《中国西部发展报》1997年11月6日。

47.《存世最古经籍写本——〈仪礼〉简》,《丝绸之路》1998年第1期。

48.《秦人远祖考》,《陇右文博》1997年第2期。

49.《〈秦公钟铭〉释文申义》,《陇右文博》1998年第1期。

50.《阳鸟崇拜与"西"邑的历史地位》,《丝绸之路》1998年《学术专辑》,转载于1998年《陇右文化论丛》第二辑。

51.《武威铜奔马与洛阳飞廉铜马》,《陇右文博》1998年第2期。

52.《地域名"秦"说略》,《秦文化论丛》第七辑(1999年)。

53.《大堡子山秦西陵墓主及其他》,《陇右文博》1999年第1期,转载于1999年《陇右文化丛论》第一辑。

54.《武威雷台汉墓墓主之我见》,《陇右文博》,1999 年第 2 期。

55.《春秋秦史三考》,《丝绸之路》,1999 年《学术专辑》。

56.《礼县:秦始皇先祖长眠于此》,《兰州晚报》,2000 年 3 月 14 日。(说明:此文被文集收录时恢复原题《揭开失落的历史篇章》)

57.《陇原青铜一枝独秀》,《兰洲晚报》2000 年 4 月 13 日。

58.《翰墨古韵:汉代"文房如宝"》,《兰州晚报》2000 年 6 月 8 日。

59.《玲珑璀璨赏古玉》,《兰州晚报》2000 年 6 月 22 日。

60.《浅议秦度量衡制度与相关两诏》,《陇右文博》,2000 年第 1 期。

61.《齐家玉器放异彩》,《兰州晚报》2000 年 7 月 17 日。

62.《艺苑奇葩古铜镜》,《兰州晚报》2000 年 8 目 17 日。

63.《古灯多姿辉陇原》,《兰州晚报》2000 年 9 月 7 日。

64.《试论秦先公西垂陵园的发现》,《秦俑秦文化研究》,陕西人民出版社 2000 年。

65.《从神判到人判——漫谈獬豸与法》,《丝绸之路》2000 年《学术专辑》。

66.《"西"邑衰落原因试析》,《丝绸之路》2000 年《学术专辑》

67.《气象万千古玺印》,《兰州晚报》2000 年 11 月 2 日。

68.《陇上古玺揽珍》,《兰州晚报》2000 年 12 月 2 日。

69.《古器遗珍:度量衡》,《兰州晚报》2000 年 12 月 21 日。

70.《白草坡西周墓文物赏粹》,《兰州晚报》2001 年 1 月 29 日。

71.《奇珍炫世雷台墓》,《兰州晚报》2001 年 3 因 12 日。

72.《放马滩战国木板地图》,《兰州晚报》2001 年 4 月 24 日。

73.《简牍之乡话瑰宝》,《兰州晚报》2001 年 5 月 15 日。

74.《中国古代始炼铁及秦人用铁考述》,《陇右文博》2001 年第 1 期。

75.《试论秦国的辕田制》,《丝绸之路》2001 年《学术专辑》。

76.《对无水放马滩本板地图的几点新认识》,《陇右文博》2001 年第 2 期。

77.《论秦文公》,《丝绸之路·文论》2002 年(总第 6 期)。

78.《嬴秦与马的不解之缘》,《陇右文博》2002 年第 1 期。

79.《锈色斑澜索谜踪》,《甘肃日报》2002 年 10 月 11 日。

80.《汉初二相》,《陇右文博》2002 年第 2 期。

81.《先秦礼器见证秦人故地——礼县圆顶山秦墓发掘成果丰硕》,《甘肃日报》2002 年 12 月 13 日。

82.《凝重健美铜牦牛》,《甘肃日报》2003 年 1 月 10 日。

83.《秦人的崛起与秦文化的处位》,《陇右在文博》,2003 年第 1 期。

84.《再论西垂地望——兼答雍陆春先生》,《丝绸之路·文论》2003 年(总第 7 期)。

85.《被时间封尘的历史——秦国西垂陵域揭秘》,《读者欣赏》2003 年第 11 期。

86.《宝器五重容舍利》,《丝绸之路·文论》2003 年(总第 8 期)。

87. 《大堡子山秦陵墓主再探》(压缩稿),《周秦社会与文化研究—中国先秦史学会成立二十周年纪念论文集》,陕西师大出版社 2003 年。

88.《玉琮浅说》,《丝绸之路·文论》2004 年(第 9 期)。

89.《大堡子山秦陵出土器物信息梳理》,《陇右文博》2004 年第1 期。

90.《儒学先行者季札》,收入《孔子圣迹图》,敦煌文艺出版社 2004 年。

91.《大堡子山秦陵墓主再探》(全稿),《文物》2004 年第 8 期。

92.《三珠虎符银镶字》,《丝绸之路·文论》2004 年(总第 10 期)。

93.《论秦献公》,《陇右文博》2004 年第 2 期,收录于宫长为、徐勇主编《史海货迹——庆祝孟世凯先生七十岁文集》,新世纪出版社 2006 年。

94.《从黄帝传说看甘肃古史影迹》,《丝绸之路·文论》2005 年(总第 11 期)。

95.《漫话和氏璧与传国玺》,《陇右文博》2005 年第 2 期。

96.《论秦襄公》,《陇右文博》2005 年第 2 期。

97.《禹的功业及其与甘肃地区的关系》,《丝绸之路·文论》2006 年(总第 13 期)。

98.《伏羲女娲传说与甘肃远古史》,《甘肃省博物馆学术论文集》三秦出版社 2006 年。

99.《论秦穆公》,《陇右文博》2006 年第 1 期。

100.《高柱弧棱绿玉综》,收入《物华史影》三秦出版社 2006 年。

101.《傲世凌空铜奔马》,收入《物华史影》,三秦出版社 2006 年。

102.《试说甘肃者博物馆藏春秋秦鼎》,《早期秦文化研究》,三秦出版社 2006 年。

103.《密须史事考述》,《丝绸之路·文论》2006 年(总第 14 期)。

104.《南岈北岈与西垂地望》,《陇右文博》2006 年第 2 期。

105.《论非子》,《陇右文博》2007 年第 1 期。

106.《幽国史事考述》,《丝绸之路·文论》2007 年(第 15 期)。

107.《陇原古玉赏萃》,《收藏》2007 年第 12 期。

108.《试论礼县圆顶山秦墓的时代与性质》,《考古与文物》2008 年第 1 期。

109.《西戎与犬戎》,《丝绸之路·文论》2008 年(总第 16 期)

110.《论秦仲》,《陇右文博》2008 年第 1 期。

111.《秦国农民对国家承担的义务》,《陇右文博》2008 年第 2 期。

112.《秦西垂陵区出土青铜器铭中的"秦子"问题》,《丝绸之路》2009 年 1 月下半月刊。

113.《甘肃出土异形青铜兵器》,《收藏》2009 年第 4 期。

114.《论秦武公》,《陇右文博》2009 年第 1 期。

115.《"汧渭之间"与"汧渭之会"——兼议对〈史记〉的态度》,《丝绸之路》2009 年 9 月下月刊,收入《2009 年丝绸之路国际学术研讨会论文集》,三秦出版社 2010 年。

116.《秦国商业及货币形态析述》,《西安财经学院学报》2010 年第 5 期.

117.《大堡子山秦陵乐器坑所出铜虎性质刍议》,《丝绸之路》2010 年 1 月下半月刊。

118.《漫谈"先秦"一词的被误用》,《陇右文博》2011 年第 1 期。

119.《嬴秦畤祭的东方文化渊源》,《嬴秦文化研究》2012 年第 2 期(《嬴秦学刊》2011 第 2 期刊出过压缩稿),收入宋镇豪主编《嬴秦始源》,中国社会科学出版社 2012 年。

120.《青铜车形器　疑义相与析》,《陇右文博》2013 年第 1 期。

121.《略说嬴秦的崛起》,《丝绸之路》(理论版)2013 年第 6 期。

122.《大堡子山秦公陵园述略》,《丝绸之路》(理论版)2013 年第 8 期。

123.《嬴、赵姓氏缘起析述——兼论族与姓的关条》,《先秦文学与文化》第三辑(2014 年),初刊于《嬴秦文化研究》2013 年第 1 期。

124.《李广无功非命奇》,《陇右文博》2013 年第 2 朝。

125.《刘秀的得人与用人》,《天水师范学院学报》2013 年第 6 期。

126.《西汉名臣主父偃》,《鲁东大学学报》(哲学社会科学版)2015 年第 1 期。

127.《试说秦人葬圭习俗的文化渊源》,《陇右文博》2015 年第 1 期。

128.《民国初出土秦公簋的文化魅力——兼评丁楠先生〈秦公簋铭文考释〉》,《天水师范学院学报》2015 年第 1 期。

129.《汉渭文化圈与嬴秦的崛起》,《陇东学院学报》2015 年第 2 期。

130.《论嬴秦对汉渭文化圈的影响》,《陇东学院学报》2015 年第 6 期。

131.《古文籍语疑四题》,《先秦文学与文化》第四辑(2015 年)。

132.《嶓冢山与汉水古源》,《天水师范学院学报》2016 年第 3 期。

133.《秦国西畤地望研究述评之天台山篇》,《陇右文博》2016 年第 4 期。

134.《秦国西畤地望研究述评之鸢亭山篇》,《天水师范学院学报》2017 年第 1 期。

135.《秦国西畤地望研究述评之祁山堡篇》,《陇右文博》2017 年第 1 期。

136.《从〈尧典〉"光被四表"说开去》,《先秦文学与文化》第五辑(2016 年。

137.《由吕叔湘〈主腰〉一文说到甘博所藏元代"抹胸"》,《陇右文博》2017 年第 3 期。

138.《奠定伏羲历史地位的三重要素》《天水师范学院学报》2017 年第 4 期。

139.《嬴秦的崛起》,《甘肃日报》(甘肃史话版)2018 年 6 月 20 日。

140.《太昊与少昊》,《嬴秦文化研究》2018 年合刊,收入宋镇豪主编《嬴秦文化与远古文明——中国(莱芜)第二界嬴秦文化与远古文明工作会议论文集》,中国文史出版社 2018 年。

141.《嬴秦早期都邑名称考论》,《天水师范学院学报》2018 年第 6 期。

142.《嬴秦西垂陵区览要》,《甘肃日报》2019 年 2 月 27 日 12 版。

143.《为构建文物与大众的精神桥梁而尽绵薄之力》,《岁月如歌——甘肃省博物馆 80 周年纪念文集》,读者出版社 2019 年。

144.《华夏文明的西源——汉渭文化圈古貌钩沉》,《甘肃日报》

2019 年 10 月 16 日。

145.《我认识的广志君》，李学功、朱明歧主编《先秦史探研——张广志先生诞辰八十周年纪念文集》，湖北师范学院出版社 2020 年。

146.《咬文嚼义四则》《先秦文学与文化》第九辑（2020 年）。

147.《我从事先秦文化研究的简要回顾》，《陇右文博》2022 年第 2 期，后收入氏著《华夏文明的西源》（附录 2），三秦出版社 2021 年。

148.《华夏文明育兴中的嬴秦崛起》，《先秦文学与文化》第十辑（2021 年）。

149.《伏羲"风"姓的缘起》，《陇右文博》2021 年第 4 期。

150.《伏羲文化与华夏文明的育兴》，宫长为、刘宗元主编《嬴秦文化研究与成果转化》，山东大学出版社 2021 年。

151.《雕版印刷源于西汉说质疑》，收入《摩碴庐文史从稿》，甘肃文化出版社 2019 年。

152.《乞巧民俗与天水名缘》，《档案》2021 年第 11 期。

153.《夸父追日故事史影追踪》《博览群书》2023 年第 4 期。

154.《齐家文化在华夏文明育兴中的处位》，《文明汇聚光耀河州——史前文化临夏论坛论文集》，文物出版社 2023 年。又载《甘肃文史》2023 年第 4 期。

155.《〈中国古史分期讨论的回顾与反思〉读后》，《先秦史研究动态》2004 年第 2 期。压缩稿刊于《青海师范大学学报》2004 年第 6 期。

156.《〈历史投下的阴影：古代帝王将相的人性负面〉序》，青海人民出版社 2006 年。

157.《〈话说西汉水〉序》，中国文联出版社 2007 年。

158.《〈人文礼县〉序》，中国文史出版社 2009 年。

159.《〈秦西垂史地考述〉序》，敦煌文艺出版社 2010 年。

160.《〈先秦传说与区域文化研究〉序》,兰州大学出版社 2010 年。

161.《〈魅力秦源〉序》,文史出版社 2011 年。

162.《〈嬴秦西垂文化〉序》,甘肃人民出版社 2013 年。

163.《〈嬴秦文史论丛〉序》,甘肃人民出版社 2019 年。

164.《〈民国初天水出土秦公簋研考文丛〉序》收入《摩磃庐文史丛稿》甘肃人民出版社 2019 年。

165.《〈嬴秦文化论考〉序》,三秦出版社 2022 年。

卷末感言

（宽韵七律）

辗转陇原六三春
忝列学人立文存
千头万绪何起说
十指一弦怎律音
干支轮遍垦播倦
桑海历尽印痕深
角齿足翼此皆无
莫凿七窍任混沌

祝中熹甲辰秋于金城摩碏庐

《陇上学人文存》已出版书目

▪ 第一辑 ▪

《马　通卷》马亚萍编选　　《支克坚卷》刘春生编选

《王沂暖卷》张广裕编选　　《刘文英卷》孔　敏编选

《吴文翰卷》杨文德编选　　《段文杰卷》杜琪　赵声良编选

《赵俪生卷》王玉祥编选　　《赵逵夫卷》韩高年编选

《洪毅然卷》李　骅编选　　《颜廷亮卷》巨　虹编选

▪ 第二辑 ▪

《史苇湘卷》马　德编选　　《齐陈骏卷》买小英编选

《李秉德卷》李瑾瑜编选　　《杨建新卷》杨文炯编选

《金宝祥卷》杨秀清编选　　《郑　文卷》尹占华编选

《黄伯荣卷》马小萍编选　　《郭晋稀卷》赵逵夫编选

《喻博文卷》颜华东编选　　《穆纪光卷》孔　敏编选

▪ 第三辑 ▪

《刘让言卷》王尚寿编选　　《刘家声卷》何　苑编选

《刘瑞明卷》马步升编选　　《匡　扶卷》张　堡编选

《李鼎文卷》伏俊琏编选　　《林径一卷》颜华东编选

《胡德海卷》张永祥编选　　《彭　铎卷》韩高年编选

《樊锦诗卷》赵声良编选　　《郝苏民卷》马东平编选

第四辑

《刘天怡卷》赵　伟编选　　《韩学本卷》孔　敏编选
《吴小美卷》魏韶华编选　　《初世宾卷》李勇锋编选
《张鸿勋卷》伏俊琏编选　　《陈　涌卷》郭国昌编选
《柯　杨卷》马步升编选　　《赵荫棠卷》周玉秀编选
《多识·洛桑图丹琼排卷》杨士宏编选
《才旦夏茸卷》杨士宏编选

第五辑

《丁汉儒卷》虎有泽编选　　《王步贵卷》孔　敏编选
《杨子明卷》史玉成编选　　《尤炳圻卷》李晓卫编选
《张文熊卷》李敬国编选　　《李　恭卷》莫　超编选
《郑汝中卷》马　德编选　　《陶景侃卷》颜华东　闫晓勇编选
《张学军卷》李朝东编选　　《刘光华卷》郝树声　侯宗辉编选

第六辑

《胡大浚卷》王志鹏编选　　《李国香卷》艾买提编选
《孙克恒卷》孙　强编选　　《范汉森卷》李君才　刘银军编选
《唐　祈卷》郭国昌编选　　《林家英卷》杨许波　庆振轩编选
《霍旭东卷》丁宏武编选　　《张孟伦卷》汪受宽　赵梅春编选
《李定仁卷》李瑾瑜编选　　《赛仓·罗桑华丹卷》丹　曲编选

第七辑

《常书鸿卷》杜　琪编选　　　　《李焰平卷》杨光祖编选

《华　侃卷》看本加编选　　　　《刘延寿卷》郝　军编选

《南国农卷》俞树煜编选　　　　《王尚寿卷》杨小兰编选

《叶　萌卷》李敬国编选　　　　《侯丕勋卷》黄正林　周　松编选

《周述实卷》常红军编选　　　　《毕可生卷》沈冯娟　易　林编选

第八辑

《李正宇卷》张先堂编选　　　　《武文军卷》韩晓东编选

《汪受宽卷》屈直敏编选　　　　《吴福熙卷》周玉秀编选

《寒长春卷》李天保编选　　　　《张崇琛卷》王俊莲编选

《林　立卷》曹陇华编选　　　　《刘　敏卷》焦若水编选

《白玉岱卷》王光辉编选　　　　《李清凌卷》何玉红编选

第九辑

《李　蔚卷》姚兆余编选　　　　《郗慧民卷》戚晓萍编选

《任先行卷》胡　凯编选　　　　《何士骥卷》刘再聪编选

《王希隆卷》杨代成编选　　　　《李并成卷》巨　虹编选

《范　鹏卷》成兆文编选　　　　《包国宪卷》何文盛　王学军编选

《郑炳林卷》赵青山编选　　　　《马　德卷》买小英编选

第十辑

《王福生卷》 孔　敏编选　　《刘进军卷》 孙文鹏编选
《辛安亭卷》 卫春回编选　　《邵国秀卷》 肖学智　岳庆艳编选
《李含琳卷》 邓生菊编选　　《李仲立卷》 董积生　刘治立编选
《李黑虎卷》 郝希亮编选　　《郭厚安卷》 田　澍编选
《高新才卷》 何　苑编选　　《蔡文浩卷》 王思文编选

第十一辑

《伏耀祖卷》 王晓芳编选　　《宁希元卷》 戚晓萍编选
《施萍婷卷》 王惠民编选　　《马曼丽卷》 冯　瑞编选
《祝中熹卷》 刘光华编选　　《安江林卷》 陈润羊编选
《刘建丽卷》 强文学编选　　《孙晓文卷》 张　帆　马大晋编选
《潘　锋卷》 马继民编选　　《陈泽奎卷》 韩惠言编选